Deutsche Sprache der Gegenwart

Ulrike Freywald · Heike Wiese · Hans C. Boas · Katharina Brizić ·
Antje Dammel · Stephan Elspaß

Deutsche Sprache der Gegenwart

Eine Einführung

J.B. METZLER

Ulrike Freywald
Institut für Sprache, Literatur und Kultur
TU Dortmund
Dortmund, Deutschland

Heike Wiese
Institut für deutsche Sprache und Linguistik
Humboldt-Universität zu Berlin
Berlin, Deutschland

Hans C. Boas
Department of Germanic Studies
University of Texas
Austin, USA

Katharina Brizić
Deutsches Seminar
Universität Freiburg
Freiburg im Breisgau, Deutschland

Antje Dammel
Germanistisches Institut
Universität Münster
Münster, Deutschland

Stephan Elspaß
Fachbereich Germanistik
Universität Salzburg
Salzburg, Österreich

Die Arbeit an diesem Buch wurde gefördert durch die Deutsche Forschungsgemeinschaft (DFG).

ISBN 978-3-476-04920-9   ISBN 978-3-476-04921-6   (eBook)
https://doi.org/10.1007/978-3-476-04921-6

Die Deutsche Nationalbibliothek verzeichnet diese Publikation in der Deutschen Nationalbibliografie;
detaillierte bibliografische Daten sind im Internet über ► http://dnb.d-nb.de abrufbar.

Umschlaggestaltung: Finken & Bumiller, Stuttgart (Foto: Heike Wiese; KiDKo/LL)

Planung/Lektorat: Ferdinand Pöhlmann
J.B. Metzler ist ein Imprint der eingetragenen Gesellschaft Springer-Verlag GmbH, DE und ist ein Teil
von Springer Nature.
Die Anschrift der Gesellschaft ist: Heidelberger Platz 3, 14197 Berlin, Germany

Inhaltsverzeichnis

Teil II   Aktuelle grammatische Entwicklungen im Deutschen der Gegenwart

Zur Einleitung: Was das Deutsche heute ausmacht

Ulrike Freywald und Heike Wiese

Inhaltsverzeichnis

© Springer-Verlag GmbH Deutschland, ein Teil von Springer Nature 2023
U. Freywald et al., *Deutsche Sprache der Gegenwart*,
https://doi.org/10.1007/978-3-476-04921-6_1

1.1 Ein Buch über Deutsch – Zum Ziel dieses Buches

Deutsch ist eine ausgesprochen spannende Sprache. Es hat interessante grammatische Eigenschaften, von denen einige im globalen Sprachvergleich äußerst selten und sehr ungewöhnlich sind. Deutsch wird zudem in ganz unterschiedlichen Sprechergemeinschaften verwendet, nicht nur in verschiedenen Regionen Europas, sondern auch in den USA, in Australien, in Namibia und in Südafrika – und es ist immer im Fluss.

In diesem Buch geben wir Ihnen einen Einblick in das Deutsche der Gegenwart, in seine Charakteristika und in aktuelle Entwicklungstendenzen, und wollen dabei unsere Faszination für diese vitale und vielschichtige Sprache mit Ihnen teilen.

Wie jede Sprache, die im Gebrauch ist, entwickelt sich auch das Deutsche im Kontext von Mehrsprachigkeit und sprachlicher Vielfalt. Diese sprachliche Diversität haben wir daher immer im Blick, wenn wir sprachliche Muster diskutieren.

Mehrsprachigkeit definieren wir dabei linguistisch und damit eher weit, d. h. wir betrachten auch Sprecher:innen und Sprechergemeinschaften als mehrsprachig, die mehrere Varietäten des Deutschen sprechen (z. B. einen Dialekt, eine regionale Umgangssprache, die Standardsprache usw.). Unter dieser Perspektive ist praktisch jeder Mensch mehrsprachig, und tatsächlich ist die Mehrsprachigkeit, die verschiedene Varietäten des Deutschen involviert, aus linguistischer Sicht nicht scharf zu trennen von der Mehrsprachigkeit, die räumlich und linguistisch weit voneinander entfernte Sprachen umfasst.

Der alltägliche Gebrauch einer Sprache führt auch dazu, dass sich diese Sprache ständig verändert und weiterentwickelt. Die Sprecher:innen einer Sprache formen diese immer mit. Dies gilt natürlich auch für das Deutsche. Die Eigenschaften des heutigen Deutschen sind also immer Ergebnisse von innersprachlichen Entwicklungsprozessen (bzw. natürlich dann auch wieder Zwischenstufen auf dem Weg zur nächsten Entwicklung; vgl. Nübling et al. 2017; Salmons 2018). Verschiedene solcher Eigenschaften und Besonderheiten, die für die deutsche Gegenwartssprache zentral sind, werden wir in diesem Buch anschaulich machen und erläutern. Dabei wird immer auch deren Beziehung zu übergreifenden, größeren grammatischen Zusammenhängen erklärt.

Auf die Struktur von Grammatik, Wortschatz und Schrift können daneben selbstverständlich auch außersprachliche Faktoren einen Einfluss haben. Dazu gehören gesellschaftliche Entwicklungen wie eine zunehmende Sensibilität für eine weniger diskriminierende und stärker inklusive, gendergerechte und antirassistische Sprache, die Veränderung von Kommunikations-, Höflichkeits- und Sozialformen, neue Mediennutzungsgewohnheiten oder auch technische Neuerungen wie Smartphones, Videotelefonie, Spracherkennungssoftware und ganz allgemein die elektronische Übertragung und Speicherung großer Datenmengen.

Über all diese Aspekte werden wir in den folgenden Kapiteln sprechen. Wichtig ist uns dabei stets eine empirische Fundierung, d. h. der Bezug auf reale sprachliche Daten. Überall, wo wir uns auf empirische Quellen, z. B. Textkorpora, Wörterbücher oder Sprachatlanten, beziehen, werden wir diese – zumeist öffentlich zugänglichen – Ressourcen kurz vorstellen, so dass Sie sie auch selbstständig für Ihre eigene Arbeit nutzen können.

Das Buch ist in zwei inhaltliche Teile gegliedert:
Der erste Teil, „Die Vielfalt des Deutschen", umfasst die ▶ Kap. 2 bis 4, die sich mit der Varietätenvielfalt des Deutschen auseinandersetzen. Hier betrachten wir zum einen das Gefüge aus nationalen Standardsprachen, alten und neuen Dialekten, Regiolekten, Soziolekten usw. im deutschsprachigen Raum. Zum anderen beleuchten wir die Rolle, die das Deutsche in der mehrsprachigen Gesellschaft einnimmt, und zwar sowohl innerhalb des europäischen Raums als auch außerhalb Europas. Schließlich besprechen wir, wie mit sprachlicher Vielfalt im deutschsprachigen Raum umgegangen wird, insbesondere im bildungspolitischen Kontext.

Im zweiten Teil, „Aktuelle grammatische Entwicklungen im Deutschen", werden in den ▶ Kap. 5 bis 8 zentrale Merkmale der gesprochenen und geschriebenen Gegenwartssprache auf Satz-, Wort-, Laut- und Bedeutungsebene erläutert und in den Kontext gegenwärtiger Entwicklungstendenzen gestellt.

Die folgenden Abschnitte leiten kurz in die Thematik dieses Buches ein.

1.2 Deutsch – ein ganz besonderer Typ

Auch wenn es den Sprecher:innen des Deutschen, für die Deutsch etwas Alltägliches ist, nicht so vorkommt, ist die grammatische Struktur des Deutschen doch in vieler Hinsicht speziell, ja geradezu exotisch.

Wortstellung Wenn man sich viele Sprachen vergleichend ansieht, stellt man fest, dass sich – jeweils bezogen auf bestimmte strukturelle Merkmale – die meisten der 6000 bis 7000 bekannten Sprachen relativ wenigen Grundtypen zuordnen lassen. In der Sprachtypologie werden zum Beispiel Sprachen gemäß der jeweils dominanten Reihenfolge von Subjekt, Objekt und Verb zu Gruppen zusammengefasst. Unterschieden werden also Sprachen mit der Grundwortstellung Subjekt–Verb–Objekt (sogenannte SVO-Sprachen, wie z. B. Englisch) oder Subjekt–Objekt–Verb (SOV, z. B. Türkisch) oder Verb–Subjekt–Objekt (VSO, z. B. Arabisch) usw. Interessanterweise verteilen sich die Sprachen nicht gleichmäßig auf die sechs logisch möglichen Typen. SOV- und SVO-Sprachen machen zusammen etwa 75 % aller Sprachen aus (ca. 40 % SOV- und ca. 35 % SVO-Sprachen) (Dryer 2013).

Wie ist nun das Deutsche in die Wortstellungstypologie einzuordnen? Auf den ersten Blick könnte man vermuten, dass das Deutsche eine SVO-Sprache sei, schließlich wirken Aussagesätze häufig so, als hätten sie eine SVO-Form, z. B. *Anna zeichnet einen Apfelbaum.* Bei genauerer Betrachtung stellt sich jedoch heraus, dass dies keine SVO-Stellung ist, sondern etwas Anderes. Zum einen stehen in solchen Sätzen nicht alle Prädikatsteile zusammen zwischen Subjekt und Objekt, sondern nur das finite Verb. Das sieht man z. B., wenn man den Satz ins

Perfekt setzt: *Anna hat einen Apfelbaum gezeichnet.* In einer SVO-Sprache stünden *hat* und *gezeichnet* zusammen, so wie es im Englischen hieße: *Anna has drawn an apple tree.* Zugleich kann vor dem finiten Verb in Aussagesätzen nicht nur das Subjekt stehen, sondern auch andere Satzglieder, etwa das Objekt (*Einen Apfelbaum zeichnet Anna heute*) oder eine adverbiale Bestimmung (*Heute zeichnet Anna einen Apfelbaum*). Hier zeigt sich, dass SVO nicht die Grundwortstellung sein kann, sondern dass es darum geht, dass das finite Verb in Aussagesätzen an zweiter Stelle steht.

Diese Verbzweit-Stellung und die mögliche Distanzstellung von finiten und infiniten Verbteilen sind im Sprachvergleich sehr selten, und sie führen dazu, dass nicht sofort ersichtlich ist, wie das Deutsche in die typologische Wortstellungskategorisierung hineinpasst (◘ Abb. 1.1).

In ▶ Kap. 5 werden wir sehen, dass Deutsch in der Basis zu den SOV-Sprachen zählt: Die Grundwortstellung ist im Deutschen interessanterweise die Nebensatzwortstellung (…, *dass Anna einen Apfelbaum gezeichnet hat*).

Wir werden in ▶ Kap. 5 auch zeigen, dass sich die Verbzweit-Regel als weniger strikt erweist, als es zunächst scheint, sobald man auch Varietäten außerhalb der geschriebenen Standardsprache betrachtet. Unter bestimmten Bedingungen lässt die Verbzweitstruktur nämlich durchaus Alternativen zu (unter anderem Verbdrittstrukturen wie zum Beispiel *Heute sie hat einen Apfelbaum gezeichnet*).

Phonologie und Morphologie   Bezogen auf die Lautebene gehört das Deutsche zu einem Sprachtyp, bei dem die lautliche Gestalt von Wörtern die Idealform des Trochäus ‚anstrebt‘, also ein zweisilbiges Wort, in dem die erste Silbe betont wird, während die zweite Silbe unbetont bleibt, wie *Laden, keinen, sehen, gerne.* Dabei besteht die Tendenz, unbetonte Silben immer weiter zu reduzieren, z. B. *Ladn* und *kein'n/kein*, bis sie unter Umständen irgendwann ganz wegfallen und wiederum einsilbige Wörter entstehen, wie z. B. *sehn, gern* (s. hierzu ▶ Kap. 7).

Das Deutsche verfügt auch über Eigenschaften, die innerhalb des Deutschen selbst zwar als ungewöhnlich oder marginal erscheinen, aus sprachtypologischer Sicht jedoch der weitaus häufigere Fall und daher vollkommen erwartbar sind. Das morphologische Verfahren der Reduplikation etwa, das aktuell in Bildungen

◘ Abb. 1.1   „Who wants to be a typologist?" (aus: *Speculative Grammarian*, Nr. 166/4, 2013)

wie *Buchbuch* (,Buch aus Papier, kein E-Book'), *sofortsofort* (,jetzt gleich, nicht erst in ein paar Minuten') oder *Schwarz Marz* (,Schwarz und alle möglichen anderen Farben') vorkommt (▶ Kap. 6 und 8), wird von vielen Sprecher:innen (und Linguist:innen) als recht außergewöhnliche Entwicklung betrachtet. In einer typologischen Untersuchung von mehreren hundert Sprachen zeigt sich jedoch, dass Reduplikation in über 80 % der Sprachen ein produktiv genutztes morphologisches Mittel ist (Rubino 2013). Das Deutsche beschreitet hier also keineswegs ungewöhnliche, selten genutzte Wege, sondern bewegt sich sozusagen auf den globalen Standardfall zu.

Schon diese wenigen Beispiele zeigen: Das Deutsche ist ein ganz besonderer und auch ein ziemlich cooler Typ! Es ist ,exotisch' an Stellen, an denen man es als Sprecher:in des Deutschen vielleicht nicht vermutet hätte, und völlig unauffällig in Bezug auf Eigenschaften, die möglicherweise zwar für viele Sprecher:innen selbst ungewohnt sind und daher als außergewöhnlich wahrgenommen werden, die global gesehen aber der Normalfall sind.

1.3 Deutsch als Teil einer mehrsprachigen Gesellschaft

Mehrsprachigkeit Während das Deutsche aus typologischer Sicht einen interessanten Fall darstellt, ist es in anderer Hinsicht ganz normal: Es ist Teil mehrsprachiger Entwicklungen. Mehrsprachigkeit ist, wie eingangs erwähnt, der Normalfall in menschlichen Gesellschaften, und auch das Deutsche ist und war schon immer in mehrsprachige Kontexte eingebettet. Der deutschsprachige Raum in Europa ist durch gesellschaftliche Mehrsprachigkeit geprägt, und wie wir z. B. in ▶ Kap. 3 „Ein Land – eine Sprache?" noch genauer sehen, hat Sprachmischung im Deutschen Tradition, gerade auch unter Gebildeten. Das macht es nicht weniger interessant: Mehrsprachigkeit ist immer auch ein Motor für sprachliche Entwicklungen. Das kann sich in direkten Einflüssen anderer Sprachen zeigen, zum Beispiel in Form von Entlehnungen, wie wir sie in ▶ Kap. 8 zur Schnittstelle zwischen Form und Bedeutung behandeln werden, von *Algebra* über *Computer* bis *wallah*. Wenn viele Sprecher:innen mehrsprachig sind und dadurch in ihrem Sprachgebrauch auf ein größeres Repertoire zugreifen können, verleiht das einer Sprache aber auch generell eine größere Dynamik. Mehrsprachigkeit kann so laufende interne Entwicklungstendenzen des Deutschen vorantreiben, zum Beispiel im Bereich der Wortstellung oder der Wortbildung, wie in den ▶ Kap. 5 und 6 deutlich wird.

In ▶ Kap. 4 werden wir sehen, dass Sprache immer auch sozial bewertet wird, und das gilt gerade auch für Mehrsprachigkeit. Sprachen, die jemand zusätzlich zum Deutschen beherrscht, werden oft mit unterschiedlichem sozialen Prestige verbunden, so dass Mehrsprachigkeit zwar geschätzt wird, wenn es um das Englische oder Französische geht, aber nicht so sehr bei anderen Sprachen. Wer deutsch-englisch mehrsprachig ist, wird für seine sprachlichen Kompetenzen bewundert, wer aber beispielsweise deutsch-türkisch mehrsprachig ist, sieht sich oft mit negativen Einstellungen bis hin zum Mythos der vermeintlichen „Doppelten

1

Halbsprachigkeit" konfrontiert (zur Bewertung von Mehrsprachigkeit im Bildungsbereich vgl. auch Wiese et al. 2020).

Mehrsprachige Kontexte des Deutschen begünstigen auch die Herausbildung neuer sprachlicher Varietäten, wie in ▶ Kap. 2 bis 4 deutlich wird. Das ist zum einen im europäischen Binnendeutschen zu beobachten, wo neue urbane Kontaktdialekte wie Kiezdeutsch entstehen (vgl. auch Wiese 2012; Bahlo et al. 2019: Kap. 6; Salmons 2018: Abschn. 7.5). Zum anderen wird Deutsch als Minderheitensprache außerhalb seines europäischen Sprachgebietes verwendet und hat sich dort im intensiven Sprachkontakt weiterentwickelt. Einige Beispiele stellen wir in ▶ Kap. 3 vor, etwa das Deutsche in Namibia, das „Texas German", aber auch „Unserdeutsch", ein deutschbasiertes Kreol, das sich in Papua-Neuguinea entwickelt hat (◨ Abb. 1.2).

Varietätenspektrum Schon das Deutsche selbst ist ja nicht ‚einheitlich' im Sinne einer homogenen Sprache. Das Deutsche ist untergliedert in verschiedene Varietäten, die regional, sozial und medial voneinander abgegrenzt werden können und die sich auch in ihrer Grammatik und ihrem Wortschatz systematisch voneinander unterscheiden, ganz so, wie es verschiedene Sprachen auch tun. Da fast alle Menschen mehrere Varietäten beherrschen, sind aus linguistischer Perspektive somit auch die ‚nur' deutschsprachigen Menschen mehrsprachig. Das heißt in der Konsequenz, dass kein Teil der deutschsprachigen Gesellschaft tatsächlich monolingual ist. Diese sogenannte ‚innere Mehrsprachigkeit' und das Varietätenspektrum, das ihr zugrunde liegt, werden eingehend in ▶ Kap. 2 besprochen. Nicht einmal die Standardsprache ist einheitlich, vielmehr unterscheiden sich die Standardsprachen in verschiedenen Regionen, und diese Unterschiede sind zum größten Teil nicht an die nationalstaatlichen Gebiete geknüpft: So wird das Perfekt von Positionsverben wie *liegen*, *stehen*, *sitzen* im Norden und in der Mitte Deutschlands mit dem Hilfsverb *haben* gebildet: *ich habe auf dem Sofa gesessen*;

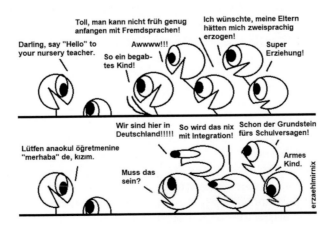

◨ **Abb. 1.2** Der Comic ist entstanden in Kooperation der Forschungsgruppe RUEG (Sprecherin H. Wiese) mit der Künstlerin („erzählmirnix", Nadja Hermann).

im Süden Deutschlands und in Österreich und der deutschsprachigen Schweiz dagegen wird hier standardsprachlich das Hilfsverb *sein* verwendet: *ich bin auf dem Sofa gesessen* (s. hierzu ▶ Kap. 2).

1.4 Deutsch im Spiegel gesellschaftlicher Entwicklungen

Außersprachliche soziale und gesellschaftliche Faktoren, wie u. a. gesellschaftliche Mehrsprachigkeit und Sprachkontakt, prägen die Lexik und die Grammatik einer Sprache sowie – wenn es sich um eine geschriebene Sprache handelt – die orthographischen Konventionen. Dies gilt auch für das Deutsche. So führen Mehrsprachigkeit und Kontakt zwischen Sprachen, wie oben bereits erwähnt, zu lexikalischen Einflüssen der beteiligten Sprachen, d. h. zur Entlehnung von Wörtern. Die größte Gebersprache (Sprache, aus der entlehnt wird) ist heute das Englische. Dies war historisch nicht immer so. Vom 17. bis 19. Jahrhundert war das Französische die wichtigste Gebersprache (neben Italienisch und Latein), zuvor war das Französische besonders zur Blütezeit der höfischen Kultur um 1200 sehr prominent. Bei der Entlehnung von Wortmaterial aus anderen Sprachen finden in der Regel umfassende Prozesse der grammatischen Integration und der Bedeutungsveränderung statt (z. B. semantische Spezialisierung oder Ausbleichung), das Deutsche verleibt sich die entlehnten Wörter buchstäblich ein – und kann diese ausgesprochen gut verdauen (s. hierzu insbesondere ▶ Abschn. 6.3.5 und ▶ Kap. 8).

Ähnliche Prozesse vollziehen sich auch in der Jugendsprache. Als gesellschaftliche Gruppe wollen sich Jugendliche von den Erwachsenen abgrenzen, und dies geschieht auch durch ihren Sprachgebrauch. In der Jugendsprache werden häufig herkömmliche Lexeme des Deutschen oder anderer Sprachen desemantisiert verwendet, d. h. ihre ursprüngliche Bedeutung verblasst (vgl. hierzu u. a. Bahlo et al. 2019: 61). Beispiele für Wörter, die diesen Prozess bereits durchlaufen haben, sind die Adjektive *toll* (ehemals ‚töricht, geistesgestört') und *geil* (ehemals ‚lüstern, sexuell erregt'), die heute lediglich Zustimmung oder eine positive Wertung ausdrücken. In ▶ Kap. 8 wird der Vorgang der semantischen Bleichung an heutigen jugendsprachlichen Ausdrücken wie *Alter, voll* und *wallah* erklärt.

Eng verknüpft mit Jugendsprache, aber natürlich nicht auf sie beschränkt, sind aktuelle Neuerungen im Deutschen, die sich aus der Nutzung digitaler Kommunikationsmedien ergeben haben (vgl. hierzu z. B. Dürscheid & Frick 2016 sowie Bahlo et al. 2019: Kap. 5). Die Verbindung zur Jugendsprache besteht hier vor allem deshalb, weil Jugendliche und junge Erwachsene Kurznachrichten- und Messengerdienste, Blogs und audiovisuelle Social-Network-Plattformen zur Zeit (noch?) am stärksten nutzen.

Charakteristisch ist für diese digitalen Kommunikationsformen, dass hier Lexeme und grammatische Muster aus informellen, hauptsächlich gesprochenen Varietäten außerhalb des Standards Eingang in den schriftlichen Sprachgebrauch finden. Typisch mündliche syntaktische Strukturen (wie z. B. Topikdrop in *Hab ich schon gesehen!* ▶ Kap. 5) oder Klitisierungen (z. B. *kennste, isses*) werden in

1

Kurznachrichten, Internetforen usw. auch geschrieben. Es finden sich hier auch Entwicklungen, die rein schriftsprachlich sind, wie z. B. Hashtags, bestimmte Akronyme (z. B. *WMD* ‚Was machst du?‘), expressive Buchstabenwiederholungen (wie in *coooool!*) oder Schreibungen gemäß dem Lautwert von Buchstaben und Ziffern (z. B. *gn8* ‚gute Nacht‘ und *4U* ‚for you‘; s. eingehend ▶ Abschn. 2.3.3).

Auch nicht-mediale außersprachliche Faktoren, wie z. B. gesellschaftspolitische Entwicklungen, haben einen Einfluss auf Struktur und Gebrauch des Deutschen. So sind infolge des Bedürfnisses, auch in der Sprache geschlechtergerecht zu agieren und diskriminierende und rassistische Verhaltensweisen zu vermeiden, z. B. Formen wie *N-Wort*, *Person* bzw. *People of Colour (PoC)* oder *LGBTIQA+* (ein Akronym für ‚Lesbian, Gay, Bisexual, Transgender, Intersex, Queer, Asexual plus‘) geprägt worden und in Gebrauch gekommen. Als möglichst genderneutrale Personenbezeichnungen werden oft graphematische Wortformen verwendet, in denen die Zeichenkette durch ein graphisches Element, wie Binnenversalie, Schrägstrich, Asterisk, Doppelpunkt oder Unterstrich, visuell unterbrochen wird (vgl. *LeserInnen*, *Leser/innen*, *Leser*innen*, *Leser:innen*, *Leser_innen*).

Zur Verwendung geschlechtergerechter und antirassistischer Sprachformen gibt es derzeit viele und oft sehr emotional geführte Diskussionen. Zur weiterführenden Lektüre sei hier insbesondere auf Stefanowitsch (2018) sowie Kotthoff & Nübling (2018) und das Themenheft „Geschlechtergerechte Sprache" der Zeitschrift *Aus Politik und Zeitgeschichte* (Bundeszentrale für politische Bildung 2022) verwiesen.

1.5 Deutsch empirisch: Neue Möglichkeiten datenbasierter Forschung

Die Verwendung empirischer Daten zum Deutschen hat eine lange Tradition. Die dialektale Breite des Deutschen versuchte man in den 1880er Jahren in einem groß angelegten Projekt unter der Leitung von Georg Wenker möglichst vollständig zu erfassen. Dazu wurden Fragebögen in über 40.000 Orte innerhalb der damaligen Reichsgrenzen verschickt, und es wurde um eine schriftliche Übertragung von 40 vorgegebenen standardsprachlichen Sätzen in den jeweiligen ortsüblichen Dialekt gebeten. Die dialektalen Verschriftlichungen dieser sogenannten „Wenker-Sätze", die wir in ▶ Kap. 3 im Zusammenhang mit dem Korpus „Deutsch in Namibia" noch genauer vorstellen, sind auch heute noch eine wichtige Ressource für die Dialektologie.

Traditionell konzentrierte sich die Erhebung von Dialektdaten oft auf Sprecher, die nach Chambers & Trudgill (1998) als sogenannte ‚NORM'-Sprecher charakterisiert werden können: ‚Nonmobile Old Rural Males' – salopp gesagt, geht es in erster Linie um den Sprachgebrauch alter Männer auf dem Dorf. Der Hintergrund hierzu ist, dass diese Sprecher als besonders konservativ in ihrem Sprachgebrauch angesehen werden. Man erfasst dadurch also insbesondere ältere regionale Formen, aber weniger die Dynamik des Deutschen in seiner regionalen und sozialen Vielfalt, welche ja ebenso wie für Mehrsprachigkeit auch für Dialekte schon immer eine Rolle gespielt hat.

Sprachkorpora Inzwischen stehen immer mehr Korpora zur Verfügung, die systematisch zusammengestellte Sprachdaten zu einer größeren Bandbreite des Deutschen bereitstellen. So macht das Leibniz-Institut für Deutsche Sprache Mannheim (IDS) mit dem „Deutschen Referenzkorpus" und zahlreichen kleineren Korpora wesentliche, online nutzbare Ressourcen zum geschriebenen und gesprochenen Deutschen in unterschiedlichen Gebrauchskontexten verfügbar, darunter auch Spontandaten und elizitierte Daten zu spezifischen Varietäten und Registern des Deutschen, etwa in mehrsprachigen Sprechergemeinschaften oder in sozialen Medien. Die Berlin-Brandenburgische Akademie der Wissenschaften stellt umfangreiche digital verfügbare Wörterbücher und Korpora bereit, u. a. das auf dem „Wörterbuch der deutschen Gegenwartssprache" basierende „DWDS-Wörterbuch", das „Deutsche Wörterbuch" von Jacob und Wilhelm Grimm und das „Deutsche Textarchiv". Darüber hinaus existiert heute eine große Zahl an weiteren abgeschlossenen und laufenden Korpusprojekten, die sich Struktur und Gebrauch des überregional gesprochenen und geschriebenen Deutschen widmen oder auf einzelne Varietäten bzw. auf die Variabilität an sich fokussieren, wie z. B. das „Variantenwörterbuch des Deutschen" (vgl. hierzu Bickel et al. 2015) oder die „Variantengrammatik des Standarddeutschen" (vgl. Dürscheid & Elspaß 2015; für einen Überblick zu variationsorientierten empirischen Projekten vgl. diese und die weiteren Beiträge in Kehrein et al. 2015 sowie die Kästen „Empirische Ressourcen" in dem vorliegenden Buch).

Digitalisierung Eine große Rolle spielen bei dieser Entwicklung selbstverständlich die Digitalisierung und die technischen Fortschritte bei der elektronischen Datenverarbeitung. Viele der heutigen sprachwissenschaftlichen Erkenntnisse sind überhaupt erst dadurch möglich geworden, dass sehr große Datenmengen zur Verfügung stehen und ausgewertet werden können. Ein großes empirisches Projekt, das rein digital und mit großen Datenmengen arbeitet und das hier exemplarisch für viele andere stehen soll, ist der „Atlas zur deutschen Alltagssprache". Seit 2003 werden im gesamten europäischen deutschen Sprachraum für die standardnahe Umgangssprache Varianten im Wortschatz, in der Aussprache und in den grammatischen Strukturen per Online-Fragebogen erhoben und mittels online verfügbarer digitaler Karten dokumentiert, um zum einen aktuelle regionale Unterschiede erkennbar zu machen und zum anderen Wandelprozesse in der Alltagssprache aufzudecken (Möller & Elspaß 2015). An den alle ein bis zwei Jahre stattfindenden Befragungsrunden beteiligen sich inzwischen pro Runde etwa 20.000 Teilnehmer:innen. Man denke hier zum Vergleich an die mehreren zehntausend handschriftlich ausgefüllten und per Post versandten Papier-Fragebögen und die knapp 600 gezeichneten und handkolorierten Karten, die in jahrzehntelanger Arbeit in Georg Wenkers „Sprachatlas des Deutschen Reichs" eingegangen sind! (Diese Fragebögen und Karten stehen übrigens seit 2006 digital und frei zugänglich zur Verfügung im „Digitalen Wenker-Atlas", vgl. Lameli et al. 2015.) Mit Daten und Ergebnissen aus dem „Atlas zur deutschen Alltagssprache" wird in den ▶ Kap. 2, 5 und 6 gearbeitet.

Alle Kapitel in diesem Buch enthalten Verweise auf eine ganze Reihe unterschiedlicher, auch für Ihre eigene Arbeit zugänglicher und nutzbarer Datensammlungen in den Kästen „Empirische Ressourcen".

1

Solche Datensammlungen sind eine wertvolle Basis für die Untersuchung des Deutschen, und sie sind auch spannend, wenn man sich einen Eindruck davon verschaffen will, wie das Deutsche tatsächlich verwendet wird, in seinem ganzen sprachlichen Reichtum, der selbstverständlich auch die Standardsprache umfasst, aber eben nicht nur diese. Als lebendige Sprache hat das Deutsche der Gegenwart sehr viel mehr zu bieten, und diese Bandbreite der Sprache werden wir in allen Kapiteln dieses Buches im Blick haben.

Literatur

Bahlo, Nils, Tabea Becker, Zeynep Kalkavan-Aydın, Netaya Lotze, Konstanze Marx, Christian Schwarz & Yazgül Şimşek. 2019. *Jugendsprache. Eine Einführung.* Stuttgart: Metzler.

Bickel, Hans, Lorenz Hofer & Sandra Suter. 2015. Variantenwörterbuch des Deutschen (VWB) – NEU. In Roland Kehrein, Alfred Lameli & Stefan Rabanus (Hg.), *Regionale Variation des Deutschen. Projekte und Perspektiven.* Berlin, Boston: De Gruyter. 541–562.

Bundeszentrale für politische Bildung (Hg.). 2022. Themenheft Geschlechtergerechte Sprache. *Aus Politik und Zeitgeschichte 72/5–7.*

Chambers, Jack K. & Peter Trudgill. 1998. *Dialectology.* 2. Aufl. Cambridge: Cambridge University Press.

Dryer, Matthew S. 2013. Order of subject, object and verb. In Matthew S. Dryer & Martin Haspelmath (Hg.), *The World Atlas of Language Structures Online.* Leipzig: Max Planck Institute for Evolutionary Anthropology. ▶ http://wals.info/chapter/81 (abgerufen 31.07.2022).

Dürscheid, Christa & Stephan Elspaß. 2015. Variantengrammatik des Standarddeutschen. In Roland Kehrein, Alfred Lameli & Stefan Rabanus (Hg.), *Regionale Variation des Deutschen. Projekte und Perspektiven.* Berlin, Boston: De Gruyter. 563–584.

Dürscheid, Christa & Karina Frick. 2016. *Schreiben digital – Wie das Internet unsere Alltagskommunikation verändert.* Stuttgart: Kröner.

Kehrein, Roland, Alfred Lameli & Stefan Rabanus (Hg.). 2015. *Regionale Variation des Deutschen. Projekte und Perspektiven.* Berlin, Boston: De Gruyter.

Kotthoff, Helga & Damaris Nübling. 2018. *Genderlinguistik. Eine Einführung in Sprache, Gespräch und Geschlecht.* Tübingen: Narr Francke Attempto.

Lameli, Alfred, Christoph Purschke & Stefan Rabanus. 2015. Der Digitale Wenker-Atlas (DiWA). In Roland Kehrein, Alfred Lameli & Stefan Rabanus (Hg.), *Regionale Variation des Deutschen. Projekte und Perspektiven.* Berlin, Boston: De Gruyter. 129–156.

Möller, Robert & Stephan Elspaß. 2015. Atlas zur deutschen Alltagssprache (AdA). In Roland Kehrein, Alfred Lameli & Stefan Rabanus (Hg.), *Regionale Variation des Deutschen. Projekte und Perspektiven.* Berlin, Boston: De Gruyter. 519–539.

Nübling, Damaris, Antje Dammel, Janet Duke & Renata Szczepaniak. 2017. *Historische Sprachwissenschaft des Deutschen.* 5. Aufl. Tübingen: Narr.

Rubino, Carl. 2013. Reduplication. In Matthew S. Dryer & Martin Haspelmath (Hg.), *The World Atlas of Language Structures Online.* Leipzig: Max Planck Institute for Evolutionary Anthropology. ▶ http://wals.info/chapter/27 (abgerufen 31.07.2022).

Salmons, Joseph. 2018. *A History of German. What the Past Reveals about Today's Language.* 2. Aufl. Oxford: Oxford University Press.

SpecGram Directorate. 2011. Who wants to be a typologist? *Speculative Grammarian 166/4.* ▶ https://specgram.com/CLXVI.4/05.directorate.peg.html (abgerufen 31.07.2022).

Stefanowitsch, Anatol. 2018. *Eine Frage der Moral. Warum wir politisch korrekte Sprache brauchen.* Duden-Debattenbuch. Berlin: Dudenverlag.

Wiese, Heike. 2012. *Kiezdeutsch. Ein neuer Dialekt entsteht.* München: C.H. Beck.

Wiese, Heike, Rosemarie Tracy & Anke Sennema. 2020. *Deutschpflicht auf dem Schulhof? Warum wir Mehrsprachigkeit brauchen.* Duden-Debattenbuch. Berlin: Dudenverlag.

Die Vielfalt des Deutschen

Das Variationsspektrum des Deutschen

Stephan Elspaß

Inhaltsverzeichnis

© Springer-Verlag GmbH Deutschland, ein Teil von Springer Nature 2023
U. Freywald et al., *Deutsche Sprache der Gegenwart*,
https://doi.org/10.1007/978-3-476-04921-6_2

2

Eine gute Nachricht vorab für alle, die die deutsche Sprache studieren: „Das Deutsche ist wahrscheinlich die vielgestaltigste Sprache Europas", schrieben zwei britische Germanisten – vielleicht ein wenig neidisch von ihrer Muttersprache auf das Deutsche blickend (Barbour & Stevenson 1998: 2). Wenn etwas nicht gleichförmig, sondern vielgestaltig, vielfältig ist, heißt das: Es gibt viel zu entdecken. Die Vielfalt ist schon allein augen- und ohrenfällig, wenn man sich in den deutschsprachigen Ländern bewegt – entweder real oder virtuell, mithilfe elektronischer Medien. Häufig lohnt es sich, genauer hinzuschauen und hinzuhören. In diesem Kapitel sind Sie eingeladen, sich auf eine erste Entdeckungsreise durch die Vielfalt der deutschen Sprache der Gegenwart zu begeben.

Variabilität als Wesensmerkmal menschlicher Sprachen   Bemerkenswert ist allerdings ‚nur' die Ausprägung der Variation im Deutschen, nicht die Variation an sich. Es gehört zu den Charakteristika menschlicher Sprachen, dass sie über einen Wortschatz verfügen sowie grammatischen und pragmatischen Regeln unterliegen, die sich oft über viele Generationen herausgebildet und die Kommunikation in einer Sprachgemeinschaft erst möglich gemacht haben. Solch ein Wortschatz und solche Regeln lassen sich beschreiben, z. B. in Wörterbüchern und Grammatiken. Ein anderes zentrales Wesensmerkmal menschlicher Sprachen ist aber eben, dass sie variabel und veränderbar sind. In ihrem Sprachgebrauch benutzen Sprecher:innen also zum einen einen Wortschatz und sie folgen Regeln einer Sprache (oder auch mehrerer Sprachen, s. dazu ▶ Kap. 3), die sie in ihrer sprachlichen Sozialisation erworben haben. Zum anderen variieren sie ihre Sprache aber auch ständig. Meistens ist ihnen das nicht bewusst. Dass viele Generationen von Sprecher:innen das Deutsche im Mittelalter in wenigen Jahrhunderten von einer stark flektierenden zu einer nur noch schwach flektierenden Sprache geändert haben, wird diesen Sprecher:innen nicht klar gewesen sein. Variation kann aber auch bewusst erfolgen. Ein Student spricht während eines Referats anders als in einem Gespräch mit seiner Freundin, wenn diese ihn nach dem Seminar fragt, wie es gelaufen ist. Auch im geschriebenen Deutsch ist Variation möglich; wenn die Freundin den Studenten nachher per WhatsApp fragt, kann der Nachrichtentext z. B. lauten:

(1)   *Wie war es?*

(2)   *Wie war's? | Wie wars?*

(3)   *Wie isch's gsi?*

       ‚Wie ist es gewesen?'

Bewegen sich bestimmte Gruppen innerhalb einer Sprachgemeinschaft in ihrem Sprachgebrauch in eine Richtung, die zu zusätzlichen oder neuen Wortschätzen und Regeln führt, entstehen „Sprachen in der Sprache" (Linke & Voigt 1991). Dazu gehören Sprachvarietäten, wie z. B. Dialekte, die an nachfolgende Generationen weitergegeben werden und die zu deren eigentlichen ‚Muttersprachen' werden. Es zählen dazu auch sprachliche Register, wie z. B. die linguistische Fachsprache, die von den Sprecher:innen und Schreiber:innen nur in ganz bestimmten

Situationen ,gezogen' werden. (All diese Termini werden in diesem Kapitel noch näher erläutert.)

,Innere Mehrsprachigkeit' Die Entwicklung von ,Sprachen in einer Sprache' wie dem Deutschen hat zu dem geführt, was man ,innere Mehrsprachigkeit' nennen kann; in den deutschsprachigen Ländern und Regionen werden aber seit jeher auch andere Sprachen gesprochen und geschrieben, was man entsprechend als ,äußere Mehrsprachigkeit' bezeichnet (nach Wandruszka 1979). Von dieser äußeren Mehrsprachigkeit in den deutschsprachigen Ländern wird in ▶ Kap. 3 die Rede sein. Wie mit der sprachlichen Vielfalt der inneren und äußeren Mehrsprachigkeit umgegangen wird und welch unterschiedliche Bedeutungen ihr im öffentlichen Diskurs und auch im Bildungsbereich beigemessen werden, soll dann in ▶ Kap. 4 näher beleuchtet werden.

Fokussieren wir aber zunächst auf die ,innere Mehrsprachigkeit' des Deutschen. Mit dem Variationsspektrum des Deutschen, das von individueller Variation bis zu ,Sprachen im Deutschen' reicht, mit der sozialen Bedeutung von sprachlicher Variation sowie mit dem Zusammenhang von Variation und Wandel befasst sich das vorliegende Kapitel. Nach einigen Vorklärungen zum Wesen sprachlicher Variation (▶ Abschn. 2.1) werden einige Grundbegriffe und auch einige Termini geklärt (▶ Abschn. 2.2). Im nächsten Schritt soll das Spektrum der Variation im Deutschen aufgefächert und in verschiedenen Dimensionen (medial, konzeptionell, situativ, areal) aufgezeigt werden (▶ Abschn. 2.3). Der letzte Abschnitt (2.4) widmet sich der Variation in Varietäten des Deutschen, mit denen alle Leser:innen vertraut sind, nämlich den Standardvarietäten. Dort würden Sie am wenigsten Variation erwarten – und es wird unter anderem um die Frage gehen, wie Sie zu dieser Erwartungshaltung gekommen sein könnten. Vor allem soll exemplarisch an diesen Varietäten die Variationsbreite auf verschiedenen linguistischen Ebenen, der Aussprache, der Lexik und der Grammatik, aufgezeigt werden.

2.1 Grundsätzliches zum Wesen sprachlicher Variation am Beispiel des Deutschen

Das Deutsche ist grundsätzlich variabel und wandelbar Wie alle natürlichen Sprachen ist auch das Deutsche historisch gewachsen. Voraussetzung für den sprachlichen Wandel ist, dass natürliche Sprachen grundsätzlich variabel sind. (Darin unterscheiden sie sich etwa von Programmiersprachen: Eine kleine ,Abweichung' kann dort schon dazu führen, dass ein Programm nicht mehr läuft.) Sprachliche Variation und sprachlicher Wandel machen auch vor Standardsprachen nicht halt. Die Verschriftung des Deutschen, die Entstehung deutscher Schriftdialekte und schließlich der überregionalen geschriebenen Standardsprache – so die traditionelle Darstellung (vgl. Besch 2003; Glaser 2003) – haben die sprachliche Weiterentwicklung zwar abgebremst, aber nicht zum Stehen gebracht. Sie haben sogar zu einer ganz neuen Entwicklung im gesprochenen Deutschen geführt: dem Sprechen nach der Schrift, d. h. der Herausbildung von gesprochenen Varietäten, die sich maximal unterscheiden von den Dialekten, die

2

Menschen in den deutschsprachigen Gebieten über ein Jahrtausend lang schon immer verwendeten oder noch verwenden, wenn sie ‚Deutsch' sprachen/sprechen.

Die starke Normierung des Deutschen, niedergelegt in Kodizes (die für manche besonders respekteinflößend erscheinen, wenn der Markenname „Duden" auf ihren Titelseiten prangt), vermittelt für die meisten Sprecher:innen seit ihrer Schulzeit den Eindruck, dass es so etwas wie ein einheitliches, unveränderliches Deutsch gebe, das als ‚korrekt' zu gelten hat. Selbst die Standardsprache ist jedoch weder homogen noch unveränderlich; dass viele dies dennoch denken, zeigt nur, wie wirkungsmächtig die sogenannte ‚Homogenitätsideologie' und die ‚Standardsprachenideologie' sind (▶ Abschn. 2.4).

Ein großer Teil der Variation ist dem Umstand geschuldet, dass wir Sprecher:innen bequem sind. *Wie war's?* zu sagen ist kürzer als *Wie war es?* (s. auch ▶ Abschn. 7.2 zu phonologischer Reduktion und ▶ Abschn. 8.3 zu Klitisierung). Wenn man sich an eine selten verwendete Flexionsform wie *(er) buk* nicht erinnert, greift man zu einem bekannten Muster und sagt *(er) backte* (s. auch ▶ Kap. 6). So können Varianten entstehen. Ein nicht unbeträchtlicher Teil der Variation im Deutschen geht aber auch darauf zurück, dass Menschen nicht nur Deutsch sprachen/sprechen, sondern auch eine andere Sprache – oder mit Menschen im Kontakt standen/stehen, die eine andere Sprache als Deutsch verwendeten/verwenden. In Grenzgebieten wie auch in urbanen Zentren hat dies zu gegenseitigen Einflüssen der Kontaktsprachen geführt, so dass sich etwa auf Seiten des Deutschen neue Variation herausbildete. Auch davon wird in ▶ Kap. 3 die Rede sein.

Die Variation im Deutschen ist nicht zufällig und nicht beliebig Manche, denen die Vielfalt des Deutschen ein Dorn im Auge ist und die sich an die Vorstellung eines vermeintlich ‚homogenen' und korrekten Deutsch klammern, argumentieren gern, dass Variation dem sprachlichen Chaos Tür und Tor öffne. Tatsächlich hat sprachliche Variation auch ihre Grenzen. In einem der zentralen Essays der modernen Linguistik wird Sprache als „an object possessing orderly heterogeneity" bzw. „structured heterogeneity" beschrieben (Weinreich, Labov & Herzog 1968: 100, 101). Dazu drei Beispiele:

▬ *Wie war es?* kann zu *Wie war's?* oder *Wie wars?* gekürzt werden, aber niemand würde den Satz zu **Wie w'es?* kürzen. Es könnte also eine Regel im Deutschen geben, die besagt, dass man ein Pronomen klitisch an eine vorangehende Verbform anfügt, aber keine Regel, nach der man eine Verbform klitisch an ein nachfolgendes Pronomen anfügen kann. (Als ‚Klitisierung' bezeichnet man die Anlehnung eines schwach betonten Funktionsworts an ein Stützwort, so dass beide zu einer Lauteinheit verschmelzen; s. a. ▶ Abschn. 8.3 zur Klitisierung bei *gibt's.*)

▬ Das Verb *backen* wird im Perfekt üblicherweise mit einer starken Partizip II-Form gebildet (*gebacken*), während im Präteritum eine starke Form (*buk*) mit einer schwachen (*backte*) variieren kann (*er buk/backte – er hat gebacken*). Kaum jemand würde dagegen eine starke Präteritum- und eine schwache Partizip II-Form im Perfekt verwenden (**er buk – er hat gebackt*). Die

Variation unterliegt also bestimmten Beschränkungen, die Teil der regelgeleiteten ‚inneren‘ Struktur des Deutschen sind.

— Im Südwesten des deutschen Sprachraums kann man dialektal neben *Wie war's* auch *Wie isch's gwä?* oder *Wie isch's gsi?* hören und nach der Wahl der Partizip II-Form von *sein* auf die räumliche Herkunft der Sprecher:innen schließen (*gwä* deutet eher auf den schwäbischen Raum, *gsi* würde dagegen auf die südlich und südwestlich davon gelegenen Gebiete des alemannischen Raums weisen). Hier ist die Variation also durch einen ‚äußeren‘ Faktor, nämlich die Sprachgeographie, vorhersagbar.

Alle drei Beispiele deuten auf die probabilistische Natur der Variation in einer Sprache wie dem Deutschen. Das bedeutet, dass Varianten nicht beliebig, sondern mit einer – höheren oder niedrigeren – Wahrscheinlichkeit verwendet werden, die durch sprachinterne oder -externe Faktoren bestimmt ist.

Variation im Deutschen hat (meist) eine soziale Bedeutung Sprache ist einerseits ein variables und wandelbares System der Kommunikation zwischen Menschen, andererseits ein soziales Phänomen. Die Entstehung sprachlicher Systeme war im Grunde nur möglich, weil Menschen soziale Wesen sind und kooperativ kommunizieren woll(t)en (vgl. Tomasello 2009). Mit jeder Äußerung handeln Menschen. Sie übermitteln aber nicht nur ‚sachliche‘ Informationen. Sprachliche Zeichen haben nicht nur eine referenzielle Funktion.

Mit dem, *wie* sie etwas sagen, ‚verraten‘ Menschen auch – oft unbewusst – etwas über sich, oder sie wollen – bewusst – sich oder ihre Äußerung in einem bestimmten Licht erscheinen lassen. Das hatten wir oben schon an den Beispielen mit *gsi* und *gwä* gesehen. Aber schon wer *isch(t)* sagt und nicht *ist* oder *is*, wird von Kommunikationspartner:innen einem bestimmten Sprachraum zugeordnet. Solche sprachlichen Merkmale können Schibboleths sein. ‚Schibboleth‘ ist ein hebräisches Wort und hat dort die denotative Bedeutung ‚Strömung‘ oder ‚Strom‘. Die linguistische Bedeutung des Worts leitet sich aus einer Passage aus dem Alten Testament her, in der es um die Konsequenzen des verlorenen Kriegs der Efraimiten gegen die Gileaditer und um einen kleinen, aber folgenschweren sprachlichen Unterschied geht:

» „Gilead besetzte die nach Efraim führenden Übergänge über den Jordan. Und wenn efraimitische Flüchtlinge kamen und sagten: Ich möchte hinüber!, fragten ihn die Männer aus Gilead: Bist du ein Efraimiter? Wenn er nein sagte, forderten sie ihn auf: Sag doch einmal ‚Schibbolet‘. Sagte er dann ‚Sibbolet‘, weil er es nicht richtig aussprechen konnte, ergriffen sie ihn und machten ihn dort an den Furten des Jordan nieder. So fielen damals zweiundvierzigtausend Mann aus Efraim." (*Buch der Richter* 12, 5–6)

Ein linguistisches ‚Schibboleth‘ ist also ein sprachliches Merkmal, das die Zuweisung der Herkunft eines Sprechers oder einer Sprecherin erlaubt. Nun hat die sprachliche Identifikation nicht immer solche tödlichen Folgen, wie es in dieser Bibelstelle auf drastische Weise beschrieben wird. Aber schon ein bestimmter Akzent im Deutschen kann dazu führen, dass Sprecher:innen in soziale ‚Schubladen‘

2

gesteckt und von den Kommunikationspartner:innen (negativ wie auch positiv) bewertet werden. Es müssen übrigens nicht immer Schibboleths in Bezug auf die räumliche Herkunft von Sprecher:innen sein, wie sie hier zur Illustration verwendet wurden (s. unten ▶ Abschn. 2.3).

Zum sprachlichen Repertoire von Sprecher:innen zählen aber nicht nur Merkmale der muttersprachlichen Varietät(en), die ihnen in die Wiege gelegt wurden. Es gehören auch weitere Varietäten, Register und Einzelvarianten dazu, die sie in ihrem späteren Leben erworben haben – samt den sozialen Bedeutungen, die diesen zugeschrieben werden. Wenn es in bestimmten Gruppen und bestimmten Situationen ein gewisses Prestige hat, *krass* oder *wallah!* zu sagen, oder in anderen *exzellent* oder *vorzüglich*, dann kann man durch die Verwendungen dieser Wörter – oder besser: dieser lexikalischen Varianten – anzeigen, dass man ‚dazugehören‘ will oder sich situationsangemessen verhalten kann. Sprachliche Zeichen sind also nicht immer fest und unveränderbar mit bestimmten Bedeutungen oder bestimmten Kontexten verbunden. Sie können darüber hinaus soziale Welten stabilisieren – oder auch neue soziale Welten schaffen. Variation reflektiert also nicht nur die sprachliche Wirklichkeit, sondern sie kann sprachliche und soziale Wirklichkeit konstituieren.

2.2 Sprachliche Variation – Grundbegriffe

Nachdem Sie nun mit grundlegenden Konzepten zur Variabilität und Wandelbarkeit von Sprache vertraut sind, soll dieser Abschnitt dazu dienen, Sie mit einigen variationslinguistischen Grundbegriffen und Fachtermini auszurüsten. Diese sind nicht nur notwendig zum Verständnis, sondern auch für eine möglichst präzise Beschreibung dessen, was in der deutschen Sprache der Gegenwart vor sich geht.

Variation Eine einfache Gegenstandsbestimmung lautet, dass linguistische Variation schon dann besteht, wenn „there are two alternative ways of saying the same thing" (Labov 2004: 7). Es können natürlich auch mehr als zwei sein. Das Verhältnis von „the same thing" und „two (or more) alternative ways" wird in der Sprachwissenschaft mit den Begriffen von Variable und Variante gefasst.

Variable Sie kennen den Terminus ‚Variable‘ aus dem Mathematikunterricht, wo er eine Leerstelle in einem logischen oder mathematischen Ausdruck bezeichnet. In einer mathematischen Formel wie z. B. $a^2 + b^2 = c^2$ stehen a, b und c für Leerstellen, die durch konkrete Zahlen auszufüllen sind. Ähnlich können auf verschiedenen linguistischen Ebenen Variablen als abstrakte sprachliche Funktionen beschrieben werden, die auf mindestens zwei verschiedene Weisen realisiert werden. Die Form der ‚3. Sg. Präteritum von *backen*‘ kann eine solche abstrakte Funktion sein oder das ‚Genus des Substantivs *Ketchup*‘, die ‚Länge des Tonvokals im Wort *Städte*‘ oder auch die Bezeichnung für einen ‚kleinen Nagel mit breitem, flachem Kopf (vor allem zum Festhalten von Papier an Wänden)‘. (Die Funktion bzw. Bedeutung ist dabei immer in einfachen Anführungsstrichen angegeben.)

Variante Solche Funktionen verlieren ihre Abstraktheit, wenn sie mit konkreten Varianten gefüllt werden. Eine Variante ist also eine von zwei oder mehr usuellen, d. h. gebräuchlichen, Realisationsformen einer Variablen. Das sei an Beispielen für das Standarddeutsche illustriert:

- Für die Form der ‚3. Sg. Präteritum von *backen*' sind im Standarddeutschen genau zwei Varianten üblich, nämlich *buk* und *backte*.
- Das ‚Genus des Substantivs *Ketchup*' ist im Deutschen maskulin oder neutral, entsprechend kann es heißen *der Ketchup* oder *das Ketchup*.
- Bei der Aussprache des betonten Vokals in *Städte* ist sowohl ein Kurzvokal (z. B. [ˈʃtɛtə]) als auch ein Langvokal (z. B. [ˈʃtɛːtə]) gebräuchlich; außerdem wird sowohl ein halb offener (eben [ˈʃtɛːtə]) als auch ein halb geschlossener Langvokal ([ˈʃteːtə]) verwendet.
- Für den ‚kleinen Nagel mit breitem, flachem Kopf (vor allem zum Festhalten von Papier an Wänden)' gibt es sogar vier Varianten im Standarddeutschen: *Heftzwecke, Reißzwecke, Reißbrettstift* oder *Reißnagel*.

Entscheidend bei all diesen Beispielen ist, dass jedes Mal exakt dasselbe gemeint ist. Die zwei Pluralformen *Mütter* und *Muttern* stellen dagegen kein Variantenpaar dar; zwar lautet die Singularform beide Male *Mutter*, aber es ist Verschiedenes damit gemeint: zum einen die ‚Frau mit Kind', zum anderen ‚das mit einem Innengewinde versehene Gegenstück einer Schraube'.

Schibboleth Ein Schibboleth kann nun also definiert werden als eine sprachliche Variante, die die Zuweisung der Gruppenzugehörigkeit eines Sprechers oder einer Sprecherin gestattet. Ein eindrückliches Beispiel haben wir oben anhand einer Bibelstelle kennengelernt. Schibboleths haben Sprecher:innen in ihrer sprachlichen Sozialisation so verinnerlicht, dass sie ihren Gebrauch kaum kontrollieren können, d. h. auch nicht nach Belieben ‚ablegen' können.

Definition

Sprachliche **Variation** liegt vor, wenn es zwei oder mehr sprachliche Formen gibt, dasselbe auszudrücken.

Eine sprachliche **Variable** ist eine abstrakte, veränderlich realisierte sprachliche Funktion.

Eine sprachliche **Variante** ist eine von zwei oder mehr usuellen Realisationsformen einer sprachlichen Variablen.

Ein **Schibboleth** ist eine sprachliche Variante, die als charakteristisch für den Sprachgebrauch bestimmter Gruppen gilt.

Statische und dynamische Faktoren der Verwendung von Varianten Wir hatten oben bereits festgestellt, dass sprachliche Variation soziale Bedeutung haben kann. Genauer müsste man nun sagen: Die Verwendung sprachlicher Varianten kann soziale Bedeutung haben. Wir werden unten sehen, dass auch der Gebrauch ganzer Varietäten (► Abschn. 2.3) oder anderer Sprachen (► Kap. 3 und 4) soziale Bedeutung zu tragen vermag. Bleiben wir aber zunächst bei den Varianten.

2

Interessant ist zu erforschen, mit welchen Faktoren der Gebrauch bestimmter Varianten in einem Zusammenhang steht. Es sind dies zum einen statische Faktoren, die die Sprecher:innen nicht oder kaum steuern können; im Fall der Schibboleths ist es ihre (soziale oder/und regionale) Herkunft, der sie einen bestimmten Zungenschlag verdanken. Zum anderen sind es eher dynamische Faktoren, die die Sprecher:innen dazu bringen, je nach Situation die eine oder die andere Variante zu verwenden; Voraussetzung für diese Wahlfreiheit ist freilich, dass den Sprecher:innen zwei oder mehr mögliche Varianten zur Verfügung stehen und dass sie sie gezielt einsetzen (vgl. Coulmas 2013). Kleidet man dies in entsprechende Forschungsfragen, so würde die eine lauten: „Worauf ist es zurückzuführen, dass jemand überwiegend diese eine Variante verwendet?", und die andere: „Wozu verwendet jemand gerade diese eine Variante, wozu in einem anderen Moment jene Variante?"

Typen sozialer Bedeutung von Varianten In der anglo-amerikanischen Soziolinguistik haben sich verschiedene Wissenschafter:innen mit der Frage befasst, welchen Stellenwert sprachliche Varianten in Bezug auf ihre soziale Bedeutung haben können. William Labov, ihr prominentester Vertreter – und zugleich einer der Pioniere der variationslinguistischen Forschung –, unterscheidet zwischen drei Typen: Indikatoren, Marker und Stereotype. Diese Dreiteilung ist von anderen Forscher:innen, wie Barbara Johnstone, aufgenommen und in eine ebenfalls dreistufige Indexikalitätsordnung überführt worden.

Grundannahme der Indexikalitätsordnung ist die indexikalische Funktion sprachlicher Zeichen, d. h. dass „die Beziehung zwischen Zeichen und Bezeichnetem nicht auf Konvention (→ Symbol) oder Ähnlichkeit (→ Ikon) beruht, sondern eine direkte reale (kausale) Beziehung zwischen einem ‚Anzeichen' und einem tatsächlich vorhandenen, singulären Objekt ist" (Bußmann 2002: 296 f.). Linguistisch lassen sich solche Merkmale in Relation zu sozialen Kategorien wie Alter, Gender, regionale oder soziale Herkunft beschreiben, die sich innerhalb dieser Kategorien wiederum nach verschiedenen Merkmalen einteilen lassen (z. B. hohes, mittleres, niedriges Alter; männlich, weiblich, divers etc.). Ein Schibboleth etwa ist – so gesehen – ein sprachliches Anzeichen für ein bestimmtes soziales Merkmal des Sprechers oder der Sprecherin. Die drei Stufen der Indexikalitätsordnung korrelieren gewissermaßen mit verschiedenen Graden der Bewusstheit von Varianten und ihrer sozialen Bedeutung. Die folgende Darstellung orientiert sich an derjenigen in Johnstone et al. (2006: 80 f.); die Beispiele stammen aus der Phonologie des Deutschen.

Zur Vertiefung: Drei Stufen der Indexikalitätsordnung

Indikatoren sind sprachliche Merkmale, die von Sprecher:innen bestimmter Gruppen in ihrem Sprachgebrauch selten oder gar nicht variiert werden (bei Johnstone et al. 2006: Varianten der „First-order indexicality"). Sprecher:innen in der Nordhälfte Deutschlands oder in Ostbelgien ist in der Regel nicht bewusst, dass sie das Wort *Saison* mit einem stimmhaften [z] im Anlaut sprechen, wo man es doch auch mit einem stimmlosen [s]-Anlaut sprechen könnte – so wie im Französischen, aus dem das Wort entlehnt wurde. Umgekehrt werden Sprecher:innen in

Süddeutschland, der Deutschschweiz, in Österreich oder Südtirol es kaum merken, dass sie dasselbe Wort eben genau so sprechen, nämlich mit einem stimmlosen [s]-Anlaut (vgl. ▶ http://prowiki.ids-mannheim.de/bin/view/AADG/SimAnlaut). Das Bewusstsein fehlt so lange, bis sie Sprecher:innen (z. B. aus anderen Regionen) hören, die die jeweils andere Variante verwenden, oder solche Sprecher:innen sie auf ihre Aussprachevarianten aufmerksam machen.

Marker sind Varianten, die Sprecher:innen je nach sozialem oder stilistischem Kontext unterschiedlich verwenden (Varianten der „Second-order indexicality"). Wenn bestimmte Varianten auf diese Weise mit bestimmten Kontexten assoziiert werden, können sie für die Sprecher:innen soziale Bedeutung erlangen, und sie können diese Varianten flexibel für ihre Beziehungsarbeit einsetzen. Jugendliche in Berlin etwa lernen möglicherweise drei Ausspracheweisen für *ich* kennen, nämlich [ɪk], [ɪç] und [ɪɕ] bzw. [ɪʃ], und verbinden damit verschiedene Milieus (z. B. [ɪk] im Gespräch mit ‚alten' Berliner:innen, das koronalisierte [ɪɕ] bzw. [ɪʃ] im Kiezdeutsch mit ihren Freund:innen, vgl. Wiese 2012: 38 f.) und verschiedene Situationen (z. B. [ɪç] im Referat im Deutschunterricht oder im Bewerbungsgespräch). Sie können in ihrem eigenen Sprachverhalten – ob bewusst oder unbewusst – die Aussprache-varianten an die Gesprächspartner:innen und die Umgebung anpassen und somit jeweils in andere soziale Rollen schlüpfen.

Stereotype schließlich sind Varianten, die den Sprecher:innen als sprach-liche Merkmale ihrer Sprechweise völlig bewusst sind (Varianten der „Third-order indexicality"). Sie sind Gegenstand öffentlicher Diskurse über die Sprechweisen bestimmter Gruppen und werden daher nicht nur kommentiert, sondern – etwa in der Schule – z. B. auch als ‚falsches' oder ‚nicht schönes Deutsch' korrigiert. Die ‚stereotype' Zuordnung wird gern etwa von sogenannten Comedians auf-gegriffen, die mit wenigen solcher Merkmale den Sprachgebrauch bestimmter ge-sellschaftlicher Gruppen karikieren. Ein Beispiel ist die Aussprache von < st > im Silben- und Wortauslaut mit post-alveolarem [ʃ], wie in *ischt* (s. o.) bzw. [ɪʃt], das als ‚typisch alemannisch' (oder in Deutschland auch als ‚typisch schwäbisch') gilt und entsprechend häufig zur sprachlichen Charakteristik oder Persiflage der Bewohner:innen im Südwesten des deutschen Sprachgebiets herangezogen wird.

Linguistische Stereotype eignen sich allerdings nicht nur als Objekt sprach-licher Karikatur und damit negativer Diskriminierung von Sprecher:innengruppen, sondern können von den Sprecher:innen auch gewissermaßen ‚positiv gewendet' werden. Das spielt insbesondere bei Prozessen des sogenannten **‚Enregisterment'** eine Rolle. ‚Enregisterment' wird von dem linguistischen Anthropologen Asif Agha beschrieben als „processes whereby distinct forms of speech come to be socially recognized (or enregistered) as indexical of speaker attributes by a population of language users" (Agha 2005: 38). Es geht hierbei also nicht um linguistische bzw. sprachhistorische, sondern um soziale Prozesse, die dazu führen, dass bestimmte Konstellationen von Varianten bestimmten Sprecher:innengruppen zugeschrieben werden. Dies kann freilich auch in Form von Eigenzuschreibungen geschehen, indem Sprecher:innengruppen bestimmte (stereotype) Varianten des eigenen Sprachgebrauchs zur sprachlichen Identitätskonstruktion verwenden. Schon

2

relativ wenige Varianten genügen, um solch ein eigenes ‚Register‘ zu konstruieren (s. unten die Erläuterung von ‚Register‘). Die in der Literatur untersuchten Fälle für ‚Enregisterment‘ umfassen vor allem lokale und regionale Varietäten (vgl. Johnstone et al. 2006; Anderwaldt & Hoekstra 2017).

Sprachvariation und Sprachwandel   Sprachvariation bezieht sich auf die synchrone Dimension der Sprache, Sprachwandel auf die diachrone. Über Sprachwandel ließe sich ein eigenes Kapitel schreiben. Deshalb sei das Verhältnis von Sprachvariation und -wandel begrifflich – in aller Kürze – nur wie folgt gefasst (vgl. ausführlich Chambers et al. 2002):

» „**Sprachvariation** liegt vor, wenn zur Realisierung einer sprachlichen Funktion mehr als eine sprachliche Form“ verwendet wird.
„**Sprachwandel** liegt vor, wenn sich die Zuordnungen zwischen sprachlichen Funktionen und sprachlichen Formen über die Zeit verändern.“ (Pickl 2013: 39)

Sprachwandel geschieht selten abrupt, sondern schrittweise. Dazu ein einfaches Beispiel zur Illustration: Ältere Sprecher:innen in Hamburg mögen sich erinnern, dass in ihrer Jugend fast jede/r *Sonnabend* und einige wenige *Samstag* zum ‚Tag vor dem Sonntag‘ sagten, während heute in ihrer Stadt die meisten *Samstag* sagen, nicht *Sonnabend*. Während also vor zwei Generationen noch Variante A dominanter als Variante B war, ist im Laufe der Zeit Variante B immer gebräuchlicher geworden, so dass B am Ende die üblichere Variante geworden ist und möglicherweise eines Tages die einzige Bezeichnung für diesen Wochentag ist. Das Beispiel soll illustrieren, dass Sprachwandel immer einen Zustand der Sprachvariation voraussetzt, indem es über einen bestimmten Zeitraum mindestens zwei Varianten gibt. (Allerdings führt nicht jede Variation auch zum Sprachwandel.)

Varietät   Wir hatten ‚Varietät‘ oben vorläufig schon als ‚Sprache in der Sprache‘ definiert (Linke & Voigt 1991). Weiters haben wir im Fall der Stereotypen und des ‚Enregisterment‘ gesehen, dass wenige Merkmale genügen, um aus Sprecher:innensicht so etwas wie ‚Norddeutsch‘, ‚Bairisch‘, ‚Journalistendeutsch‘ oder ‚Jugendsprache‘ als eigene ‚Sprachen‘ zu konstruieren, die bestimmten Gruppen zugeschrieben werden oder die sich Gruppen selbst zuschreiben. Nähert man sich dem Begriff der Varietät aus linguistischer Sicht, so erlauben uns das Wissen darum, dass Sprache „an object possessing orderly heterogeneity“ ist, sowie die bisher gewonnenen Einsichten in das Wesen und die Struktur sprachlicher Variation einen anderen Zugang. Jens Lanwer (2015), der regionale Alltagssprache in Norddeutschland untersuchte, begreift Varietäten etwa wie folgt:

» „Varietäten“ seien „Variantenkonfigurationen […], die sich durch die Rekurrenz bestimmter Kombinationsmuster“ innerhalb von Äußerungseinheiten „fortlaufend (re-)konstituieren und sich gegen andere habitualisierte Variantenkonfigurationen im Repertoire der betreffenden Sprechgemeinschaft (z. B. vertikal) und/oder gegen Variantenkonfigurationen im Sprachgebrauch anderer Sprechgemeinschaften (bspw. im Raum, d. h. horizontal) abgrenzen lassen.“ (Lanwer 2015: 72)

Eine Varietät liegt danach also vor, wenn sich auf statistischem Weg ermitteln lässt, dass mehrere Varianten (meist auf lautlicher, grammatischer und lexikalischer Ebene) in wiederkehrenden sprachlichen Kontexten immer wieder in auffälliger Weise zusammen auftauchen und sich dabei ein bestimmtes Muster ergibt. Gleichzeitig muss ein solches – relativ stabiles – Muster der Verwendung sprachlicher Varianten von anderen Mustern derselben Sprache abgrenzbar sein, so dass es am Ende auch den Sprecher:innen als mehr oder weniger eigene ‚Sprache‘ erkennbar ist. Solche – wie gesagt: auf rein statistischem Weg ermittelte – Variantenkonfigurationen können wiederum im Zusammenhang mit bestimmten außersprachlichen Merkmalen stehen, z. B. der regionalen Herkunft oder einer typischen Gruppenzugehörigkeit der Sprecher:innen. Derartige Zusammenhänge werden explizit hergestellt in Wortzusammensetzungen mit Lekt, z. B. ‚Regiolekt‘ (eine Varietät einer bestimmten Region), ‚Alterslekt‘ (in Bezug auf bestimmte Altersgruppen) u. a. Als prototypische Varietäten des Deutschen (zur Abgrenzung von Registern nennen wir sie hier ‚Varietäten im engeren Sinne‘) gelten Dialekte und andere areal bestimmte Varietäten – nicht zuletzt auch die Standardvarietäten des Deutschen (▶ Abschn. 2.4).

Akzente sind übrigens aus linguistischer Sicht Variantenkonfigurationen, die nur wenige lautliche oder intonatorische Merkmale umfassen. Aus der Perspektive von Sprecher:innen aber können Akzente schon so salient, also auffällig, sein, dass sie als eigene Varietäten wahrgenommen werden. So kann bereits bei der Aussprache von *sagen* die Kookkurrenz, also das Miteinandervorkommen von [s] im Anlaut und folgendem ‚dumpfen‘, ‚dunklen‘ *a*-Laut [ˈsɒːɡn̩] dazu führen, dass dem/der Sprecher:in ein ‚bairischer‘ Dialekt zugeschrieben wird. Wenn manch bayerischer Minister in ein Mikrofon spricht und diese beiden Aussprachevarianten verwendet, spricht er aber in der Regel nicht Dialekt, sondern Standarddeutsch – Standarddeutsch mit einem bestimmten Akzent eben.

Register Varietäten – im Sinne von Variantenkonfigurationen –, die an wiederkehrende kommunikative Kontexte geknüpft sind und in diesen wichtige Funktionen erfüllen, werden als ‚Register‘ bezeichnet:

» „[…] a register [is] a language variety associated with both a particular situation of use and with pervasive linguistic features that serve important functions within that situation of use." (Biber & Conrad 2009: 31)

Als Beispiele für Register werden in der germanistischen Literatur unter anderem Berufssprachen bzw. Fachjargons genannt. Sie sind im Wesentlichen durch eine durchgängige Verwendung bestimmter lexikalischer Varianten charakterisiert (z. B. die linguistische ‚Fachsprache‘, die ‚Fachsprache‘ der Fußballjournalist:innen etc.). Register sind als Sprachlagen zu sehen, die einer gewissen sprachlichen Konventionalisierung in wiederkehrenden Situationen, in denen sie verwendet werden, unterliegen. In bestimmten beruflichen Zusammenhängen etwa ist es angezeigt, sich einer Terminologie zu bedienen, die nicht nur eine schnelle und präzise Verständigung über Fach- oder andere spezielle Themen ermöglicht, sondern auch einen Jargon bildet, der über Generationen tradiert und in einschlägigen Kreisen daher üblich ist. Ebenso haben sich in jeder Gesellschaft

2

in Abhängigkeit von der Formalität der Situation Konventionen herausgebildet, zu denen etwa Höflichkeitsformen gehören (z. B. die Anrede mit *Sehr geehrte Frau Kollegin* und *Sie*, nicht *Liebe Maria* und *Du*). In diesem Sinne werden Register – vor allem in der anglo-amerikanisch geprägten Soziolinguistik – eher mit dem Formalitätsgrad von Sprech- oder Schreibweisen (informell vs. formell) in Verbindung gebracht (▶ Abschn. 2.3.2).

Stil Auch wenn in der Literatur im Zusammenhang mit dem Formalitätsgrad (zunehmend) häufig von ‚Stil‘ die Rede ist, so ist es doch sinnvoll zu unterscheiden zwischen dem Sprachgebrauch in Situationen, die stärker (s. o. Register) oder weniger durch Konventionen bestimmt sind. Für Letztere wäre dann der Begriff des Stils reserviert. Im Vergleich etwa zum Register ‚Fachsprache‘, das einen durchgängigen Gebrauch bestimmter (lexikalischer) Varianten erfordert, sind Stile dynamischer, sowohl was die sprachliche Variation als auch was den Bezug zu Funktionen betrifft. Welchen Stil Sprecher:innen oder Schreiber:innen in einer bestimmten Kommunikationssituation wählen, hängt im Wesentlichen von drei Faktoren ab: vom Grad der Aufmerksamkeit, die sie dem Sprechen oder Schreiben in dieser Situation widmen (*attention to speech/writing*), von der Anzahl und der sozialen Stellung der Kommunikationspartner:innen (*audience design*) sowie von der sozialen Rolle, die Sprecher:innen oder Schreiber:innen in dieser Situation einnehmen wollen bzw. in der sie sich präsentieren wollen (*speaker design*). So werden Wissenschafter:innen einen wissenschaftlichen Vortrag vor einem Publikum, das man überwiegend nicht kennt (und üblicherweise siezt), anders gestalten als vor einer Gruppe von Studierenden, die man überwiegend schon kennt (und vielleicht sogar duzt) – nicht nur wegen des anderen Publikums, sondern auch mit Blick auf die Persona, als die man sich inszenieren möchte. Auch bestimmte Ausprägungen des Schreibens können als Stile aufgefasst werden, z. B. ein historisierender Duktus in einem historischen Roman, der ‚Verliebtheitston‘ in Liebesbriefen, die Inszenierung von Regionalität in einem Internet-Forum, die Inszenierung von Gender in der Kommunikation über Dating-Apps u. a. Dies wird in ▶ Abschn. 2.3.2 im Zusammenhang mit der situativen Variation näher – und mit weiteren Beispielen – ausgeführt.

Wir hatten eingangs festgestellt: Sprachvarietäten, wie z. B. Dialekte (übrigens auch Varietäten von ‚Heritage-Sprachen‘, ▶ Abschn. 3.2.5), können als ‚Muttersprachen‘ an nachfolgende Generationen weitergegeben werden. Solche Varietäten können sich sogar zu eigenen Sprachen entwickeln, wie die Beispiele des Luxemburgischen und des Pennsylvaniadeutschen zeigen. Register- und Stildifferenzierungen bilden Sprecher:innen erst im weiteren Spracherwerb aus.

Repertoire Das sprachliche Repertoire eines Menschen bildet schließlich die Gesamtheit aller Sprachen, aller Varietäten, Register und Stile dieser Sprachen sowie aller Varianten, die ihm oder ihr zu einem bestimmten Zeitpunkt zur Verfügung stehen.

Definition

Eine **Varietät** ist eine sprachliche Ausprägung innerhalb einer Sprache, die ein charakteristisches Muster an Varianten aufweist. Eine prototypische Varietät (= Varietät im engeren Sinne) besteht aus einem Muster von lautlichen, grammatischen und lexikalischen Varianten (Beispiel: Dialekt). Von einer Varietät im weiteren Sinne wird bereits gesprochen, wenn ein solches Muster nur auf einer Ebene – z. B. auf der lexikalischen – vorliegt.

Als **Lekt** wird eine Varietät im engeren Sinne bezeichnet, die im Zusammenhang mit bestimmten außersprachlichen Merkmalen steht (Beispiele: Regiolekt, Alterslekt).

Ein **Register** ist eine Varietät im weiteren Sinne, bei der ein Muster an Varianten funktional an einen konventionalisierten kommunikativen Kontext geknüpft ist (Beispiel: formelles Register).

Ein sprachlicher **Stil** ist ein Muster an Varianten, das ein Mensch in Abhängigkeit von der Situation und seinen kommunikativen Absichten einsetzt (Beispiel: Autorenstil).

Ein **Repertoire** ist die Gesamtheit aller Varietäten, Register und Stile einer Sprache oder mehrerer Sprachen, die ein Mensch beherrscht (Beispiel: Rumelisch (ein türkischer Dialekt) + Stuttgarter Regiolekt + Standardtürkisch + Standarddeutsch süddeutscher Prägung + Britisches Standardenglisch + linguistische Fachsprache + verschiedene Stile).

2.3 Dimensionen sprachlicher Variation im Deutschen

Im vorigen Abschnitt war davon die Rede, dass bestimmte Varianten bzw. Variantenkonfigurationen mit ‚außersprachlichen Merkmalen‘ in Verbindung stehen. Diese Redeweise suggeriert, dass Sprachen ein Eigenleben führen können. In Wirklichkeit ist Sprache immer an ihre Sprecher:innen gebunden, und die Sprecher:innen – und somit ihre Sprache(n) – bewegen sich immer in einem sozialen Raum, der einerseits ihre Sprache bestimmt, den sie andererseits aber aufgrund der Mittel, die ihnen in ihrem sprachlichen Repertoire zur Verfügung stehen, selbst auch gestalten können. Einige zentrale Dimensionen dieses sozialen Raums, der die sprachliche Variation von Sprecher:innen steuert bzw. den sie (mit) steuern, sollen im Folgenden für das Deutsche dargestellt werden.

2.3.1 Mediale Variation

Gesprochene vs. geschriebene Varietäten Im Anfang war und ist das *gesprochene* Wort. Das gilt in phylogenetischer wie in ontogenetischer Sicht, d. h. sowohl in der Menschheitsgeschichte als auch im Leben einzelner Menschen spielt das *geschriebene* Wort eine nachgeordnete Rolle. So sind die ersten Schriftzeugnisse auf ‚Deutsch‘ erst aus dem 8. Jahrhundert überliefert; bis es dazu kam, dass fast alle Menschen in den deutschsprachigen Ländern lesen und schreiben konnten,

2

dauert es etwa 1100 Jahre, nämlich bis zum Ende des 19. Jahrhunderts. Alle konnten dagegen Deutsch – oder genauer: eine oder mehreren Varietät(en) des Deutschen – sprechen, viele auch andere Sprachen. Ebenso lernen Kinder zunächst sprechen, dann erst irgendwann schreiben und lesen. Gesprochene Varietäten beruhen auf dem von vorhergehenden Generationen entwickelten Wortschatz sowie grammatischen und pragmatischen Regelsystemen, die Kinder im Spracherwerb sozusagen ‚mit der Muttermilch‘ – gemeint ist aber: im Sprachgebrauch – aufnehmen. Geschriebene Varietäten setzen ein Schriftsystem voraus, das mühsam erlernt werden muss. Das gesprochene Wort ist flüchtig, das geschriebene Wort auf Verdauerung angelegt. Wenn wir uns an einem Gespräch mit einer Kollegin beteiligen, können sich die wenigsten am Schluss noch an alle Einzelheiten des Gesprächs erinnern. Bei einer Brief- oder E-Mail-Korrespondenz mit dieser Kollegin können wir hingegen jederzeit in dieser Korrespondenz nachschauen, was wann geschrieben wurde – vorausgesetzt, man hat die Korrespondenz aufgehoben. Die Kommunikation im gesprochenen und die Kommunikation im geschriebenen Medium unterliegen also verschiedenen Voraussetzungen und verschiedenen Bedingungen, und dies hat auch Auswirkungen auf die sprachliche Gestaltung, selbst wenn sie dieselbe Sprache und dieselbe Varietät, z. B. eine Standardvarietät des Deutschen, betreffen.

Gesprochenes vs. geschriebenes Deutsch Grammatiken des Deutschen waren früher fast ausschließlich Grammatiken des geschriebenen Deutsch, genauer gesagt: der geschriebenen Standardvarietät des Deutschen, die sich an bestimmten Registern des gedruckten (!) Deutsch orientierte, v. a. der gehobenen Literatur. Die Duden-Grammatik hat seit ihrer 7. Auflage von 2005 eigene Kapitel mit dem Titel „Gesprochene Sprache" (bis zur 9. Auflage verfasst von Reinhard Fiehler, s. etwa Fiehler 2016, in der 10. Auflage von Maria Thurmair, s. Thurmair 2022). Dies ist nicht nur ein Zeichen der Wertschätzung der wissenschaftlichen Forschung zum gesprochenen Deutsch, die (erst) seit den 1970er Jahren intensiviert wurde, sondern auch eine Anerkennung der „Würde der Alltagssprache" (Schwitalla 2012: 15). Zur Alltagssprache ist gleich noch mehr zu sagen, bleiben wir aber einen Moment bei den medialen Unterschieden.

Das gesprochene Deutsch zeichnet sich – wie gesprochene Sprache allgemein – durch einige spezifische Merkmale aus, die das geschriebene Deutsch nicht hat bzw. haben kann. Dazu zählen insbesondere Merkmale der Prosodie und der Stimme (vgl. Fiehler 2016: 1210–1212): Die Stimmqualität kann ‚verraten‘, ob jemand krank oder nervös ist. Ihre Stimmlage und die Lautstärke verändern viele Sprecher:innen, wenn sie mit kleinen Kindern oder älteren Patient:innen sprechen. Sie können die Stimme so modulieren, dass das, was sie sagen, ironisch klingt – Ironie misslingt dagegen häufig, wenn man sie im Geschriebenen versucht (trotz Zwinker-Smileys). Durch Akzentuierung kann man Sätze, die im Geschriebenen nicht eindeutig sind, disambiguieren, s. Bsp. (4) und (5):

(4)   *Wir sollten das Hindernis umfahren.*

    a. *Wir sollten das Hindernis **um**fahren.*

    b. *Wir sollten das Hindernis um**fah**ren.*

(5)   *Sie fahren mit Abstand am besten.*

    a. *Sie fahren mit **Ab**stand am besten.*

    b. *Sie fahren mit Abstand am **bes**ten.*

Um die Akzentuierungen in den Beispielsätzen (4a)/(4b) und (5a)/(5b) deutlich zu machen, werden – bezeichnenderweise – zusätzlich zu den graphematischen Regeln des Deutschen noch besondere typographische Auszeichnungen benötigt (wie hier der Fettdruck).

2.3.2 Konzeptionelle Variation

Konzeptionell mündliches und konzeptionell schriftliches Deutsch Kommen wir zurück zur Alltagssprache. Zunächst ist zu präzisieren: Im Anfang war und ist nicht nur das gesprochene Wort, sondern noch konkreter: das gesprochene Wort der ‚Nähesprache'. Dieser Terminus referiert nicht mehr nur auf das Medium, das Menschen in ihrem Spracherwerb als erstes verwenden, sondern auf das primär erworbene sprachliche Register, das durch verschiedene kommunikative Bedingungen geprägt ist: ein raum-zeitliches Näheverhältnis mit *face-to-face*-Interaktion zwischen den Kommunikationspartner:innen – im Spracherwerb typischerweise zwischen den sprechen lernenden Kindern und ihnen vertrauten, persönlich nahestehenden Menschen (Eltern, Geschwister, Verwandte, Freund:innen), im späteren Leben zusätzlich zwischen Partner:innen im privaten Bereich –, ein eher dialogischer Charakter der Kommunikation, ein hohes Maß an Spontaneität, Expressivität und Affektivität bei flexibler Themensteuerung etc. Im starken Kontrast dazu steht etwa die Kommunikation über einen wissenschaftlichen Text wie den vorliegenden. Er ist monologisch, findet in einem raum-zeitlichen Distanzverhältnis zwischen dem Autor (nämlich mir) und den Leser:innen statt (also Ihnen, die Sie den Text an irgendeinem Ort in der Welt zu irgendeiner Zeit nach seiner Publikation lesen), wobei sich Autor und Leser:innen in aller Regel völlig fremd sind; in dem Text geht es um ein bestimmtes Thema (nämlich das Variationsspektrum im Deutschen), er ist geplant und versucht, möglichst objektiv zu sein, etc.

Solche kommunikativen Bedingungen schlagen sich in der Versprachlichung nieder: Ein privates Gespräch, das den genannten Kommunikationsbedingungen einer ‚Nähesprache' unterliegt und als Prototyp von ‚Nähesprache' gelten kann, zeichnet sich durch verschiedene Merkmale aus, die dem ‚gesprochenen Deutsch' zugeschrieben werden (vgl. Schwitalla 2012; Fiehler 2016). Zur Illustration sei hier nur eine kleine Auswahl prominenter syntaktischer Phänomene aufgelistet; auf einzelne Phänomene wird weiter unten näher eingegangen, andere werden in ▶ Kap. 5 genauer erläutert:

2

Zur Vertiefung: Einige syntaktische Phänomene im konzeptionell mündlichen Deutsch

Referenz-Aussage-Strukturen (auch: Linksversetzungen), bei denen ein thematisch eingeführtes Satzglied [hier: *die lehrer*] durch ein Pronomen [hier: *die*] wieder aufgenommen wird)

(6)   un **die lehrer die** *saßen da alle auch um so größere tische herum*

Apokoinukonstruktionen (auch: Drehsätze), bei denen zwei Konstruktionen ein gemeinsames Satzglied haben

(7)   *des is* **was furchtbares** *is des*

Operator-Skopus-Strukturen: auf eine einleitende kurze ‚Verstehensanweisung‘, den Operator (im Beispiel (8): *kurz und gut*), folgt eine vollständige Äußerung, der Skopus

(8)   *kurz und gut wir können uns das abenteuer nicht leisten*

Abhängige Verbzweit-Konstruktionen, d.h. Nebensätze ohne einleitende Subjunktion

(9)   *ich weiß du kannst das*

Ursprüngliche Subjunktionen (*weil, obwohl, wobei, während*) mit Hauptsatzwortstellung (▶ Kapitel 5)

(10)   *modorenlärm den kann ich schon nicht mehr höre* **weil** *ich woar zwanzich joahr eisenbiejer und hob an der eisenbiejemaschin geschafft*

(11)   *s war ä bissl eng* **obwohl** *im kaisersaal war s noch enger*

(12)   *und so hihi Schlagermusik und so* **wobei** *s so so manche schlager die find ich zum teil gar nich so übel*

(13)   *weil des grundstück hundertprozentig der stadt gehören würde da würd s gar keine schwierigkeiten geben* **während** *hier müssen die grundstücke weiß net wieviel grundstückseigentümer s sind erst eben erworben werden*

Verberst-Stellung in Aussagesätzen (mit Subjekt, s. Beispiel (14), oder ohne Subjekt, s. Beispiel (15))

(14)   **wird** *sich der chef wieder freuen*

(15)   **gibt** *halt überall solche und solche*

Expansionen (auch: Ausklammerungen): eine Äußerung wird durch ein Satzglied ausgebaut, das auch innerhalb der Satzklammer stehen könnte (im Beispiel (16): *von port dixon*), aber – z.B. zur Betonung – erst nach dem klammerschließenden Teil (*entfernt*) geliefert wird

(16)   *wie weit ist das entfernt **von port dixon***

Dativ-Possessiv-Konstruktionen (auch: possessives Dativattribut): ein Besitz- oder Zugehörigkeitsverhältnis wird ausgedrückt durch einen Possessor im Dativ (in Beispiel (17): *der anna*, in Beispiel (18): *dem otto*) und ein darauf folgendes Possessum (*ihr schlüssel, seine operation*)

(17)   *das ist der anna ihr schlüssel*

(18)   *dem otto seine operation hat nichts geholfen*

(aus Fiehler 2013: 33–34, Wiese 2012: 85, AdA, Runde 9; [▶ https://www.atlas-all-tagssprache.de/attribut/])

Konzeptionelle Mündlichkeit im medial geschriebenen Deutsch   Zwar findet die Alltagssprache tatsächlich im Wesentlichen im gesprochenen Medium statt, allerdings ist sie auch im geschriebenen Medium möglich. Die aufgeführten syntaktischen Phänomene etwa sind typisch, aber nicht spezifisch für gesprochene Varietäten. Sie lassen sich leicht auch in geschriebenen Textsorten nachweisen, die den kommunikativen Bedingungen eines Privatgesprächs näher stehen als ein wissenschaftlicher Text – zum Beispiel Privatbriefe (vgl. Elspaß 2005: 200–316, 325–336) oder privates Instant Messaging (vgl. Janssen o. J. [2015]: 154–266). Dies deutet darauf hin, dass für die Art der Versprachlichung nicht allein die medialen Optionen ‚gesprochene Sprache' oder ‚Schrift' entscheidend sind, sondern, wie angedeutet, die Kommunikationsbedingungen, die Sprecher:innen bzw. Schreiber:innen zu unterschiedlichen Konzeptionen ihrer Äußerungen veranlassen.

In bestimmten kommunikativen Momenten kann es z. B. vordringlich sein, eine Referenz einzuführen, bevor etwas über sie ausgesagt wird. Dies führt etwa zu Referenz-Aussage-Strukturen wie in Beispiel (6). In kommunikativen Momenten, in denen mehr Planungszeit für die einzelne Äußerung ist, wird man solchen Strukturen eher ausweichen, zumal sie in der geschriebenen deutschen Standardsprache als ‚unkorrekt' stigmatisiert sind. (In formellen Kontexten schreiben würde man dagegen eine Variante wie etwa *Die Lehrer saßen da alle um größere Tische herum.*, die eine Referenz-Aussage-Struktur meidet, ebenso wie manche Modalpartikel, die typisch ist für Mündlichkeit, z. B. *auch* und *so*, s. Bsp. (6).) Standardsprachlich stigmatisiert sind auch Dativ-Possessiv-Konstruktionen wie in Beispiel (18), obwohl sie seit Jahrhunderten in allen Sprachgebieten des Deutschen bekannt und gebräuchlich sind (s. Fleischer & Schallert 2011: 96–99). In einem formelleren Kontext, z. B. einem (geschriebenen oder gesprochenen) Arztbericht, wird nicht von *dem Otto seine(r) Operation* die Rede sein, sondern man würde eine *von*-Phrase oder ein Genitivattribut verwenden – und man würde auch nicht den Vornamen verwenden (schon gar nicht begleitet vom bestimmten Artikel) –, also z. B. *die Operation von Herrn Müller* oder *Herrn Müllers Operation* formulieren.

Ein Modell zu konzeptioneller Mündlichkeit und konzeptioneller Schriftlichkeit Das Verhältnis von Medium und Konzeption haben die beiden Romanisten Peter Koch und Wulf Oesterreicher in einem Modell zusammengeführt, das als ‚Nähe-Distanz-Modell' bekannt geworden ist (s. ◖ Abb. 2.1).

Das Modell ist vielfach diskutiert worden, und es hat auch Versuche gegeben, es zu erweitern. Wir geben es hier in der Fassung von Koch & Oesterreicher (1985) wieder. Es veranschaulicht, dass die mediale Dichotomie (gesprochene vs. geschriebene Sprache) sozusagen quer zum konzeptionellen Kontinuum zwischen jenen beiden Polen steht, die Koch & Oesterreicher treffend ‚Nähesprache' und ‚Distanzsprache' genannt haben (es gibt eher nähesprachliche und eher distanzsprachliche Texte). ‚Nähesprache' wird in diesem Modell auch als ‚konzeptionelle Mündlichkeit', ‚Distanzsprache' als ‚konzeptionelle Schriftlichkeit' bezeichnet. Damit soll klar gemacht werden, dass ‚gesprochen' und ‚(konzeptionell) mündlich' nicht dasselbe ist – ebenso wenig bedeutet ‚geschrieben' dasselbe wie ‚(konzeptionell) schriftlich'.

Von der Verschriftung zur Verschriftlichung Der mediale Unterschied ‚gesprochen vs. geschrieben' ist in gewisser Weise nachrangig gegenüber der konzeptionellen Dimension, auf der das Kontinuum zwischen Mündlichkeit und Schriftlichkeit liegt. Das lässt sich einfach veranschaulichen: Eine gesprochene Äußerung kann leicht verschriftet werden. Die Beispiele (6) bis (18) sind Transkriptionen von gesprochenen und von Sprachwissenschafter:innen aufgenommenen Sätzen. Umgekehrt kann ein geschriebener Text leicht ‚verlautbart' werden, indem Sie sich z. B. den vorliegenden Text laut vorlesen. Etwas anderes ist es, einen konzeptionell mündlichen Text zu verschriftlichen. Eine alltagssprachliche Äußerung wie *[Der Doktor sagt,] dem Otto seine Halsschlagader ist verengt, da könnte sich das Blut drin stauen.* würde für einen Arztbericht in so etwas wie *Beim Patienten M. zunehmende Stenose der Arteria carotis interna mit hämodynamischer Relevanz.* umzuformulieren sein. Umgekehrt kann es manchen Ärzt:innen schwer fallen, einen medizinischen Befund von ihrer Fachsprache in ein Alltagsdeutsch zu ‚übersetzen' bzw. umzuformulieren, das auch medizinische Laien verstehen würden. Der jederzeit mögliche Wechsel von einem Medium ins andere wird mit dem Terminus „medium-transferability" gefasst.

Die Veränderungen von ‚Nähesprache' zu ‚Distanzsprache' setzen längere Prozesse voraus, die sich sowohl für die individuelle Sprachentwicklung als auch für die Entwicklung einer Sprachgemeinschaft beschreiben lassen. Jedes Kind wächst mit einer (oder mehreren) Nähesprache(n) seiner Muttersprache(n) auf. Ein Ziel der schulischen Bildung, nicht nur des Deutschunterrichts, ist es, Kinder zu distanzsprachlichen Registern zu führen. Distanzsprachliche Register finden sich in allen Sprachkulturen; sie bilden sich über viele Generationen heraus. In einer schriftkulturell geprägten Gesellschaft wie der deutschsprachigen ist die Entwicklung solcher Register mit der Ausbildung der Schriftsprache verknüpft. Die eine Leistung bestand (im Frühmittelalter) darin, die mittelalterlichen

Dialekte des Deutschen zu verschriften, die andere, das Deutsche (im 17. und 18. Jahrhundert) zu einer voll ausdifferenzierten Schriftsprache ‚auszubauen‘, die es erlaubte, wissenschaftliche Diskurse nicht nur auf Latein oder Französisch zu führen, sondern eben auch auf Deutsch.

Mündlichkeit, Schriftlichkeit und Textsorten Dass Koch & Oesterreicher ihr Modell in der spezifischen Form des Parallelogramms zeichneten, begründeten sie damit, dass die (Register-)Variation in einer Sprache wie dem Deutschen nicht zufällig ist: Es besteht eine höhere Wahrscheinlichkeit, dass konzeptionell schriftliches Deutsch in geschriebener als in gesprochener Form auftritt; umgekehrt ist konzeptionell mündliches Deutsch eher gesprochen als geschrieben. Das wird anschaulicher, wenn man sich verschiedene Redegattungen und Textsorten anschaut, wie sie auf der Nähe-Distanz-Linie mit Buchstaben eingezeichnet sind: Vertraute (Privat-)Gespräche (Sigle *a* in ◪ Abb. 2.1), wie sie in dem Moment, in dem Sie diesen Text lesen, millionenfach in deutscher Sprache stattfinden, sind eine prototypische Redegattung konzeptioneller Mündlichkeit. Ein Bruchteil

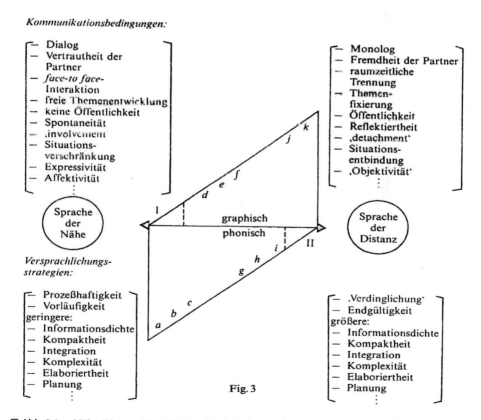

◪ **Abb. 2.1** ‚Nähe-Distanz-Modell‘ (Aus Koch & Oesterreicher 1985: 18, 23). Siglen a bis k: a = vertrautes Gespräch, b = Telefonat mit einem Freund, c = Interview, d = abgedrucktes Interview, e = Tagebucheintrag, f = Privatbrief, g = Vorstellungsgespräch, h = Predigt, i = Vortrag, j = FAZ-Artikel, k = Verwaltungsvorschrift

2

solcher ‚Gespräche' findet zeitgleich über WhatsApp oder ähnliche Programme statt – zwar konzeptionell mündlich, aber geschrieben. Verwaltungsvorschriften (Sigle *k*) auf Deutsch, wie sie täglich tausendfach entstehen, gelten als prototypische Textsorte im geschriebenen Medium. Nur ein Bruchteil solcher Texte wird vorgetragen – dass sie dabei ins gesprochene Medium ‚transferiert' werden, ändert nichts daran, dass sie schriftlich konzipiert sind.

Empirische Ressourcen: Korpora konzeptioneller Mündlichkeit und konzeptioneller Schriftlichkeit des gegenwärtigen Deutsch

Die größten Korpora für gesprochenes und geschriebenes Deutsch der Gegenwart sind über das Leibniz-Institut für Deutsche Sprache (IDS) abrufbar.

Deutsches Referenzkorpus (DeReKo): Das größte Gesamtkorpus für geschriebenes Deutsch – genauer: konzeptionell geschriebenes Deutsch – ist im Korpusmanagementsystem „Cosmas II" zusammengestellt worden. Cosmas II liegt gegenwärtig (November 2022) in der Version 2.4.1 vor und ist über die Einstiegsseite ▶ https://cosmas2.ids-mannheim.de/cosmas2-web/ nach vorheriger Registrierung nutzbar. Kern ist das Deutsche Referenzkorpus (DeReKo), das 2022 ca. 53 Mrd. Wörter umfasste und zum weit überwiegenden Teil aus Texten konzeptioneller Schriftlichkeit der Gegenwartssprache aus fast allen deutschsprachigen Ländern besteht, vor allem aus Zeitungen, aber auch aus Belletristik, Wissenschaft und Populärwissenschaft. Das DeReKo kann als das größte für linguistische Zwecke erstellte deutschsprachige Korpus gelten. Es wird für Untersuchungen zum gegenwärtigen geschriebenen Standarddeutsch sowie zu aktuellen Entwicklungstendenzen herangezogen. Darüber hinaus schließt das DeReKo auch Korpora digitaler informeller Texte mit ein, z. B. ein Korpus von Wikipedia-Artikeln oder das Dortmunder Chatkorpus (s. die Vertiefung „Korpora computer-vermittelter Kommunikation" in ▶ Abschn. 2.3.3). Die linguistische Annotation der Korpusdaten umfasst Lemma- und Wortartinformationen (Lemmatisierung und *Part-of-Speech*-Tagging). Da auch nach Interpunktionszeichen gesucht werden kann, sind in sehr begrenztem Maße auch satzbezogene Suchabfragen möglich. Für weiterführende Informationen zum Korpus vgl. Lüngen (2017) sowie die Website ▶ https://www.ids-mannheim.de/digspra/kl/projekte/korpora/ am IDS.

Datenbank für gesprochenes Deutsch (DGD): In den letzten Jahren ist auch intensiv an der Erstellung öffentlich zugänglicher digitaler Korpora mit Daten des gesprochenen Deutsch gearbeitet worden. Viele solcher Einzelkorpora sind im Korpusmanagementsystem „Datenbank für gesprochenes Deutsch (DGD)" am Leibniz-Institut für Deutsche Sprache zusammengeführt worden. Der Zugang ist – auch hier nach vorheriger Registrierung – über ▶ https://dgd.ids-mannheim.de/dgd/pragdb.dgd_extern.welcome möglich. Hier sind Audio- und Videoaufnahmen sowie teilweise auch Transkripte dieser Aufnahmen und Metadaten, etwa Sozialdaten der aufgenommenen Sprecher:innen, versammelt. Über Volltextrecherche oder strukturensitive Recherche sind Suchanfragen in allen oder auch nur ausgewählten Einzelkorpora möglich. In konzeptioneller Hinsicht reicht das Spektrum von alltagssprachlichen Dialogen und informellen Interviews (konzeptionell mündlich) bis hin zu Aufnahmen zur Aussprache der gesprochenen Standardsprache und Wissenschaftssprache (konzeptionell schriftlich).

Alle Korpora des IDS sind über eine gemeinsame Korpusanalyseplattform (KorAP) zugänglich (▶ https://korap. ids-mannheim.de/). Über die am IDS angesiedelten Korpora hinaus gibt es noch verschiedene andere (Spezial-) Korpora für das Deutsche der Gegenwart, z. B. die Lernendenkorpora am Hamburger Zentrum für Sprachkorpora (HZSK) (▶ https://corpora.uni-hamburg.de/hzsk/). Weitere Korpora konzeptioneller Mündlichkeit zum Deutschen, die einen Schwerpunkt auf mehrsprachigen Kontexten des Deutschen haben, werden in ▶ Kap. 3 vorgestellt.

2.3.3 Variation in digitalen Medien

,Alte' und ,neue' Medien, Kommunikationsformen und Textsorten Der Privatbrief (Sigle *f* in ◼ Abb. 2.1 kann, wie schon angedeutet, als typisch alltagssprachliche (im Sinne einer konzeptionell mündlichen) Textsorte gelten. Aber wer schreibt heute schon noch Privatbriefe? Mit dem Aufkommen der computer-vermittelten Kommunikation sind Privatbriefe ziemlich unüblich geworden, weil man private Mitteilungen, wenn man sie nicht über das gesprochene Wort äußern kann oder will, eher tippt und digital versendet. Doch schon das Gespräch über das Telefon (Sigle *b*) ist in konzeptioneller Hinsicht nicht mehr dasselbe wie ein Gespräch unter im selben Raum anwesenden Personen: Man sieht den/die Gesprächspartner:in nicht, und man kann das gesprochene Wort nicht durch Mimik oder Gestik unterstützen. Selbst Gespräche über die Bild- und Videotelefonie sind nicht dasselbe, denn manchmal sorgen technische Probleme dafür, dass die Übermittlung gestört ist. Darüber hinaus werden häufig Redepausen oder Gesten anders gedeutet – gerade wenn mehrere Personen am Gespräch beteiligt werden sollen – als bei einem Gespräch im physisch selben Raum, so dass zum Teil Rederechtsaushandlungen misslingen.

Mit dem Aufkommen ,neuer Medien', also Medien, die Ton, Texte und Bilder digital übertragen (Mobiltelefone, internetfähige PCs und Smartphones etc.), erschienen nicht nur verschiedene technische Errungenschaften der Neuzeit, wie die Erfindung der Rotationspresse, des Telegrafen, des Faxgeräts oder des Telefons, sondern auch Kommunikationsformen wie die gedruckte Zeitung, das Telegramm oder das Faxschreiben innerhalb weniger Jahrzehnte als veraltet und teilweise oder ganz verzichtbar.

‚Medien' und ‚Kommunikationsformen' werden hier übrigens wie folgt unterschieden:

> » *„Kommunikationsformen* sind [...] virtuelle Konstellationen von einem bestimmten Zeichenspeicherungs- oder Übertragungspotential in eine oder beide Richtungen. *Medien* sind konkrete, materielle Hilfsmittel, mit denen Zeichen verstärkt, hergestellt, gespeichert und/oder übertragen werden können." (Holly 1997: 69 f.)

Die durch die computer-vermittelte Kommunikation bewirkten dramatischen Veränderungen lassen sich besonders gut am Beispiel der Kommunikationsform ‚Brief' veranschaulichen. Deren verschiedene Textsorten lassen sich fast vollständig durch funktional äquivalente Textsorten der Kommunikationsform ‚E-Mail' ersetzen, und zwar konzeptionell mündliche (Privatbrief vs. private E-Mail) wie konzeptionell schriftliche (Geschäftsbrief vs. Geschäfts-E-Mail). Die digitalen Medien haben aber auch Kommunikationsformen hervorgebracht, für die sich kaum Pendants in den alten geschriebenen Medien finden lassen, z. B. die Kommunikation in Online-Foren oder Chats.

Digitale Medien und kommunikativer Wandel Die digitalen Medien haben seit den 1990er Jahren zweifellos das private und berufliche Kommunikationsverhalten einschneidend verändert. Um sich vor Augen zu führen, wie jung die technischen Neuerungen sind, die uns heute im täglichen Umgang selbstverständlich erscheinen, seien einige Daten zusammengestellt (nach Wikipedia): Zwar wurden schon 1971 die erste E-Mail und 1992 die erste SMS-Nachricht (kurz: SMS) verschickt. Verbreitung fand die Nutzung von Internet und E-Mail aber erst ab den 1990er Jahren, SMS erst ab dem Ende der 1990er Jahre, als Handys erschwinglich wurden. Das Internet in Form des WorldWideWeb ist seit 1991 öffentlich und weltweit nutzbar. Die Plattform Facebook gibt es erst seit 2004, den Messaging-Dienst WhatsApp seit 2009. Und die freie Online-Enzyklopädie Wikipedia gibt es übrigens erst seit 2001. Die Autor:innen des vorliegenden Buchs kennen noch eine Welt ohne Internet, SMS, Facebook, WhatsApp, Twitter, Instagram und Wikipedia; die meisten Studierenden, die es lesen, sind in einer Welt aufgewachsen, in der es diese Dinge schon gab. Seit es die digitalen Medien und die über sie verbreiteten neuen Kommunikationsformen gibt, wird in der Forschung diskutiert, ob bzw. inwiefern sie gegenwärtig die Alltagskommunikation verändern. Verändern sie aber auch die Sprache?

Konzeptionelle Schriftlichkeit in computer-vermittelter Kommunikation Für Texte konzeptioneller Schriftlichkeit lässt sich festhalten, dass sie sich kaum von Texten in entsprechenden Textsorten der alten Kommunikationsformen unterscheiden. Die Geschwindigkeit, mit der Texte über PC-Tastaturen eingegeben werden, führt freilich zur Zunahme von Tippfehlern und auch ökonomisch begründeten Schreibstrategien, wie z. B. eine durchgehende Verwendung von Kleinschreibung oder die vermehrte Nutzung von Abkürzungen. Eine große Erleichterung für Leser:innen ist die Möglichkeit, in Internettexten Links an Verweisstellen zu setzen, z. B. bei Literaturtiteln. (Die nächste Literaturangabe, „Dürscheid & Frick 2016", müssen Sie z. B. in der Druckversion dieses Buchs im Literaturverzeichnis nachblättern; bei der E-Book-Fassung genügt ein Klick auf das verlinkte Datum „2016", der Sie an die betreffende Stelle des Literaturverzeichnisses bringt.)

(Inszenierte) Konzeptionelle Mündlichkeit in computer-vermittelter Kommunikation (CMC) Ein Großteil der Forschungsliteratur befasst sich aber nicht mit konzeptionell schriftlichen, sondern mit konzeptionell mündlichen Texten in der computer-vermittelten Kommunikation. Christa Dürscheid und Karina Frick haben stilistische und graphische Merkmale der „digitalen Alltagskommunikation" zusammengestellt (Dürscheid & Frick 2016). Es geht dabei also um Phänomene, die primär für private Textsorten (private E-Mails, SMS-Nachrichten, Instant-Messaging-Nachrichten) erforscht sind.

Zur Vertiefung:

Die folgende Liste bietet eine Auswahl **stilistischer Merkmale** (Dürscheid & Frick 2016: 73–92).

- Abkürzungen für häufig gebrauchte Formeln, z. B. Initialkurzwörter wie *LG* (*Liebe Grüße*), *hdl* (*hab dich lieb*), Anfangskurzwörter wie *bro* (*brother*), ‚Skelettschreibungen' wie *vllt* (*vielleicht*) oder Schreibungen nach dem ‚Rebusprinzip', bei dem mit den Lautwerten von Zahlen gespielt wird, wie *4 you* (*for you*);
- Tilgungen, z. B. wortfinal wie in *is* (*ist*), *nich* (*nicht*), *hab* (*habe*);
- Reduktionen, z. B. *sehn* (*sehen*), *müssn* (*müssen*);
- Klitisierungen und Assimilationen, z. B. *wars* (*war es*), *haste / haschd* (*hast du*);
- häufige Verwendung von Modalpartikeln wie *halt*, *eben*, Interjektionen wie *Aaah*, ‚jugendsprachlichen' Ausdrücken wie *chillig* oder Dialektismen wie *net*, *bissl*;
- Aussparung von Pronomen, wie z. B. *_ komme gleich*, *_ gibt halt wieder Ärger*;
- Auslassung von Präpositionen, wie in *Treffen wir uns __ Bahnhof?*, auch zusammen mit der Aussparung von Pronomen, wie in *__ Bin __ züri* (*Ich bin in Zürich.*)

Graphische Phänomene

Was graphische Phänomene betrifft, nennen Dürscheid & Frick (2016: 92–106) – neben verschiedenen Abkürzungsformen, die sich offenbar teilweise nicht ganz trennscharf von den stilistischen unterscheiden lassen – folgende Phänomene:

- Verwendung von Logogrammen, z. B. + oder & (für ‚und');
- das sogenannte ‚Schreien' durch Verwendung von Großbuchstaben, z. B. *mathe mündlich? MATHE MÜNDLICH! BRUTAL! das war bei uns schriftlich und schon schlimm genug!* (dieses Beispiel stammt aus Beißwenger 2015: 42);
- Buchstabenwiederholungen, z. B. *Hurraaaa, mega kuuuuuul!!!*;
- Wiederholung von Interpunktionszeichen, s. das letzte Beispiel;
- Auslassungspunkte, z. B. *Deutschland bleibt das Land der Neider …*;
- Emoticons und Emojis, z. B. *;-)* bzw. ☺ (der sogenannte ‚Zwinker-Smiley');
- und schließlich der Einbau von Piktogrammen, z. B. ein Geburtstagskuchen, zwei anstoßende Biergläser, eine stilisierte Familie, wie sie etwa standardmäßig in die Programme von Smartphones eingebaut sind.

Unschwer lässt sich mit einem vergleichenden Blick auf die Beispiele (6) bis (18) oben (▶ Abschn. 2.3.2) erkennen, dass sich sowohl Tilgungs-, Reduktions- und Assimilationsschreibungen als auch die Verwendung typischer Modalpartikeln sowie die aufgeführten syntaktischen ‚Auffälligkeiten‘ ganz offensichtlich am Gebrauch in der gesprochenen Alltagssprache orientieren. Es handelt sich also um Mündlichkeit imitierende oder Mündlichkeit inszenierende Schreibungen. Was ‚jugendsprachliche‘ Ausdrücke und die optionale Verwendung von Präpositionen betrifft, so werden uns diese Phänomene im Zusammenhang mit Kiezdeutsch (▶ Abschn. 3.2.6) wieder begegnen. Die gezeigten Verwendungen von Großbuchstabenschreibungen, Buchstabenwiederholungen, Interpunktionszeichenwiederholungen, Auslassungspunkten sowie teilweise auch von Emoticons und Emojis haben insofern mit gesprochener Sprache zu tun, als sie „die lautlichen Eigenschaften wie Rhythmus, Akzent oder Intonation" im geschriebenen Medium zu imitieren versuchen; dies wird als „emulierte Prosodie" zusammengefasst (Dürscheid & Frick 2016: 96; zur graphischen Variation s. Androutsopoulos & Busch 2020).

Sprachliche Innovationen durch digitale Medien? Man könnte also festhalten, dass die aufgeführten Abkürzungen und graphischen Phänomene wirkliche Merkmale der digitalen Alltagskommunikation sind. Aber natürlich sind auch diese Techniken nicht neu, sondern gerade in der privaten Schriftlichkeit schon immer verwendet worden (vgl. Elspaß 2002) – nur nicht in dem gegenwärtigen Ausmaß. Wirklich innovativ scheinen nur die durch die technischen Neuerungen möglichen Phänomene zu sein, also z. B. die automatische Verlinkung von eingetippten Telefonnummern mit der Wählfunktion, die Autokorrekturfunktionen oder die automatische Erstellung von Emoticons und Sonderzeichen (etwa die – manchmal durchaus lästige – Umwandlung von „(c)" in „©"). Einige der anfangs ‚neu‘ erscheinenden Phänomene sind inzwischen von der technischen Weiterentwicklung sogar ein- bzw. überholt worden. So sind die zeitweise populären kommentierenden oder expressiven Inflektive, die meist durch zwei Asteriske gerahmt waren, wie *gähn*, *knuddel* oder *schrei* – man kannte sie vorher schon aus Comics (s. Schlobinski 2001) – mit dem Aufkommen von Emojis, die dieselben Funktionen mit nur mehr einem Tastendruck erfüllen, außer Gebrauch gekommen.

Digitale Medien und sprachlicher Wandel? Wenn man die letzten 20 bis 30 Jahre Revue passieren lässt, so sind die Auswirkungen der neuen Medien auf das Kommunikationsverhalten vieler Menschen in Industrieländern wie Deutschland, Österreich oder Schweiz unbestritten und im öffentlichen wie privaten Bereich – buchstäblich – unübersehbar (vgl. Dürscheid & Frick 2016: 129–136). Eine andere Frage ist, wie sie sich auf das Sprachverhalten ausgewirkt haben. Die Diskussion ist eine Zeitlang mit einer gewissen Aufregung geführt worden – Aufregung aufgrund des ‚Neuen‘ oder auch Aufregung über einen vermeintlichen Sprachverfall. Dazu ein Beispiel: Das Nachrichtenmagazin *DER SPIEGEL* brachte 2003 einen Artikel, in dem eine drohende Gefahr des „SMS-Stils" für allgemeine Fähigkeiten im Lesen und Schreiben von Schüler:innen thematisiert wird. Dort wird der Beginn eines Textes zitiert, den „eine 13-jährige Schülerin einer staatlichen Schule im Westen Schottlands als Aufsatz ablieferte" (Spiegel-Online, 03.03.2003), s. Bsp. (19):

(19)   „My smmr hols wr CWOT. B4, we usd 2 go 2 NY 2 C my bro, his GF & thr 3 :-@ kds
FTF. ILNY, its gr8."

,My summer holidays were a complete waste of time. Before, we used to go to New
York to see my brother, his girlfriend and their three screaming kids face to face. I
love New York, it's [a] great [place].'

(▶ https://www.spiegel.de/lebenundlernen/schule/sms-sprachalarm-an-schulen-2b-or-
not-2b-a-238539-2.html; auch in Dürscheid & Frick 2016: 74, 155 f.)

Eine genauere Quelle gibt *DER SPIEGEL* nicht an. Wir wissen daher auch nicht,
wie die Aufgabenstellung genau lautete. Aber egal, ob es sich um ein tatsächliches
oder konstruiertes Beispiel handelt und ob die Autorin möglicherweise ein der
Aufgabenstellung oder Testsituation nicht angemessenes Register wählte: Falls
eine 13-jährige Schülerin so schreibt, dann kann man ihr nichts anderes als eine
ausgeprägte Sprachvirtuosität attestieren. Denn mit solch einer Schrift wachsen
Schüler:innen nicht auf, und sie lernen sie so nicht im Schulunterricht. Um
schriftliche Variation in diesem Ausmaß verwenden zu können, muss ein hoher
Grad an Schriftkompetenz vorhanden sein.

Ähnlich kann der Gebrauch von Formen gesehen werden, die Mündlichkeit
simulieren: Sie setzen eine gewisse Reflexion der mündlichen Phänomene sowie
die Fähigkeit, sie ins Schriftbild umzusetzen, voraus. Erst recht gilt diese Feststellung für das Schreiben im Dialekt, auch hierfür ein Beispiel aus Dürscheid &
Frick (2016: 93) (◻ Abb. 2.2).

Auch wenn alle Deutschschweizer:innen Dialekt sprechen: Im Schulunterricht
haben sie nicht gelernt, so zu schreiben. Es handelt sich vielmehr um eigene Schreib-
systeme, in denen sich im aktiven Gebrauch über viele Jahre – gewissermaßen in
einer linguistischen Graswurzelentwicklung – eigene Regeln für die Verschriftung
von dialektaler Lautung herausgebildet haben, z. B. Doppelvokalschreibungen für

1) Ich habe angst vor raupen

2) Eine Traumfrau voller Gegensätze. Ich beschütze dich
vor ihnen. Solange du vor Schmetterlingen keine Angst
hast.

3) Wir brauchen noch ein Bild für Bandwürmer...

4) Ich suche mal

5) Zu meiner verteidigung muss ich sagen, dass ich einmal ein traumatisches erlebnis hatte. Ich bin in der nacht
aufgewacht – und dann hat eine raupe neben mir gelegen. Seither graust es mich brutal vor ihnen

Abbildung 11: WhatsApp-Dialog mit teilweise normgerechter Groß- und Kleinschreibung

◻ **Abb. 2.2**   WhatsApp-Dialog auf Schweizerdeutsch (aus Dürscheid & Frick 2016: 93)

2

Langvokale wie in *bruuchet* oder *gruusetsme* (standardsprachlich: *graust's mir*), Verschmelzungsschreibungen, wie ebenfalls in *gruusetsme*. Vorausgegangen ist aber auch hier eine Literalisierung im Standarddeutschen.

Informelle sprachliche Umgangsformen waren vor dem Aufkommen der computer-vermittelten Kommunikation im Wesentlichen auf das gesprochene Wort oder auf private Texte, die nicht für fremde Augen bestimmt waren, beschränkt. In der computer-vermittelten Kommunikation ist es leicht, auch private Mitteilungen weiterzuleiten (per E-Mail, SMS, WhatsApp etc.). Informelle Stile finden darüber hinaus Eingang in Register, die einen vermeintlich privaten oder halböffentlichen Charakter vorgeben, aber oft von einer breiten Öffentlichkeit gelesen werden können, z. B. Blog-Beiträge oder Beiträge in Foren. Auf diese Weise werden Sprachvarianten weithin ‚sichtbar‘, die man sonst eben nur gehört oder im privaten Bereich gelesen hat.

Empirische Ressourcen: Korpora zur computer-vermittelten Kommunikation

Zur Erforschung des Sprachgebrauchs in der computer-vermittelten Kommunikation sind in den letzten 20 Jahren verschiedene Korpora entstanden, die – nach entsprechender Registrierung – auch öffentlich zugänglich sind.

Das **Dortmunder Chat-Korpus** versammelt Texte aus den 2000er Jahren, die überwiegend öffentlichen Chat-Räumen entstammen. Es besteht aus konzeptionell mündlichen (Privat-)Chats wie auch konzeptionell schriftlichen Chats (z. B. Beratungs-Chats), ist annotiert und umfasst ca. 1 Mio. Wortformen. Es ist über die Seite des „Digitalen Wörterbuchs der deutschen Sprache (DWDS)" zugänglich (▶ https://www.dwds.de/).

Die DWDS-Seite beheimatet auch verschiedene – und schnell wachsende – Webkorpora, die gegenwärtig etwa 11,4 Mrd. Wortformen umfassen und über das Metakorpus WebXL recherchierbar sind (Stand: 2022).

Das **Swiss SMS-Corpus** besteht aus fast 26.000 SMS-Nachrichten, die 2009/10 in der Schweiz versandt wurden. Das Korpus umfasst ca. 650.000 Tokens.

Der größte Anteil der Nachrichten ist in Deutschschweizer Dialekten verfasst, daneben auch in der Standardvarietät und zu kleineren Teilen auch in einer der drei anderen Landessprachen Französisch, Italienisch und Rätoromanisch (vgl. ▶ http://www.sms4science.ch/).

Das Korpus **What's up, Switzerland?** versammelt ca. 750.000 WhatsApp-Nachrichten, die im Jahr 2014 von der Schweizer Bevölkerung für dieses Korpusprojekt ‚gespendet‘ wurden. Das so entstandene Korpus ist mehrsprachig (alle vier Landessprachen der Schweiz sowie Englisch, Spanisch sowie verschiedene slawische Sprachen) und hat eine Größe von ca. 5,5 Mio. Tokens. Es ist über die Plattform ANNIS durchsuchbar (vgl. ▶ https://www.whats-up-switzerland.ch/).

Ein neues – und ständig erweitertes – Korpus zur Alltagskommunikation mittels elektronischer Kurznachrichten ist die **Mobile Communication Database (MoCoDa)**, die gegenwärtig (Stand: 2022) fast 20.000 Nachrichten mit über 1 Mio. Zeichen enthält (s. ▶ http://www.mocoda.spracheinteraktion.de/).

Der Schlüssel zum Verständnis der gegenwärtigen Entwicklungen im Deutschen, wie sie derzeit vor allem am Beispiel von Texten in Kommunikationsformen neuer Medien diskutiert werden, könnte in einer zunehmenden Informalisierung kommunikativer Umgangsformen gesehen werden, die eben auch die Sprache betreffen (vgl. dazu die Argumentation in Dürscheid & Frick 2016: 124–126).

2.3.4 Situative Variation

Standen bisher – im Zusammenhang mit medialen und konzeptionellen Bedingungen – Faktoren im Vordergrund, die sich auf die Variation und den Wandel im sprachlichen Repertoire einer Sprachgemeinschaft auswirken, so sollen im Folgenden Faktoren ins Blickfeld rücken, die das Repertoire von Sprecher:innen und ihre Wahl in diesen individuellen sprachlichen „Möglichkeitsräumen" betreffen (Macha 1991).

Code-Switching und Code-Shifting Sprecher:innen verfügen in ihrem Repertoire häufig über zwei oder mehr Sprachen (sind also bi- oder multilingual) oder über zwei klar abgrenzbare Varietäten einer Sprache (sprechen z. B. neben einer Standardvarietät auch einen oder mehrere Dialekte).

Von Code-Switching spricht man, wenn Sprecher:innen je nach Kommunikationspartner:innen und/oder Thema – oft auch innerhalb einer Äußerung – von der einen in die andere Sprache bzw. Varietät wechseln. Code-Switching ist nicht nur in mehrsprachigen Ländern – z. B. in Luxemburg oder der Schweiz – sowie in Grenzgebieten (▶ Abschn. 3.2.5) und in traditionell diglossischen Gebieten (wie der Deutschschweiz, Vorarlberg oder den Gebieten Norddeutschlands, wo noch Plattdeutsch gesprochen wird, ▶ Abschn. 2.3.3 und 3.2.3), sondern auch in mehrsprachigen Städten verbreitet. Bei mehrsprachigen Jugendlichen ist Code-Switching manchmal nur noch schwer vom – oft spielerischen – Code-Mixing zu unterscheiden (▶ Abschn. 3.2.6).

Code-Shifting wird dagegen als das „kontextbedingte unbewußte Übergleiten von einer Varietät in die andere" beschrieben (Barbour & Stevenson 1998: 5). Dies ist besonders häufig in den bairischen Dialektgebieten in Bayern und Österreich zu hören. In Universitätsseminaren ist dort etwa zu beobachten, dass Studierende ein Referat in der Standardvarietät halten und dann in der Diskussion mit Kommiliton:innen, die aus demselben Sprachgebiet stammen, in dialektnähere Varietäten hinübergleiten und sich dessen erst bewusst werden, wenn Austauschstudierende sie darauf aufmerksam machen, dass sie der Diskussion nicht mehr ganz folgen können.

Registerwahl Im ▶ Abschn. 2.3.1 hatten wir festgehalten, dass Register als Sprachlagen (innerhalb von ‚Varietäten im engeren Sinne') zu sehen sind, die einer gewissen sprachlichen Konventionalisierung unterliegen. In bestimmten beruflichen Zusammenhängen etwa ist es angezeigt, sich einer Terminologie zu bedienen, die nicht nur eine schnelle und präzise Verständigung über Fach- oder

andere spezielle Themen ermöglicht, sondern auch eine Sprech- und Schreib-
weise bildet, die über Generationen tradiert und in einschlägigen Kreisen daher
üblich ist. Von hier aus lässt sich nun auch ein Bogen zu ‚Nähe-‘ und ‚Distanzsprache‘ und verschiedenen Formalitätsgraden schlagen (s. o. ▶ Abschn. 2.2):
Konzeptionelle Mündlichkeit hat ihren Platz im Bereich informeller Sprech- und
Schreibweisen, konzeptionelle Schriftlichkeit dagegen im Bereich formeller Sprech-
und Schreibweisen. Wie in ◘ Abb. 2.1 gesehen, lassen sich für jede Sprachkultur
auf dem Kontinuum zwischen Nähe- und Distanzsprache verschiedene Redegattungen und Textsorten platzieren, die aufgrund der Tatsache, dass sie historisch
über einen langen Zeitraum gewachsen sind, jeweils auch eigene Gattungs-
bzw. Textsortenkonventionen herausgebildet haben. Wenn Sprecher:innen und
Schreiber:innen also aus ihrem individuellen Repertoire bestimmte ‚Register
ziehen‘, dann tun sie dies, indem sie auf solche Konventionen zurückgreifen.

Stilwahl Innerhalb von Varietäten und unter Beachtung der genannten Text-
sorten- und Gattungskonventionen haben Schreiber:innen und Sprecher:innen
jedoch auch stilistische Spielräume. Wir hatten oben (in ▶ Abschn. 2.2) schon festgestellt, dass die – mehr oder weniger bewusste – Wahl eines Stils innerhalb einer
Varietät und/oder eines Registers vor allem von drei Faktoren geleitet sein kann:
Aufmerksamkeit gegenüber der Sprech-/Schreibsituation (*attention to speech/
writing*), jeweilige Kommunikationspartner:innen (*audience design*) sowie Rolle und
Persona der Sprecher:innen bzw. Schreiber:innen (*speaker design*).

Der Grad der Aufmerksamkeit, den Sprachverwender:innen dem Sprechen
oder Schreiben in einer Situation widmen, ist in sozio- und variationslinguistischen Untersuchungen der am stärksten operationalisierte Faktor. Bis
heute wird in vielen Studien zu gesprochenen Varietäten eine Versuchsanordnung
verwendet, die im Kern auf eine Studie von William Labov (1972) zur Laut-
variation und zum Lautwandel in New York City zurückgeht. Die Versuchspersonen haben dabei bis zu fünf Aufgaben zu absolvieren: Es wird ein Interview
mit ihnen durchgeführt, sie werden gebeten, einen bestimmten Text vorzulesen,
dann eine Liste isolierter Wörter und schließlich eine Liste mit Minimalpaaren
einer Standardvarietät (z. B. *spielen – spülen*; bei dieser Aufgabe würde es beispielsweise darum gehen herauszufinden, ob die Versuchspersonen einen Unterschied zwischen [iː] und [yː] machen, den sie möglicherweise in ihrer regionalen
Varietät nicht haben). Zusätzlich werden informelle Gespräche der Versuchspersonen mit ihnen vertrauten Gesprächspartner:innen aufgenommen – natürlich nur nach vorheriger Einholung einer Zustimmung und gefolgt von einer
Anonymisierung aller personenbezogenen Daten. Diese fünf Situationen sollen
fünf verschiedene Grade der Aufmerksamkeit und damit fünf Grade von *style*
(nach Labov) repräsentieren (◘ Abb. 2.3).

Audience design In ▶ Abschn. 2.2 wurde am Beispiel einer Vortragssituation
illustriert, wie sich ein Stil in Abhängigkeit von den Kommunikationspartner:innen
ändern kann. Wir wollen auch zwei Beispiele für Stilwahl in geschriebener Sprache
geben – zunächst ein gegenwartssprachliches, dann auch ein historisches Beispiel.

■ **Abb. 2.3** Grad der Aufmerksamkeit in Abhängigkeit von der Sprechsituation (nach Labov 1972)

Schauen wir uns dazu zwei Textbeispiele aus dem RUEG-Korpus (▶ Abschn. 3.2.6) an: In Beispiel (20) schreibt ein Jugendlicher eine informelle getippte Textnachricht über einen Unfall an einen Freund. Beispiel (21) ist ein formeller Zeugenbericht, den dieser Jugendliche über denselben Unfall für die Polizei verfasst hat.

(20)   *Oh lol. Gab grad nen auffahrunfall gesehen. Bei 5kmh xD*

   *mit allrm drum und dran, kinderwagen, hund und co^^*

(21)   *Tathergang. Der Unfall fand auf einem Parkplatz statt. Ein Mann und eine Frau mit Kinderwagen wollten diesen gerade überqueren, als dem Mann der Fußball auf die Straße rollte. Daraufhin rannte der Hund, der Dame die Ihren Einkauf ausräumte, bellend auf die Straße. Dies führte dazu, dass die beiden Autos, die gerade vorbeifuhren aprupt anhalten mussten, sodass der hintere Wagen dem Vorderen auffuhr.*

   (aus RUEG-Korpus, ▶ https://doi.org/10.5281/zenodo.3236068, DEmo11MD)

Beispiel (20) weist Merkmale konzeptionell mündlicher Texte in computer-vermittelter Kommunikation auf, wie wir sie im vorigen Abschnitt kennengelernt haben: Tilgungen und Reduktionen wie in *Gab* (eigentlich: *Hab*), *grad*, *nen* mit Aussparung des Pronomens *ich* (*Ich habe gerade einen* …) und die Interjektion *Oh*. Typisch für nähesprachliche Textsorten in der computer-vermittelten Kommunikation sind darüber hinaus die zwei Emoticons für ‚lächeln‘ (^^) bzw. ‚(mit zugekniffenen Augen) lachen‘ (*xD*) sowie das Initialkurzwort *lol* (‚laughing out loud‘). Die Großschreibung ist auf die ersten drei Satzanfänge beschränkt, wobei ‚Satz‘ hier simplifiziert in einem orthographischen Sinn verstanden wird als eine Einheit aus zwei oder mehr Wörtern, die mit einem Punkt abgeschlossen wird. Der Text in Beispiel (21) ist durch eine relativ komplexe Syntax sowie das Fehlen der für Beispiel (20) aufgeführten Merkmale gekennzeichnet. Er ist – trotz einiger weniger Normabweichungen in Orthographie und Interpunktion – deutlich als konzeptionell schriftlicher Text zu erkennen.

Die historischen Beispiele (22) und (23) illustrieren, dass das *audience design* weder eine Charakteristik der Gegenwartssprache ist noch an ein Medium und/oder eine Textsorte gebunden ist. Sie zeigen darüber hinaus, dass Stilwahl innerhalb einer geschriebenen Textsorte möglich ist – hier dem Privatbrief – und dass tatsächlich allein entscheidend sein kann, wer der Kommunikationspartner bzw. die Kommunikationspartnerin ist. Bei einem Privatbrief sind bestimmte Konventionen einzuhalten, wie z. B. Anrede- und Schlussformeln, die auch Höflichkeitsformen in einer Gesellschaft spiegeln. Wie ein Schreiber sich darüber hinaus

2

verschiedener Stile bedienen kann, lässt sich am Beispiel zweier Briefe des jungen
Wolfgang Amadeus Mozart veranschaulichen. Zitiert seien nur die Briefanfänge,
der eine an seinen Vater Leopold (Bsp. (22)), der andere an seine Cousine Maria
Anna Thekla Mozart (Bsp. (23)):

(22)   Monsieur
mon trés chér Pére!
wir haben ihren brief von 23:ten richtig erhalten; ich hoffe daß ich künftigen freytag
oder Samstag die arien bekommen werde, obwohlen sie in ihrem lezten keine
mel = dung mehr davon gemacht haben, und ich mithin nicht weis ob sie selbe gewis
den 22:ten mit den Postwagen weg = geschickt haben, – – ich wünsche es; denn ich
möchte sie der Mad:selle weber hier noch vorspiellen, und vorsingen. gestern war ich
beÿm Raff, und bracht ihm eine aria die ich diese täge für ihn geschrieben habe. die
wörter sind: se al labro mio non credi, bella nemica mia *etcet:*
ich glaub nicht das der text vom Metastasio ist. die aria hat ihm überaus gefallen.
mit so einem Man mus man ganz besonders umgehen. ich habe mit fleis diesen text
gewählet, weil ich gewust habe, daß er schon eine aria auf diese wörter hat; mithin
wird er sie leichter und lieber singen. […]
(► https://dme.mozarteum.at/DME/briefe/letter.php?mid=995&cat=, Juli 2022)

(23)   Ma très chère Cousine!
Bevor ich Ihnen schreibe, muß ich aufs Häusel gehen – – – ietzt ist's vorbey! ach! – –
nun ist mir wieder leichter ums Herz! – jetzt ist mir ein Stein vom Herzen – nun kann
ich doch wieder schmausen! – nu, nu, wenn man sich halt ausgeleert hat, ist's noch so
gut leben. Ich hätte Dero Schreiben vom 25ten Nov. richtig erhalten, wenn Sie nicht
geschrieben hätten daß Sie Kopf = , Hals = und Arm = Schmerzen gehabt hätten, und
daß Sie ietzt nun, dermalen, alleweil, den Augenblick keine Schmerzen mehr haben,
so habe ich Dero Schreiben vom 26ten Nov: richtig erhalten. Ja, ja, meine aller-
liebste Jungfer Baas, so geht es auf dieser Welt; einer hat den Beutel, der andere das
Geld, mit was halten Sie es? – – mit der ⇒, nicht wahr? Hur sa sa, Kupferschmied,
halt mir's Mensch, druck mir's nit, halt mir's Mensch, druck mir's nit, leck mich im
Arsch, Kupferschmied, ja und das ist wahr, wers glaubt, der wird seelig, und wer's
nicht glaubt, der kommt in Himmel; aber schnurgerade und nicht so, wie ich schreibe.
Sie sehen also daß ich schreiben kann, wie ich will, schön und wild, grad und krumm.
Neulich war ich übels Humors, da schrieb ich schön, gerade und ernsthaft; heute bin
ich gut aufgereimt, da schreib ich wild, krumm und lustig; jetzt kommts nur darauf an
was Ihnen lieber ist, – – […]
(► https://dme.mozarteum.at/DME/briefe/letter.php?mid=948&cat=, Juli 2022)

Obwohl beide Briefe privater Natur sind und auch die Konventionen der Anrede
einhalten (französisch und in deutscher Schrift), sind sie stilistisch doch äußerst
unterschiedlich, was sich insbesondere am Satzbau, an der Lexik und der Interpunktion zeigt. Das hat weder mit Faktoren zeitlicher oder räumlicher Variation
zu tun (beide wurden 1777/78 geschrieben, beide Adressat:innen waren in Augs-
burg aufgewachsen), sondern allein mit dem Verhältnis zum Briefempfänger bzw.
zur Briefempfängerin – auf der einen Seite der strenge Vater, auf der anderen das
etwa gleichaltrige „Bäsle", mit dem Mozart junior eine Korrespondenz führte, die
nicht zuletzt wegen ihres derb-schlüpfrigen Umgangstons eine gewisse Berühmt-
heit erlangt hat.

Speaker design Bei der Rede vom *speaker design* wird der Fokus auf die soziale Rolle bzw. die Persona gerichtet, mit der Sprecher:innen und Schreiber:innen in einer Sprachgemeinschaft wahrgenommen werden wollen. Dies lässt sich gut am Beispiel der sogenannten ‚Jugendsprache' veranschaulichen. Jugendliche haben natürlich keine eigene ‚Sprache' in dem Sinne, dass sie alle eine bestimmte Varietät sprechen würden. Natürlich bringt jede Generation Innovationen in den Sprachgebrauch und trägt durch deren Übernahme und Verbreitung entscheidend auch zum Sprachwandel bei. In der Forschung zu Jugendsprache geht es aber in der Regel um etwas anderes, nämlich um die informelle Kommunikation in bestimmten Jugendgruppen, die sich durch einen je eigenen Sprachgebrauch auszeichnen. Wichtig ist dabei, dass die Sprecher:innen und Schreiber:innen in der Interaktion bestimmte Rollen aufführen, die durch andere semiotische Mittel begleitet werden (v. a. Kleidung, Musikgeschmack etc. – bzw. der Habitus, also das gesamte Auftreten einer Person). Insofern ist in der Forschung die Rede davon, dass in der informellen Kommunikation von Jugendlichen verschiedene „subkulturelle Stile" verwendet werden, die „Ausdrucksformen sprachlichen wie nichtsprachlichen Handelns" sind (Neuland 2008: 71). Mit anderen Worten: Es gibt so viele jugendsprachliche Stile, wie es unterschiedliche Jugendgruppen gibt (vgl. Bahlo et al. 2019: 49); *eine* Sprache der Jugend gibt es nicht.

‚Stil' wird in der soziolinguistischen Forschung überwiegend in Zusammenhang mit gesprochener Sprache behandelt. Die Beispiele (20) bis (23) zeigen, dass natürlich auch geschriebene Texte stilistische Variation aufweisen können. Beispiel (23) demonstriert zudem sehr schön, wie ein Schreiber die stilistische Wahl, die er in einer konventionalisierten Textsorte hat, nützt („Sie sehen also daß ich schreiben kann, wie ich will, schön und wild, grad und krumm.").

2.3.5 Areale Variation

Unter ‚arealer Variation' wird die Variation gefasst, die sich durch die Herkunft von Sprecher:innen aus einem bestimmten sprachgeographischen Raum ergibt. Der Fokus wird im Folgenden auf Varietäten in diesem Raum gerichtet; im ► Abschn. 2.4 wird dann am Beispiel des Standarddeutschen gezeigt werden, welche areale Variation es auch innerhalb von Varietäten geben kann.

Dialekte Wie im Fall von ‚Varietät' (s. o. ► Abschn. 2.2) gibt es einen engeren und einen weiteren Begriff von ‚Dialekt'. Wir geben zunächst eine Definition im Sinne des engeren Begriffs.

> ┌─ **Definition** ─────────────────────────
>
> **Dialekte** (Definition 1) sind vorwiegend gesprochene Varietäten, die über ein hohes Alter verfügen und im sprachgeographischen Sinne eine sehr kleinräumige Verbreitung und dementsprechend eine geringe kommunikative Reichweite haben.

2

In dieser ersten Definition schwingt mit, dass Dialekte an bestimmten Orten eine lange – oft jahrhundertelange – Tradition haben, mit anderen Worten, dass es diejenigen lokalen Varietäten sind, die schon immer an diesem Ort gesprochen wurden. Wenn Sie eine Dialektkarte sehen wie die in ◘ Abb. 2.4, so sind Dialekte in der ersten Bedeutung gemeint.

Diese Karte ist im doppelten Sinne ‚historisch': In einem ersten Sinn ist sie historisch, weil die Dialekteinteilung zu großen Teilen auf einer prominenten Entwicklung des Lautwandels in den Vorläufern des heutigen Deutsch beruht, nämlich der Zweiten Lautverschiebung, in der u. a. die westgermanischen Plosive *p*, *t*, *k* zu den Frikativen *f(f)*, *s(s)*, *ch* (postvokalisch) oder zu den Affrikaten *pf*, *ts*, *kch* (im Anlaut, postkonsonantisch oder in der Gemination) verschoben wurden. Die unterschiedliche Verbreitung dieser Lautverschiebung ist auf der Karte durch Isoglossen abgebildet, die zu beiden Seiten die zwei Varianten eines entsprechenden Kennworts haben: So unterscheiden sich alle hochdeutschen (auf der Karte in ◘ Abb. 2.4 die ocker oder braun gefärbten Gebiete) von allen niederdeutschen Dialekten (grün gefärbte Gebiete) dadurch, dass das post- und intervokalische *k* verschoben ist (*maken* vs. *machen*); alle oberdeutschen, d. h. alemannischen, ostfränkischen und bairisch-österreichischen, Dialekte unterscheiden sich von allen mitteldeutschen Dialekten durch die Verschiebung des geminierten *pp* (*Appel* vs. *Apfel*). Für weitere Unterscheidungen werden auch morphologische Varianten herangezogen. So unterscheiden sich alle westnieder-

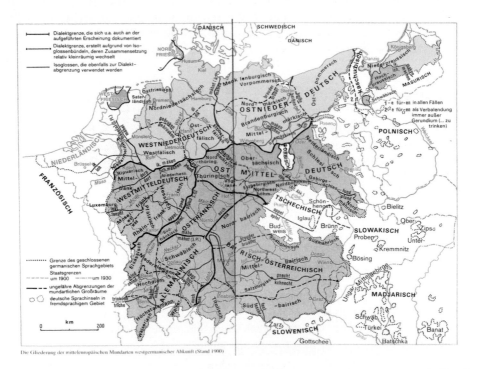

◘ **Abb. 2.4**   Die Gliederung der mitteleuropäischen Mundarten westgermanischer Abkunft (Stand: 1900) (aus König, Elspaß & Möller 2019: 230 f.)

deutschen von den niederrheinischen Dialekten sowie allen ostniederdeutschen Dialekten durch den sogenannten ‚verbalen Einformenplural', d. h. dass z. B. das Verb *mähen* in allen Pluralformen *mähet* lautet; und alle bairisch-österreichischen Dialekte haben in der 2. Plural des Personalpronomens die Form *enk*, nicht *euch*.

Die Karte ist in einem zweiten Sinn historisch, weil sie suggeriert, dass in allen der grün, ocker oder braun eingefärbten Gebiete die entsprechenden nieder-, mittel- oder oberdeutschen Dialekte gesprochen werden, und zwar in der Form, in der sie – mit relativ wenigen Veränderungen – im Wesentlichen seit dem Mittelalter so oder ähnlich am Ort gesprochen und als Mittel der alltäglichen Kommunikation verwendet wurden. Die Karte gibt allerdings den Stand um das Jahr 1900 wieder. Inzwischen haben sich aber nicht nur die Ausdehnung des Sprachgebiets, sondern auch die Varietätenkompetenzen der Sprecher:innen geändert. Die Karte verzeichnet – vor allem auf dem Terrain des heutigen Polen und Tschechien – Regionen, die heute nicht mehr zu den deutschsprachigen Gebieten Mitteleuropas zählen. Was die Varietätenkompetenzen betrifft, so haben sich diese im Laufe des 20. Jahrhunderts fast überall tiefgreifend geändert. Kann man für das Jahr 1900 noch davon ausgehen, dass fast alle Sprecher:innen ihre jeweiligen lokalen Dialekte aktiv beherrschten, standardnahe Varietäten jedoch erst in der Schule kennenlernten, so hat sich dieses Verhältnis 120 Jahre später insofern radikal gewandelt, als vielerorts die wenigsten mit einem Dialekt aufwachsen. Dieser sprachsoziologische Wandel hat vor allem die Sprachverhältnisse in städtischen Räumen, flächendeckend aber auch ganze Regionen Nord- und Mitteldeutschlands ergriffen.

Verbreitet sind die damals gesprochenen Dialekte heute nur noch in Gebieten mit Diglossie- oder Diaglossie-Verhältnissen. Diglossische Verhältnisse finden sich in der Deutschschweiz, in Vorarlberg, in Liechtenstein sowie in den Gebieten Norddeutschlands, wo Plattdeutsch als gesprochene Alltagssprache noch üblich ist. Als Diaglossie lassen sich die Sprachverhältnisse in weiten Teilen Mittel- und Süddeutschlands sowie Österreichs (außer eben im alemannischen Vorarlberg) beschreiben. Der Wechsel zwischen den Varietäten in diglossischen Sprachgemeinschaften wird typischerweise als Code-Switching, die Übergänge zwischen den Varietäten in diaglossischen Sprachgemeinschaften typischerweise als Code-Shifting charakterisiert (s. o. ▶ Abschn. 2.3.4).

Definition

Für das Neben- und Miteinander von standardnahen und dialektnahen Varietäten innerhalb einer Sprache haben sich in der Forschung die Termini ‚Diglossie' und ‚Diaglossie' etabliert.

Als **Diglossie** wird die funktional komplementäre Verteilung von Standardvarietäten bzw. standardnahen Varietäten sowie Dialekten bezeichnet. Standard ist dabei die dominante Varietät im geschriebenen Medium; standardnahe gesprochene Varietäten sind wenigen formellen Situationen (z. B. in Schule, Universität, überregionalen Medien, politischen Institutionen etc.) vorbehalten.

Diaglossie bezeichnet hingegen eine Varietätenkonstellation, in der zwischen standardnahen gesprochenen Varietäten und Dialekten auch Regiolekte verwendet werden, wobei die Übergänge zwischen Regiolekten zu standardnahen Varietäten auf der einen und zu Dialekten auf der anderen Seite fließend sind (vgl. Auer 2005: 15–20, 22–26).

2

Wir haben oben eine zweite Definition von ‚Dialekt' angekündigt. Diese lautet wie folgt:

Definition

Ein **Dialekt** (Definition 2) ist „diejenige Varietät einer Sprache, die an einem gegebenen Ort am stärksten von der Standardform abweicht" (Barbour & Stevenson 1998: 314).

Dieser Definition liegt ein sehr viel weiterer Begriff von ‚Dialekt' zugrunde, der nicht auf die Geschichte, sondern auf den gegenwärtigen Zustand abhebt. Ein so verstandener Dialekt kann ein sehr alter sein (wie in der erstgenannten Bedeutung). Es kann sich dabei allerdings auch um eine Varietät handeln, die sehr viel jüngeren Datums ist und eher einem ‚Regiolekt' entspricht, aber aus Sicht der Sprecher:innen eben die am Ort maximal vom Standard entfernte Varietät darstellt. So werden Sprecher:innen mit ‚Wiener Dialekt', ‚Berliner Dialekt' oder ‚Ruhrdialekt' typische Idiome der genannten Ballungsräume verbinden, die aber nur noch entfernt mit den mittelbairischen, brandenburgischen oder westfälischen bzw. niederfränkischen Dialekten zu tun haben, die dort gesprochen wurden, als diese Metropolen noch einen sehr ländlichen Charakter hatten. In urbanen Räumen haben sich seit jeher solche Varietäten im Kontakt zwischen Sprecher:innen aus verschiedenen Regionen, teilweise auch mit unterschiedlichen Muttersprachen (s. etwa das Kiezdeutsche in ▶ Abschn. 3.2.6), herausgebildet. Gelegentlich wird der Einfluss von Migrant:innensprachen aber auch überschätzt und mythologisiert, wie etwa im Fall des vermeintlichen Einflusses des Polnischen auf den ‚Ruhrdialekt' (vgl. Menge 2013: 73–77).

Sprachinseldialekte   Einen interessanten Forschungsgegenstand bieten Dialekte, die deutschsprachige Migrant:innen in neue Siedlungsgebiete außerhalb des zusammenhängenden deutschsprachigen Raums mitnahmen. Interessant sind sie deshalb, weil diese Dialekte sich zum großen Teil durch Kontakt der Dialektsprecher:innen mit Sprecher:innen im neuen Siedlungsgebiet bzw. dessen Umgebung weiterentwickelten. Auf ◼ Abb. 2.4 sind einige solcher (zum Teil jahrhundertealten) Dialekte in Ost- und Südosteuropa als rosa eingefärbte ‚Sprachinseln' zu erkennen. In ▶ Abschn. 3.3 werden Sie weitere (diesmal jüngere) Dialekte des Deutschen bzw. auf solchen Dialekten basierende Varietäten kennenlernen, u. a. das ‚Texas German', das deutsche Emigrant:innen im 19. Jahrhundert in Texas ausbildeten.

Regiolekte   Regiolekte haben mit Dialekten gemeinsam, dass es sich um areale Varietäten handelt, die nicht schriftlich kodifiziert, aber dennoch von einer „orderly heterogeneity" geprägt und damit regelhaft sind. Unterschiede bestehen im Alter und in der räumlichen Verbreitung.

Definition

Regiolekte sind areale Varietäten einer Sprache, die nicht auf einen Ort beschränkt, sondern großräumig verbreitet sind. Ein Regiolekt überlagert mehrere (ältere) Einzeldialekte, aus denen er sich zugleich strukturell speist.

Regiolekte gelten im Vergleich zu den – zum Teil über Jahrhunderte – relativ festen Ortsdialekten als sehr viel dynamischer. Entscheidend für ihren Status als Varietäten ist, dass sie sich bei aller Dynamik immer noch „gegen andere habitualisierte Variantenkonfigurationen […] im Sprachgebrauch anderer Sprechgemeinschaften (bspw. im Raum, d. h. horizontal) abgrenzen lassen" (s. noch einmal die Definition von „Varietät" in ▶ Abschn. 2.2 von Lanwer 2015, der übrigens Regiolekte in Norddeutschland untersuchte).

Wie die Dialekte werden Regiolekte überwiegend im gesprochenen Medium verwendet; wie jene (s. o. ◘ Abb. 2.2) finden sie sich jedoch als Mittel der regionalen Identitätsstiftung immer häufiger im privaten wie auch im öffentlichen Raum (◘ Abb. 2.5).

Regiolekte werden häufig als Varietäten charakterisiert, die sich zwischen standardnahen gesprochenen Varietäten und Dialekten bewegen. Was ihre Entstehung betrifft, werden sie in der Forschung zum einen beschrieben als

◘ **Abb. 2.5** Beispiele von Regiolekt im öffentlichen Raum: Franken, Niederbayern, Bayerisch-Schwaben, Salzburg, Ruhrgebiet (Fotos privat)

2

Nachfolger von ‚höherschichtigen' Varietäten, die sich im Zuge der zunehmenden „Vertikalisierung des Varietätenspektrums" (Reichmann 1988) seit dem 16. Jahrhundert herausgebildet haben. Damit ist – vereinfacht dargestellt – Folgendes gemeint: Jahrhundertelang wurden in verschiedenen Orten und Regionen verschiedene Dialekte verwendet, herrschte ein ‚Nebeneinander' von nahezu gleichwertigen gesprochenen Varietäten und deren Verschriftungen. Mit der Herausbildung einer überregionalen Schriftsprache begannen die ersten Sprecher:innen, mehr oder weniger nach dieser als hochwertig angesehenen Schriftsprache zu sprechen – auch wenn sie in diesen neuen Sprechweisen sehr viele Merkmale der Dialekte übernahmen. Diese ‚Zwischenvarietäten' zwischen der nun als ‚höherschichtig' angesehenen Schriftsprache und den alten Dialekten wären nach dieser Vorstellung die Vorläufer der heutigen Regiolekte. (Wirkungsmächtig war übrigens die damit verbundene ‚Oben-' vs. ‚Unten'-Metaphorisierung der verschiedenen Varietäten: Unsere heutige Redeweise von der ‚Hochsprache' bzw. den ‚tiefsten' Dialekten geht auf diese Vertikalisierungsvorstellung zurück.) (◘ Abb. 2.6) Zum anderen werden die Regiolekte auf Ausgleichsvarietäten zwischen verschiedenen lokalen Dialekten, deren Sprecher:innen in intensiven kommunikativen Kontakt traten (Dialektnivellierung/*dialect levelling*), zurückgeführt.

Beide Entwicklungen können vor allem in den immer größer werdenden städtischen Zentren der Neuzeit zusammengekommen sein: Auf die Entwicklung neuer ‚Stadtdialekte', mit denen sich Sprecher:innen von der Landbevölkerung abheben wollten, trafen Nivellierungstendenzen, die sich dadurch ergaben, dass Sprecher:innen aus verschiedenen Orten, etwa auf den Märkten, zusammenkamen und ihre Sprechweisen bis zu einem bestimmten Grad anglichen (Sprecherakkommodation) – sei es, um einander verstehen zu können oder um dem Gegenüber zu signalisieren, dass man ihm (oder ihr) um eines guten Handels willen auch sprachlich entgegenkommt. Die dabei zutage tretenden interaktionalen Prozesse sind denen, die zu Pidgins führen, nicht unähnlich (s. ▶ Abschn. 3.2.6 und 3.3.4).

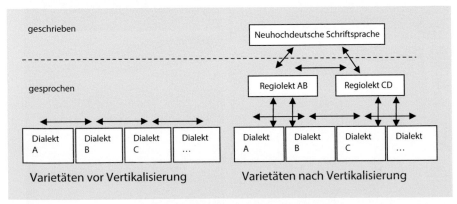

◘ Abb. 2.6 Die „Vertikalisierung des Varietätenspektrums" (vereinfacht nach Reichmann 2003: 40 f.); die Pfeile deuten die Möglichkeiten des Kontakts und der gegenseitigen Beeinflussung an.

Areale Standardvarietäten Gibt es ein Standarddeutsch – und wenn ja, wie viele? Aus arealer Sicht ist die Beantwortung dieser Frage gar nicht so einfach. Wir wollen deshalb nicht mit einer Definition beginnen, sondern diese allmählich entwickeln.

Eine Standardsprache kann vorläufig bestimmt werden als „eine historisch gewachsene Verkehrssprache, die ein Dialektkontinuum überdacht" (Lüdi 2014; ▶ Abschn. 4.1.1). „Verkehrssprache" bedeutet, es ist eine ‚Sprache in der Sprache' – besser: eine ‚Varietät', denn auch Dialekte und Regiolekte gehören ja, wie gesehen, zu einer Sprache –, die in bestimmten Kommunikationssituationen verwendet wird, in denen sich Sprecher:innen verschiedener Sprachen und Varietäten verständigen müssen. Das sind weniger private Situationen daheim, in denen man mit Familie und Freund:innen die Sprache oder Varietät verwendet, mit der man aufgewachsen ist, sondern eher solche in einem (halb-)öffentlichen Raum, in dem die Verwendung einer allgemein und überregional verständlichen Varietät üblich ist bzw. auch erwartet wird, wie dies im Bildungswesen der Fall ist (▶ Abschn. 4.2). In den deutschsprachigen Ländern kommen viele Kinder erst über das Fernsehen, das Radio, Hör-CDs oder gar erst in der Schule mit standardnahen Varietäten des Deutschen in Berührung, womit dann deren Erwerb – besser: deren systematisches Erlernen – einsetzt. Eine Standardvarietät als ‚Verkehrssprache' hat somit eine weit größere kommunikative Reichweite als etwa Dialekte oder Regiolekte.

Das Attribut „historisch gewachsen" suggeriert, dass es sich um einen natürlichen Entwicklungsprozess handelt. Tatsächlich ist der Prozess der Standardisierung aber von verschiedenen Teilprozessen geprägt, in die zum Teil Sprachwissenschafter:innen, mehr aber noch Mitglieder privilegierter gesellschaftlicher Schichten steuernd eingriffen. Zu diesen Teilprozessen gehören

- die **Selektion** und **Kodifizierung** von Varianten,
- die **Elaborierung** von Normen in bestimmten Funktionsbereichen sowie
- die **Akzeptanz** im Sinne einer Übernahme (oder eben Nicht-Übernahme) von bestimmten Varietäten und Varianten durch die Sprachgemeinschaft (für das Deutsche vgl. Mattheier 2003).

Diese Teilprozesse können in verschiedenen Ländern und Regionen eines Sprachgebiets wie dem Deutschen unterschiedlich verlaufen und zu zum Teil verschiedenen Ergebnissen führen.

Zur Begriffsbestimmung von ‚Standardvarietäten' ist es sinnvoll, zwischen geschriebenem und gesprochenem Deutsch zu unterscheiden:

Geschriebene Standards Die genannten Teilprozesse der Standardisierung betreffen im Deutschen – wie in den meisten anderen Standardsprachen – die Ausbildung eines geschriebenen Standards. Mit anderen Worten: Standardvarietäten sind in der Regel kodifizierte Schriftsprachen. Für Sprecher:innen sind es v. a. geschriebene ‚Distanzsprachen', die erst in der Schule erlernt werden (s. o. ▶ Abschn. 2.3.1):

2

» „Der geschriebene Standard wird im allgemeinen nicht mit der Muttermilch, sondern in einem jahrelangen, explizit gesteuerten Prozeß als Sprache der Distanz erworben." (Eisenberg 2007: 226)

Wenn Standardvarietäten von ihrer Genese her kodifizierte Schriftsprachen sind, stellen sich die Fragen, wie und was eigentlich kodifiziert wird und ob es dann auch gesprochene Standardvarietäten geben kann. Diese Fragen wollen wir im Folgenden zu klären versuchen.

Autor:innen von Grammatiken machten bis zur Jahrtausendwende v. a. die Sprache der Literatur und damit also allein die Schriftsprache – genauer: eine bestimmte funktional und ästhetisch herausgehobene Verwendung der Schriftsprache – zum Maßstab der Kodifizierung (z. B. noch die Duden-Grammatik 1998); in normativen Zweifelsfällen stützten sie ihre Normentscheidungen dabei vielfach auf eigenes Normempfinden, geleitet von einer ausgeprägten „Richtig-oder-Falsch-Ideologie" (vgl. hierzu Klein 2018: 25–38). Dagegen richten sich moderne Grammatiken strikt am Sprachgebrauch aus, wobei „der geschriebene Standard im Prinzip statistisch durch eine Auswertung umfangreicher Zeitungskorpora" ermittelt wird (Eisenberg 2007: 217). Sowohl die Duden-Grammatik (2016) als auch der Duden „Zweifelsfälle" (2021) arbeiten heute mit einem vier Milliarden Wörter umfassenden (nicht öffentlich zugänglichen) Korpus, das – wie das oben in ▶ Abschn. 2.3.1 vorgestellte Deutsche Referenzkorpus des IDS – hauptsächlich aus Texten überregionaler Zeitungen besteht (Dürscheid & Schneider 2019: 38).

Gesprochene Standards Wenn wir eine Umfrage unter den Leser:innen dieses Buchs starteten, würde wahrscheinlich eine Mehrheit angeben, dass es so etwas wie ein ‚gesprochenes Hochdeutsch' im Sinne eines gesprochenen Standards gebe. Etwas anders sähe es wohl aus, wenn wir nachfragten, wie ‚gesprochenes Standarddeutsch' denn genau aussieht und wo man es etwa nachschlagen könnte. Auf die letzte Frage würden viele möglicherweise auf die Duden-Grammatik verweisen, die ja aber im Wesentlichen die Grammatik der geschriebenen Standards erfasst und nur zum Teil auch nach Korrektheitsmaßstäben bewertet. Dies könnte man als Indiz für eine (verbreitete) Vorstellung interpretieren, dass die grammatischen Normen des geschriebenen Deutsch auch für das gesprochene Deutsch gälten (zum „written language bias" ▶ Abschn. 2.4.1). Was es gibt, sind Wörterbücher, die die Aussprache kodifizieren, z. B. das Duden-Aussprachewörterbuch (2015) (s. u. ▶ Abschn. 2.4), und es gibt – wie gesehen – eigene Abschnitte in der Duden-Grammatik, die Wesenszüge der gesprochenen Sprache beschreiben – ohne jedoch Anspruch darauf zu erheben, dass ‚richtiges' gesprochenes Deutsch dargestellt würde (vgl. Fiehler 2016; Thurmair 2022). Es existiert mithin kein Nachschlagewerk, das Auskunft darüber gäbe, was in gesprochenen Standardvarietäten grammatisch korrekt ist und was nicht. Nicht zuletzt aufgrund der fehlenden Kodifizierung ist der Status eines „gesprochenen Standarddeutsch" in der Forschung noch durchaus umstritten (vgl. etwa Maitz & Elspaß 2013 gegenüber Schneider & Albert 2013).

Was könnten also gesprochene Standardvarietäten des Deutschen sein? In Umkehrung der oben gegebenen zwei Definitionen von ‚Dialekt' ließe sich festhalten: Als ‚gesprochene Standards' im Deutschen werden diejenigen Varietäten bezeichnet, die über kein hohes Alter verfügen (über Tonaufzeichnungen nachweisbar erst für die letzten 100 Jahre) und im sprachgeographischen Sinne eine sehr großräumige Verbreitung und dementsprechend eine große kommunikative Reichweite haben – bzw. dass ein ‚gesprochener Standard' diejenige Varietät einer Sprache ist, die an einem gegebenen Ort am stärksten vom Dialekt dieses Orts abweicht. Zur letztgenannten Begriffsbestimmung passt ein pragmatisch-funktionaler Vorschlag, der sich bei Dürscheid & Schneider (2019) findet: Eine Sprechsituation, in der deutsche Standardsprache verwendet wird, wäre, „wenn man beispielsweise einem Nicht-Ortsansässigen aus einer anderen Region oder einem Menschen, der Deutsch als Fremdsprache lernt, den Weg zum Bahnhof erklären würde" (ebd.: 9). Probieren Sie es aus! Sie werden schnell feststellen, dass ein so definiertes gesprochenes Standarddeutsch ziemlich vielfältig ist.

Man kann die grammatischen Besonderheiten konzeptioneller Mündlichkeit, wie sie auch im standardnahen Deutsch auftreten, beschreiben (s. die Liste ausgewählter syntaktischer Erscheinungen in ▶ Abschn. 2.3.2). Aber erfasst man damit ‚*die* Grammatik gesprochener Standardvarietäten'?

Ein möglicher methodischer Weg zur Ermittlung von Merkmalen gesprochener Standardvarietäten besteht im Folgenden: So, wie man festlegt, dass geschriebener Standard v. a. in Zeitungsnachrichten zu finden ist, könnte man bestimmte Redegattungen festlegen, von denen man annimmt, dass sie in standardnahen Sprechlagen stattfinden – und den Sprachgebrauch in diesen Situationen erfassen und beschreiben. Eine solche Redegattung wäre etwa die oben illustrierte ‚Wegbeschreibung für Ortsfremde'. Wollte man solche Gespräche aufnehmen und daraus ein Korpus bilden, ergäbe sich jedoch neben rechtlichen und ethischen Problemen (die Befragten müssten vorher ihre Zustimmung zur Aufnahme gegeben haben) auch eine ganz praktische Schwierigkeit: Die Äußerungen würden erstens zu kurz und zweitens zu wenig variabel sein, um daraus ein umfangreiches, aussagekräftiges Korpus erstellen zu können.

Schneider, Butterworth & Hahn (2018) haben zwei andere Redegattungen ausgewählt: eine politische Talkshow („Anne Will" in der ARD) und Unterrichtsgespräche (in fünf Kursen in den Oberstufen zweier Gymnasien im Westen Deutschlands). Im Ergebnis weisen sie die meisten der in ▶ Abschn. 2.3.2 vorgestellten syntaktischen Konstruktionen auch in solchen standardnahen Sprechlagen nach. Schwierig sind bei einer solchen Vorgehensweise insbesondere zwei Dinge: Erstens sind sie im Vergleich zu Korpusuntersuchungen geschriebener Sprache sehr aufwändig. Wollte man vergleichbare empirische Untersuchungen für alle deutschsprachigen Länder durchführen, müsste man zweitens Redegattungen finden, für die in allen Gebieten gilt, dass in ihnen standardnah gesprochen wird. In der Deutschschweiz und in Österreich ist dies aber weder in Talkshows (z. B. „Arena" in SRF, „#brennpunkt – Der Krone Talk" in n-tv Austria) noch in schulischen Unterrichtsgesprächen durchgehend der Fall.

2

Jedenfalls Gebrauchsstandards Zusammenfassend lässt sich sagen, dass in den Köpfen vieler Sprachverwender:innen Vorstellungen sowohl von ‚einem' geschriebenen wie von ‚einem' gesprochenen Deutsch herrschen mögen. In lexikographischer und grammatikographischer Hinsicht jedoch gibt es zwar umfangreiche Kodifizierungen der geschriebenen Standardvarietäten des Deutschen, hingegen – von der Aussprachekodifizierung abgesehen – allenfalls Ansätze zur Kodifizierung gesprochener Standardvarietäten des Deutschen.

Sprachwissenschafter:innen des Deutschen sind sich heute überwiegend einig darin, dass die Standardvarietäten des Deutschen als **Gebrauchsstandards** zu beschreiben und die in diesen Gebrauchsstandards vorkommenden Varianten als **Gebrauchsnormen** zu kodifizieren sind. Standardvarietäten im Sinne von Gebrauchsstandards sind demnach Varietäten, die in formellen Textsorten und Redegattungen, in denen Sprecher:innen und Schreiber:innen Standardsprache erwarten, verwendet werden (z. B. Zeitungsnachrichten, Prüfungsgespräche im Rahmen des Abiturs/der Matura/der Maturität). Als standardsprachliche Varianten können entsprechend Varianten gelten, die in solchen Kontexten regelhaft in Gebrauch und in korpusgestützten Kodizes erfassbar sind.

Definition

Standardvarietäten sind Varietäten einer Sprache, die der überregionalen Verständigung dienen und in formellen Textsorten und Redegattungen im Gebrauch sind. Die graphischen, grammatischen und lexikalischen Formen geschriebener Standardvarietäten sind in der Regel kodifiziert, diejenigen gesprochener Standardvarietäten bisher nur im Bereich der Aussprache.

Der Gebrauch von Standardvarianten und damit letztendlich auch der Standardvarietäten kann sich folglich von Land zu Land, aber auch von Gebiet zu Gebiet unterschiedlich gestalten. Mit der Konzeptionalisierung des Standarddeutschen als Gebrauchsstandards wird also der Tatsache Rechnung getragen, dass das Standarddeutsche in den verschiedenen deutschsprachigen Ländern und Regionen unterschiedlich ausgeprägt sein kann. Wie dies aussieht und warum viele denken, dass es eine solche Variation im Standarddeutschen doch gar nicht geben könne, zeigen wir im nächsten Abschnitt.

2.4 Areale Variation im Standarddeutschen – und wie manche darauf kommen, das gebe es nicht

Wir haben bisher von „einer Standardvarietät" (nicht: „*der* Standardvarietät") bzw. von „Standardvarietäten" gesprochen. Das mag manche erstaunen, die davon ausgehen, dass nur *ein* Standarddeutsch existiere. Dass dies bei weitem nicht so ist, wird in den ▶ Abschn. 2.4.2 bis 2.4.4 an Kodizes und illustrativen Beispielen auf den Ebenen der Aussprache, des Wortschatzes und der Grammatik aufgezeigt. Zunächst aber wollen wir versuchen zu erklären, warum manche dennoch denken, dass es nur ein einziges einheitliches Standarddeutsch gebe.

2.4.1 Sprachbewertungen und Sprachideologien

Sprachbewertungen In den vorhergehenden Abschnitten haben Sie gesehen, wie vielfältig das Deutsche sein kann. Bei vielen von Ihnen werden zuweilen allerdings auch Werturteile aktiviert worden sein. Sie werden das eine oder andere Beispiel komisch, lustig, putzig oder auch einfach als ‚schlechtes Deutsch' empfunden haben. Solche Wahrnehmungen und Bewertungen gehen auf sprachliche Einstellungen zurück (und verstärken jene auch wieder), die sich in unserer Sozialisation herausgebildet haben. Davon können ganze Sprachen und Varietäten betroffen sein – oder auch nur einzelne Varianten. Manche Sprachen haben ein höheres gesamtgesellschaftliches Prestige als andere; wenn jemand neben dem Deutschen einigermaßen fließend Englisch spricht, wird das in den deutschsprachigen Ländern eher als Gewinn gesehen, als wenn jemand fließend zwei südosteuropäische Sprachen spricht (s. zum Umgang mit verschiedenen Sprachen ▶ Kap. 4). Wenn jemand nur eine standardnahe Varietät des Deutschen spricht und dabei einen besonders prestigeträchtigen Akzent hat (welcher das auch immer ist), scheint das für viele mehr wert zu sein, als wenn jemand neben einer standardnahen Varietät des Deutschen mit einem regionalen Akzent auch fließend den Dialekt einer Region spricht (wie das etwa bei allen Deutschschweizer:innen der Fall ist).

Wie beliebig die Bewertung von Varietäten sein kann, zeigt sehr eindrücklich das Beispiel des Sächsischen: Im 16. und 17. Jahrhundert – und noch weit darüber hinaus – galt das Meißnische Obersachsens als vorbildlich (vgl. König, Elspaß & Möller 2019: 101). Heute führt „Sächsisch" (was auch immer darunter verstanden wird) bei Umfragen immer wieder die Rangliste der „besonders unsympathischen" Dialekte an (z. B. Projektgruppe Spracheinstellungen 2009: 21).

Auch einzelne Varianten können von negativen Bewertungen betroffen sein. In ▶ Abschn. 2.2 hatten wir das am Beispiel eines Akzents gesehen: Wer in seinem Hochdeutsch das Wort *sagen* als [ˈsɒːɡn̩] ausspricht, wird oft schon als Dialektsprecher:in kategorisiert – nur weil er oder sie das <s> am Wortanfang als stimmloses [s] und das <a> ‚verdumpft' ausspricht. Wer eine Dativ-Possessiv-Konstruktionen wie in Beispiel (17) – *der Anna ihr Schlüssel* – verwendet, dem bzw. der wird nicht selten unterstellt, er bzw. sie könne kein ‚richtiges' Deutsch. Dass solche Bewertungen in historischer Sicht nicht auf ‚harten', objektiven Kriterien beruhen, sondern gewissen Zeitströmungen und Moden unterliegen, liegt auf der Hand. Dabei ist es interessant zu erforschen, wie es zu solchen Bewertungsänderungen kommt. Winifred V. Davies und Nils Langer haben 2006 ein Buch mit dem sprechenden Titel *The Making of Bad Language* veröffentlicht. Sie zeigen am Beispiel verschiedener verbreiteter grammatischer Konstruktionen (u. a. der Dativ-Possessiv-Konstruktion), wie diese von Grammatikern des Deutschen vom 17. bis zum 20. Jahrhundert allmählich als ‚nicht korrekt', ‚falsch', ‚ungrammatisch' etc. stigmatisiert wurden.

Sprachideologien Solche sprachlichen Werturteile, von denen auch die meisten von Ihnen sich nicht werden freimachen können, sind natürlich nicht angeboren, sondern werden im Laufe der sprachlichen Sozialisation allmählich erworben.

2

Wie die Sprache, so können auch solche Werturteile vielgestaltig sein. Jugendliche können die Sprache der Erwachsenen ‚langweilig' finden, Bewohner:innen des Dorfs A den Dialekt des Dorfs B ‚grauslich', Österreicher:innen das Deutsch der Norddeutschen ‚gestelzt' – oder auch ‚vorbildlich' – usw. Überwiegend positiv besetzt sind ‚der Standard' bzw. die Standardvarietäten des Deutschen. Das trifft fast uneingeschränkt auf den geschriebenen Standard zu, mit gewissen Einschränkungen auch auf standardnahe gesprochene Varietäten (bzw. ‚die gesprochenen Standards'). Diese sind auch diejenigen Varietäten, deren Gebrauch am stärksten von sprachlichen Ideologien geprägt ist. Sprachliche Ideologien werden hier weit gefasst als kulturell geprägte Systeme von Vorstellungen über Sprache; diese Vorstellungen umfassen u. a. den Zusammenhang von sozialen und sprachlichen Beziehungen.

Wir befassen uns im Folgenden mit zwei zentralen sprachlichen Ideologien, die ein verbreitetes Bild von ‚Standardsprache' und von da aus die Reflexion über Sprache im Gesamten bestimmen. Solche Ideologien finden sich zu verschiedenen Standardsprachen – und wirken sich nicht nur im Deutschen auch sozial aus.

Written language bias   ist – vor allem durch Arbeiten des schwedischen Linguisten Per Linell – zum Schlüsselwort für die Auffassung geworden, dass die Linguistik lange Zeit Strukturen der Sprache gewissermaßen dominant ‚durch die Brille der Schriftsprache' gesehen hat und ihre Beschreibungs- und Analyseapparate an der Schriftsprache kalibrierte. Wie wir in ▶ Abschn. 2.3 gesehen haben, erfolgte die Standardisierung über Schriftsprachen. Primär hat das Deutsche – wie andere Standardsprachen – *geschriebene* Standardvarietäten. Was wir über diesen Weg zur Standardsprache wissen, beruht bis zum 20. Jahrhundert fast ausschließlich auf schriftsprachlichen Quellen. (Es gab eben – anders als heute – keine Instrumente, um das flüchtige gesprochene Wort ‚festzuhalten'.) Und wenn dann auch der Weg zur ‚Kultursprache' vor allem darin gesehen wird, dass die Schriftsprache für hochkulturelle und wissenschaftliche Zwecke elaboriert wird, so wird nachvollziehbar, dass Gelehrte und Wissenschafter:innen einen ‚Bias', also eine Voreingenommenheit, zum geschriebenen Wort entwickelten. Kritisch wird dies von Linell und anderen (vgl. auch Fiehler 2016: 1182 f.) dann gesehen, wenn Schriftsprachen – und insbesondere geschriebene Standardvarietäten – als ‚Sprache par excellence' gesehen und die an ihr ausgearbeiteten Beschreibungs- und Analyseapparate für die Analyse von Varietäten gesprochener Sprache herangezogen werden:

>> „It is argued that our conception of language is deeply influenced by a long tradition of analyzing only written language, and that modern linguistic theory, including psycholinguistics and sociolinguistics, approaches the structures and mechanisms of spoken language with a conceptual apparatus, which – upon closer scrutiny – turns out to be more apt for written language in surprisingly many and fundamental aspects." (Linell 1982: 1)

Mit anderen Worten: Varietäten, die eben „nicht mit der Muttermilch, sondern in einem jahrelangen, explizit gesteuerten Prozeß als Sprache der Distanz erworben" wurden (s. oben das Zitat von Eisenberg 2007: 226), dienen als Blaupause selbst für Varietäten des Gesprochenen, die die eigentlichen Muttersprachen sind.

Welche Folgen solche schriftorientierten Denkmuster für die Beschreibung gesprochener Sprache haben können, lässt sich schon an der Terminologie von typischen Phänomenen des gesprochenen Deutsch ersehen: Eine Bezeichnung wie „Linksversetzung" (für Referenz-Aussage-Strukturen wie in Beispiel (6) oben) oder „Ausklammerung" (für Expansionen wie in Beispiel (16) oben) werden nur verständlich, wenn man in einer ‚Draufsicht' auf isolierte Sätze schaut und die Satzklammer als Basis für topologische Beschreibungen der Wort- und Satzgliedstellung heranzieht. Dies wird der Prozessualität der gesprochenen Sprache und ihrer eigenen „Online-Syntax" (Auer 2000) nicht gerecht.

Standardsprachenideologie Der Begriff der ‚Standardsprachenideologie' wurde wohl zuerst vom britischen Linguist:innenpaar James und Lesley Milroy in ihrem Buch *Authority in Language. Investigating Language Prescription and Standardisation* (1985) verwendet, in der sie sich mit der Standardisierungsgeschichte des Englischen und ihren Auswirkungen auf Sprachauffassungen in der Gegenwart sowie praktischen Folgen – etwa der linguistischen und sozialen Inadäquatheit von Sprachtests, die im Kern auf diese Ideologie zurückzuführen sind – befassen. In das gleiche Horn stößt die amerikanische Linguistin (und Germanistin) Rosina Lippi-Green, die sich dezidierter mit Fragen der sprachlichen Diskriminierung in den USA beschäftigt, welche im Kern ebenfalls auf die Standardsprachenideologie zurückgehen. Von ihr stammt die Begriffsbestimmung, die Standardsprachenideologie sei

» „[ ] a bias toward an abstract, idealized homogeneous language, which is imposed and maintained by dominant bloc institutions and which names as its model the written language, but which is drawn primarily from the spoken language of the upper middle class." (Lippi-Green 2012: 67)

Drei Aspekte, die nach Lippi-Green die Standardsprachenideologie prägen, sind hier von Interesse: der Rekurs auf die Schriftsprache (s. den *written language bias*), der Bias / die Voreingenommenheit gegenüber einer idealisierten Einheitssprache und der Bezug auf den Sprachgebrauch einer bestimmten Gesellschaftsschicht. Was den letzten Punkt betrifft, so sind die Zusammenhänge von sprachlichen Verhältnissen und sozialer Stratifikation in den deutschsprachigen Ländern nicht so markant wie im anglo-amerikanischen Bereich. Die standardnahen gesprochenen Varietäten sind in den deutschsprachigen Ländern also keine ebenso starken Indikatoren der ‚oberen Mittelschichten' wie im anglo-amerikanischen Sprachraum, und umgekehrt ist der Gebrauch von Nonstandard-Varietäten im deutschsprachigen Raum nicht per se ein Indikator für eine – wie auch immer definierte – ‚Unterschicht' (vgl. Barbour & Stevenson 1998: 145–148, 199–210). Dennoch werden auch hier oftmals allein aufgrund der verwendeten standardnahen oder standardfernen Varietät Rückschlüsse auf die soziale Herkunft oder andere soziale Eigenschaften von Sprecher:innen gezogen. Daneben ist die Vorstellung von einer einheitlichen geschriebenen Standardsprache hüben wie drüben sehr ausgeprägt.

2

Man könnte in diesem Zusammenhang von einer weiteren Sprachideologie, der „Homogenitätsideologie" sprechen (vgl. Maitz & Elspaß 2013: 41–43). Sie wurde konstruiert und lässt sich nur aufrechterhalten unter der Annahme *einer* idealen Standardsprache. Doch selbst auf der am stärksten kodifizierten und präskriptiven Ebene des Standards, der Orthographie, gibt es keine völlige Homogenität im Sinne einer Abwesenheit von Variation. Varianten wie *Delphin/Delfin*, *Exposé/Exposee* oder *zu Grunde gehen/zugrunde gehen* finden sich auch noch nach der jüngsten Rechtschreibreform.

Mit dem Konzept der Gebrauchsstandards, wie wir es am Ende des letzten Abschnitts kennengelernt haben, lässt sich diese Annahme einer idealen einheitlichen Standardsprache jedenfalls überhaupt nicht vereinbaren. Dies wird sich in den nächsten drei Abschnitten zeigen, die auf die areale Variation im Standarddeutschen fokussieren und diese auf den Ebenen der Aussprache, der Lexik und der Grammatik zeigen werden (vgl. im Überblick Elspaß & Kleiner 2019).

2.4.2 Aussprache

Der Mythos ‚akzentfreies Hochdeutsch'   Viele von Ihnen würden vermutlich der Ansicht zustimmen, dass es so etwas wie ein ‚akzentfreies Hochdeutsch' gebe. Schließlich liest man allenthalben Stellenanzeigen, z. B. von Call-Centern, in denen ein ‚akzentfreies Hochdeutsch' zur Einstellungsbedingung gemacht wird. Es ließe sich zunächst ganz grundsätzlich fragen, wozu es so etwas wie ein ‚akzentfreies Deutsch' braucht? Ein akzentfreies Englisch etwa gibt es nicht (vgl. Durrell 1999: 291–296). Engländer:innen, Waliser:innen, Schott:innen, Ir:innen, New Yorker:innen, Südstaatler:innen usw. erkennen sehr schnell, woher (bzw. aus welcher sozialen Schicht) ein ‚native speaker' des Englischen stammt – ohne dass es zu Verständnisschwierigkeiten käme.

Schon die Bezeichnung ist im Grunde widersprüchlich: Wenn man ein ‚akzentfreies Hochdeutsch' annimmt, muss es prinzipiell einen hochdeutschen Akzent geben. Was man mit ‚akzentfrei' meint, ist vielmehr ein *bestimmter* Akzent, und zwar einer, der im Wesentlichen der nord(west)deutschen Aussprache des geschriebenen Standarddeutschen entspricht. Und dieser Akzent breitet sich gegenwärtig schnell aus – nicht nur in Deutschland, sondern auch in anderen deutschsprachigen Ländern. Diese Ausbreitung hat freilich mit einer sozialen Bewertung dieses Akzents gegenüber anderen Akzenten zu tun (▶ Abschn. 2.1).

Eine verbreitete Ansicht ist, dass das vermeintlich ‚akzentfreie Hochdeutsch' ein sauberes Sprechen nach der Schrift sei und man im Grunde nur die Graphem-Phonem-Korrespondenzen (vgl. Duden-Grammatik 2016: 68–71) und allenfalls noch Regeln wie die ‚Auslautverhärtung' im Deutschen zu beachten habe. Das ist allerdings nicht ganz so einfach. Zwar besagen diese Regeln beispielsweise, dass ein geschriebenes < b >, < d > oder < g > im Silbenauslaut (der Silbenkoda, vgl. ▶ Kap. 7) als stimmloser Plosiv auszusprechen sei, also als [p], [t] bzw. [k] (wie in *Lob*, *Rad*, *Tag*). Wenn die gegenwärtigen Ausprachewörterbücher allerdings darauf beharren, dass die ‚korrekte' Aussprache von *-ig* nicht [ɪk], sondern [ɪç] laute (also z. B. für *König* nicht [ˈkøːnɪk], sondern [ˈkøːnɪç]), dann weichen sie von diesen Regeln deutlich ab.

Es ist übrigens eine gewisse Ironie der Sprachgeschichte, dass sich im Laufe der Standardisierung des Deutschen das Hochdeutsche (mit stark ostmitteldeutscher, v. a. des Meißnisch-Sächsischen, und ostoberdeutscher Prägung) gegenüber dem Niederdeutschen durchgesetzt hat – die niederdeutsche Schriftsprache wurde im Wesentlichen im 18. Jahrhundert aufgegeben –, sich aber in der Geschichte der Kodifizierung der Aussprache weitgehend eine norddeutsche Aussprache des Schriftdeutschen durchgesetzt hat. (Beachten Sie bitte, dass ‚Hochdeutsch' hier nicht im Sinne von ‚Hochsprache', sondern im sprachgeographischen Sinne verwendet wird, nämlich als Sammelbezeichnung für die mitteldeutschen und oberdeutschen Varietäten, ◘ Abb. 2.4 in ► Abschn. 2.3.5.) Genauer gesagt, handelte es sich bei der Kodifizierung der Aussprache des Deutschen zunächst um eine Kodifizierung der *Bühnenaussprache*, die das ganze 19. Jahrhundert hindurch von Dramenschriftsteller:innen und Theaterleuten gefordert wurde. Der Vorsitzende der Kommission, die den ersten Aussprachekodex (also die erste Sammlung von Ausprachenormen in Buchform) entwickelte, war der aus Bremen stammende Germanist Theodor Siebs. Die in dem von ihm herausgegebenen Wörterbuch (Siebs 1898) kodifizierte Aussprache wird häufig kurz als ‚Siebs-Deutsch' bezeichnet. Ohne staatliche Legitimation, wie sie etwa „Die amtliche Regelung der deutschen Rechtschreibung" genießt, entwickelte sich ‚der Siebs' bis in die 1970er Jahre als unangefochtene Autorität nicht nur für die Ausbildung von Schauspieler:innen, später auch von Rundfunk- und Fernschsprecher:innen, sondern allgemein für „die reine und gemäßigte Hochlautung", wie es im Untertitel der 19. Auflage von 1969 heißt.

Aussprachevariation in den Gebrauchsstandards des Deutschen Trotz der Ausbreitung bestimmter Ausspracheweisen, die insbesondere über audiovisuelle Medien wie Rundfunk, Film und Fernsehen beschleunigt werden, gibt es in den Standardvarietäten des Deutschen immer noch ein hohes Maß an Variation in der Aussprache. Entscheidend ist freilich, was man als ‚Standard' betrachtet. Selbst Aussprachewörterbücher wie der Siebs (1969), die sich an der Aussprache von professionellen Sprecher:innen orientieren bzw. diesen bestimmte Aussprachevarianten vorschreiben, gestehen zum Teil mehr als eine Variante zu, z. B. [ˈzɛːɡən] / [ˈʐɛːɡn̩] für *sägen* oder [ʃtiːl] / [stiːl] für *Stil*. Ist man jedoch der Auffassung, dass nicht nur Berufssprecher:innen ‚standardnah' sprechen, sondern z. B. auch Politiker:innen in Parlamentsreden, Schüler:innen bei mündlichen Abschlussprüfungen oder Bürger:innen, die (hörbar) fremden Tourist:innen eine Wegbeschreibung geben, dann vergrößert sich der Kreis der potenziellen Standardsprecher:innen schlagartig. Und wenn man sich darüber hinaus am Konzept des Gebrauchsstandards orientiert, so erhöht sich auch das zu berücksichtigende Ausmaß an Variation erheblich (► Abschn. 2.3.5). Eine solche Auffassung vertreten Werner König in seinem *Atlas zur Aussprache des Schriftdeutschen in der Bundesrepublik Deutschland* (König 1989) und Stefan Kleiner und Ralf Knöbl in ihrem *Atlas zur Aussprache des deutschen Gebrauchsstandards (AADG)*; viele Ergebnisse des *AADG* haben Kleiner und Knöbl auch in die von ihnen bearbeitete 7. Auflage des Duden-Aussprachewörterbuchs (2015) einfließen lassen. Der aktuellste Aussprachekodex zum Deutschen berücksichtigt den Gebrauchsstandard von Sprecher:innen – in diesem Fall von Abiturient:innen /

2

Maturant:innen / Maturand:innen – und ist folglich sehr viel variantenreicher als vorige Aussprachekodizes.

Empirische Ressourcen: Der *Atlas zur Aussprache des deutschen Gebrauchsstandards (AADG)*

Für den *AADG* bereisten die Mitarbeiter:innen des **Projekts *Deutsch heute*** von 2006 bis 2009 insgesamt 194 Orte in den deutschsprachigen Ländern und Regionen Mitteleuropas (Deutschland, Ostbelgien, Luxemburg, die (Deutsch-)Schweiz, Liechtenstein, Österreich und Südtirol). An jedem Ort wurden Sprachaufnahmen mit idealerweise jeweils vier Oberstufenschüler:innen durchgeführt, jeweils zwei männlichen und zwei weiblichen. Die Wahl fiel aus erhebungspraktischen und konzeptionellen Gründen auf Abiturient:innen / Maturant:innen / Maturand:innen: Im Alter von 17–20 Jahren kann ihre Aussprache als ausgebildet und gefestigt gelten, so dass sie als typisch für den Ort, an dem sie aufgewachsen sind, gelten kann, und zwar – gerade wegen des jugendlichen Alters der Sprecher:innen – noch für einige Jahrzehnte. Wichtig war, Schüler:innen heranzuziehen, die vor dem Abitur / der Matura standen, denn nur bei diesen ist in allen deutschsprachigen Ländern und Regionen gesichert, dass sie bei ihren Abschlussprüfungen standardnah sprechen müssen – und dies auch einüben. Insgesamt liegen Sprachaufnahmen von 671 Schüler:innen vor. An 29 ausgewählten Orten wurden zum Vergleich entsprechende Aufnahmen von Teilnehmer:innen von Volkshochschulen im Alter von 50–60 Jahren gemacht.

Die Teilnehmer:innen hatten verschiedene Aufgaben zu erfüllen, die – in Anlehnung an die Labov'schen *styles* (► Abschn. 2.3.4) – verschiedenen Formalitätsgraden des Sprechens entsprechen sollten. Für den *AADG* wurden vornehmlich **Daten der Vorleseaussprache** herangezogen, also Daten des formellsten Grades, für den die Sprecher:innen eine Liste mit 1.100 Wörtern vorlesen mussten, die zum Teil aus Minimalpaaren bestanden (also Wortpaaren, die sich maximal in genau einem Laut unterscheiden könnten), wie z. B. *sägen – Segen* mit [ɛ:] vs. [e:] (► Kap. 7).

Die Ergebnisse sind im *AADG* seit 2011 in Form von ‚sprechenden' **Aussprachekarten** mit Begleitkommentaren online auf den Seiten des Leibniz-Instituts für Deutsche Sprache (IDS) zugänglich (vgl. ► http://prowiki.ids-mannheim.de/bin/view/AADG/WebHome). Der Atlas wird gegenwärtig ständig erweitert (Stand Juni 2022: 330 Sprachkarten). Das Besondere an den Karten ist, dass sie für viele Orte die von den bis zu vier Sprecher:innen verwendeten Aussprachevarianten zum einen visuell mittels eines Farbcodes darstellen, zum anderen aber auch hörbar machen (deshalb ‚sprechend'): Man kann bei vielen Karten auf jedes der vier Felder pro Ort klicken und sich die jeweilige Aussprache eines Worts anhören. (Für weitere Informationen vgl. die Projektseite des *AADG* sowie Kleiner 2015.)

Ausgewählte Beispiele aus den Bereichen Wortakzent, Vokalismus und Konsonantismus sollen genügen, um das Ausmaß der arealen Variation in der Aussprache der Gebrauchsstandards des Deutschen zu illustrieren.

Wortakzent: Während etwa bei zweisilbigen sogenannten ‚Erbwörtern‘ germanischer Herkunft die für alle germanischen Sprachen geltende Stammsilbenbetonung gilt (d. h. die Betonung liegt auf der Stammsilbe, die einen Vollvokal enthält, wie in dt. *Wasser*, engl./ndl. *water*, schwed. *vatten* usw.), trifft diese Regel für Lehnwörter nicht immer zu. Beispiele sind *Tabak* und *Anis*, die jeweils in beiden Silben Vollvokale aufweisen. In den meisten deutschsprachigen Ländern und Regionen wird *Tabak* auf der ersten Silbe betont, in der Deutschschweiz, in Liechtenstein, Österreich und Südtirol genauso häufig auf der zweiten Silbe; *Anis* wird in West- und Norddeutschland sowie in Luxemburg meist auf der zweiten Silbe betont, in allen anderen Gebieten fast ausschließlich auf der ersten Silbe (vgl. *AADG*, „Weitere Phänomene – Wortakzentvariation").

Vokalismus: Das <i> in betonten Silben ist nach den Aussprachewörterbüchern als kurzes, ungespanntes [ɪ] zu artikulieren. In der Deutschschweiz, Liechtenstein, Österreich, Südtirol, Luxemburg sowie in einigen Gebieten Südwestdeutschlands wird es allerdings deutlich gespannter und geschlossener ausgesprochen, was dazu führt, dass sich etwa die Aussprache von *Schiff* und *schief* sehr annähert. Wenn auf das <i> ein <sch> folgt, hört sich die Aussprache <i> vor allem im Nordosten Deutschlands häufig wie ein [ʏ] an – verschriften könnte man es als <ü> (*Füsch*, *Tüsch* etc.). Neben diesen drei Varianten verzeichnet der *AADG* bei der Aussprache von *(den) Fischen* nicht weniger als sechs weitere Varianten in den Gebrauchsstandards des Deutschen (◪ Abb. 2.7).

Konsonantismus: Bei der Aussprache der Endung *-ig* in *König* gibt es laut *AADG* im Wesentlichen drei Varianten: [ɪk], [ɪç] und [ɪɕ] (oder sogar [ɪʃ]). Die Variante mit einem koronalisierten (also mit dem Zungenkranz gebildeten) Frikativ, also [ɪɕ] (oder [ɪʃ]), ist relativ kleinräumig verbreitet und wird in Sachsen sowie im äußersten Westen Deutschlands, teilweise auch in Ostbelgien und Luxemburg verwendet. Interessanterweise ist sie auch im Kiezdeutschen zu hören (s. Wiese 2012: 38). (Im Türkischen etwa gibt es zwar den [ʃ]-Laut, aber nicht den Ich-Laut [ç].) Besonders auffällig ist aber, dass nicht die in den Aussprachewörterbüchern kodifizierte Variante [ɪç] am weitesten verbreitet ist, sondern die Variante [ɪk]. Sie ist nicht nur in der Südhälfte des deutschsprachigen Gebiets die ganz überwiegend verwendete Form, sondern teilweise auch im Norden üblich (vgl. *AADG*, „Nebenton"). Wir erinnern uns: Die in diesem Fall weniger weit verbreitete Variante [ɪç] ist gerade diejenige, die von der Regel „<g> im Auslaut wird als [k] ausgesprochen" abweicht, aber – nach einer von Anfang an umstrittenen Festlegung der Siebs-Kommission – bisher als einzige Form kodifiziert ist.

Die Karten des *AADG* zeigen freilich auch sehr eindrücklich, wie sehr die Aussprache vom einzelnen Lexem abhängt: Bei *billig* ist die [ɪk]-Variante noch weiter verbreitet als bei *König*, bei *richtig* ist hingegen die [ɪç]-Variante weit üblicher.

2

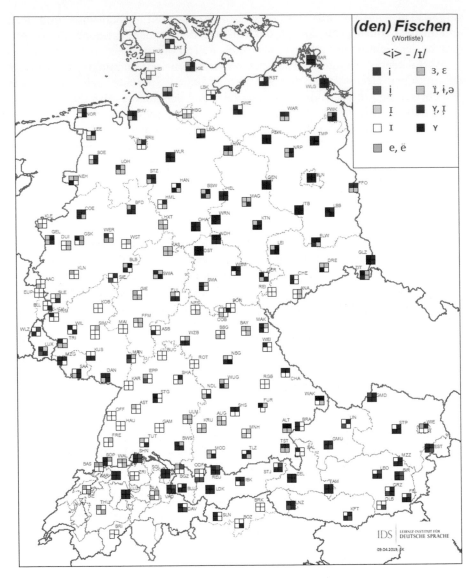

Abb. 2.7   Aussprache des <i> in *Fischen* in den deutschen Gebrauchsstandards (Quelle: AADG,
► http://prowiki.ids-mannheim.de/bin/view/AADG/KurzI, Juli 2022)

2.4.3 Wortschatz

Lexikalische Variation in den Gebrauchsstandards des Deutschen   Der weit über-
wiegende Teil des Wortschatzes – schätzungsweise mehr als 98 % – ist in den
Standardvarietäten des Deutschen gleich. Für die Sprecher:innen sind allerdings
gerade die relativ wenigen Unterschiede ‚salient‘, d. h. auffällig. Man achtet
häufig auf das Unterscheidende mehr als auf das Gemeinsame. Mit Blick auf den

Wortschatz ist es sogar möglich, dass man bestimmte Varianten schon einmal gehört hat bzw. als Wörter des Deutschen identifizieren kann, aber nicht weiß, was sie bedeuten. So kann es passieren, dass Tourist:innen aus dem Rheinland von der Speisekarte nur deshalb das *Schnitzel* oder die *Spaghetti* wählen, weil sie etwa bei einem Besuch in Greifswald *Bulette mit Stampfkartoffeln* lesen, in Stuttgart *Fleischküchle mit Kartoffelbrei*, in Bern *Hacktätschli mit Erdäpfelstock*, in Graz *Fleischlaiberl* (oder *faschiertes Laibchen*) *mit Erdäpfelpüree* – und nicht ahnen, dass jedes Mal ihr Leibgericht gemeint ist, das sie unter der Bezeichnung *Frikadelle mit Kartoffelpüree* kennen. Alle Bezeichnungen sind standarddeutsch. (Ein ‚Grenzfall' ist allenfalls das *Hacktätschli.*) Auch hier zeigt sich wieder, dass ideologiegeleitete Auffassungen wie die, dass es *ein* einheitliches Hochdeutsch gebe oder dass unter mehreren arealen Varianten nur *eine* korrektes Standarddeutsch sei, nichts mit der Sprachrealität zu tun haben.

Die lexikographische Erfassung der arealen Variation im standardsprachlichen Wortschatz des Deutschen erfolgte in Wörterbüchern noch vor einigen Jahrzehnten unsystematisch und häufig unzutreffend. Eine Systematisierung der korpuslinguistischen Methodik und der lexikographischen Darstellung fand erstmals im Rahmen des Projekts *Variantenwörterbuch des Deutschen (VWB)* und dem daraus entstandenen gleichnamigen Wörterbuch (Erstauflage 2004) statt.

Empirische Ressourcen: Das *Variantenwörterbuch des Deutschen (VWB)*

Das *VWB* geht auf ein gemeinsames **Projekt** von drei Forscher:innengruppen aus Deutschland, Österreich und der Schweiz zurück, das – korpuslinguistisch gestützt – zum Ziel hatte, die standardsprachliche lexikalische Variation in den deutschsprachigen Ländern und Regionen zu erfassen und in einem Wörterbuch darzustellen.

Anders als das *Österreichische Wörterbuch* (ÖWB 2018) oder das *Duden-Universalwörterbuch* (2015) ist das *VWB* kein Vollwörterbuch, das den Wortschatz möglichst umfassend darzustellen versucht, sondern ein sogenanntes **Differenzwörterbuch**, das ausschließlich lexikalische Eigenheiten oder Unterschiede zwischen den arealen Standardvarietäten des Deutschen aufführt. Und anders als etwa das *Wörterbuch der Standardsprache in der deutschen Schweiz* (Bickel & Landolt 2012)

beschränkt es sich nicht auf die spezifischen bzw. typischen Lexeme in einem Land, sondern stellt Eigenheiten aller deutschsprachigen Länder und Regionen bzw. Unterschiede zwischen diesen zusammen: Es enthält 7.300 sogenannte „Primärartikel" (*VWB* 2016: XVI), in denen Lexeme (Einzelwörter oder Wendungen) erfasst sind, die nicht im ganzen deutschen Sprachgebiet gebräuchlich sind, sondern nur eine national oder regional eingeschränkte Verbreitung haben.

Während die erste, 2004 erschienene Auflage des *VWB* noch auf ein eigens zusammengestelltes linguistisches **Korpus** aus Tages- und Wochenzeitungen, Zeitschriften, belletristischen Texten, Sachtexten sowie verschiedenen kleinen Textsorten (Broschüren, Formulare, Kataloge etc.) setzte, wurden für die zweite Auflage hauptsächlich die Online-Datenbank *wiso* (vgl. ▶ https://www.wiso-net.de, Mai 2022), die zum Zeitpunkt der Bearbeitung der zweiten Auflage des *VWB* ca. 130 Mio. Zeitungsartikel aus der Tages- und Wochenpresse enthielt, das *DeReKo* (▶ Abschn. 2.3.2), das *Austrian Media Corpus (AMC)* (vgl. ▶ https://www.oeaw.ac.at/de/acdh/tools/amc-austria-media-corpus, Mai 2022), sowie einzelne Zeitungen aus kleineren Ländern und Gebieten wie Liechtenstein und Rumänien herangezogen. Der Schwerpunkt liegt beim *VWB* also klar auf Zeitungssprache.

Um kenntlich zu machen, wo welche Varianten im Gebrauchsstandard verwendet werden, wurden die deutschsprachigen Gebiete in verschiedene **Areale** eingeteilt: sechs Areale in Deutschland, sechs in der Deutschschweiz und vier in Österreich; eigene Areale bilden das deutschsprachige Gebiet in Ostbelgien, Luxemburg, Liechtenstein und Südtirol. In der zweiten Auflage sind auch drei Länder bzw. Regionen berücksichtigt, in denen Deutsch als Minderheitsprache in Presseerzeugnissen verwendet wird, nämlich Rumänien, Namibia und – stellvertretend für Mennonitengebiete in Lateinamerika – Siedlungsregionen der Mennoniten in Mexiko. Pro Areal – also z. B. D-nordost, A-west, BELG (wobei die Großbuchstaben i. d. R. die Länderkürzel sind) – wurden die Einzelergebnisse für die Varianten jeweils gewichtet und entweder für diese separat oder für größere Regionen (z. B. „D-nord" oder „D") zusammengefasst im Wörterbuch dargestellt. (Für weitere Informationen vgl. VWB 2016: XII–XXXVIII; Bickel, Hofer & Suter 2015.)

Das *VWB* stellt die Ergebnisse in klassischen Wörterbuchartikeln dar und enthält keine Karten. Sprachkarten enthält der *Atlas zur deutschen Alltagssprache (AdA)* (vgl. ▶ www.atlas-alltagssprache.de), der auf der Grundlage von Online-Umfragen – wie der Name sagt – die *alltagssprachlichen* Verhältnisse erfasst, aber zum Teil auch die Verbreitung standardsprachlicher Varianten illustriert. ◘ Abb. 2.8 etwa zeigt eine Karte aus dem *AdA* mit alltagssprachlichen Bezeichnungen für den ‚(meist) gepflasterten Bereich für Fußgänger neben der Straße', die allesamt auch standardsprachlich verwendet werden.

◘ **Abb. 2.8**   Varianten für den ‚(meist) gepflasterten Bereich für Fußgänger neben der Straße' (Quelle: AdA, ▶ http://www.atlas-alltagssprache.de/r11-f4g/, Juli 2022)

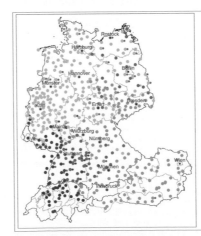

Weitere Beispiele Bezeichnungen für Speisen und Lebensmittel wie Obst- und Gemüsesorten (die sogenannte ‚Küchen-Lexik') weisen eine ausgeprägte Heteronymie, d. h. eine Vielfalt der Bezeichnungen auf arealer Ebene, auf. Andere semantische Bereiche mit areal stark variierender Alltagslexik sind Bezeichnungen von Tieren, von Berufen, von Zeitangaben, Kleidungsstücken, Haushaltsgegenständen u. a. Von den folgenden Heteronymen kennen Sie gewiss mindestens eines; Sie können mithilfe des *VWB* oder des *AdA* einmal versuchen herauszufinden, wo die anderen Varianten verwendet werden – oder auch, wo eigentlich Ihre eigene Variante gebräuchlich ist:

- *Eierkuchen/Pfannkuchen/Om(e)lett(e)/Palatschinke(n)*
- *Mücke/Schnake/Gelse*
- *Hydrauliker/Klempner/Sanitärinstallateur/Spengler*
- *Viertel elf/Viertel nach zehn/Viertel über zehn*
- *Finken/Schlappen/Schlapfen/Puschen/Latschen/Pantoffeln/Hausschuhe*
- *Heftzwecke/Reißzwecke/Reißnagel/Reißbrettstift/Punaise*

Keine echten lexikalischen Varianten stellen dagegen Bezeichnungen dar, die auf ähnliche, aber nicht völlig gleiche Institutionen und Einrichtungen verweisen, die in den verschiedenen deutschsprachigen Ländern und Regionen aufgrund der unterschiedlichen politischen und rechtlichen Systeme auch unterschiedlich gestaltet sind. Ein Beispiel haben sie oben bereits gelesen: *Abiturient:innen/ Maturant:innen/Maturand:innen* für ‚(junge) Menschen, die die Hochschulreife absolvieren oder gerade absolviert haben'. Ein anderes Beispiel sind die Bezeichnungen für die Vorsitzenden der Regierungen in den föderalen Einheiten in den deutschsprachigen Ländern: In den bundesdeutschen Flächenstaaten kann der Regierung eine *Ministerpräsidentin* vorstehen, in deutschen Stadtstaaten eine *Erste* oder *Regierende Bürgermeisterin* oder *eine Präsidentin des Senats*, in Österreich eine *Landeshauptfrau* und in der Schweiz eine *Regierungspräsidentin* oder eine *Landammännin*.

2.4.4 Grammatik

Grammatische Variation in den Gebrauchsstandards des Deutschen Ein Bereich, in dem Sie sich möglicherweise bisher areale Variation am wenigsten vorstellen konnten, ist die Grammatik. Areal unterschiedliche Aussprachweisen und Wörter mögen Ihnen auch vor der Lektüre dieses Kapitels bewusst gewesen sein – aber *grammatische* Unterschiede in den deutschsprachigen Ländern und Regionen? Wie im Bereich der Lexik kommen sie aufs Ganze gesehen in sehr geringem Ausmaß vor, aber es gibt sie. Grammatische Variation mag in quantitativer Hinsicht vernachlässigenswert sein. Sie gerät aber spätestens dann in den Fokus, wenn es um die Bewertung geht, ob einzelne Formen als ‚grammatisch korrekt' zu beurteilen sind. Gegebenenfalls sind auch Sie selbst betroffen – dann nämlich, wenn man Ihnen Formen wie *das orange T-Shirt* bzw. *das* *orangene T-Shirt, die E-Mail* bzw. *das E-Mail, der Entscheid* bzw. *die Entscheidung* und Formulierungen wie *Das ist in Wikipedia gestanden* bzw. *Das hat in Wikipedia gestanden* oder *Marie wünscht sich ein* oder *einen Laptop, wie sie es/ihn im Geschäft hat liegen sehen* bzw. *... liegen hat sehen* bzw. *... liegen sehen hat* als ‚Fehler‘ markiert. Die grammatische Variation in den standarddeutschen Varietäten reicht – wie die Beispiele zeigen – von der morphologischen Variation über die Genuszuweisung bei Substantiven bis zur syntaktischen Variation.

Die grammatikographische Erfassung der grammatischen Variation im Standarddeutschen wurde und wird vornehmlich im Rahmen des Konzepts der „Zweifelsfälle im Deutschen" (vgl. Klein 2018) behandelt – ‚Zweifelsfälle‘ mit Blick auf die Frage, ob gebräuchliche grammatische Varianten als standardsprachlich korrekt einzustufen seien oder nicht. Dies war und ist das Hauptanliegen des *Duden „Zweifelsfälle"* (die jüngste, neunte Auflage stammt von 2021) und ähnlicher Wörterbücher zu sprachlichen Zweifelsfällen sowie einer ganzen Reihe von sprachkritischen bzw. sprachpflegerischen Werken aus den letzten 150 Jahren. Auch in Bezug auf grammatische Nachschlagewerke sei daran erinnert, dass keines von ihnen auf so etwas wie einer ‚amtlichen Regelung‘ beruht, wie es sie für die Rechtschreibung gibt.

Die areale Variation in der Grammatik der Standardvarietäten wurde in vielen dieser Nachschlagewerke eher impressionistisch erfasst und nach dem Grammatikalitätsurteil ihrer Bearbeiter:innen als ‚standardsprachlich‘ oder ‚nicht standardsprachlich‘ bzw. ‚standardsprachlich nicht korrekt‘ beurteilt. Noch in der 7. Auflage des Duden „Zweifelsfälle" (2011) fällt darüber hinaus eine gewisse sprachgeographische Schieflage auf: Wenn es darin areale Markierungen grammatischer Varianten gibt, dann sind sie weit überwiegend – und pauschal – auf Österreich und die Schweiz bezogen; die Markierung „deutschl." wird dagegen kaum verwendet, und wenn sich die Markierungen auf den Gebrauch *in* Deutschland beziehen, dann ist die Markierung „südd." mehr als doppelt so häufig verwendet wie „nordd." (s. Dürscheid & Sutter 2014: 52).

Was das Duden-Aussprachewörterbuch (2015) für die Aussprache und das *VWB* für den Wortschatz ist, ist die *Variantengrammatik des Standarddeutschen (VG)* für die Grammatik, nämlich der erste Sprachkodex (also Sammlung von Einzelnormen), der sich systematisch und korpusbasiert der arealen Variation in den Standardvarietäten annimmt und diese in einem Nachschlagewerk darstellt.

Beispiele Die in der *VG* erfasste areale Variation ist in acht Phänomenbereiche gegliedert, für die abschließend je ein Beispiel gegeben wird. Auch hier sind Sie eingeladen, sich über den oben angegebenen Link selbst ein Bild über die Variation zu machen:

- Flexion: *gewinkt/gewunken; am Dienstag, den/dem 27. März, ...*
- Gebrauch von Adverbien, Konjunktionen, Partikeln und Präpositionen: *an/zu* + Feiertag (*Weihnachten, Ostern, Pfingsten*); *Urlaub am/auf dem Bauernhof*

Empirische Ressourcen: Die *Variantengrammatik des Standarddeutschen (VG)*

Wie das *VWB* geht die *VG* auf ein ursprünglich trinationales **Projekt** von drei Forscher:innengruppen aus Deutschland, Österreich und der Schweiz zurück. Das Ziel war es, die standardsprachliche grammatische Variation in den deutschsprachigen Ländern und Regionen korpuslinguistisch zu erfassen, zu analysieren und in einem Wörterbuch darzustellen.

Für die *VG* wurde eigens ein aus Lokal- und Regionalnachrichten bestehendes **Korpus** aus Online-Ausgaben von 68 regional verbreiteten Zeitungen aus dem gesamten deutschsprachigen Raum erstellt. Berücksichtigung fanden ausschließlich redaktionelle Artikel, d. h. keine Agenturmeldungen und keine Werbetexte. Das Korpus umfasst über 600 Mio. Wortformen.

Ähnlich der Vorgehensweise beim *VWB* wurden die Ergebnisse in der *VG* jeweils für insgesamt 15 vorher festgelegte **Areale** ausgewertet und dargestellt: sechs Areale in Deutschland und vier in Österreich; eigene Areale bilden die Deutschschweiz, Liechtenstein, Südtirol, Luxemburg und das deutschsprachige Gebiet in Ostbelgien.

Die **Darstellung** erfolgt – wie beim *AADG* – in Form eines online frei zugänglichen Wikis, das ebenfalls auf den Seiten des IDS platziert wurde und dort zu den Onlineangeboten gehört (s. ▶ http://mediawiki.ids-mannheim.de/VarGra/index.php/Start, Mai 2022). Die Informationen über die areale grammatische Variation erfolgen über verschiedene Artikeltypen: Grundlagenartikel und Übersichtsartikel zu übergreifenden grammatischen Phänomenen (z. B. Genus, Genus bei Fremdwörtern) sowie Einzelartikel zu einzelnen grammatischen Variablen oder Varianten. Ein Einzelartikel enthält zunächst eine Kurzinformation, dann einen Erläuterungstext mit Beispielen. Darunter finden sich Sprachkarten, die auf Wärmekarten die Verbreitung einzelner Varianten und bei den meisten Artikeln auch Karten mit Tortengrafiken, die die Gebrauchsverhältnisse der gefundenen Varianten in jedem einzelnen Areal darstellen (◼ Abb. 2.9). Diese graphischen Angaben beruhen auf den errechneten prozentualen Verhältnissen pro Areal, die unterhalb der Sprachkarten in Frequenztabellen offengelegt sind. Frequenzangaben aus der *VG* enthält inzwischen auch der Duden „Zweifelsfälle" (2021). Die Beurteilung, was man aus diesen Frequenzverhältnissen für die Frage der ‚Standardsprachlichkeit' einzelner Varianten lesen kann, ist letztendlich den Benützer:innen überlassen. Die Verfasser:innen der *VG* vertreten die Auffassung, dass alle Varianten, die in einem bestimmten Areal die ‚5 %-Hürde' überschritten haben, in diesem Areal zum Gebrauchsstandard zu zählen sind. (Für weitere Informationen vgl. die Projektseite der *VG* sowie Dürscheid & Elspaß 2015.)

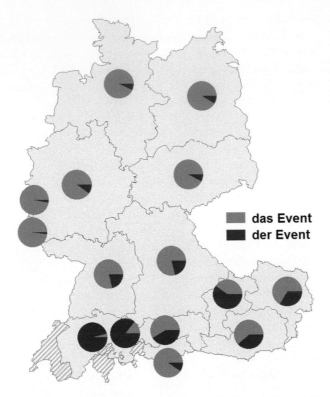

□ Abb. 2.9 Genus von *Event* (Quelle: VG, ▸ http://mediawiki.ids-mannheim.de/VarGra/index.php/ Event, Juli 2022)

— Gebrauch von Artikeln und Pronomen: *jene/diejenigen, die …*; *in der Nacht zu/auf Mittwoch*
— Genus: *die/das E-Mail*; *der/das Polster*; *der/das Spray*
— Phraseologismen: *fix und fertig / fixfertig*
— Valenz und Rektion: *jdn. klagen / gegen jdn. klagen*; *etw. erwarten / sich etw. erwarten, etw. auf/bei sich tragen*
— Wortbildung (inklusive Fugensetzungen): *durchweg/durchwegs*; *Reservation/ Reservierung*; *Interessenkonflikt/Interessenskonflikt*
— Wort- und Satzgliedstellung: *sie übersiedeln / siedeln über*; *er ist schon genug fit / fit genug.*

Damit endet nicht nur der Überblick über die Variation in der deutschen Standardsprache, sondern auch die erste kurze Entdeckungsreise durch die Vielfalt der deutschen Sprache der Gegenwart.

Literatur

AADG = Kleiner, Stefan. 2011 ff. *Atlas zur Aussprache des deutschen Gebrauchsstandards (AADG)*. Unter Mitarbeit von Ralf Knöbl. ▶ http://prowiki.ids-mannheim.de/bin/view/AADG/ (abgerufen 31.07.2022).

AdA = Elspaß, Stephan & Robert Möller. 2003 ff. *Atlas zur deutschen Alltagssprache (AdA)*. ▶ www.atlas-alltagssprache.de (abgerufen 31.07.2022).

Agha, Asif. 2005. Voice, Footing, Enregisterment. *Journal of Linguistic Anthropology* 15. 38–59.

Anderwaldt, Lieselotte & Jarich Hoekstra. 2017. *Enregisterment. Zur sozialen Bedeutung sprachlicher Variation*. Frankfurt am Main: Lang.

Androutsopoulos, Jannis & Florian Busch (Hg.). 2020. *Register des Graphischen. Variation, Interaktion und Reflexion in der digitaen Schriftlichkeit*. Berlin, Boston: De Gruyter.

Auer, Peter. 2000. *On line*-Syntax – Oder: Was es bedeuten könnte, die Zeitlichkeit der mündlichen Sprache ernst zu nehmen. *Sprache und Literatur in Wissenschaft und Unterricht* 31. 43–56.

Auer, Peter. 2005. Europe's sociolinguistic unity, or: A typology of European dialect/standard constellations. In Nicole Delbecque, Johan van der Auwera & Dirk Geeraerts (Hg.), *Perspectives on Variation. Sociolinguistic, Historical, Comparative*. Berlin, New York: Mouton de Gruyter. 7–42.

Bahlo, Nils et al. 2019. *Jugendsprache. Eine Einführung*. Stuttgart: Metzler.

Barbour, Stephen & Patrick Stevenson. 1998. *Variation im Deutschen. Soziolinguistische Perspektiven*. Berlin, New York: De Gruyter.

Beißwenger, Michael. 2015. Sprache und Medien: Digitale Kommunikation. In: *Studikurs Sprach- und Textverständnis*. E-Learning-Angebot der öffentlich-rechtlichen Universitäten und Fachhochschulen und des Ministeriums für Innovation, Wissenschaft und Forschung (MIWF) des Landes Nordrhein-Westfalen. [Erweiterte Vorabversion, bereitgestellt vom Verfasser, ▶ http://www.michael-beisswenger.de/pub/beisswenger_digikomm_preview.pdf, abgerufen 31.07.2022].

Besch, Werner. 2003. Entstehung und Ausformung der neuhochdeutschen Schriftsprache/Standardsprache. In Werner Besch, Anne Betten, Oskar Reichmann & Stefan Sonderegger (Hg.), *Sprachgeschichte. Ein Handbuch zur Geschichte der deutschen Sprache und ihrer Erforschung*. Berlin, New York: De Gruyter. 2252–2296.

Biber, Douglas & Susan Conrad. 2009. *Register, Genre, and Style*. Cambridge: Cambridge University Press.

Bickel, Hans & Christoph Landolt (Bearb.). 2012. *Schweizerhochdeutsch. Wörterbuch der Standardsprache in der deutschen Schweiz*. Berlin: Dudenverlag.

Bickel, Hans, Lorenz Hofer & Sandra Suter. 2015. Variantenwörterbuch des Deutschen (VWB) – NEU. In Roland Kehrein, Alfred Lameli & Stefan Rabanus (Hg.), *Regionale Variation des Deutschen – Projekte und Perspektiven*. Berlin, Boston: De Gruyter. 541–562.

Bußmann, Hadumod (Hg.). 2002. *Lexikon der Sprachwissenschaft*. 3. Aufl. Stuttgart: Kröner.

Chambers, Jack, Peter Trudgill & Natalie Schilling-Estes (Hg.). 2002. *The Handbook of Language Variation and Change*. Malden, MA: Blackwell.

Coulmas, Florian. 2013. *Sociolinguistics. The Study of Speakers' Choices*. 2. Aufl. Cambridge: Cambridge University Press.

Davies, Winifred V. & Nils Langer. 2006. *The Making of Bad Language. Lay Linguistic Stigmatisations in German: Past and Present*. Frankfurt am Main: Lang.

Duden-Aussprachewörterbuch (2015) = Kleiner, Stefan & Ralf Knöbl (Bearb.). 2015. *Duden. Das Aussprachewörterbuch* (Duden 6). 7. Aufl. Berlin: Dudenverlag.

Duden-Grammatik (1998) = Dudenredaktion (Hg.). 1998. *Duden. Grammatik der deutschen Gegenwartssprache* (Duden 4). 6. Aufl. Mannheim: Dudenverlag.

Duden-Grammatik (2016) = Wöllstein, Angelika & Dudenredaktion (Hg.). 2016. *Duden. Die Grammatik* (Duden 4). 9. Aufl. Berlin: Dudenverlag.

Duden-Universalwörterbuch (2015) = Dudenredaktion (Hg.). 2015. *Duden. Deutsches Universalwörterbuch*. 8. Aufl. Berlin: Dudenverlag.

Duden „Zweifelsfälle" (2011) = Dudenredaktion (Hg.). 2011. *Duden. Richtiges und gutes Deutsch* (Duden 9). 7. Aufl. Mannheim: Dudenverlag.

Duden „Zweifelsfälle" (2021) = Hennig, Mathilde (Hg.). 2021. *Sprachliche Zweifelsfälle. Das Wörterbuch für richtiges und gutes Deutsch* (Duden 9). 9. Aufl. Berlin: Dudenverlag.

Durrell, Martin. 1999. Standardsprache in England und Deutschland. *Zeitschrift für germanistische Linguistik* 27. 285–308.

Dürscheid, Christa & Stephan Elspaß. 2015. Variantengrammatik des Standarddeutschen. In Roland Kehrein, Alfred Lameli & Stefan Rabanus (Hg.), *Regionale Variation des Deutschen – Projekte und Perspektiven*. Berlin, Boston: De Gruyter. 563–584.

Dürscheid, Christa & Karina Frick. 2016. *Schreiben digital. Wie das Internet unsere Alltagskommunikation verändert*. Stuttgart: Kröner.

Dürscheid, Christa & Jan Georg Schneider. 2019. *Standardsprache und Variation*. Tübingen: Narr Francke Attempto.

Dürscheid, Christa & Sutter, Patrizia. 2014. Grammatische Helvetismen im Wörterbuch. *Zeitschrift für Angewandte Linguistik* 60. 37–65.

Eisenberg, Peter. 2007. Sprachliches Wissen im Wörterbuch der Zweifelsfälle. Über die Rekonstruktion einer Gebrauchsnorm. *Aptum. Zeitschrift für Sprachkritik und Sprachkultur* 3. 209–228.

Elspaß, Stephan. 2002. Alter Wein und neue Schläuche? Briefe der Wende zum 20. Jahrhundert und Texte der neuen Medien – ein Vergleich. *OBST. Osnabrücker Beiträge zur Sprachtheorie* 64. 7–31.

Elspaß, Stephan. 2005. *Sprachgeschichte von unten. Untersuchungen zum geschriebenen Alltagsdeutsch im 19. Jahrhundert*. Tübingen: Niemeyer.

Elspaß, Stephan & Stefan Kleiner. 2019. Forschungsergebnisse zur arealen Variation im Standarddeutschen. In Joachim Herrgen & Jürgen Erich Schmidt (Hg.), *Sprache und Raum. Ein internationales Handbuch der Sprachvariation. Bd. 4: Deutsch*. Unter Mitarbeit von Hanna Fischer und Brigitte Ganswindt. Berlin, Boston: De Gruyter Mouton. 159–184.

Fiehler, Reinhard. 2013. Die Besonderheiten gesprochener Sprache – gehören sie in den DaF-Unterricht? Sandro M. Moraldo & Federica Missaglia (Hg.), *Gesprochene Sprache im DaF-Unterricht. Grundlagen – Ansätze – Praxis*. Heidelberg: Winter. 19–38.

Fiehler, Reinhard. 2016. Gesprochene Sprache. In Angelika Wöllstein & Dudenredaktion (Hg.), *Duden. Die Grammatik*. 9. Aufl. Berlin: Dudenverlag. 1181–1260.

Fleischer, Jürg & Oliver Schallert. 2011. *Historische Syntax des Deutschen. Eine Einführung*. Tübingen: Narr.

Glaser, Elvira. 2003. Zu Entstehung und Charakter der neuhochdeutschen Schriftsprache: Theorie und Empirie. In Raphael Berthele, Helen Christen, Sybille Germann & Ingrid Hove (Hg.), *Die deutsche Schriftsprache und die Regionen. Entstehungsgeschichtliche Fragen in neuer Sicht*. Berlin, New York: De Gruyter. 57–78.

Holly, Werner. 1997. Zur Rolle von Sprache in Medien. Semiotische und kommunikationsstrukturelle Grundlagen. *Muttersprache* 107. 64-75.

Janssen, Heike Kathrin. o. J. [2015]. *Zur Syntax in den digitalen Medien: orate Konstruktionen im Kontext der Kommunikationsform Instant Messaging*. Dissertation. Universität Paderborn. ▶ https://d-nb.info/1104271931/34 (abgerufen 31.07.2022).

Johnstone, Barbara, Jennifer Andrus & Andrew E. Danielson. 2006. Mobility, indexicality, and the enregisterment of ‚Pittsburghese'. *Journal of English Linguistics* 34. 77–104.

Klein, Wolf Peter. 2018. *Sprachliche Zweifelsfälle im Deutschen. Theorie, Praxis und Geschichte*. Berlin, Boston: De Gruyter.

Kleiner, Stefan. 2015. „Deutsch heute" und der *Atlas zur Aussprache des deutschen Gebrauchsstandards*. In Roland Kehrein, Alfred Lameli & Stefan Rabanus (Hg.), *Regionale Variation des Deutschen – Projekte und Perspektiven*. Berlin, Boston: De Gruyter. 489–518.

Koch, Peter & Wulf Oesterreicher. 1985. Sprache der Nähe – Sprache der Distanz. Mündlichkeit und Schriftlichkeit im Spannungsfeld von Sprachtheorie und Sprachgeschichte. *Romanistisches Jahrbuch* 36. 15–43.

König, Werner. 1989. *Atlas zur Aussprache des Schriftdeutschen in der Bundesrepublik Deutschland*. 2 Bände. Ismaning: Hueber.

König, Werner, Stephan Elspaß & Robert Möller. 2019. *dtv-Atlas Deutsche Sprache*. 19. Aufl. München: dtv.

Labov, William. 1972. *Sociolinguistic Patterns*. Philadelphia: University of Pennsylvania Press.

Labov, William. 2004. Quantitative analysis of linguistic variation. In Ulrich Ammon, Norbert Dittmar, Klaus J. Mattheier & Peter Trudgill (Hg.), *Sociolinguistics. An International Handbook of the Science of Language and Society*. Bd. 1. 2. Aufl. Berlin, New York: De Gruyter. 6–21.

Lanwer, Jens Philipp. 2015. *Regionale Alltagssprache. Theorie, Methodologie und Empirie einer gebrauchsbasierten Areallinguistik*. Berlin, Boston: De Gruyter.

Linke, Angelika & Gerhard Voigt. 1991. Sprachen in der Sprache. Soziolinguistik heute: Varietäten und Register. *Praxis Deutsch* 18. 12–20.

Linell, Per. 1982. *The Written Language Bias in Linguistics*. University of Linköping, Department of Communication Studies.

Lippi-Green, Rosina. 2012. *English with an Accent. Language, Ideology, and Discrimination in the United States*. 2. Aufl. London, New York: Routledge.

Lüdi, Georges. 2014. Deutsch und seine Normen – Welches Deutsch? Standardisierung. *Magazin Sprache*. Goethe-Institut. ► https://www.goethe.de/de/m/spr/mag/lld/20456023.html (abgerufen 31.07.2022).

Lüngen, Harald. 2017. DEREKO – Das Deutsche Referenzkorpus. Schriftkorpora der deutschen Gegenwartssprache am Institut für Deutsche Sprache in Mannheim. *Zeitschrift für germanistische Linguistik* 45. 161–170.

Macha, Jürgen. 1991. *Der flexible Sprecher. Untersuchungen zu Sprache und Sprachbewußtsein rheinischer Handwerksmeister*. Köln: Böhlau.

Maitz, Péter & Stephan Elspaß. 2013. Zur Ideologie des ‚Gesprochenen Standarddeutsch‘. In Jörg Hagemann, Wolf Peter Klein & Sven Staffeldt (Hg.), *Pragmatischer Standard*. Tübingen: Stauffenburg. 35–48.

Mattheier, Klaus J. 2003. German. In Ana Deumert & Wim Vandenbussche (Hg.), *Germanic Standardizations. Past to Present*. Amsterdam, Philadelphia: Benjamins. 211–244.

Menge, Heinz H. 2013. *Mein lieber Kokoschinski! Der Ruhrdialekt: Aus der farbigsten Sprachlandschaft Deutschlands*. Bottrop: Henselowsky Boschmann.

Milroy, James & Lesley Milroy. 1985. *Authority in Language. Investigating Language Prescription and Standardisation*. London, New York: Routledge and Kegan Paul.

Neuland, Eva. 2008. *Jugendsprache. Eine Einführung*. Tübingen: Francke.

ÖWB 2018 = Bundesministerium für Bildung, Wissenschaft und Forschung (Hg.). 2018. *Österreichisches Wörterbuch*. 43., akt. Aufl. Wien: öbv.

Reichmann, Oskar. 1988. Zur Vertikalisierung des Varietätenspektrums in der jüngeren Sprachgeschichte des Deutschen. In Horst Haider Munske, Peter von Polenz, Oskar Reichmann & Reiner Hildebrandt (Hg.), *Deutscher Wortschatz. Lexikologische Studien*. Berlin, New York: De Gruyter. 151–180.

Reichmann, Oskar. 2003. Die Entstehung der neuhochdeutschen Schriftsprache: Wo bleiben die Regionen? In Raphael Berthele, Helen Christen, Sibylle Germann & Ingrid Hove (Hg.), *Die deutsche Schriftsprache und die Regionen*. Berlin, New York: De Gruyter. 29–56.

Pickl, Simon. 2013. *Probabilistische Geolinguistik. Geostatistische Analysen lexikalischer Variation in Bayerisch-Schwaben*. Stuttgart: Steiner.

Projektgruppe Spracheinstellungen. 2009. *Aktuelle Spracheinstellungen in Deutschland. Erste Ergebnisse einer bundesweiten Repräsentativumfrage*. Mannheim: Institut für Deutsche Sprache. ► https://ids-pub.bsz-bw.de/frontdoor/deliver/index/docId/3317/file/Eichinger_Plewnia_Rothe_Aktuelle_Spracheinstellungen_2009.pdf (abgerufen 31.07.2022).

Schlobinski, Peter. 2001. *knuddel – zurueckknuddel – dich ganzdollknuddel*. Inflektive und Inflektivkonstruktionen im Deutschen. *Zeitschrift für germanistische Linguistik* 29. 192–218.

Schneider, Jan Georg & Georg Albert. 2013. Medialität und Standardsprache – oder: Warum die Rede von einem gesprochenen Gebrauchsstandard sinnvoll ist. In Jörg Hagemann, Wolf Peter Klein & Sven Staffeldt (Hg.), *Pragmatischer Standard*. Tübingen: Stauffenburg. 49–60.

Schneider, Jan Georg, Judith Butterworth & Nadine Hahn. 2018. *Gesprochener Standard aus syntaktischer Perspektive. Theoretische Grundlagen – Empirie – didaktische Konsequenzen*. Tübingen: Stauffenburg.

Schwitalla, Johannes. 2012. *Gesprochenes Deutsch. Eine Einführung*. 4. Aufl. Berlin: Schmidt.

2

Siebs, Theodor (Hg.). 1898. *Deutsche Bühnenaussprache. Ergebnisse der Beratungen zur ausgleichenden Regelung der deutschen Bühnenaussprache, die vom 14.-16. April 1898 im Apollosaale des Königl. Schauspielhauses zu Berlin stattgefunden haben.* Berlin: Ahn.

Siebs (1969) = Siebs. *Deutsche Aussprache: Reine und gemäßigte Hochlautung mit Aussprachewörterbuch* (1969). 19. Aufl. Hg. von Helmut de Boor, Hugo Moser und Christian Winkler. Berlin, New York: De Gruyter.

Thurmair, Maria. 2022. Gesprochene Sprache. In Angelika Wöllstein & Dudenredaktion (Hg.), *Duden. Die Grammatik* (siehe 4). 10. Aufl. Berlin: Dudenverlag. 288–315, 551–559, 886–899.

Tomasello, Michael. 2009. *Die Ursprünge der menschlichen Kommunikation.* Frankfurt am Main: Suhrkamp.

VG = Variantengrammatik des Standarddeutschen. Ein Online-Nachschlagewerk (2018). Verfasst von einem Autorenteam unter der Leitung von Christa Dürscheid, Stephan Elspaß und Arne Ziegler. ▶ http://mediawiki.ids-mannheim.de/VarGra (abgerufen 31.07.2022).

VWB = Ammon, Ulrich, Hans Bickel & Alexandra N. Lenz (Hg.). 2016. *Variantenwörterbuch des Deutschen. Die Standardsprache in Österreich, der Schweiz, Deutschland, Liechtenstein, Luxemburg, Ostbelgien und Südtirol sowie Rumänien, Namibia und Mennonitensiedlungen.* 2. Aufl. Berlin, Boston: De Gruyter. (1. Aufl.: Ammon, Ulrich, Hans Bickel & Jakob Ebner et al. 2004. *Variantenwörterbuch des Deutschen. Die Standardsprache in Österreich, der Schweiz und Deutschland sowie in Liechtenstein, Luxemburg, Ostbelgien und Südtirol.* Berlin, New York: De Gruyter.)

Wandruszka, Mario. 1979. *Die Mehrsprachigkeit des Menschen.* München: Piper.

Weinreich, Uriel, William Labov & Marvin I. Herzog. 1968. Empirical foundations for a theory of language change. In Winfred P. Lehmann & Yakov Malkiel (Hg.), *Directions for Historical Linguistics.* Austin: University of Texas Press. 97–195.

Wiese, Heike. 2012. *Kiezdeutsch. Ein neuer Dialekt entsteht.* München: C.H. Beck.

„Ein Land – eine Sprache?"

Hans C. Boas und Heike Wiese

Inhaltsverzeichnis

© Springer-Verlag GmbH Deutschland, ein Teil von Springer Nature 2023
U. Freywald et al., *Deutsche Sprache der Gegenwart*,
https://doi.org/10.1007/978-3-476-04921-6_3

3

Eine verbreitete Laiensicht auf Sprache ist die Vorstellung, es gäbe eine feste Verknüpfung von Sprachen mit Ländern, d. h. die Vorstellung, eine bestimmte Sprache gehöre zu einem bestimmten Land und umgekehrt. Eine solche 1-zu-1-Sicht von „ein Land – eine Sprache" hat mit der Realität jedoch wenig zu tun: Sprachen sind natürlich nicht an Ländergrenzen gebunden, und die Menschen, die in einem Land leben, sind nicht auf eine Sprache reduziert.

Deutsch wird selbstverständlich nicht nur in Deutschland gesprochen. Zum einen ist das Deutsche, wie in ▶ Kap. 2 deutlich wurde, eine plurizentrische bzw. pluriareale Sprache, d. h. eine Sprache mit mehreren Zentren, die neben Deutschland z. B. auch die Schweiz, Österreich, Luxemburg und Liechtenstein umfassen. Zum anderen hat sich Deutsch auch in weiteren geographischen Regionen infolge von Migration und Kolonialisierung verbreitet, hierzu gehören z. B. ehemalige Siedlungsgebiete in Osteuropa ebenso wie außereuropäische Regionen (für einen Überblick zu ‚Deutsch in Übersee' vgl. etwa Plewnia & Riehl 2018).

Deutschland und Österreich waren schon immer mehrsprachige Länder, d. h. in Deutschland und Österreich wurde nie nur Deutsch gesprochen. In Luxemburg und der Schweiz ist die Mehrsprachigkeit auch in Form mehrerer Amtssprachen verankert. Aber nicht nur in diesen beiden Ländern, sondern ebenso in Deutschland und Österreich sind viele Menschen mehrsprachig, und Sprachenvielfalt findet sich auch hier, in Form von Regional- und Minderheitensprachen ebenso wie infolge von Zuwanderung und überregionaler Mobilität. So konstatiert etwa Schroeder (2007: 7) in einer Übersicht zu Migration und Mehrsprachigkeit zu Deutschland, dass „die bundesrepublikanische Gesellschaft mehrsprachig ist – einfach weil ein nicht unerheblicher Teil der Bevölkerung mehrsprachig ist". Dasselbe gilt natürlich für Österreich mit seiner jahrhundertelangen multikulturellen und multilingualen Geschichte.

Die Vorstellung einer festen Verknüpfung von *einem* Land mit *einer* Sprache gehört in den Bereich der Sprachideologien. Bommes & Maas (2005: 182) sprechen hier von einer „contra-factual ideological construction", d. h. einer ideologischen Konstruktion, die bestimmte Anschauungen und Vorstellungssysteme reflektiert, die unseren Bewertungen von Sprache(n) und Sprecher:innen zugrunde liegen (s. a. ▶ Abschn. 2.4.1), aber hier den sprachlichen Fakten widersprechen. Diese Art von Anschauung ist besonders in Europa verbreitet, wo die Bildung von Nationalstaaten auf die Vorstellung einer auch sprachlich homogenen ‚Nation' rekurrierte, die die Bevölkerung eines solchen Staates bilde (s. auch ▶ Kap. 4). Für Deutschland wäre dies beispielsweise ein imaginiertes homogenes deutsches Volk, das durch die deutsche Sprache charakterisiert ist. Dies ist jedoch ein historisches Konstrukt, das heute ebenso wenig den tatsächlichen Gegebenheiten entspricht wie im 19. Jahrhundert.

Standardsprachenideologie und monolingualer Habitus   Eng mit dieser Sprachideologie verbunden sind zwei weitere, die sogenannte ‚Standardsprachenideologie' und der ‚monolinguale Habitus'. Die Standardsprachenideologie fußt auf der Vorstellung, es gäbe eine einzige, fest umrissene, unveränderliche und anderen Varietäten überlegene deutsche Standardsprache (vgl. etwa Davies & Langer 2006; Hüning et al. 2012; s. ausführlich ▶ Abschn. 2.4). Der monolinguale

Habitus umfasst sprachliche und soziale Praktiken, die ein Selbstverständnis einer vermeintlich einsprachigen Gesellschaft z. B. in Deutschland und Österreich widerspiegeln. Wir tun so, also ob wir eine monolingual deutsche Gesellschaft hätten – eine etwas absurde Vorstellung angesichts der reichen sprachlichen Vielfalt in diesen Ländern (vgl. hierzu Gogolin 1994, 2002 sowie ▶ Abschn. 2.4 im vorigen Kapitel).

Um die Auswirkungen solcher Sprachideologien auf den Umgang mit sprachlicher Vielfalt wird es im nächsten Kapitel (▶ Kap. 4) ausführlicher gehen; in diesem Kapitel untersuchen wir, wie sich die sprachliche Realität für die deutsche Sprache der Gegenwart im Kontrast zum kontrafaktischen Bild ‚ein Land – eine Sprache' darstellt. Hierzu wollen wir Sie mitnehmen auf eine Reise durch unterschiedliche Epochen und Kontinente. Wir werden unter anderem die Nibelungen als Sprachkünstler erleben, das mittelalterliche Köln besuchen, auch einen Blick auf Konstantinopel werfen, einem mittelalterlichen Mönch bei der Arbeit mit seinen Schülern zusehen, Freiherr vom Stein als Sprachpanscher kennenlernen, einen Abstecher in den Spreewald zu den Sorb:innen machen, Kiezdeutsch-Sprecherinnen im Saarland „schwätsche" hören und von Texas über Namibia bis Papua-Neuguinea reisen – immer auf der Spur des Deutschen und seiner vielen Kontakte.

Dazu werfen wir im folgenden Abschnitt zunächst einen Blick auf den historischen und globalen Rahmen für die Normalität mehrsprachiger Konstellationen, in dem sich das überkommene homogene Selbstverständnis europäischer Nationalstaaten wie Deutschland oder Österreich als geradezu exotischer Sonderfall ausnimmt (▶ Abschn. 3.1), betrachten dann die bunte sprachliche Vielfalt, an der das Deutsche z. B. in Deutschland teil hat (▶ Abschn. 3.2), und schließlich seine Entwicklungen als Neuzugang zur Sprachenvielfalt in anderen Ländern (▶ Abschn. 3.3).

3.1 Viele Länder, viele Sprachen

Mehrsprachigkeit ist ein weiter Begriff, der oft unterschiedlich verwendet wird. Das liegt unter anderem daran, dass nicht klar abzugrenzen ist, was ‚eine Sprache' ist, und damit auch nicht, was ‚mehrere Sprachen' sind: Was noch zu einer Sprache gehört und was nicht, ist eher politisch oder gesellschaftlich bestimmt (s. Horner & Weber 2018: Kap. 3). So hat sprachstrukturell gesehen jemand, der Berlinisch und Niederdeutsch spricht, ein breiteres Repertoire, als jemand, der Serbisch und Kroatisch beherrscht. Im ersten Fall werden die beiden Elemente aber gleichermaßen dem Dialektraum derselben ‚Sprache', nämlich des Deutschen zugeordnet, im zweiten Fall spricht man von zwei ‚Sprachen'. Ist also der zweite Sprecher ‚mehrsprachig', der erste dagegen nicht? Sind Dialektsprecher:innen mehrsprachig? Was ist mit unterschiedlichen Varietäten, die als Standardsprachen in verschiedenen Ländern gesprochen werden, z. B. das Deutsche in Österreich und in Deutschland? Generell beherrscht jede:r Sprecher:in nicht nur eine Art zu sprechen, sondern hat unterschiedliche Register, Stile, Dialekte oder Sprachen im

3

Repertoire, und wie die Beispiele illustrieren, sind die Grenzen fließend. Im vorliegenden Kapitel werden wir von „Mehrsprachigkeit" sprechen, wenn jemand mehrere Varietäten beherrscht, die typischerweise verschiedenen ‚Sprachen' zugeordnet werden, aber wir sollten dabei immer im Blick haben, dass es hier um graduelle, nicht kategorische Unterschiede geht.

Auch in einem zweiten Sinne ist Mehrsprachigkeit ein gradueller Begriff, nämlich was den Umfang und Gebrauch dessen, was beherrscht wird, angeht (s. Grosjcan 2010): Gilt jemand als mehrsprachig, der vor vielen Jahren Französisch in der Schule gelernt hat, es seitdem aber nicht mehr verwendet hat? Oder sind nur die wirklich mehrsprachig, die bereits als Kind mehrere Sprachen erworben haben? Was ist, wenn sie später nur noch eine davon verwenden? Und muss man in beiden Sprachen gleichermaßen breit aufgestellt sein, um als mehrsprachig zu gelten? Was ist, wenn eine Sprache vor allem in informellen Registern in der Familienkommunikation erworben wurde, die andere aber auch in formellen Registern, z. B. in der Schule? Auch hier sind die Grenzen also fließend. Grundsätzlich gilt: Ein Mehrsprachiger ist nicht so etwas wie ‚zwei Einsprachige in einem Kopf'. Mehrsprachige haben ein breiteres sprachliches Repertoire, und das kann sich in Unterschieden gegenüber Einsprachigen nicht nur im Sprachgebrauch zeigen, sondern z. B. auch in der Sprachstruktur (s. Riehl 2014).

Neben der „individuellen Mehrsprachigkeit", also dem Gebrauch verschiedener Sprachen durch individuelle Sprecher:innen, kann man Mehrsprachigkeit auch auf der Ebene der Gesellschaft untersuchen. Wenn die Gesellschaft insgesamt von Sprachenvielfalt geprägt ist (wobei einzelne Sprecher:innen auch einsprachig sein können), spricht man von „gesellschaftlicher Mehrsprachigkeit".

Mehrsprachigkeit, nicht Einsprachigkeit ist weltweit der Normalfall Dass wir in Ländern wie Deutschland oder Österreich oft von Einsprachigkeit als Normalität ausgehen, mehrsprachige Kontexte als Sonderfall ansehen und Mehrsprachigkeit häufig als Herausforderung oder gar als Problem, ist von außen gesehen eher seltsam. Einen aus der Schweiz stammenden Kollegen veranlasste eine solche Erfahrung mit dem monolingualen Habitus einmal zu dem fassungslosen Ausruf: „Und dann sind die allen Ernstes auf ihre Einsprachigkeit auch noch stolz!" Wenn wir den Blick über den Tellerrand wagen, zeigt sich, dass Sprachenvielfalt und Mehrsprachigkeit in menschlichen Gesellschaften der Normalfall ist. Mindestens die Hälfte der Weltbevölkerung ist mehrsprachig (vgl. etwa Grosjean 2010), kein Land ist nur einsprachig, und ganze Kontinente wie Asien und Afrika sind von einer gesellschaftlichen Mehrsprachigkeit geprägt, in der der regelmäßige Gebrauch mehrerer Sprachen ebenso zur normalen Alltagspraxis gehört wie der virtuose Sprachwechsel innerhalb der Kommunikation und die kreative Mischung und Kombination ganz unterschiedlicher sprachlicher Ressourcen.

Historische Sprachenvielfalt in europäischen Ländern Auch in Europa müssen wir gar nicht lange zurückgehen, um eine breite Akzeptanz von Mehrsprachigkeit als gesellschaftlicher Normalität zu finden. Im mittelalterlichen und frühneuzeitlichen Europa waren Sprachenvielfalt und gesellschaftliche Mehrsprachigkeit ein normaler Teil des Alltags, eine nicht weiter erwähnenswerte lebensweltliche Realität (vgl. Putzo 2011). Einen Eindruck davon gibt beispielsweise eine Studie von Classen (2013) zu historischen Texten, die unter anderem den *Beowulf* (zwischen ca. 800 und 1100), das *Nibelungenlied* (ca. 1200), *El Cid* (ca. 1200) und Wolfram von Eschenbachs *Parzival* (ca. 1205) umfasste. Obwohl solche Texte zahlreiche Beschreibungen von Reisen und von Schlachten enthalten, in denen sich Menschen mit unterschiedlichen sprachlichen Hintergründen begegnen, wird an keiner Stelle problematisiert, wie die Verständigung auf dieser Basis gelang: Mehrsprachigkeit war so sehr der Normalfall, dass das nie auch nur Thema war. Classen (2013:136) kommentiert dies sehr anschaulich beispielsweise zum Nibelungenlied (i) und zum Parzival (ii):

» (i) „The Netherlandish hero Siegfried arrives at the court of the Burgundians and immediately engages in lengthy discussions with them. Later, the entire Burgundian court and Siegfried travel to Iceland where King Gunther wants to woo the warrior princess Brunhild, and again language differences do not matter. In the second part of the epic poem, after Siegfried's murder, his widow Kriemhild marries the Hunnish King Etzel, at whose court a veritable host of foreign heroes live who must have spoken languages very different [from] that used by their host, but the narrator does not reflect on that issue. All that he cares to mention is the difference in religion (1335, 3), while the often rather exotic origins—from a western point of view—of the individual kings or princes only add to the international fame enjoyed by Etzel, without apparently causing any trouble in linguistic terms."

(ii) „Parzival had encountered his half-brother Feirefiz, a representative of the eastern world with its many exotic languages, and they both immediately know how to communicate with each other, since the poet does not even consider the possibility of any language barriers […]. The same had applied to their father Gahmuret who had traversed many parts of the Orient and had served diverse Muslim lords, but linguistically those seemed to be not different from those princes who lived in the West."

Frühe Reiche wie das der Habsburger, aber auch das osmanische Reich oder das frühe Venedig, waren durch eine große kulturelle und sprachliche Vielfalt und Dynamik geprägt (vgl. etwa Dursteler 2012). So schreibt beispielsweise im frühen 17. Jahrhundert der englische Reiseautor Thomas Coryat, man höre in Venedig "all the languages of Christendome, besides those that are spoken by the barbarous Ethnickes" (Dursteler 2012: 47), und die Schriftstellerin Lady Mary Wortley Montagu, die im frühen 18. Jahrhundert für einige Zeit im damaligen Konstantinopel lebte, als ihr Mann dort Botschafter war, beschreibt die Stadt in einem vielzitierten Brief als „Turm von Babel" (O'Quinn & Heffernan 2012: Letter 41).

In solchen großen urbanen Zentren war Sprachkontakt besonders vielfältig und augenfällig, aber er war keinesfalls auf diese beschränkt, und in deutschen Städten kamen unterschiedliche lokale Dialekte nicht nur miteinander, sondern auch mit einer großen Bandbreite anderer Sprachen zusammen (vgl. auch Lucassen & Lucassen 2013 zu Migration und Mehrsprachigkeit im Mittelalter). Im mittelalterlichen und frühneuzeitlichen Europa war zudem Latein als Sprache von Religion und Bildung verbreitet. Hinzu kamen in der jüdischen Gemeinschaft

3

Hebräisch und Aramäisch als Schriftsprachen und das gesprochene Jiddische, eine mit dem Deutschen eng verwandte westgermanische Sprache, die sich im intensiven Sprachkontakt entwickelt hat. Viele junge Männer, insbesondere Kaufmannssöhne, Handwerker und Studenten, verbrachten im Rahmen ihrer Ausbildung längere Zeit im Ausland, lernten dort ganz selbstverständlich die lokalen Dialekte und Sprachen und brachten so weitere Sprachkenntnisse nach Hause mit.

Polyglotte Begegnungen im mittelalterlichen Köln Wenn wir beispielsweise eine Zeitreise ins Köln des 13./14. Jahrhunderts machen könnten, würden wir dort in diesen Schichten vor allem polyglotte Sprecher treffen, die sich mühelos unterschiedlicher Sprachen und Dialekte bedienen, die sie – meist ohne formalen Unterricht – durch ihre vielfältigen Kontakte und auf Reisen und Auslandsaufenthalten erworben haben. Kölner Kaufleute hatten oft Niederlassungen im Ausland und lebten mitunter jahrzehntelang in Italien, Frankreich, England oder Russland, während sich in Köln immer auch eine Vielzahl auswärtiger Kaufleute aufhielt (Mihm 2001). Die Sprachenvielfalt wurde noch weiter bereichert durch die jüdische Gemeinde, die als älteste Deutschlands fast seit der Gründung Kölns bestand und bis zu den antisemitischen Pogromen in der Bartholomäusnacht 1349 vielfältig zum Stadtleben beitrug. Jüdische Kölner nutzten in ihrem Schriftgebrauch neben dem Deutschen (genauer: verschiedenen Dialekten des Mittelhochdeutschen) regelmäßig vier weitere Sprachen, oft in Kombination: Hebräisch, Aramäisch, Latein und (Alt-)Französisch (vgl. Perry, im Ersch.). Weitere mehrsprachige Kompetenzen kamen durch Studenten (damals durchgehend männlich) hinzu, die oft längere Zeit im Ausland verbrachten; der beliebteste Studienort Kölner Studenten im 13. Jahrhundert war Paris (vgl. Mihm 2001). Frühe ,Studentensprachen', die die Vorläufer moderner Jugendsprachen bilden, waren daher oft von Sprachkontakt geprägt, was sich unter anderem in zahlreichen lexikalischen Entlehnungen zeigte (vgl. Neuland 2008: IV.1).

Sprachmischung aus Tradition Während solche Beispiele vor allem auf den mündlichen Sprachgebrach verweisen, findet sich auch im schriftlichen Bereich eine Tradition der Sprachmischung, für das Deutsche ebenso wie für andere europäische (und außereuropäische) Sprachen. Ein bekanntes Beispiel ist die sogenannte ,Mischprosa' Notkers III., eines Mönchs, der im 10./11. Jahrhundert für seine Schüler eine Reihe lateinischer Bücher ins Althochdeutsche übersetzte und mit zahlreichen Kommentaren versah, in denen er immer wieder lateinische Elemente in den althochdeutschen Text integrierte. Der folgende Auszug gibt einen Eindruck von dieser sprachlichen Integration (aus Glaser 2016: 44; lateinische Elemente sind durch Fettdruck markiert):

(1)   *Mág der hímel **transire**. sô mag er óuh **stare**.*

       ,Kann der Himmel vergehen, kann er auch stehenbleiben.'

Dieser Art sprachlicher Integration spiegelt vermutlich die im Kloster übliche Sprachpraxis wider: In einer Gemeinschaft, in der viele neben dem Deutschen regelmäßig mindestens noch Latein sprachen, ist gut vorstellbar, dass solche Mischungen auch im mündlichen Gespräch der Mönche untereinander gang und gäbe waren (vgl. Glaser 2016 zu einer kontaktlinguistischen Untersuchung der Kommentare).

Ähnliches findet sich auch noch bei Martin Luther, der nicht nur durch seine Bibelübersetzung einen prägenden Einfluss auf das Standarddeutsche hatte, sondern, wie beispielsweise seine „Tischreden" belegen, im mündlichen Sprachgebrauch auch ein versierter Sprachmischer war, der Deutsch und Latein virtuos kombinierte. Hier zwei Beispiele (lateinische Ausdrücke sind fett):

(2) a. ***Ideo*** *mus er* **cum viperis et pharisaeis** *anderst reden* (521)

‚Darum muss er mit Vipern und Pharisäern anders reden'

b. *oder sie mussen die augen ins kot hinein stecken* **sicut sues** (447)

‚oder sie müssen die Augen in den Kot stecken wie Schweine'

(Stolt 1964: 79, 94)

Auch in der Schriftsprache sind solche Praktiken im Neuhochdeutschen schon lange verbreitet. Im 19. Jahrhundert wurde z. B. in der Stadt Lemberg (heute Lwiw/Ukraine), das damals Teil der Habsburgermonarchie war, im Alltag nicht nur die Amtssprache Deutsch verwendet, sondern außerdem eine Reihe weiterer Sprachen, unter anderem Polnisch, Latein, Ukrainisch und Hebräisch, und selbst in eher formellen Schriftmedien wie Zeitungen und universitären Vorlesungsverzeichnissen wurden Sprachen kombiniert und gemischt (Ptashnyk 2016). Und zur selben Zeit schrieb etwa der preußische Reformer und Bildungsexperte Freiherr vom Stein in einem Brief an seine Frau:

(3) [...] *Il attribue ses incommodités einem im vorigen Jahr in Böhmen erlittenen und nicht gehörig abgewarteten Ausschlagfieber.*

(Brief vom 24.6.1814, zitiert nach Riehl 2014: 141)

Bei solchen Äußerungen würden selbst ernannte Sprachschützer:innen heute vermutlich in Panik geraten und ‚Sprachpanscher'-Preise ausrufen, um einem vermeintlichen Sprachverfall Einhalt zu gebieten. Damals war man souveräner, und offensichtlich zu Recht: Die deutsche Sprache hat durch solche Praktiken der Sprachmischung nicht gelitten, sondern ist im Gegenteil vital wie eh und je. Wie solche Beispiele zeigen, muss man das Deutsche nicht segregieren, um es zu erhalten, sondern darf es ruhig auch mal mit anderen Sprachen zusammenbringen. Und wenn man alle seine sprachlichen – und eben auch mehrsprachigen – Ressourcen in der Kommunikation auch nutzt und kreativ integriert, dann ist das kein Zeichen von Sprachnot, sondern ein kommunikativer Reichtum. Das galt zu Freiherr vom Steins Zeiten ebenso wie heute. – Wallah! (mehr zu dieser Diskurspartikel in ► Kap. 8).

3

Deutsch in sprachlicher Vielfalt Die Vorstellung einer einsprachigen, sprachlich homogenen Sprechergemeinschaft für das Deutsche ist somit nicht nur im globalen Vergleich, sondern auch aus historischer Perspektive sonderbar. Mehrsprachigkeit ist auch historisch ein prägender Faktor für die Sprachen Europas einschließlich des Deutschen (vgl. auch Salmons 2018 zu Sprachkontakt in diachronen Stufen des Deutschen). Das Deutsche der Gegenwart findet sich besonders im urbanen Raum im Kontext ausgeprägter sprachlicher Vielfalt, etwa in Wohngebieten von Städten wie Berlin, Wien, Zürich, Hamburg, Köln, Stuttgart, Frankfurt oder München, in denen ein beträchtlicher Anteil der Einwohner:innen neben dem Deutschen auch noch andere Sprachen in der Familie spricht. In solchen urbanen Kontexten gehört auch heute Mehrsprachigkeit zum selbstverständlichen Alltag, und im umgangssprachlichen Miteinander werden ganz unterschiedliche Sprachen, einschließlich Deutsch, kreativ gemischt und kombiniert. Dies wird oft noch dadurch gestützt, dass viele Sprecher:innen auch Elemente aus Sprachen, die zunächst nicht zu ihrem eigenen Repertoire gehören, im alltäglichen Umgang mit Anderen erwerben, und sei es auch nur in Form einzelner Lexeme oder kurzer Routinen. Zum Beispiel lernt jemand, der von Haus aus zunächst nur Deutsch spricht, von Freunden vielleicht ein paar Brocken Serbisch, oder jemand, der zu Hause neben Deutsch auch noch Arabisch spricht, versteht durch den Freundeskreis auch ein bisschen Kurdisch. Man spricht in einem solchen Fall, in dem es einen sprachlichen Austausch auf Augenhöhe gibt, von „horizontaler Mehrsprachigkeit".

Solche urbanen Kontexte bringen damit ein Stück mehrsprachiger Normalität nach Deutschland zurück (vgl. auch Wiese 2012; Wiese et al. 2020). Durch ihre ausgeprägte Sprachenvielfalt haben sie auch dazu beigetragen, Mehrsprachigkeit in Deutschland wieder mehr ins öffentliche Bewusstsein zu rücken, und damit eine Entwicklung in Richtung eines etwas weniger stark monolingualen Habitus ermöglicht. Deutsch steht aber grundsätzlich auch außerhalb dieser hochdiversen Stadtviertel im Kontakt mit anderen Sprachen, und im nächsten Abschnitt sehen wir uns einige Sprachkonstellationen genauer an.

3.2 Deutsch ist nicht alleine: Sprachenvielfalt im deutschsprachigen Raum

Deutsch steht im deutschsprachigen Raum mit einer ganzen Reihe von anderen Sprachen in Kontakt, und dies gilt nicht nur für Länder mit mehreren Amtssprachen wie die Schweiz oder Luxemburg, sondern ebenso für Deutschland und Österreich. Wir finden hier viele Minderheitensprachen, die teils schon lange integraler Bestandteil der Sprachlandschaft sind, teils infolge von Zuwanderung in den letzten Generationen etabliert wurden. Im Folgenden stellen wir zur Illustration einige zentrale Beispiele hierfür vor.

Manche Minderheitensprachen, wie z. B. das Sorbische (▶ Abschn. 3.2.2), stehen unter kulturellem und wirtschaftlichem Druck der Mehrheitssprache, was u. a. zum Sprachtod führen kann. Minderheitensprachen lassen sich jedoch nicht immer klar geographisch definieren. So wird z. B. das Romanes (vgl. ▶ Abschn. 3.2.4) an unterschiedlichen Orten in Deutschland, Österreich und der Schweiz gesprochen, und die Gebärdensprachen, die in Deutschland und Österreich gesprochen werden und dort offiziell anerkannt sind, lassen sich natürlich ebenfalls nicht geographisch definieren.

Minderheitensprachen wie Ungarisch, Tschechisch und Slowakisch in Österreich oder Sorbisch, Dänisch, Friesisch und Romanes in Deutschland werden auf der Grundlage der Europäischen Charta der Regional- oder Minderheitensprachen des Europarats vom 5. November 1992 staatlich geschützt und u. a. durch Kulturzentren, Forschungszentren und Medienpräsenz gefördert. Darüber hinaus wird auch die Regionalsprache Niederdeutsch (Plattdeutsch) geschützt, die in acht von sechzehn Bundesländern gesprochen wird (▶ Abschn. 3.2.3). Ziel der staatlichen Förderung, die in Deutschland beispielsweise durch die/den Beauftragte/n für Aussiedlerfragen und nationale Minderheiten im Bundesministerium des Inneren geleitet wird, ist die Bewahrung der kulturellen Identität und sprachlichen Vielfalt.

Diese Unterstützung wird vor allem Minderheitensprachen zuteil, die als ‚alteingesessen' wahrgenommen werden (vgl. hierzu auch ▶ Abschn. 4.1.2). Minderheitensprachen, die auf relativ rezente Migration zurückgehen, gehören meist nicht dazu, etwa sogenannte ‚Heritage-Sprachen' (vgl. ▶ Abschn. 3.2.6). Heritage-Sprachen in Europa sind z. B. Türkisch in Deutschland oder Serbisch in Österreich; umgekehrt ist das Deutsche als Heritage-Sprache in Amerika vertreten z. B. das Texas-Deutsche in den USA (3.2.3) oder Plautdietsch in Nord- und Südamerika (▶ Abschn. 3.2.3).

3.2.1 Deutsche Gebärdensprache (DGS)

Sprechen ohne Laute Die Deutsche Gebärdensprache (DGS) ist eine visuell-manuelle Sprache, in der Gedanken und Sachverhalte vorwiegend mit den Händen ausgedrückt werden. Typologisch gesehen, wird die DGS als synthetische Sprache (flektierend-agglutinierend) klassifiziert, d. h. sie ist aus morphosyntaktischen Gesichtspunkten sehr viel reicher als die indoeuropäischen Sprachen. Die DGS ist als vollwertige Sprache in Deutschland seit 2002 anerkannt und wird von ca. 80.000 bis 100.000 gehörlosen und schwerhörigen Personen untereinander bzw. zur Kommunikation mit Hörenden verwendet. Die Gemeinschaft der Gehörlosen identifiziert sich nicht nur durch ihren Hörstatus, sondern vor allem durch ihre gemeinsame Sprache und Kultur. So haben Gehörlose ihr eigenes kulturelles Leben mit politischen und kulturellen Organisationen, Sportverbänden und Theatern (siehe Jaeger 2020).

Lange Zeit wurde davon ausgegangen, dass Kommunikation in menschlichen Sprachen nur über die Artikulation von Lauten möglich ist, aber Mitte des 20. Jahrhunderts zeigten wissenschaftliche Untersuchungen, dass neben Lautsprachen auch Gebärdensprachen als Gruppe natürlicher Sprachen anzusehen sind, die in ihrer Komplexität und Kreativität Lautsprachen gegenüber in nichts nachstehen (Steinbach 2007). Die DGS verfügt über kein standardisiertes Schriftsystem, und es gibt in der DGS auch unterschiedliche Dialekte, ähnlich wie im gesprochenen Deutsch. Ebenso wie es viele Lautsprachen gibt, gibt es international auch viele unterschiedliche Gebärdensprachen, und die DGS kann daher auch nicht direkt von Benutzer:innen anderer Gebärdensprachen verstanden werden. So gibt es z. B. die Österreichische Gebärdensprache (ÖGS), die seit 2005 ausdrücklich als (nicht-ethnische) Minderheitensprache anerkannt ist. Auf internationaler Ebene gibt es sog. ,International Signs‘, die die Verständigung zwischen Benutzer:innen der DGS und anderer Gebärdensprachen erleichtern.

Visuelles Sprachenlernen Die meisten der 80–100.000 gehörlosen Menschen in Deutschland werden gehörlos geboren oder sind frühertaubt, sie lernen die DGS also als Muttersprache. Gehörlosigkeit bedeutet nicht, dass Gehörlose ein kognitiv-linguistisches Defizit haben, sondern der Gebärdenspracherwerb ist dem Lautspracherwerb vergleichbar. Für gehörlose Kinder ist es jedoch nicht immer einfach, eine Gebärdensprache zu lernen, da nur ca. 10 % aller gehörlosen Kinder auch gehörlose Eltern haben und es fast keine effektive gebärdensprachliche Frühförderung gibt. Dies bedeutet, dass Kinder häufig erst im Kindergarten oder in der Schule mit der DGS in Kontakt kommen. Wie in Lautsprachen gibt es auch in Gebärdensprachen eine Entwicklung im Gebärdenspracherwerb, in der bestimmte Handformen und Ausführungsstellen früher bzw. später erworben werden (Steinbach 2007). Neben Gehörlosen gibt es auch schwerhörige und hörende Kinder gehörloser Eltern, die die DGS im Kindesalter lernen und somit bilingual sind.

Effektive Kommunikation mit Gebärden Die DGS ist ein eigenständiges und komplexes Sprachsystem, das sich grundlegend von der deutschen Laut- und Schriftsprache unterscheidet. Die Sprachzeichen der DGS nennt man ,Gebärden‘, sie werden mit den Händen, aber auch mit Armen, Gesicht und Oberkörper gebildet und werden visuell wahrgenommen. Wissenschaftliche Studien haben gezeigt, dass Gebärdensprachen genauso grammatisch komplex sind wie lautliche Sprachen, dass sich mit ihnen genauso wie in Lautsprachen abstrakte Sachverhalte ausdrücken lassen und dass sich Informationen mit derselben Geschwindigkeit ausdrücken lassen wie mit Lautsprachen.

Die Struktur der DGS wird mit den traditionellen sprachwissenschaftlichen Kategorien Phonologie, Morphologie, Morphosyntax und Syntax beschrieben. Die kleinsten Bestandteile einer Gebärde werden, anders als bei den Lauten eines Wortes, nicht sequentiell, sondern simultan realisiert, sie werden aber trotzdem, wie bei Lauten, als ,Phoneme‘ bezeichnet. Die kleinsten phonologischen Bestandteile von Gebärden sind sog. ,manuelle Komponenten‘ (z. B. Handform, Handstellung, Ausführungsstelle und Primäre Bewegung) und ,nichtmanuelle Komponenten‘ (z. B. Blickrichtung, Bewegung der Augenbrauen, Bewegung von Kopf und Oberkörper, Mundbild etc.). Gebärden können mit einer Hand oder mit zwei Händen ausgeführt werden. Morphologisch gesehen zeichnet sich die DGS im Vergleich zum Standarddeutschen u. a. durch einen hoch differenzierten Verbalaspekt aus. Genus- und Tempusflexion gibt es in der DGS nicht. Die unmarkierte Wortstellung in der DGS ist, wie z. B. auch im Türkischen oder Japanischen, Subjekt-Objekt-Verb, wobei nach dem Verb in der DGS auch nachgestellte Sätze und funktionale Elemente erscheinen (Becker 1997).

Definition

Eine **Minderheitensprache** ist eine Sprache, die von einer Minderheit der Bevölkerung gesprochen wird und sich von der Sprache der Mehrheit unterscheidet. Einige Minderheitensprachen gelten in ihren Hauptverbreitungsgebieten als regionale Amtssprachen.

3.2.2 **Sorbisch**

Vom Aussterben bedroht Das Sorbische ist eine westslawische Sprache, die in der Lausitz (im östlichen Deutschland) von noch ca. 20–30.000 Sorb:innen gesprochen wird. Durch starken staatlichen Assimilationsdruck im 19. Jahrhundert, welcher u. a. zu einem generellen Verbot der sorbischen Sprache in Schulen führte, verlor das Sorbische bis in die Mitte des 20. Jahrhunderts viele Muttersprachler:innen. Nach dem Zweiten Weltkrieg erhielt das Sorbische durch die DDR eine institutionelle Unterstützung, die durch den Einheitsvertrag zwischen den beiden deutschen Staaten 1990 fortgesetzt wurde. Zu Beginn des 21. Jahrhunderts gibt es jedoch fast nur noch im katholischen Gebiet der Oberlausitz muttersprachlich sorbische Kinder und Jugendliche, und gerade hier mussten und müssen immer wieder ganze Dörfer dem Braunkohletagebau weichen. Das Sorbische gilt als potenziell vom Aussterben bedrohte Sprache, da die Zahl der Muttersprachler:innen in den letzten Jahrzehnten stark abgenommen hat und es nicht sicher ist, inwieweit jüngere Generationen das Sorbische weiter lernen werden. Sprecher:innen des Sorbischen sind generell bilingual Deutsch/Sorbisch, wobei nicht immer von einer gleichmäßigen Doppelkompetenz ausgegangen werden kann, sondern eher von einer an Personen und Situationen gebundenen funktionalen Zweisprachigkeit (Scholze 2007).

Institutionelle Unterstützung des Sorbischen Das Obersorbische, das typologisch mit Slowakisch und Tschechisch näher verwandt ist, und das Niedersorbische, das typologisch mit Polnisch näher verwandt ist, sind beide als offizielle Minderheitensprachen anerkannt. Darüber hinaus gibt es noch eine Reihe von sog. Grenzdialekten, die sich von den beiden Schriftsprachen unterscheiden, sowie regionale Umgangssprachen (vgl. Menzel & Pohontsch 2020). Das Sorbische wird u. a. durch folgende Institutionen unterstützt:

- sorbische Zeitungen und Zeitschriften,
- sorbischer Rundfunk,
- sorbische Kindergärten und zweisprachige Schulen in Brandenburg und in Sachsen,
- eine sorbische Schrifttradition bzw. eine sorbische Literatur,

- ein Institut für Sorabistik an der Universität Leipzig und
- die Stiftung für das sorbische Volk, die die Bewahrung und Entwicklung der sorbischen Sprache und Kultur unterstützt.

Die Erforschung und Dokumentation des Sorbischen erfolgt durch das Sorbische Institut in Bautzen mit einer Arbeitsstelle in Cottbus (gefördert vom Freistaat Sachsen und vom Land Brandenburg). Die Abteilung Sprachwissenschaft des Sorbischen Instituts erforscht die historische Entwicklung und aktuelle Situation des Sorbischen in einer Reihe von unterschiedlichen Projekten, die u. a. zur Veröffentlichung digitaler Textkorpora des Sorbischen im Internet geführt haben. Die Erstellung eines Deutsch-Obersorbischen Wörterbuchs in Anlehnung an das bereits existierende Deutsch-Niedersorbische Wörterbuch soll zur weiteren Verbreitung des Sorbischen beitragen.

Lexikalischer Einfluss des Deutschen   Das Sorbische steht mit dem Deutschen in unmittelbarem Kontakt und wird von diesem auf mehreren Ebenen beeinflusst. Die Lexik weist den größten Einfluss aus dem Deutschen auf, da besonders neuere technische, naturwissenschaftliche und verwaltungsbezogene Begriffe wie *adresa* (‚Adresse'), *banka* (‚Bank'), *geburtsurkunda* (‚Geburtsurkunde'), *mašina* (‚Maschine') und *šejdunga* (‚Scheidung') aus dem Deutschen entlehnt werden und so den sorbischen Wortschatz erweitern. Aus dem Deutschen entlehnte Wörter werden lautlich ins Sorbische integriert. Lexikalische Neubildungen wie *pdfka* (‚PDF-Datei') und *spalernja wotpadkow* (‚Müllverbrennungsanlage'), die auf deutschen Nominalkomposita beruhen, tragen außerdem zur Erweiterung des sorbischen Wortschatzes bei (Schulz 2009).

Umgekehrt gibt es auch einen, wenn auch geringeren, lexikalischen Einfluss des Sorbischen auf das Deutsche. Vielleicht sagen Sie zu Butterbrot auch *Bemme*? Dieses ostmitteldeutsche Wort geht vermutlich auf das obersorbische *pomazka* (‚Butterbrot') zurück.

3.2.3 Niederdeutsch

Sprache der Küsten   Niederdeutsch ist eine nordseegermanische Sprache, die zur Zeit der Hanse (ca. 1200–1600) die allgemeine Handels- und Verkehrssprache Norddeutschlands war und länderübergreifend auch an den Küsten der Nord- und Ostsee gesprochen wurde. Das norddeutsche Platt besteht aus zahlreichen unterschiedlichen Einzelmundarten und wird als Regionalsprache, deren Sprecher:innen aber keine nationale Minderheit bilden, in Deutschland geschützt und gefördert (Stellmacher 2017). Ungefähr drei Viertel der Menschen in Norddeutschland können Platt unterschiedlich gut verstehen, ca. 12 % können es aktiv sprechen, wobei es hauptsächlich im Privatbereich und von älteren Personen gesprochen wird. Viele Plattsprecher:innen, die vorwiegend auf dem Land wohnen, wachsen noch zweisprachig auf, wobei es allerdings große regionale Unterschiede gibt. Die Sprecher:innen des Niederdeutschen werden auf Bundesebene durch den Bundesrat für Niederdeutsch vertreten, der sich aus den Fachressorts Justiz und Verwaltung, Bildung und Soziales und Kultur und Medien zusammensetzt (vgl. Goltz & Kleene 2020).

Durch die Ausbreitung des Hochdeutschen ab dem 16. Jahrhundert wurde das Niederdeutsche zunächst als Schriftsprache verdrängt. Nach dem Ende des Zweiten Weltkriegs setzte sich der Niedergang des Niederdeutschen (auch ‚Platt‘ genannt) weiter fort, weil Eltern die Sprache nicht mehr an die Kinder weitergaben. Die Eltern reagierten damit nicht zuletzt auf Empfehlungen von Behörden und sogar Wissenschaftler:innen der Zeit, die der Auffassung waren, dass Zweisprachigkeit ein Hindernis beim Erwerb der Standardsprache, die ja auch Unterrichtssprache war, darstellen würde. Das Institut für niederdeutsche Sprache in Bremen arbeitet mit Schulen, Kindergärten, Autor:innen und Medien zusammen, um das Niederdeutsche systematisch zu fördern.

Plautdietsch in Amerika Während Niederdeutsch in Deutschland heutzutage immer weniger gesprochen wird, hat sich ein westpreußischer Dialekt des Niederdeutschen, der im 17. Jahrhundert im Weichseldelta gesprochen wurde, in den letzten Jahrhunderten durch die Mennonit:innen, die im 18. Jahrhundert nach Russland auswanderten, weltweit verbreitet. Im 19. und 20. Jahrhundert wanderten die meisten Mennonit:innen nach Nord- und Südamerika aus, so dass deren Dialekt, heute als ‚Plautdietsch‘ bekannt, von mehr als 350.000 Menschen gesprochen wird (Epp 1996).

3.2.4 **Romanes (Romani)**

Vom indischen Subkontinent bis nach Deutschland Die deutschsprachigen Sinti und Roma leben seit dem 14. Jahrhundert im deutschsprachigen Mitteleuropa. Ihre Vorfahren wanderten vor ca. eintausend Jahren aus ihrer ursprünglichen Heimat im nordwestlichen Indien und nordöstlichen Pakistan aus und ließen sich zunächst im Mittleren Osten, dem Balkan und in Osteuropa nieder, bevor sie sich ab dem 14. Jahrhundert im deutschsprachigen Raum ansiedelten. Anknüpfend an ihre Herkunft und Migration gab es viele Vorurteile gegenüber Sinti und Roma, sie wurden häufig als Außenseiter:innen gesehen und waren Diskriminierungen ausgesetzt. Während der nationalsozialistischen Gewaltherrschaft von 1933 bis 1945 wurde ca. eine halbe Million Sinti und Roma Opfer eines systematisch geplanten Völkermords, der auch das Ziel hatte, ihr kulturelles Erbe zu zerstören.

In der Bundesrepublik wurde 1982 der Zentralrat Deutscher Sinti und Roma gegründet, um den Schutz und die Förderung der Sinti und Roma zu unterstützen, wozu auch die gesetzliche Anerkennung als nationale Minderheit gehört. Zu Beginn des 21. Jahrhunderts leben ca. 200.000 Sinti und Roma in Deutschland, in ganz Europa sind es ca. 12 Mio. Im Gegensatz zu den anderen anerkannten nationalen Minderheiten in Deutschland, die in einem bestimmten geographischen Gebiet wohnen, sind die Sinti und Roma über ganz Deutschland verteilt. Die in Österreich lebenden Roma sind seit 1993 als Volksgruppe vom Staat anerkannt.

3

Eine Sprache in vielen Formen Die Ursprünge von Romanes (auch Romani) lassen sich auf ca. zweitausend Jahre zurückverfolgen. Es gehört nicht, wie der Name vermuten lässt, wie Französisch, Spanisch, Italienisch und Rumänisch zum romanischen Zweig der indogermanischen Sprachfamilie, sondern stammt vom altindischen Sanskrit ab, das zum indoarischen Zweig der indoeuropäischen Sprachfamilie gehört. Im Laufe der jahrhundertelangen Wanderungen und Vertreibungen vom indischen Subkontinent bis nach Mitteleuropa hat sich das Romanes verändert. So war es z. B. in jedem neuen Land mit den dort bereits gesprochenen Sprachen in Kontakt und es bildeten sich viele unterschiedliche Dialekte heraus, die noch bis heute gegenseitig verständlich sind (vgl. Halwachs 2020).

Im deutschsprachigen Raum sind so im Lauf der Jahrhunderte durch Kontakt mit unterschiedlichen deutschen Dialekten unterschiedliche Romanes-Dialekte wie z. B. der bayerische, pfälzische, sächsische und württembergische Romanes-Dialekt entstanden. Ohne eigenen Staat und ohne eigene Kulturinstitutionen wurde Romanes nicht systematisch kodifiziert, so dass es keine kodifizierte Standardgrammatik oder offiziell standardisierten Wörterbücher gibt.

In Serbien und in Rumänien gibt es mittlerweile Bestrebungen, lokale Dialekte des Romanes für die Verwendung in den Medien und den Schulen zu standardisieren, in Deutschland jedoch nicht.

Mehrsprachigkeit innerhalb und außerhalb der Familie In Deutschland und Österreich wachsen die Kinder der Sinti und Roma (mindestens) zweisprachig auf, in der Schweiz z. T. mehrsprachig, wobei Romanes nur zwischen Angehörigen der Minderheit vor allem als mündliche Sprache verwendet wird. 1997 wurde in Heidelberg das Dokumentations- und Kulturzentrum Deutscher Sinti und Roma eröffnet, in dessen Mittelpunkt u. a. die Dokumentation und wissenschaftliche Arbeit zur Geschichte, Kultur und Gegenwart der Sinti und Roma steht. Das Zentrum befasst sich außerdem im Rahmen der Europäischen Charta der Regional- und Minderheitensprachen des Europarats mit dem Schutz und der Förderung des Romanes in Deutschland.

3.2.5 Mehrsprachigkeit in Grenzgebieten

Historische Grenzverschiebungen In den deutschsprachigen Grenzgebieten gibt es Mehrsprachigkeit in mehreren Konstellationen. Diese lassen sich fast immer auf historische Entwicklungen zurückführen, die zu Grenzverschiebungen bzw. zur Migration unterschiedlicher Gruppen führten (vgl. Pedersen & Stolberg 2020).

Die dänische Minderheit in Südschleswig (‚dänische Südschleswiger‘) umfasst ca. 50.000 Mitglieder, hauptsächlich in der Grenzstadt Flensburg, den Kreisen Nordfriesland und Schleswig-Flensburg sowie im nördlichen Teil des Kreises Rendsburg-Eckernförde. Die dänische Minderheit entstand 1920 nach einer Volksabstimmung in Schleswig, das bis dahin nach einem Krieg zwischen Preußen und Dänemark als Ganzes zu Preußen und dann zum Deutschen Reich gehörte. Infolge der Volksabstimmung von 1920 wurde Schleswig in zwei Teile geteilt, wobei auf der dänischen Seite eine deutsche Minderheit und auf der deutschen Seite eine dänische Minderheit entstand.

Dänisch im öffentlichen Bereich Dänisch ist eine nordgermanische Sprache, die u. a. eng mit Norwegisch und Schwedisch verwandt ist. Als Minderheitensprache wird Dänisch in Schleswig institutionell unterstützt: Es gibt eine dänischsprachige Tageszeitung in Flensburg (*Flensborg Avis*), ein eigenes dänisches Bibliothekssystem, dänischsprachige Kindertagesstätten und Kirchen, staatliche Zuschüsse für dänischsprachige Schulen (sowie einen Dänischen Schulverein) und den Südschleswigschen Verein, der sich als kulturelle Hauptorganisation der dänischen Minderheit um ein breites Spektrum an kulturellen Aktivitäten in dänischer Sprache wie Besichtigungen, Theateraufführungen, Ausflüge und ein Jahrestreffen der dänischen Minderheit kümmert. Außerdem betreibt der dänische Gesundheitsdienst (*Dansk Sundhedstjeneste*) mehrere Heime für Kinder und Jugendliche, Altenheime und Sozialstationen. Die Regionalpartei Südschleswigscher Wählerverband ist eine Partei der dänischen Minderheit, die von der sonst gültigen Fünf-Prozent-Hürde bei der Wahl zum Landtag von Schleswig-Holstein befreit ist, wodurch die politische Repräsentation der dänischen Minderheit unterstützt wird. In einigen kleineren Orten sowie in Flensburg gehören bis zu 20 % der Bevölkerung zur dänischen Minderheit, außerdem leben noch ca. 6000 dänische Staatsbürger:innen in Schleswig-Holstein, sogenannte ‚Reichsdänen‘.

Dänische Sprachvariation im Grenzgebiet In den dänischsprachigen Institutionen Südschleswigs wird durchgängig das Standarddänische als Verkehrssprache verwendet. Obwohl die dänische Minderheit in Südschleswig Dänisch als offizielle Sprache verwenden kann, sprechen doch einige Mitglieder Dänisch nur als Zweitsprache. Für die in Südschleswig mehrheitlich Deutsch sprechende Bevölkerung ist das Dänische eine Fremdsprache (Pedersen 2000). In der Grenzregion zwischen Deutschland und Dänemark gibt es traditionell eine Bandbreite an dänischen Dialekten, die unter den Oberbegriff der südjütländischen Dialekte fallen.

In den letzten Jahrzehnten wurden die südjütländischen Dialekte in Südschleswig wegen des Einflusses des Deutschen immer weniger gesprochen. Stattdessen etablierte sich im Laufe der Zeit südlich der deutsch-dänischen Grenze eine regionale Umgangssprache, das sog. ‚Südschleswigdänisch‘, das sich vom Standarddänischen (‚Rigsdansk‘) durch eine Reihe lexikalischer, morphosyntaktischer und phonologischer Merkmale unterscheidet (Kühl 2015).

Viele Dänischsprecher:innen in Südschleswig verfügen über ein Kontinuum an dänischen Dialekten, vom offiziellen Standarddänischen über das südschleswiger Dänisch bis hin zu den klassischen südjütländischen Dialekten (zur Diglossie in Südschleswig vgl. Höder 2019). Dabei gibt es nur wenige einheitliche Sprachgebrauchsmuster, an Hand derer sich eine generelle Verwendung der dänischen Sprachvariation in Südschleswig festmachen lässt. Wie in anderen zwei- und mehrsprachigen Grenzgebieten ist die Verwendung eines bestimmten Dialekts (in diesem Fall eines dänischen Dialekts) abhängig von der jeweiligen Person oder Situation.

Da Standarddänisch in den Schulen in Südschleswig auch als Fremdsprache angeboten wird, kommt es manchmal zu Verständigungsschwierigkeiten zwischen deutschen Muttersprachler:innen, die Standarddänisch in der Schule als Fremdsprache lernen, und Angehörigen der dänischen Minderheit, die situations- und personenbedingt ein größeres Repertoire an dänischen Dialekten verwendet (Pedersen 2003). Die Entwicklung des Südschleswigdänischen ist ungewiss, da es im Gegensatz zur Standardvarietät des Dänischen nicht offiziell als Minderheitensprache oder -dialckt anerkannt wird und nicht schriftlich kodifiziert ist. So genießt das Standarddänische Prestige im öffentlichen Raum, aber nicht das südschleswiger Dänisch, das als regionale Umgangssprache nicht von öffentlichen Institutionen wie Schulen oder den Medien verwendet wird (Kühl 2015).

Deutscher Einfluss auf das Dänische Der über Jahrhunderte bestehende Sprachkontakt zwischen Deutsch und Dänisch hat das Dänische in Südschleswig auf vielen sprachlichen Ebenen beeinflusst. Schon im 16. Jahrhundert meinte der dänische Humanist Christiern Pedersen, dass das Flensburger Dänisch unverständlich sei, weil man dort Dänisch und Deutsch durcheinander spreche (Höder 2019). Der Einfluss des Deutschen auf das Südschleswigdänische zeichnet sich heutzutage durch die Verwendung besonderer, aus dem Deutschen entlehnter oder übersetzter Wörter und Phrasen aus, wie z. B. *schattere* (,schattieren'), *besoffen*, *landdag* (,Landtag'), *husmester* (,Hausmeister') und *aftenkasse* (,Abendkasse'). Auch die Morphosyntax des Südschleswigdänischen ist vom Deutschen beeinflusst, so gibt es z. B. wie im Deutschen dativische externe Possessoren: *de pudser sig tænderne* (,sie putzen sich die Zähne'), standarddän.: *de børster tænderne*; possessive Präpositionen: *bogen af Peder*, *bogen fra Peder* (,das Buch von Peder'), standarddän.: *Peders bog*; sowie eine relative Stellung lokaler und temporaler Adverbialien, die parallel zum Deutschen ist (Zeit vor Ort statt Ort vor Zeit), z. B.: *vi skal i dag til Flensborg* (,wir wollen heute nach Flensburg'), standarddän.: *vi skal til Flensborg i dag*.

Friesisch auf beiden Seiten der deutsch-niederländischen Grenze Die Fries:innen, in Niedersachsen und Schleswig-Holstein je nach Region in Ost-, Nord- und Saterfries:innen aufgegliedert, bilden eine weitere nationale Minderheit, deren Kultur und Sprache geschützt ist (vgl. Walker 2020). Die friesischen Sprachen gehören zum nordseegermanischen Zweig der westgermanischen Sprachen und sind gegenseitig wenig verständlich (Swarte & Hilton 2013). Das friesische Sprachgebiet erstreckt sich bis in den nördlichen Teil der Niederlande hinein, in dem die Westfriesen beheimatet sind, deren Sprache und Kultur von den Niederlanden geschützt und gefördert werden. Westfriesisch wird von ca. 350.000 Menschen in den Niederlanden als Muttersprache gesprochen, es ist als einzige friesische Sprache standardisiert. In Deutschland werden das Nordfriesische und das Saterfriesische nur noch von ca. 10–13.000 Menschen gesprochen (vgl. Peters 2020).

Eine Reihe von Organisationen und Vereinen engagiert sich für den Erhalt der friesischen Sprachen und ihre Nutzung im öffentlichen Raum. Für das Nordfriesische, das aus traditionell zehn unterschiedlichen friesischen Dialekten besteht, die an der Westküste Schleswig-Holsteins gesprochen werden, gibt es das „Nordfriisk Instituut" in Bredstedt als zentrale Stelle zur Erforschung und

Dokumentation. An der Universität Kiel gibt es darüber hinaus die Fachrichtung für Frisistik mit einer Professur für Friesisch, an die auch eine nordfriesische Wörterbuchstelle angegliedert ist.

Im Gegensatz zum Dänischen gibt es in Schleswig-Holstein kein eigenes friesisches Schulsystem, aber Nordfriesisch wird an den staatlichen Schulen in Schleswig-Holstein sowie an einigen dänischen Schulen unterrichtet. Außer einigen Radioprogrammen des Norddeutschen Rundfunks auf Nordfriesisch wird die Sprache auch durch das Schleswig-Holsteinische Gesetz zur Förderung des Friesischen im öffentlichen Raum gefördert, das u. a. eine deutsch-friesische Beschilderung in öffentlichen Einrichtungen vorsieht (zweisprachige Beschilderungen gibt es in vielen Gebieten mit anerkannten nationalen Sprachminderheiten).

Ostfriesisch hat sich nur noch in der Sprache der Saterfries:innen im Landkreis Cloppenburg erhalten und ist vom Aussterben bedroht (Munske et al. 2001).

Sprachliche Minderheiten in Grenzgebieten An den Grenzen Deutschlands gibt es außer Dänisch und Friesisch auch einige andere mehrsprachige Gemeinschaften. Die östliche Grenze Deutschlands wurde als Resultat der Osterweiterung der Europäischen Union im Jahre 2004 geöffnet, so dass der Personen- und Warenverkehr ohne Visums- oder Passpflicht ablaufen kann. Dies führte in einigen Grenzregionen zur Etablierung mehrsprachiger Gemeinden, wie z. B. in Frankfurt/Oder, wo die Europa-Universität Viadrina auch Einrichtungen auf der polnischen Seite der Oder in Słubice betreibt und es auf deutscher Seite öffentliche Einrichtungen gibt, in denen Polnisch unterrichtet und gesprochen wird (vgl. Brehmer & Mehlhorn 2020).

Die deutschsprachige Minderheit in Polen ist mit geschätzten 150.000–600.000 Mitgliedern relativ klein. In 380 polnischen Schulen wird Deutsch als Minderheitensprache unterrichtet (Jaworska 2009). An der Grenze zur Tschechischen Republik gibt es einige Ortschaften, wie z. B. Hartau/Hartava und Hradek/Grottau, in denen in den Grundschulen jeweils Deutsch und Tschechisch unterrichtet werden, um so das Arbeiten, Wohnen und Leben auf beiden Seiten der Grenze zu erleichtern (Černa 2009). Häufig wird Deutsch in polnischen und tschechischen Schulen an der Grenze zu Deutschland als erste Fremdsprache unterrichtet, weil es in den grenznahen Regionen auf deutscher Seite Arbeitsplätze gibt, die vergleichsweise attraktiv sind.

An der westlichen Grenze Deutschlands gibt es die deutschsprachige Gemeinschaft in Belgien (ca. 75.000 Mitglieder), die als Folge des Ersten Weltkriegs entstanden ist, als die Kreise Eupen und Malmedy, ehemals Gebiete des Deutschen Reichs, durch den Versailler Vertrag an Belgien abgetreten wurden. Deutsch ist in Belgien neben Niederländisch und Französisch ebenfalls Amtssprache (Barbour & Stevenson 1998).

Im Osten Frankreichs gibt es im Elsass an der Grenze zu Deutschland eine weitere deutschsprachige Minderheit, die Elsässisch spricht. Dieser alemannische Dialekt ist eng mit den anderen alemannischen (deutschen) Dialekten in Baden und der Nordschweiz verwandt und wird vorwiegend von der älteren Generation in ländlichen Regionen gesprochen. Dies lässt sich u. a. darauf zurückführen, dass die Sprachpolitik im Elsass nach dem Zweiten Weltkrieg zunächst stark gegen die deutsche Sprache und den elsässischen Dialekt gerichtet war. Die Zahl der Elsässisch-Sprecher:innen wird auf ca. 600.000 Menschen oder ca. 34 % der Gesamtbevölkerung des Elsass geschätzt. Seit den 1990er Jahren gibt es vermehrt bilinguale Schulen im Elsass, im Jahr 2017/18 besuchten ca. 16 % der elsässischen Vor- und Grundschüler:innen eine zweisprachige Schule.

In Österreich sind Burgenlandkroatisch, Ungarisch, Tschechisch und Slowakisch als autochthone Minderheitensprachen anerkannt. In den an der Grenze befindlichen jeweiligen Hauptverbreitungsgebieten sind Burgenlandkroatisch, Slowenisch und Ungarisch auch offizielle regionale Amtssprachen.

Vom Dialekt zur Nationalsprache: Luxemburgisch Ein besonderer Fall an der Westgrenze Deutschlands ist Luxemburgisch, das typologisch gesehen ein moselfränkischer Dialekt des Deutschen ist und als solcher eng mit den moselfränkischen Dialekten der Eifel und des Hunsrücks verwandt ist. Im Großherzogtum Luxemburg ist Luxemburgisch (Eigenbezeichnung: *Lëtzebuergesch*) Nationalsprache und neben Französisch und Deutsch auch Amtssprache. Es wird von ca. 250.000 Menschen in Luxemburg und in den Grenzgebieten zu Frankreich, Deutschland und Belgien gesprochen. Luxemburgisch ist eine europäische Minderheitensprache, gehört aber nicht zu den 24 offiziellen Amtssprachen der Europäischen Union (Scheer 2017).

3.2.6 Migration und urbane Sprachvielfalt

Migration und urbane Sprachvielfalt tragen zum Deutschen in allen seinen Zentren bei, und dies ist prinzipiell unabhängig davon, ob das städtische Umfeld z. B. Berlin ist oder Wien. Um uns die Dynamik, die dies in die Sprache bringt, einmal genauer anzusehen, gehen wir in diesem Kapitel exemplarisch auf die Lage in Deutschland ein (vgl. auch Wiese 2020).

Deutschland war, nicht zuletzt wegen seiner zentralen geographischen Lage in Europa, schon immer ein Einwanderungsland (und natürlich auch schon immer ein Auswanderungsland – mehr dazu in ► Abschn. 3.3). Davon hat immer auch die sprachliche Vielfalt im Land profitiert, insbesondere in urbanen Räumen, die viele Zuwanderer anziehen. Zuwanderer bringen meist neue Dialekte und Sprachen mit, und dieser Sprachkontakt kann einen Einfluss auf die Weiterentwicklung des Deutschen und seiner Varietäten haben. Historische Beispiele sind etwa französische Einflüsse auf das Berlinische durch die Zuwanderung von Hugenott:innen oder tschechische Einflüsse auf das Wienerische. Durch die starke Dominanz des Deutschen sind solche Einflüsse allerdings oft gering; für die Entwicklung des Berlinischen spielte beispielsweise das niederdeutsche Substrat, d. h. der ursprünglich in den entsprechenden Regionen vorherrschende niederdeutsche Sprachgebrauch, eine weitaus größere Rolle (s. hierzu Butz 1988).

Die Entwicklung neuer Minderheitensprachen Durch Zuwanderung besonders seit den 1960er Jahren, in Form von Arbeitsimmigration ebenso wie infolge von

Flucht und Vertreibung, haben sich in Deutschland mehrsprachige Sprechergemeinschaften entwickelt, die insbesondere im urbanen Raum z. T. so vital sind, dass sie neue Minderheitensprachen etablieren, die die bereits bestehende Sprachenvielfalt noch weiter bereichern. Einige Beispiele hierfür sind so typologisch unterschiedliche Sprachen wie das Russische und das Kurdische (beides indoeuropäische Sprachen wie das Deutsche, aber aus dem slawischen bzw. indoiranischen Zweig), das Türkische (Turksprache), das Arabische (eine semitische Sprache) und das Vietnamesische (austroasiatisch). Diese Sprachen – bzw. unterschiedliche Dialekte dieser Sprachen – wurden von der ursprünglichen Einwanderergeneration zunächst als Muttersprachen mit nach Deutschland gebracht. Wo genügend Sprecher:innen vorhanden waren und sich soziale Netze entwickeln konnten, die eine Sprechergemeinschaft stützten, haben sich solche Sprachen dann oft auch als Teil des kulturellen Erbes der Familie, als sogenannte ‚Heritage-Sprachen‘, erhalten können, die auch von späteren, in Deutschland geborenen Generationen weiter gepflegt werden (s. etwa Montrul 2016 zu Heritage-Sprachen; zu Deutsch als Heritage-Sprache ▶ Abschn. 3.3.1).

> **Zur Vertiefung: Warum ‚Heritage-Sprache‘?**
> Der Begriff ‚Heritage-Sprache‘ verweist darauf, dass Sprecher:innen diese Sprache als Teil des kulturellen Erbes (englisch *heritage*) ihrer Familie sprechen. Wir bevorzugen diesen Begriff gegenüber solchen Begriffen wie ‚Herkunftssprache‘ oder ‚Familiensprache‘ unter anderem aus folgenden Gründen: Im Gegensatz zu ‚Herkunftssprache‘ impliziert ‚Heritage-Sprache‘ nicht, dass die Sprecher:innen eine ausländische ‚Herkunft‘ haben, d. h. aus der Türkei, Russland etc. ‚herkommen‘. Für Sprecher:innen, die in der 2. oder 3. Generation in Deutschland aufgewachsen sind, ist dies nicht angemessen: Sie kommen als Deutsche der 2. oder 3. Generation natürlich aus Deutschland (vgl. hierzu etwa auch die „Neuen Deutschen Organisationen", ein Zusammenschluss postmigrantischer Initiativen; ▶ http://neue-deutsche-organisationen.de). Und anders als ‚Familiensprache‘ impliziert ‚Heritage-Sprache‘ nicht, dass diese Sprache die einzige ist, die in der Familie gesprochen wird. Sprecher:innen mit Türkisch, Arabisch etc. als Heritage-Sprache sprechen in der Familie in den seltensten Fällen nur diese Sprache. Normalerweise ist dies eine Option in der Familienkommunikation, daneben – und in vielen Fällen in weitaus größerem Umfang – wird aber auch in der Familie Deutsch gesprochen, besonders in der jüngeren Generation (aber nicht nur in dieser).

Einflüsse des Deutschen Für Heritage-Sprecher:innen anderer Sprachen ist Deutsch spätestens mit Schuleintritt die dominante Sprache, oft auch schon eher; Deutsch hat hier meist den Status einer zweiten Muttersprache oder frühen Zweitsprache (Thoma & Tracy 2006; Wiese 2013; Wiese et al. 2020). Entsprechend finden sich z. T. sprachliche Merkmale in diesen neuen Minderheitensprachen, die auf Einflüsse des Deutschen zurückgehen könnten. Wenn wir uns beispielsweise das Türkische in Deutschland ansehen, so fallen dort einige Phänomene auf, die sich vom Standardtürkischen unterscheiden und auf das

3

Deutsche als Katalysator verweisen könnten. Ein Beispiel ist der verstärkte Gebrauch deiktischer Elemente als Artikel ähnlich wie im Deutschen (Rehbein et al. 2009). ◘ Abb. 3.1 zeigt ein anderes Beispiel, in diesem Fall von einem Gemüsestand auf einem Markt in Berlin-Neukölln. Hier weist ein Schild auf *Çıtır Gurke*, ‚knackige' Gurken hin (Wiese 2020).

Eine solche Charakterisierung ginge im Deutschen genauso; im Türkischen in der Türkei sprechen wir aber normalerweise nicht von ‚knackigen' Gurken: Das Adjektiv *çıtır* wird eher für trockene Lebensmittel wie Kartoffel-Chips verwendet, die ein knackendes, krachendes Geräusch beim Essen machen (im Deutschen etwa ‚knusprig' oder ‚resch'), während knackiges, saftiges Gemüse wie Gurken onomatopoetisch mit *kütür kütür* beschrieben wird. Die Verwendung von *çıtır* könnte hier also ebenfalls durch den Sprachkontakt bedingt sein. Ob sich in Deutschland ein eigenes ‚Deutschlandtürkisch' entwickelt, ist jedoch umstritten. Insbesondere ist hier, wie grundsätzlich bei der Untersuchung von Sprachkontaktphänomenen, zu beachten, dass neben möglichen Übertragungen aus dem Deutschen auch binnenstrukturelle Dynamiken und gesprochensprachliche Charakteristika des Türkischen den Sprachgebrauch beeinflussen können (vgl. etwa Cindark & Aslan 2004; Şimşek & Schroeder 2011 zum Türkischen in Deutschland; Poplack & Levey 2010 zur Problematik kontaktinduzierten Sprachwandels generell).

Der Status neuer Minderheitensprachen Im Gegensatz zu Minderheitensprachen, die schon länger im deutschen Sprachraum etabliert sind (beispielsweise DGS, Sorbisch, Romanes, Slowenisch oder Dänisch, s. ► Abschn. 3.2.1 bis 3.2.5), haben solche wie Türkisch, Vietnamesisch, Russisch etc., die durch rezente Migration nach Deutschland gekommen sind, (noch) nicht den rechtlichen Status von Minderheitensprachen, die z. B. auch EU-weit besonders geschützt sind. Da

◘ **Abb. 3.1**   Türkisch in Deutschland: ‚knackige' Gurken

die vorherrschende Schulform in Deutschland oder Österreich zudem die der monolingual deutschen Schule ist (vgl. Gogolin 1994; Wiese et al. 2020), sind sie oft auf informelle Register beschränkt, d. h. sie werden vor allem umgangssprachlich und konzeptionell mündlich in der Kommunikation innerhalb der Familie und z. T. im Freundeskreis verwendet und oft nicht durch den Erwerb formeller, stärker normierter standardsprachlicher Kompetenzen ergänzt.

Empirische Ressourcen: Registerdifferenzierte Daten ein- und mehrsprachiger Sprecher:innen – Das RUEG-Korpus

Das RUEG-Korpus ist im Rahmen der Forschungsgruppe „Grammatische Dynamiken im Sprachkontakt" entstanden („**R**esearch **U**nit **E**merging **G**rammars in Language Contact Situations"). Das Korpus liefert Daten zum Sprachgebrauch mehrsprachiger Sprecher:innen mit verschiedenen Heritage-Sprachen und vergleichbarer einsprachiger Sprecher:innen der unterschiedlichen Sprachen. Es vereint den Sprachgebrauch von Sprecher:innen mit Türkisch, Russisch und Griechisch als Heritage-Sprachen in Deutschland und den USA und von Deutsch als Heritage-Sprache in den USA in jeweils beiden Sprachen sowie von einsprachigen Sprecher:innen in Deutschland, den USA, der Türkei, Russland und Griechenland.

Die Daten stammen von Jugendlichen und Erwachsenen, die jeweils dasselbe Geschehen (einen Verkehrsunfall) in unterschiedlichen Kommunikationssituationen schilderten, nämlich in einer Sprachnachricht und einer Textnachricht an einen Freund bzw. eine Freundin und in einem mündlichen und schriftlichen Zeugenbericht an die Polizei. Das Korpus vereint somit jeweils mündliche und schriftliche Äußerungen in informellen und formellen Situationen. Es kann dadurch breitere sprachliche Repertoires einschließlich des Sprachgebrauchs auch außerhalb der Standardsprache erfassen und erlaubt Vergleiche über unterschiedliche Register und Sprachen hinweg.

Das RUEG-Korpus ist frei zugänglich unter ▶ https://doi.org/10.5281/zenodo.3236068. Eine ausführliche Beschreibung findet sich unter ▶ https://www.linguistik.hu-berlin.de/en/institut-en/professuren-en/rueg/rueg-corpus

---

‚Gastarbeiterdeutsch' der ersten Generation Das Deutsch der ersten, d. h. der Zuwanderer-Generation, wurde, insbesondere im Rahmen der verstärkten Arbeitsmigration nach Deutschland seit den 1960er/70er Jahren, vorwiegend im ungesteuerten Zweitspracherwerb erworben und hatte stark lernersprachliche Merkmale. Dieser Sprachgebrauch wurde in den 1970er Jahren zunächst als ‚Gastarbeiterdeutsch' unter der Perspektive einer möglichen Pidginisierung untersucht (vgl. etwa Heidelberger Forschungsprojekt 1975), die verschiedenen Studien wiesen jedoch auf keinen stabilen Code, der nicht auf die unterschiedlichen involvierten Kontaktsprachen zurückgeführt werden könnte (vgl. hierzu auch Şimşek & Schroeder 2011).

3

‚Deutsch plus‘ / Ethnolekte des Deutschen Im Gegensatz dazu umfasst das Repertoire der Sprecher:innen aus der Gruppe ‚Deutsch plus‘ – so eine Selbstbezeichnung mehrsprachiger Deutscher der 2./3. Generation (vgl. etwa die Initiative Deutsch Plus e. V. ► http://www.deutsch-plus.de) – typischerweise standardsprachliche ebenso wie umgangssprachliche Register des Deutschen. Im umgangssprachlichen Bereich können sich in zweisprachigen Sprechergemeinschaften dann eigene ‚Ethnolekte‘ entwickeln, Varietäten oder Stile, die durch Sprecher:innen einer bestimmten Heritage-Sprache geprägt sind. Für das Deutsche sind insbesondere mögliche türkisch-deutsche Ethnolekte untersucht worden (vgl. etwa Auer 2003; Şimşek 2012; Kern 2013). In spezifisch zweisprachigen Situationen gehören beide Sprachen zum gemeinsamen Repertoire, und entsprechend können Sprecher:innen das Deutsche systematisch auch in solche kontaktsprachlichen Muster wie Sprachwechsel, Code-Switching und Sprachmischung integrieren.

Urbane Kontaktdialekte im Kontext neuer Minderheitensprachen In Sprechergemeinschaften, in denen unterschiedliche mehr- und einsprachige Repertoires zusammenkommen, können sich neue, gemeinsame umgangssprachliche Stile und Varietäten entwickeln, vor allem in der besonders dynamischen und innovativen Gruppe der jugendlichen Sprecher:innen. Solche Codes entstehen typischerweise unter Jugendlichen, die selbst keine Zuwanderer sind, aber Heritage-Sprachen aus der Familie oder dem Freundeskreis beherrschen. In multiethnischen urbanen Gemeinschaften nicht nur in Europa entstehen so ‚urbane Kontaktdialekte‘ (Wiese 2022a).

> **Definition**
>
> **Urbane Kontaktdialekte** sind urbane Umgangssprachen, die in Kontexten migrationsbasierter sprachlicher Vielfalt unter einheimischen Jugendlichen entstanden sind und die Zugehörigkeit zu einer multiethnischen Peer-Gruppe signalisieren.

Urbane Kontaktdialekte stehen seit einiger Zeit verstärkt in der sprachwissenschaftlichen Diskussion sowohl zu Europa als auch zu Afrika. In afrikanischen Ländern, die durch breite gesellschaftliche Mehrsprachigkeit geprägt sind, nehmen sie häufig die Form von Mischsprachen an (sog. ‚Mixed Languages‘, vgl. Velupillai 2015 zu dieser Art von Kontaktsprachen), während sie in Europa unter Bedingungen eines monolingualen Habitus und entsprechend dominanter Majoritätssprachen typischerweise Dialekte dieser Majoritätssprachen bilden (Wiese 2022a; vgl. auch Kerswill & Wiese 2022 für vergleichende Darstellungen; vgl. Keim 2010; Wiese 2022b zu Europa).

Der Begriff ‚Dialekt‘ für diese neuen Umgangssprachen bringt hier zwei Perspektiven zusammen, die die Forschung in diesem Bereich geprägt haben (vgl. Wiese 2022b für eine Übersicht): eine Varietätenperspektive, die die sprachstrukturelle Ebene im Fokus hat und das Zusammenwirken grammatischer, lexikalischer und pragmatischer Aspekte untersucht, und eine Stilperspektive, die stärker soziolinguistische und ethnographische Aspekte fokussiert und den Status solcher Sprechweisen im sprachlichen und sozialen Handeln von Sprecher:innen fokussiert. In Deutschland ist der Begriff ‚Dialekt‘ in der öffentlichen Wahrnehmung oft auf Varietäten beschränkt, deren Sprechergemeinschaften als ethnisch deutsch wahrgenommen werden. Das führt dann dazu, dass neuen Kontaktdialekten in Deutschland dieser Status mitunter vehement abgesprochen wird, während z. B. Texas German problemlos als deutscher Dialekt akzeptiert wird, auch wenn es außerhalb Europas gesprochen wird und seine Sprechergemeinschaft seit langem keinen nennenswerten Kontakt mehr zu Deutschland hat (vgl. Wiese 2022b; zu Texas German ► Abschn. 3.3.3).

Kiezdeutsch Ein Beispiel für einen urbanen Kontaktdialekt in Deutschland ist Kiezdeutsch. Kiezdeutsch hat sich im gemeinsamen Alltag mehrsprachiger Jugendlicher mit unterschiedlichen Heritage-Sprachen neben dem Deutschen und einsprachig deutscher Jugendlicher im urbanen Raum entwickelt (vgl. Wiese 2012). Als Teil breiterer Sprecher-Repertoires kann Kiezdeutsch gezielt als umgangssprachliche Wahl für informelle Peer-Group-Situationen ausgewählt werden (Pohle 2017). Es weist eine Reihe charakteristischer Merkmale im Lexikon und auf grammatischen Ebenen auf, z. B. im Partikelbestand, bei den Wortstellungsoptionen, im Artikelgebrauch oder in der nominalen Flexion. ◘ Abb. 3.2 gibt ein Beispiel: Hier wird eine Anredeform *Bra* verwendet, die durch das Russische als Kontaktsprache gestützt sein könnte (*brat* ‚Bruder‘), aber auch durch das US-amerikanische *bra/bro*, das über Rap in die Jugendkultur gelangt ist; außerdem findet sich eine Lokalangabe *Kotti* (Kurzform für das Kottbusser Tor in Berlin-Kreuzberg), die als bloße Nominalphrase realisiert ist, während das Standarddeutsche hier zusätzlich noch Präposition und Artikel benötigen würde.

Die grammatischen Merkmale, die wir in Kiezdeutsch finden, sind nicht allochthon, sondern weisen systematische Parallelen und Überschneidungen mit anderen Varietäten des Deutschen auf. Beispielsweise finden sich bloße Lokalangaben wie in ◘ Abb. 3.2 auch außerhalb von Kiezdeutsch im umgangssprachlichen Deutschen, insbesondere – aber nicht nur – bei der Bezeichnung von Haltestellen (*Wir sind gerade Alexanderplatz.*), und auch aus Kiezdeutsch bekannte

◘ **Abb. 3.2**   Botschaft auf einer Toilettentür in einem Schülercafé in Berlin-Kreuzberg

3

Wortstellungsvarianten wie die Verbdritt-Stellung (*Danach ich gehe einkaufen.*) sind keine Transfer-Phänomene aus Kontaktsprachen, sondern syntaktisch in die deutsche Satzstruktur integriert (Wiese 2012, 2013; te Velde 2017; Walkden 2017; Wiese & Müller 2018; zur Verbdritt-Stellung s. detaillierter ▶ Abschn. 5.2.3).

Die Sprachkontaktsituation führt hier in erster Linie im lexikalischen Bereich zu Transfer, etwa in Form von Wortentlehnungen aus dem Türkischen, Arabischen oder Russischen. Auf grammatischen Ebenen stützt der Sprachkontakt eher eine besondere sprachliche Dynamik und begründet damit quantitative Vorteile gegenüber stärker einsprachigen Kontexten (Wiese & Rehbein 2016): Kiezdeutsch nimmt grammatisch vor allem binnenstrukturelle Tendenzen des Deutschen auf, diese zeigen sich hier oft nur deutlicher, treten häufiger auf und/oder sind systematischer etabliert. Dieser neue deutsche Dialekt passt damit gut in das Spektrum des Deutschen.

Als solcher hat Kiezdeutsch auch am traditionellen, regionalen Dialektgefüge teil und kann je nach geographischer Region unterschiedliche Varianten ausbilden (Wiese & Freywald 2019). Wie die folgenden Belege illustrieren, lässt sich beispielsweise in Berlin auch in Kiezdeutschkontexten die berlintypische Spirantisierung (*deswejen*) beobachten, ebenso wie *wat* (statt *was*) oder die Vergewisserungspartikel *wa* (die Daten stammen aus dem Kiezdeutschkorpus (KiDKo; s. u. Kasten „Empirische Ressourcen"); Versalien markieren Hauptakzente; die beiden letzten Stellen in den Sprechersiglen geben das Geschlecht der Sprecher:innen (W/M) und die Heritage-Sprache an, die neben Deutsch in der Familie gesprochen wird, z. B. T – Türkisch, A – Arabisch, K – Kurdisch):

(4) a. *und des WEjen*   [MuH2WT]

     b. *wat zum HÖRN*   [MuH17MA]

     c. *er hatte doch immer ANGST vor ihm, wa?*   [MuP1MK]

         (Wiese et al. 2012; Rehbein et al. 2014)

Die türkisch-deutschen ‚Power Girls' in Mannheim verwenden dagegen die süddeutsche Partikel *gell*, und in Saarbrücken wird in Kiezdeutschkontexten *geschwätscht*:

(5) a. *des is do = normalerweise ein faul gell*
         (Keim 2007: 257)

     b. *alda was schwätscht du*
         (Wiese & Freywald 2019: 1005)

Dies unterstreicht noch einmal die vielschichtige Integration dieses urbanen Kontaktdialekts in das Varietätengefüge des Deutschen: Wir finden hier ein komplexes Geflecht von Einflussfaktoren, das von direktem Transfer aus verschiedenen Heritage-Sprachen über die Aufnahme und Weiterführung binnenstruktureller Entwicklungstendenzen des Deutschen bis zur Teilhabe am traditionellen regionalen Dialektraum geht. Im Ergebnis sehen wir dann eine besonders interessante Ausprägung des Deutschen, die uns viel über sprachliche Variation, Entwicklung und Integration zeigen kann.

Empirische Ressourcen: Daten zu Kiezdeutsch – Das KiezDeutsch-Korpus (KiDKo)

Zu Kiezdeutsch gibt es ein umfangreiches Korpus mit Gesprächsdaten Jugendlicher aus Berlin-Kreuzberg (Wiese et al. 2012; Rehbein et al. 2014). Die Daten stammen aus Eigenaufnahmen der Sprecher:innen in Peer-Group-Kontexten; die Aufnahmen wurden von Ankersprecher:innen bei Aktivitäten mit ihren Freund:innen in ihrer Freizeit durchgeführt. Im Hauptkorpus KiDKo/*Mu* sind sowohl mehrsprachige Sprecher:innen mit unterschiedlichen Heritage-Sprachen neben dem Deutschen als auch einsprachig deutsche Sprecher:innen erfasst, die alle Teil der mehrsprachigen urbanen Jugendkultur sind.

Neben diesem Hauptkorpus aus einer multilingualen Sprechergemeinschaft liegt außerdem ein Vergleichskorpus KiDKo/*Mo* mit Daten vor, die mit derselben Methode mit Jugendlichen aus Berlin-Hellersdorf erhoben wurden, d. h. einem Wohngebiet mit ähnlichen sozioökonomischen Rahmenbedingungen, aber einer zum Zeitpunkt der Aufnahmen weitgehend einsprachigen Sprechergemeinschaft.

Das Korpus umfasst Audio-Aufnahmen mit alignierten und mehrebenen-annotierten Transkriptionen und Metadaten zu Sprecher:innen. Die beiden Teilkorpora sind für Forschungszwecke frei zugänglich unter ► www.kiezdeutschkorpus.de.

Über die Website stehen außerdem noch weitere, ergänzende Korpora zu Kiezdeutsch zur Verfügung: Zusatzkorpora mit mündlichen und schriftlichen Produktionen von Kreuzberger Kiezdeutsch-Sprecher:innen und türkischen Deutschlerner:innen in der Türkei (als mögliche Kontrastdaten); das Einstellungskorpus KiDKo/*E* mit E-Mails und Leserbriefen aus der öffentlichen Diskussion zu Kiezdeutsch, die Einstellungen und Sprachideologien beleuchten; und das Linguistic-Landscape-Korpus KiDKo/*LL* mit Fotografien von Sprachproduktionen im öffentlichen Raum aus dem Kontext von Kiezdeutsch (Graffiti, Kritzeleien, Liebesbotschaften auf Parkbänken etc.).

3.3 Deutsch auf Wanderschaft: Heritage-Sprachen und ein deutsch-basiertes Kreol

Wie eingangs erwähnt, wird Deutsch nicht nur im deutschsprachigen Kerngebiet in Europa gesprochen, sondern wurde im Zuge von Migration und Kolonialisierung auch in andere geographische Räume gebracht. Dieses ‚Deutsch auf Wanderschaft‘ steht als Neuzugang dann in Kontakt mit den Sprachen und Dialekten, die die bereits etablierte Sprachlandschaft dort ausmachen. Diese kann sehr unterschiedlich ausfallen, je nachdem ob z. B. eine einzelne Majoritätssprache dominiert oder aber sprachliche Praktiken durch eine breite gesellschaftliche Mehrsprachigkeit geprägt sind. Und je nach Konstellation des Sprachkontakts und der Sprechergemeinschaft, in der das Deutsche dann verwendet wird, kann Deutsch dabei den Status einer Heritage-Sprache haben oder die Basis für eine Kreolsprache liefern. Wir erläutern dies im folgenden Abschnitt zunächst (▶ Abschn. 3.3.1) und stellen dann einige Beispiele für das Deutsche als Heritage-Sprache (▶ Abschn. 3.3.2 und 3.3.3) bzw. als Basis einer Kreolsprache (▶ Abschn. 3.3.4) vor.

3.3.1 Heritage- und Kreolsprachen

Deutsch als Heritage-Sprache Wie oben erwähnt (▶ Abschn. 3.2.6), werden Sprachen wie Türkisch, Arabisch, Russisch oder Vietnamesisch in Deutschland als Heritage-Sprachen gesprochen, d. h. als Sprachen, die als Teil des kulturellen Erbes der Familie gepflegt werden. Umgekehrt finden wir auch Beispiele für Deutsch als Heritage-Sprache in anderen Ländern. Wir können grob drei Haupt-Routen für das Heritage-Deutsche unterscheiden:

- Zum einen wurde Deutsch durch frühe Migrationsbewegungen, teilweise seit dem Mittelalter, aus den deutschsprachigen Gebieten Zentraleuropas in andere Regionen gebracht, z. B. in Gegenden im heutigen Russland, Rumänien oder Tschechien.
- Zweitens ist Deutsch durch Emigration in klassische Auswandererziele des 19. und 20. Jahrhunderts, wie Nord- und Südamerika und Australien, gelangt, d. h. in ursprüngliche Siedlungskolonien europäischer Mächte, die zum Magneten für Einwanderung aus ganz Europa wurden.
- Und schließlich wurde Deutsch als Amtssprache in deutschen Kolonien eingeführt und dort in Verwaltungskontexten und teilweise auch im religiösen und/oder schulischen Bereich gebraucht, etwa im heutigen Namibia und Papua-Neuguinea.

In den ersten beiden Fällen spricht man auch von deutschen ‚Sprachinseln‘, wenn Deutsch von einer regional konzentrierten Minderheit im Kontext einer anderen Majoritätssprache gesprochen wird. Im dritten Beispiel verbreitete sich das Deutsche typischerweise auch auf einheimische Sprecher:innen ohne Zuwanderungsgeschichte aus Deutschland. Bei weitem nicht in allen Fällen etablierte sich das Deutsche als Ergebnis solcher Prozesse jedoch als Heritage-Sprache. Voraussetzung hierfür ist, dass eine ausreichende Anzahl deutschsprachiger Zuwanderer vorhanden ist, die miteinander vernetzt sind und das Deutsche zumindest in einigen Kontexten (z. B. in Familie und Freundeskreis) weiter verwenden, so dass sich eine Sprechergemeinschaft bilden kann, die das Deutsche stützt. Wenn dies der Fall ist, kann Deutsch sich als Heritage-Sprache weiterentwickeln.

Heritage-Entwicklungen im Deutschen Im neuen Kontext bildet das Deutsche als Heritage-Sprache dann auch neue lexikalische und grammatische Merkmale aus. Die besonderen Charakteristika von Heritage-Sprachen wurden in älteren

Studien meist primär unter der Perspektive von Erosion und Abbau untersucht, insbesondere im Kontrast zur Standardsprache. Mittlerweile liegt der Fokus verstärkt auf der Heritage-Sprache selbst und der Systematik ihrer eigenen Entwicklungen (in diesem Sinne etwa Yager et al. 2015 zum Heritage-Deutschen in den USA; vgl. auch Rothman & Treffers-Daller 2014; Wiese et al. 2022 zu Heritage-Sprecher:innen als legitimen ‚native speakers' ihrer Sprachen).

Die Ursachen für neue Entwicklungen in Heritage-Sprachen sind wieder multifaktoriell. Ein Grund ist Transfer aus den Kontaktsprachen, insbesondere im lexikalischen Bereich. Beispielsweise verwenden Heritage-Sprecher:innen in den USA oft Diskursmarker wie englisch *well* und *you know* im Deutschen, in Russland dagegen *wot* (etwa ‚nun', ‚so'). Grammatische und phonologische Entwicklungen können durch das Zusammentreffen von Sprecher:innen unterschiedlicher regionaler Dialekte des Deutschen ausgelöst werden, das zu sogenanntem ‚dialect levelling' führen kann, der Angleichung dialektaler Unterschiede.

Neue Entwicklungen können auch auf generelle Tendenzen des Deutschen als Heritage-Sprache oder die besondere Dynamik der Sprachkontaktsituation hinweisen, etwa der Rückgang der Kasusmarkierung, der sich sowohl in Konstellationen mit hochflektierenden Kontaktsprachen wie Russisch beobachten lässt als auch in solchen mit nicht oder wenig flektierenden Sprachen, etwa Englisch (Rosenberg 2005; Boas 2016).

Und schließlich kann die Sprachkontaktsituation im Heritage-Deutschen grammatische Entwicklungen und den Gebrauch nichtkanonischer Muster verstärken, die sich so oder so ähnlich auch in Deutschland finden, etwa der Gebrauch des possessiven Dativs (‚meiner Mutter ihr Hut') im Heritage-Deutschen in Namibia (Wiese et al. 2014). Dieses Zusammenwirken verschiedener Dynamiken macht das Deutsche als Heritage-Sprache besonders interessant.

Vitalität vs. Rückgang des Deutschen als Heritage-Sprache   In vielen Fällen, in denen zunächst eine aktive deutschsprachige Sprechergemeinschaft existierte, ist das Deutsche als Heritage-Sprache heute im Aussterben begriffen und wird nur noch von wenigen älteren Menschen in einigen Kommunikationssituationen gebraucht. Ein Beispiel ist etwa das Texas German, das mittlerweile als ‚moribund' einzuordnen ist (Boas 2009). Aus linguistischer Sicht ist so etwas zwar grundsätzlich auch interessant in dem Sinne, dass wir hier den Rückgang eines Sprachgebrauchs live erleben können, aber es ist natürlich bedauernswert, dass hier eine interessante Varietät des Deutschen verlorengeht. Einige andere Fälle von Heritage-Deutsch in den USA sind demgegenüber noch vitaler, insbesondere die Dialekte, die in religiösen Minderheiten wie den Amischen oder den Mennoniten verwendet werden (vgl. auch oben ▶ Abschn. 3.2.3 zum Plautdietschen). Diese Gruppen isolieren sich relativ stark von der englischsprachigen Mehrheitsgesellschaft und verwenden Deutsch als Sprache ihrer Gemeinschaft – allerdings meist nur in der informellen Kommunikation untereinander, während Englisch z. B. die Schulsprache ist (vgl. Johannessen & Salmons 2015). Ein seltenes Beispiel für einen Heritage-Kontext, in dem Deutsch systematisch in formellen ebenso wie in informellen Zusammenhängen verwendet wird, ist Namibia (Wiese et al. 2014, 2017; Ammon 2015).

3

Kreolsprachen Deutsch kann nicht nur als Heritage-Sprache verwendet werden, sondern auch die Grundlage für eine Kreolsprache liefern. Eine Kreolsprache basiert auf einer Sprechergemeinschaft, die sich in einer intensiven Sprachkontaktsituation gebildet hat, häufig (aber nicht zwingend) im Kontext von Kolonialisierung. Kreolsprachen unterscheiden sich von den Sprachen, die in die ursprüngliche Kontaktsituation eingingen, und besitzen ein eigenes lexikalisches und grammatisches System. Sie sind voll ausgebildete Sprachen, die alle kommunikativen Funktionen erfüllen und innerhalb der Sprechergemeinschaft als Muttersprache erworben werden können (für einen Überblick s. Velupillai 2015). Während es heute eine Reihe englisch- und französischbasierter Kreolsprachen gibt, ist nur ein Beispiel für ein deutschbasiertes Kreol bekannt: das sogenannte ‚Unserdeutsch‘, das heute in Papua-Neuguinea und Australien gesprochen wird (mehr dazu unten in ▶ Abschn. 3.3.4).

In den folgenden Abschnitten stellen wir einige ausgewählte Beispiele zur Veranschaulichung verschiedener Entwicklungen des ‚Deutschen auf Wanderschaft‘ vor: zwei Heritage-Sprachen mit unterschiedlichem Status, nämlich Namdeutsch in Namibia und Texas German in den USA, sowie Unserdeutsch als das einzige heutige deutschbasierte Kreol.

3.3.2 Namdeutsch

Deutsch ist nach Namibia im Zuge der Kolonialpolitik des damaligen deutschen Kaiserreiches gelangt; Namibia war von 1884 bis 1915 deutsche Kolonie. Unter dem Namen ‚Südwestafrika‘ war eine Siedlungskolonie geplant, und die Zuwanderung aus Deutschland wurde gezielt unterstützt. Heute umfasst die deutschstämmige Bevölkerung Namibias rund 20.000 Sprecher:innen, das ist etwas weniger als 1 % der Gesamtbevölkerung und etwa ein Viertel der Bewohner:innen mit europäischem Hintergrund (vgl. Pütz 1991). Nach dem Ersten Weltkrieg wurde das Land südafrikanisches Protektorat, und das Deutsche wurde als Amtssprache durch Afrikaans abgelöst. Seit Namibias Unabhängigkeit 1990 ist Englisch die offizielle Amtssprache, während Deutsch als eine von 13 ‚Nationalsprachen‘ Namibias anerkannt ist, d. h. als eine der unterschiedlichen Sprachen, die in der Bevölkerung Namibias als Muttersprache gesprochen und auch in Domänen wie Schule und Medien verwendet werden (vgl. Shah & Zappen-Thomson 2019).

Ein mehrsprachiger Kontext für das Deutsche Deutsch befindet sich damit in Namibia in einem Kontext, der von gesellschaftlicher Mehrsprachigkeit und der Akzeptanz von Sprachenvielfalt geprägt ist. Die deutschstämmige Gemeinschaft in Namibia ist generell mehrsprachig: Typischerweise wird neben dem Deutschen auch fließend Afrikaans und Englisch gesprochen, und diese Sprachen werden aktiv im täglichen Leben verwendet. Neben diesen indoeuropäischen Sprachen beherrschen einige Sprecher:innen noch – in unterschiedlichem Umfang – afrikanisch-namibische Sprachen wie Otjiherero, Nama/Damara oder Oshiwambo. Deutsch befindet sich hier also in einer sprachlich sehr viel reicheren Umgebung als in Deutschland, und dieser Sprachenreichtum zeigt sich z. B. in der Integration von Wörtern aus den verschiedenen Kontaktsprachen.

In (6) geben wir zur Illustration einige Beispiele für afrikaanse und englische Entlehnungen im Namdeutschen in der Transkription einer kurzen Gesprächsaufnahme. Eine Schülerin aus Windhoek beschreibt hier ihrer Freundin am Telefon einen Unfall vor einem Einkaufscenter und verwendet dabei mehrere Wörter aus dem Afrikaans (*toe* ‚dann‘, *Okie* ‚Typ‘) und dem Englischen (*Trolly* ‚Einkaufswagen‘) im selben Satz (die Daten stammen aus dem NamDeutsch-Korpus; s. unten „Empirische Ressourcen"; Versalien signalisieren hier wieder Hauptakzente):

(6)   *toe ist dieser eine **Oki** der fährt RÜCKwärts (-) und sieht diese FRAU nicht da mit diese **TROLly** laufen (-) da fährt er die Über (-)*

Deutsch in verschiedenen Registern   Anders als solche Varietäten wie Texas German ist Deutsch in Namibia, wie oben erwähnt, nicht auf die informelle Umgangssprache beschränkt, sondern wird auch in formelleren Kontexten gesprochen (zum Texas German s. unten ▶ Abschn. 3.3.3). In Namibia gibt es deutsche Schulen, deutsche Kirchen, eine deutsche Tageszeitung (die *Allgemeine Zeitung* Windhoek) und auch einen deutschen Radiosender (*Hitradio Namibia*). Wir finden hier damit eine vitale Sprache mit einer ausgebildeten Registerdifferenzierung, wie wir sie auch in Deutschland haben (vgl. auch Kellermeier-Rehbein 2016; Wiese & Bracke 2021).

In einer Erhebung zu unterschiedlichen ‚Sprachsituationen‘, d. h. zum Sprachgebrauch in unterschiedlichen kommunikativen Zusammenhängen, konnte man deshalb beobachten, dass Schüler:innen ausgeprägtes Namdeutsch vor allem in Gesprächen untereinander verwendeten, während sie in formelleren Situationen eine standardnähere Sprache benutzten (Wiese & Bracke 2021). Die Schülerin, die oben ihren Satz mit *toe* begann und von *Oki* und *Trolly* sprach, hat denselben Unfall so beschrieben, als sie sich vorstellen sollte, sie würde mit einer Lehrerin sprechen:

(7)   *dann hat der mann den (---) hat der mann die nicht geSEHen (-) und dann ist der gegen den EINkaufswagen gefahren*

Namdeutsch gehört also auf der einen Seite in eine Gruppe mit Texas German und anderen Sprachinselvarietäten, weil es von einer deutschstämmigen Gemeinschaft als Heritage-Sprache außerhalb Europas gesprochen wird. Auf der anderen Seite ähnelt es Kiezdeutsch, weil es in einem mehrsprachigen Kontext als informelle Umgangssprache *eine* Option seiner Sprecher:innen ist, die daneben auch noch andere, standardnähere Varianten des Deutschen beherrschen (Wiese et al. 2014; Wiese & Bracke 2021).

‚Nam-Släng‘   Wie Kiezdeutsch wird Namdeutsch übrigens auch in populärer Musik verwendet. Der erfolgreiche deutsch-namibische Künstler EES (Eric E. Sell) hat einen eigenen Stil entwickelt, den er als ‚Nam-Släng‘ (vgl. Sell 2011) im Kwaito verwendet, einer ursprünglich in Südafrika entstandenen Musikrichtung, die einige Ähnlichkeiten mit dem Rap aufweist. Ähnlich wie Kiezdeutsch im Rap ist auch Namdeutsch im Kwaito künstlerisch verarbeitet und stärker stilisiert als im Alltagsgebrauch.

Grammatische Besonderheiten im Namdeutschen   Namdeutsch ist zwar in weiten Teilen dem Deutschlanddeutschen sehr ähnlich; es hat aber im mehrsprachigen Kontext Namibias nicht nur Entlehnungen aus den verschiedenen Kontaktsprachen aufgenommen, sondern auch einige interessante grammatische Charakteristika entwickelt. Einige sind auch aus anderen Dialekten des Deutschen bekannt, etwa der Gebrauch von *gibs* als existenzanzeigende Partikel (hierzu mehr in ▶ Kap. 8), vgl. Beispiel (8a), und der possessive Dativ, vgl. (8b):

> (8)   a.   *da gibs auch n berühmter SÄNger hier in namibia*
>
>   (Wiese et al. 2014: 288)
>
>   b.   *meinem Freund seine Schwester*
>
>   (Shah 2007: 28)

Solche Verwendungen sind nicht spezifisch nur für das Deutsche in Namibia. Sie könnten aber durch den mehrsprachigen Kontext des Deutschen in Namibia besonders gestützt werden. Binnenstrukturelle Entwicklungen des Deutschen erhalten hier durch die Offenheit für Variation, die eine mehrsprachige Sprechergemeinschaft charakterisiert, generell eine stärkere Dynamik. Sie können zudem durch den Einfluss einer bestimmten Kontaktsprache noch weiter gestützt werden, wenn dort ein ähnliches Muster zur Verfügung steht. Letzteres ist etwa für den possessiven Dativ denkbar, der auch im Afrikaans verbreitet ist (Shah 2007; Wiese et al. 2017).

Daneben gibt es auch Beispiele für grammatische Muster, die vermutlich namdeutsch-spezifisch sind und auf strukturellen Transfer als zentralen Auslöser hinweisen. Ein Kandidat für eine Übertragung aus dem Afrikaans ist der in (9) illustrierte Infinitiv mit *um zu*, der durch das afrikaanse Pendant *om te* gestützt sein könnte (vgl. Riehl 2001; Shah 2007):

> (9)   *Ich habe keine Lust,* **um** *morgen in die Schule* **zu** *gehen.*
>
>   (Shah 2007: 25)

Ein Transfer aus dem Englischen ist dagegen beim Gebrauch von *jobben* anzunehmen, der in (10) illustriert ist:

> (10)   *Das* **jobbt** *für mich.*
>
>   (Wiese et al. 2017)

Interessanterweise liefert das Englische allerdings kein Muster *that jobs for me* als Basis für einen solchen Transfer. Was wir dagegen im Englischen finden, ist eine ähnliche Konstruktion, nämlich *that works for me*. Der Ausdruck *work*, der ja über die Bedeutung ‚Arbeit' mit *job* semantisch verwandt ist, wird in dieser Konstruktion in einer anderen Bedeutung verwendet, nämlich im Sinne von ‚funktionieren, passen'. In dieser Verwendung verhält *work* sich syntaktisch anders als in der Bedeutung ‚arbeiten': Es subkategorisiert ein Subjekt als Thema (*that*) und eine Präpositionalphrase mit *for* als Benefizient (*for me*). Und genau diesem Muster folgt *job* hier, das als englisches Lehnwort in der Bedeutung ‚Arbeit' ja schon länger Teil des Deutschen ist als *work*. Die grammatische Integration ins Namdeutsche entwickelt hier also eine eigene Dynamik, die zu einer neuen Konstruktion führt, die in keiner der beiden Kontaktsprachen (Deutsch und Englisch) zunächst vorhanden war. Solche Muster machen das Deutsche im mehrsprachigen Kontext damit besonders interessant für die Untersuchung von Sprachvariation und Sprachentwicklung.

Empirische Ressourcen: Daten zum Namdeutschen – Das DNam-Korpus

Für das Deutsche in Namibia gibt es ein Korpus, das DNam-Korpus, das unter anderem über das Leibniz-Institut für Deutsche Sprache (IDS) Mannheim zugänglich ist. Das Kernkorpus umfasst drei Typen von Daten zum Deutschen in Namibia (vgl. Wiese et al. 2017; Zimmer et al. 2020):

1. Gruppengespräche (mündlich): informelle Gespräche in Peer-Group-Kontexten;
2. ‚Sprachsituationen'-Elizitationen (mündlich): Beschreibungen einer Gegebenheit (Autounfall vor einem Einkaufscenter) in informellen und formellen Kommunikationssituationen;
3. Soziolinguistische Interviews (mündlich): Interviews zu metalinguistischen Themen, Sprachgebrauch, Spracheinstellungen und Sprechergemeinschaft.

Die Daten erfassen Sprecher:innen aus verschiedenen Städten und ländlichen Regionen Namibias und aus verschiedenen Altersgruppen. Die Audiodaten sind mit den Transkriptionen aligniert und mit detaillierten Metadaten zu den Sprecher:innen versehen. Sämtliche Daten sind in Form eines automatisch durchsuchbaren, annotierten Korpus in der Datenbank Gesprochenes Deutsch am Leibniz-IDS Mannheim zugänglich: ▶ https://dgd. ids-mannheim.de/dgd/pragdb.dgd_extern.welcome.

Ergänzend gibt es ein weiteres Korpus mit ‚Wenker-Sätzen' zum Namdeutschen. Dieses Teilkorpus erfasst (schriftliche) Übertragungen der 40 Wenker-Sätze ins Namibiadeutsche, die über eine Web-Maske erhoben wurden. (Die ‚Wenker-Sätze' wurden ursprünglich von Georg Wenker entwickelt und bieten als klassisches Werkzeug der Dialektforschung eine breite Vergleichbarkeit mit anderen dialektalen Daten zum Deutschen; vgl. ▶ https://www.regionalsprache.de/wenkerbogen.aspx). Das Wenker-Teilkorpus ist zugänglich über ▶ https://www.linguistik.hu-berlin. de/de/institut/professuren/multilinguale-kontexte/Projekte/Namdeutsch/Korpusdaten/NamDeutsch-Wenker.

3

3.3.3 **Texas German**

Deutsche Einwanderung nach Texas   Der als Texasdeutsch bekannte Dialekt hat seinen Ursprung in der Ansiedlung deutschsprachiger Einwander:innen in Texas seit den 1830er Jahren, als Texas noch zu Mexiko gehörte. Bis zu Anfang des 20. Jahrhunderts kamen mehrere zehntausend deutschsprachige Einwander:innen nach Texas, hauptsächlich aus ökonomischen Gründen, zu einem kleineren Teil auch aus politischen Gründen, wie z. B. politische Verfolgung nach der gescheiterten Revolution 1848. Vor dem Ersten Weltkrieg lebten zwischen 75.000 und 100.000 deutschsprachige Texaner:innen im sogenannten ‚German-Belt' in Zentraltexas, in dem Deutsch in Familien, Schulen, Kirchen, Sport-, Schützen- und Gesangsvereinen und Zeitungen benutzt wurde. Das Deutsche genoss als Bildungs- und Kultursprache ein hohes Ansehen, auch in der nicht Deutsch sprechenden Bevölkerung. Im westlichen Teil des German-Belts, dem texanischen ‚Hill Country', sprachen im frühen 20. Jahrhundert bis zu 96 % der Bevölkerung Deutsch, so dass Zugezogene Deutsch lernen mussten, wenn sie sich mit den Einheimischen verständigen wollten (Boas 2016).

Stigmatisierung und Niedergang des Deutschen in Texas   Als die USA 1917 gegen das Deutsche Reich in den Ersten Weltkrieg eintraten, wurden die deutsche Sprache und Kultur weitgehend stigmatisiert, weil sie mit dem Kriegsgegner assoziiert wurden. Infolge dessen wurden in Texas (wie auch in anderen Bundesstaaten) Gesetze erlassen, die Englisch als alleinige Schulsprache festlegten, wodurch Deutsch einen starken Prestigeverlust erlitt (Boas & Fuchs 2018). Deutschsprachige Zeitungen stellten ihren Betrieb ein, viele deutschsprachige Kirchen, besonders in den Städten, gaben Gottesdienste in deutscher Sprache auf und wechselten zum Englischen. In den 1920er und 1930er Jahren setzte sich der langsame Niedergang des Texasdeutschen fort: Mehr und mehr Zeitungen und Kirchen wechselten zum Englischen, und befestigte Straßen und bessere Autos erhöhten die Mobilität der Texasdeutschen, was ihnen erlaubte, außerhalb ihrer traditionellen Siedlungsgebiete zu reisen.

   Diese Entwicklungen führten zu einer Situation von Diglossie, in der sich Englisch als die Prestigevarietät (sog. ‚H(igh)-Varietät') etablierte, während Texasdeutsch als ‚L(ow)-Varietät' nur noch in der privaten Domäne verwendet wurde. Der Zweite Weltkrieg führte zu einem weiteren Prestigeverlust der deutschen Sprache und Kultur, so dass in den 1950er Jahren auch die letzten deutschsprachigen Zeitungen und Kirchen zum Englischen wechselten und die meisten texasdeutschen Eltern fast nur noch Englisch mit ihren Kindern sprachen. Während es in den 1960er Jahren noch ca. 70.000 Sprecher:innen des Texasdeutschen gab, gab es 2018 nur noch ca. 6000 Sprecher:innen (Boas 2018). Aller Voraussicht nach wird Texasdeutsch bis zum Jahre 2040 ausgestorben sein, da es seit den 1950er Jahren nicht mehr von jüngeren Generationen gelernt worden ist (Boas & Fingerhuth 2017).

Sprachliche Merkmale des Texasdeutschen Die Einwander:innen brachten ab den 1830er Jahren eine Vielzahl unterschiedlicher deutscher Dialekte mit, die sich im Laufe der Generationen zu einem einzigartigen Mischdialekt integrierten, der auch mit Englisch in Kontakt war. Die so entstandene sprachliche Variation, zuerst in Glenn Gilberts (1972) *Linguistic Atlas of Texas German* eingehend dokumentiert, ist immens. Das Lexikon des Texasdeutschen besteht zu ca. 5 % aus Entlehnungen aus dem Englischen, vornehmlich Wörter für neue Objekte und Konzepte aus Fauna und Flora (z. B. *das Peachtree, die Creek*), der öffentlichen Verwaltung (z. B. *der Mayor, die Elections, die Pledge of Allegiance*), dem Schulwesen (z. B. *die Grad, das Recess*) und der Landwirtschaft (z. B. *die Fence* [das deutsche Wort *Zaun* gibt es nicht im Texasdeutschen], *das Corn*) oder für technische Entwicklungen, die es in Deutschland (noch) nicht gab (Boas & Pierce 2011; Dux 2017).

Außerdem hat das Texasdeutsche eine Reihe von englischen Diskursmarkern, wie *you know* oder *well*, entlehnt, was zeigt, wie weit die Sprecher:innen des Texasdeutschen sich auch im Bereich der Pragmatik an die Mehrheitssprache und -kultur angepasst haben (Boas 2010). Die Morphosyntax des Texasdeutschen ist ein weiterer interessanter Bereich. So erscheint z. B. das finite Verb in Nebensätzen relativ häufig in Verbzweit-Stellung statt am Ende des Nebensatzes (Dux 2018; Fuchs 2017), das Kasussystem ist im Vergleich zum Standarddeutschen sehr reduziert (,Kasussynkretismus'; Boas 2009), die Distribution von Relativpronomen ist relativ uneinheitlich (Boas et al. 2014), und die Pluralmarkierungen von Substantiven und die Verwendung des Präteritums weichen von vergleichbaren Markierungen in anderen deutschen Dialekten ab (Boas 2009; Boas & Schuchard 2012). Das Lautsystem des Texasdeutschen weist ebenfalls erhebliche Variation auf, insbesondere im Bereich der gerundeten Vorderzungenvokale, Diphthonge, Affrikaten und der Konsonantenschwächung (Boas 2009; Pierce et al. 2015).

3

Empirische Ressourcen: Das *Texas German Dialect Project (TGDP)*

Das *Texas German Dialect Project (TGDP)* nimmt die letzten verbliebenen Sprecher:innen des Texasdeutschen auf und stellt die daraus resultierenden Tonaufnahmen für Lehr- und Forschungszwecke in einem multimedialen Internetarchiv für künftige Generationen zur Verfügung (Boas et al. 2010). Von 2001 bis 2021 haben Mitglieder des TGDP knapp 850 Sprecher:innen des Texasdeutschen aufgenommen. Mitglieder des TGDP nehmen unterschiedliche Arten von Daten auf:

1. Listen von englischen Wörtern, Phrasen und Sätzen, die ins Texasdeutsche übersetzt werden. Viele dieser Daten kommen aus Gilberts (1972) *Linguistic Atlas of Texas German*, so dass es möglich ist, zu untersuchen, wie sich das Texasdeutsche in bestimmten Aspekten in den letzten 50 bis 100 Jahren entwickelt hat.
2. Deutschsprachige Gespräche, die auf der Basis eines achtseitigen soziohistorischen Fragebogens mit Fragen

zu verschiedenen Themen wie Einwanderung nach Texas, Wetter, Religion, Kindheit etc. geführt werden.

3. Ein elfseitiger biographischer englischsprachiger Fragebogen, der u. a. Informationen über Alter, Geschlecht, Bildungsgrad, Religionszugehörigkeit, Sprachgebrauch und Spracheinstellung erfragt.

Das auf Englisch geführte Gespräch wird auch aufgezeichnet und archiviert, da die Mitglieder des TGDP auch daran interessiert sind, den englischen Sprachgebrauch der Texasdeutschsprecher:innen zu untersuchen (Boas 2016).

Nach der Aufnahme der Interviews werden die Daten bearbeitet, transkribiert und ins Englische übersetzt. Die Interviews mit den dazugehörigen Transkripten und Übersetzungen werden dann im *Texas German Dialect Archive* archiviert, wo sie im Internet unter ▶ http://www.tgdp. org frei zugänglich sind (Boas 2006, 2021).

3.3.4 Unserdeutsch

Die vom Aussterben bedrohte Kreolsprache Unserdeutsch (Rabaul Creole German) ist einzigartig, da es sonst keine andere deutschbasierte Kreolsprache auf der Welt gibt (Mühlhäusler 1984).

Deutsche Kolonie im Südpazifik Unserdeutsch entstand ab den 1890er Jahren in einer deutschsprachigen Missionsstation in Vunapope in Deutsch-Neuguinea, einer damaligen deutschen Kolonie im Südpazifik, deren Gebiet heute zu Papua-Neuguinea gehört. Die in der Missionsstation und der dazugehörigen Schule untergebrachten Kinder kamen z. T. mit unterschiedlichen Erstsprachen zur Missionsstation, in der (Standard-)Deutsch die Verkehrs- und Unterrichtssprache war. Da die Kinder sich aufgrund der sehr unterschiedlichen Erstsprachen nicht gegenseitig verstanden, stand ihnen (außer einer frühen Variante des Tok Pisin) nur das von den Missionaren und Missionsschwestern gesprochene

Deutsch als Lingua Franca zur Verfügung. Durch das asymmetrische Machtverhältnis zwischen dem Lehr- und Erziehungspersonal und den Kindern, mit denen nur Deutsch gesprochen wurde, sowie durch die relative soziale Isolation erlernten die Kinder eine simplifizierte Version des an der Mission gesprochenen Standarddeutschen. Durch die Verwendung dieses vereinfachten Standarddeutschen zwischen den Kindern entstand ein deutschbasiertes Pidgin zur Kommunikation untereinander und als primärer Marker der Gruppenidentität, während Standarddeutsch weiterhin als Schul- und Unterrichtssprache bis nach dem Ersten Weltkrieg verwendet wurde (Volker 1991).

Von der Pidgin- zur Kreolsprache Die zweite Sprechergeneration, die nach dem Ersten Weltkrieg in der Missionsstation aufwuchs, erwarb diese deutschbasierte Umgangssprache, die weiterhin als Merkmal der Gruppenzugehörigkeit relevant war, als Erstsprache. Durch Nativisierung entstand die Kreolsprache Unserdeutsch (Maitz 2016). Sprecher:innen des Unserdeutschen, die ihrer Sprache diesen Namen gegeben haben, lebten bis zum Ende des Zweiten Weltkriegs in und um Vunapope, heirateten untereinander und verwendeten Unserdeutsch weiterhin auch bei der Erziehung ihrer Kinder. Erst in den 1960er und 1970er Jahren wanderten die meisten Sprecher:innen nach Australien aus und heirateten auch Sprecher:innen außerhalb ihrer Gemeinschaft, was zur Folge hatte, dass in der Regel Unserdeutsch durch Englisch als Familiensprache ersetzt wurde.

Da Unserdeutsch heute nur noch von ca. 100 älteren Leuten gesprochen und nicht mehr an jüngere Generationen weitergegeben wird, ist diese einzigartige deutschbasierte Kreolsprache direkt vom Aussterben bedroht (Götze et al. 2017). Seit 2014 gibt es ein von Péter Maitz geleitetes Forschungsprojekt, das sich mit der Dokumentation und Erforschung des Unserdeutschen beschäftigt. Im Zentrum dieses Projekts steht zunächst die Kompilierung eines Korpus des Unserdeutschen, welches u. a. auf transkribierten Aufnahmen mit den noch verbliebenen Sprecher:innen beruht (Maitz & Volker 2017). Durch diese Forschungsaktivitäten kam es auch wieder zu einer größeren Vernetzung der Sprechergemeinschaft untereinander.

Zur Vertiefung: Deutsche ‚Sprachinseln' weltweit
Vom 14. bis zum frühen 20. Jahrhundert wanderten mehrere Millionen Sprecher:innen des Deutschen aus Mitteleuropa in andere Länder aus. Die ersten größeren Auswanderungswellen hatten Osteuropa als Ziel, im 19. und frühen 20. Jahrhundert entschieden sich die Auswander:innen hauptsächlich für Nord- und Lateinamerika als neue Heimat. Die Auswanderung erfolgte aus unterschiedlichen Gründen, wie z. B. Verfolgung aus religiösen oder politischen Gründen, Mangel an beruflichen Perspektiven und wirtschaftliche Not. Häufig wurden, wie z. B. in Russland und Texas, auch deutschsprachige Auswander:innen bewusst angeworben, um in einem noch unbesiedelten Gebiet die Infrastruktur auf- und auszubauen, Landwirtschaft zu betreiben und als arbeitende Bevölkerung Steuern an den Staat zu entrichten.

Der Begriff ‚Sprachinsel' bezieht sich ursprünglich auf die in geographischer Isolation gegründeten deutschsprachigen Dörfer und Städte, in der ein auf Deutsch funktionierendes Gemeinwesen mit entsprechenden deutschsprachigen Schulen, Kirchen, Zeitungen und Vereinen über Generationen hinweg der Alltag war. Viele Sprachinseln lassen sich auf sog. Kettenwanderungen zurückführen, die die Entstehung und den Bestand von Sprachinseln entscheidend begünstigten. Seit dem frühen 20. Jahrhundert befinden sich jedoch immer mehr ‚Sprachinseln' wegen Assimilation zur Majoritätssprache und -kultur in Auflösung, weshalb der Begriff heute nicht mehr die tatsächliche Sprachsituation erfasst und daher eher Begriffe wie ‚Sprachminderheit' oder ‚Kontaktvarietät' verwendet werden (vgl. Wildfeuer 2017).

Zu Beginn des 21. Jahrhunderts findet man insgesamt noch immer hunderttausende Deutsch sprechende Nachfahr:innen von vormaligen Einwander:innen in Osteuropa (z. B. Ungarn, Rumänien, Ukraine, Russland), Afrika (Namibia, Südafrika), Australien, Nordamerika (z. B. Iowa, Kansas, Oklahoma, Pennsylvania, Texas, Wisconsin), Südamerika (z. B. Argentinien, Brasilien, Chile, Peru, Uruguay, Venezuela) (vgl. Born & Dickgießer 1990; Eichinger et al. 2008; Plewnia & Riehl 2018). Viele der deutschen Sprachkontaktvarietäten sind vom Aussterben bedroht, werden aber elektronisch erfasst und archiviert, damit sie der Nachwelt erhalten bleiben (vgl. Boas & Fingerhuth 2018).

Literatur

Ammon, Ulrich. 2015. *Die Stellung der deutschen Sprache in der Welt*. Berlin, Boston: De Gruyter.

Auer, Peter. 2003. Türkenslang: Ein jugendsprachlicher Ethnolekt des Deutschen und seine Transformationen. In Annelies Häcki Buhofer (Hg.), *Spracherwerb und Lebensalter*. Tübingen: Francke. 255–264.

Butz, Georg. 1988. Grundriß der Sprachgeschichte Berlins. In Norbert Dittmar & Peter Schlobinski (Hg.), *Wandlungen einer Stadtsprache. Berlinisch in Vergangenheit und Gegenwart*. Berlin: Colloquium. 1–40.

Barbour, Stephen & Patrick Stevenson. 1998. *Variation im Deutschen Soziolinguistische Perspektiven*. Berlin, New York: De Gruyter.

Becker, Claudia. 1997. *Zur Struktur der Deutschen Gebärdensprache*. Trier: Wissenschaftlicher Verlag Trier.

Boas, Hans C. 2006. From the field to the web: implementing best-practice recommendations in documentary linguistics. *Language Resources and Evaluation* 40. 153–174.

Boas, Hans C. 2009. *The Life and Death of Texas German*. Durham, NC: Duke University Press.

Boas, Hans C. 2010. On the equivalence and multifunctionality of discourse markers in language contact situations. In Thomas Harden & Elke Hentschel (Hg.), *40 Jahre Partikelforschung*. Tübingen: Stauffenburg. 301–315.

Boas, Hans C. 2016. Variation im Texasdeutschen: Implikationen für eine vergleichende Sprachinselforschung. In Alexandra N. Lenz (Hg.), *German Abroad. Perspektiven der Variationslinguistik, Sprachkontakt- und Mehrsprachigkeitsforschung*. Göttingen: Vandenhoeck & Ruprecht, Wien: Vienna University Press. 11–44.

Boas, Hans C. 2018. Texas. In Albrecht Plewnia & Claudia Maria Riehl (Hg.), *Handbuch der deutschen Sprachminderheiten in Übersee*. Tübingen: Narr. 171–192.

Boas, Hans C. 2021. Zwei Jahrzehnte digitale Dokumentation und Erforschung eines aussterbenden deutschen Auswandererdialekts: Das Texas German Dialect Project (2001–2021). *Zeitschrift für deutschsprachige Kultur und Literatur* 30. 229–268.

Boas, Hans C. & Matthias Fingerhuth. 2017. „I am proud of my language but I speak it less and less!" – Der Einfluss von Spracheinstellungen und Sprachgebrauch auf den Spracherhalt von Heritage-Sprechern des Texasdeutschen. *Linguistische Berichte* 249. 95–121.

Boas, Hans C. & Matthias Fingerhuth. 2018. Deutsche Sprachinselkorpora im 21. Jahrhundert. In Marc Kupietz & Thomas Schmidt (Hg.), *Korpuslinguistik*. Berlin, Boston: De Gruyter. 151–178.

Boas, Hans C. & Katrin Fuchs. 2018. Zum Einfluss des Standarddeutschen auf das Texasdeutsche im 19. und 20. Jahrhundert: Empirische und methodologische Probleme. In Alexandra N. Lenz & Albrecht Plewnia (Hg.), *Variation – Normen – Identitäten*. Berlin, Boston: De Gruyter. 283–303.

Boas, Hans C. & Marc Pierce. 2011. Lexical developments in Texas German. In Michael T. Putnam (Hg.), *Studies on German-Language Islands*. Amsterdam, Philadelphia: Benjamins. 129–150.

Boas, Hans C., Marc Pierce & Collin L. Brown. 2014. On the variability of Texas German *wo* as a complementizer. *STUF – Language Typology and Universals* 67. 589–611.

Boas, Hans C., Marc Pierce, Hunter Weilbacher, Karen Roesch & Guido Halder. 2010. The Texas German Dialect Archive: A multimedia resource for research, teaching, and outreach. *Journal of Germanic Linguistics* 22. 277–296.

Boas, Hans C. & Sarah Schuchard. 2012. A corpus-based analysis of preterite usage in Texas German. *Proceedings of the 34th Annual Meeting of the Berkeley Linguistics Society*. 1–11.

Bommes, Michael & Utz Maas. 2005. Interdisciplinarity in migration research: on the relation between sociology and linguistics. In Michael Bommes & Ewa T. Morawska (Hg.), *International Migration Research. Constructions, Omissions and the Promises of Interdisciplinarity*. Aldershot: Ashgate. 179–202.

Born, Joachim & Sylvia Dickgießer. 1990. *Deutschsprachige Minderheiten. Ein Überblick über den Stand der Forschung für 27 Länder*. Mannheim: Institut für Deutsche Sprache.

Brehmer, Bernhard & Grit Mehlhorn. 2020. Die polnischsprachige Minderheit. In Rahel Beyer & Albrecht Plewnia (Hg.), *Handbuch der Sprachminderheiten in Deutschland*. Tübingen: Narr Francke Attempto. 391–428.

Černa, Kateřina. 2009. Czech-German relationships and identity. In Jenny Carl & Patrick Stevenson (Hg.), *Language, Discourse and National Identity in Central Europe*. London: Palgrave Macmillan. 73–95.

Cindark, Ibrahim & Sema Aslan. 2004. Deutschlandtürkisch? Mannheim: Institut für Deutsche Sprache. ► www1.ids-mannheim.de/fileadmin/prag/soziostilistik/Deutschlandtuerkisch.pdf (abgerufen 31.07.2022).

Classen, Albrecht. 2013. Multilingualism in the Middle Ages and the Early Modern Age: The literary-historical evidence. *Neophilologus* 97. 131–145.

Davies, Winifred V. & Nils Langer. 2006. *The Making of Bad Language*. Frankfurt am Main: Lang.

Dursteler, Eric R. 2012. Speaking in tongues: language and communication in the Early Modern Mediterranean. *Past and Present* 217. 47–77.

Dux, Ryan. 2017. Classifying language contact phenomena: English verbs in Texas German. *Journal of Germanic Linguistics* 29. 379–430.

Dux, Ryan. 2018. Texas German and English word order constructions in contact. In Hans C. Boas & Steffen Höder (Hg.), *Constructions in Contact: Constructional Perspectives on Contact Phenomena in Germanic Languages*. Amsterdam, Philadelphia: Benjamins. 211–250.

Eichinger, Ludwig, Albrecht Plewnia & Claudia Maria Riehl (Hg.). 2008. *Handbuch der deutschen Sprachminderheiten in Mittel- und Osteuropa*. Tübingen: Narr.

Epp, Reuben. 1996. *The Story of Low German and Plautdietsch*. Hillsboro, KS: Reader's Press.

Fuchs, Katrin. 2017. Word order in dependent clauses in Texas German. *Zeitschrift für Dialektologie und Linguistik* 84. 1–19.

Gilbert, Glenn. 1972. *Linguistic Atlas of Texas German*. Austin: University of Texas Press.

Glaser, Elvira. 2016. Mittelalterliches Code-Switching? Zu den Sprachwechselstrategien Notkers III. von St. Gallen. In Claudia Wich-Reif (Hg.), *Historische Sprachkontaktforschung*. Berlin, Boston: De Gruyter. 35–60.

Gogolin, Ingrid. 1994. *Der monolinguale Habitus der multilingualen Schule*. Münster: Waxmann.

3

Gogolin, Ingrid. 2002. Linguistic and cultural diversity in Europe: a challenge for educational research and practice. *European Education and Research Journal* 1. 123–138.

Goltz, Reinhard & Andrea Kleene. 2020. Niederdeutsch. In Rahel Beyer & Albrecht Plewnia (Hg.), *Handbuch der Sprachminderheiten in Deutschland*. Tübingen: Narr Francke Attempto. 171–226.

Götze, Angelika, Siegwalt Lindenfelser, Salome Lipfert, Katharina Neumeier, Werner König & Péter Maitz. 2017. Documenting Unserdeutsch (Rabaul Creole German): A workshop report. In Péter Maitz & Craig Volker (Hg.), *Language Contact in the German Colonies: Papua New Guinea and beyond*. Special issue of *Language and Linguistics in Melanesia. Journal of the Linguistic Society of Papua New Guinea*. 65–90.

Grosjean, François. 2010. *Bilingual: Life and Reality*. Cambridge, MA: Harvard University Press.

Halwachs, Dieter W. 2020. Romanes, die Sprache der Sinti und Roma. In Rahel Beyer & Albrecht Plewnia (Hg.), *Handbuch der Sprachminderheiten in Deutschland*. Tübingen: Narr Francke Attempto. 271–302.

Heidelberger Forschungsprojekt ‚Pidgin-Deutsch' [Angelika Becker, Norbert Dittmar, Wolfgang Klein u. a.]. 1975. Sprache und Kommunikation ausländischer Arbeiter. Kronberg/Ts.: Skriptor.

Höder, Steffen. 2019. Die deutsch-dänische Grenze von 1920 als Zäsur. In Nicole Palliwoda, Verena Sauer & Stephanie Sauermilch (Hg.), *Politische Grenzen – sprachliche Grenzen? Dialektgeographische und wahrnehmungsdialektologische Perspektiven im deutschsprachigen Raum*. Berlin, Boston: De Gruyter. 55–75.

Horner, Kristine & Jean-Jacques Weber. 2018. *Introducing Multilingualism. A Social Approach*. 2. Aufl. London: Routledge.

Hüning, Matthias, Ulrike Vogl & Olivier Moliner (Hg.). 2012. *Standard Languages and Multilingualism in European History*. Amsterdam, Philadelphia: Benjamins.

Jaeger, Hanna. 2020. Deutsche Gebärdensprache (DGS). In Rahel Beyer & Albrecht Plewnia (Hg.), *Handbuch der Sprachminderheiten in Deutschland*. Tübingen: Narr Francke Attempto. 429–474.

Jaworska, Sylvia. 2009. The German language in Poland: the eternal foe and the wars on words. In Jenny Carl & Patrick Stevenson (Hg.), *Language, Discourse and Identity in Central Europe*. London: Palgrave Macmillan. 51–72.

Johannessen, Janne Bondi & Joseph C. Salmons. 2015. The study of Germanic heritage languages in the Americas. In Janne Bondi Johannessen & Joseph C. Salmons (Hg.), *Germanic Heritage Languages in North America. Acquisition, Attrition and Change*. Amsterdam, Philadelphia: Benjamins. 1–17.

Keim, Inken. 2007. *Die „türkischen Powergirls". Lebenswelt und kommunikativer Stil einer Migrantinnengruppe in Mannheim*. Tübingen: Narr.

Keim, Inken. 2010. Sprachkontakt: Ethnische Varietäten. In Hans-Jürgen Krumm, Christian Fandrych, Britta Hufeisen & Claudia Riemer (Hg.), *Deutsch als Fremd- und Zweitsprache. Ein internationales Handbuch*. Berlin, New York: De Gruyter. 447–457.

Kellermeier-Rehbein, Birte. 2016. Sprache in postkolonialen Kontexten. Varietäten der deutschen Sprache in Namibia. In Thomas Stolz, Ingo H. Warnke & Daniel Schmidt-Brücken (Hg.), *Sprache und Kolonialismus. Eine interdisziplinäre Einführung zu Sprache und Kommunikation in kolonialen Kontexten*. Berlin, Boston: De Gruyter. 213–234.

Kern, Friederike. 2013. *Rhythmus und Kontrast im Türkischdeutschen*. Berlin, Boston: De Gruyter.

Kerswill, Paul & Heike Wiese (Hg.). 2022. *Urban Contact Dialects and Language Change: Insights from the Global North and South*. London: Routledge.

Kühl, Karoline. 2015. South Schleswig Danish: Caught between privileges and disregard. In Rudolf Muhr & Dawn Marley (Hg.), *Pluricentric Languages. New Perspectives in Theory and Description*. Frankfurt am Main: Lang. 243–256.

Lucassen, Jan & Leo Lucassen. 2013. European migration history. In Steven J. Gold & Stephanie J. Nawyn (Hg.), *Routledge International Handbook of Migration Studies*. London, New York: Routledge. 52–63.

Maitz, Péter. 2016. Unserdeutsch (Rabaul Creole German): Eine vergessene koloniale Varietät des Deutschen im melanesischen Pazifik. In Alexandra Lenz (Hg.), *German Abroad. Perspektiven der Variationslinguistik, Sprachkontakt- und Mehrsprachigkeitsforschung*. Göttingen: Vandenhoeck & Ruprecht, Wien: Vienna University Press. 211–240.

Maitz, Péter & Craig Volker. 2017. Documenting Unserdeutsch. Reversing colonial amnesia. *Journal of Pidgin and Creole Linguistics* 32. 365–397.

Menzel, Thomas & Anja Pohontsch. 2020. Sorbisch. In Rahel Beyer & Albrecht Plewnia (Hg.), *Handbuch der Sprachminderheiten in Deutschland*. Tübingen: Narr Francke Attempto. 227–270.

Mihm, Arend. 2001. Oberschichtliche Mehrsprachigkeit und ‚Language Shift' in den mitteleuropäischen Städten des 16. Jahrhunderts. *Zeitschrift für Dialektologie und Linguistik* 68. 257–287.

Montrul, Silvina. 2016. *The Acquisition of Heritage Languages*. Cambridge: Cambridge University Press.

Mühlhäusler, Peter. 1984. Tracing the roots of pidgin German. *Language and Communication* 4. 27–57.

Munske, Horst Haider, Nils Århammar, Volker F. Faltings, Jarich F. Hoekstra, Oebele Vries, Alastair G.H. Walker & Ommo Wilts (Hg.). 2001. *Handbuch des Friesischen*. Tübingen: Niemeyer.

Neuland, Eva. 2008. *Jugendsprache. Eine Einführung*. Tübingen: Francke.

O'Quinn, Daniel & Teresa Heffernan (Hg.). 2012. *Lady Mary Wortley Montagu: The Turkish Embassy Letters*. Peterborough, ON: broadview press.

Pedersen, Karen Margrethe. 2000. A national minority with a transethnic identity: the German minority in Denmark. In Stefan Wolff (Hg.), *German Minorities in Europe. Ethnic Identity and National Belonging*. Oxford: Berghahn. 15–29.

Pedersen, Karen Margrethe. 2003. Border-region Danish. *International Journal of the Sociology of Language* 159. 127–138.

Pedersen, Karen Margrethe & Doris Stolberg. 2020. Dänisch als Muttersprache in Deutschland. In Rahel Beyer & Albrecht Plewnia (Hg.), *Handbuch der Sprachminderheiten in Deutschland*. Tübingen: Narr Francke Attempto. 17–64.

Perry, Micha J. (ersch.). *A Cultural History of Jews and Languages in Medieval Europe*. Kap. IVa: Jewish languages of urban space in medieval Cologne.

Peters, Jörg. 2020. Saterfriesisch. In Rahel Beyer & Albrecht Plewnia (Hg.), *Handbuch der Sprachminderheiten in Deutschland*. Tübingen: Narr Francke Attempto. 139–170.

Pierce, Marc, Hans C. Boas & Karen Roesch. 2015. The history of front rounded vowels in New Braunfels German. In Janne Bondi Johannessen & Joseph C. Salmons (Hg.), *Germanic Heritage Languages in North America*. Amsterdam, Philadelphia: Benjamins. 117–132.

Plewnia, Albrecht & Claudia Maria Riehl (Hg.). 2018. *Handbuch der deutschen Sprachminderheiten in Übersee*. Tübingen: Narr Francke Attempto.

Pohle, Maria. 2017. Kiezdeutsch als Peer-Group-Marker: zum situativen Sprachgebrauch der Multi-Kulti-Generation. Poster, Tagung „Mehrsprachigkeit als Chance: Atlas der Mehrsprachigkeit in Europa", Kassel, 3.-5.7.2017.

Poplack, Shana & Stephen Levey. 2010. Contact-induced grammatical change: a cautionary tale. In Peter Auer & Jürgen Erich Schmidt (Hg.), *Language and Space. An International Handbook of Linguistic Variation*. Berlin, New York: Mouton de Gruyter. 391–419.

Ptashnyk, Stefaniya. 2016. Historische Sprachkontakte in einer multilingualen Stadt: Beschreibungsprobleme und Desiderate (am Beispiel Lembergs im 19. Jahrhundert). In Claudia Wich-Reif (Hg.), *Historische Sprachkontaktforschung*. Berlin, Boston: De Gruyter. 235–263.

Putzo, Christine. 2011. Mehrsprachigkeit im europäischen Kontext. Zu einem vernachlässigten Forschungsfeld interdisziplinärer Mediävistik. In Michael Baldzuhn & Christine Putzo (Hg.), *Mehrsprachigkeit im Mittelalter*. Berlin, New York: De Gruyter. 3–34.

Pütz, Martin. 1991. ‚Südwesterdeutsch' in Namibia: Sprachpolitik, Sprachplanung und Spracherhalt. *Linguistische Berichte* 136. 455–476.

Rehbein, Ines, Sören Schalowski & Heike Wiese. 2014. The KiezDeutsch Korpus (KiDKo) Release 1.0. Proceedings of the Ninth International Conference on Language Resources and Evaluation (LREC'14). 3927–3934. Reykjavik, Iceland.

Rehbein, Jochen, Annette Herkenrath & Birsel Karakoç. 2009. Turkish in Germany – On contact-induced language change of an immigrant language in the multilingual landscape of Europe. *STUF – Language Typology and Universals* 62. 171–204.

Riehl, Claudia Maria. 2001. *Die deutsche Sprache in Namibia. Eine Bestandsaufnahme*. National Library Archives, Windhoek.

3

Riehl, Claudia Maria. 2014. *Mehrsprachigkeit. Eine Einführung.* Darmstadt: Wissenschaftliche Buchgesellschaft.

Rosenberg, Peter. 2005. Language island research: The traditional framework and some sociolinguistic questions. In Peter Auer, Frans Hinskens & Paul Kerswill (Hg.), *Dialect Change. Convergence and Divergence in European Languages.* Cambridge: Cambridge University Press. 221–235.

Rothman, Jason & Jeanine Treffers-Daller. 2014. A prolegomenon to the construct of the Native Speaker: Heritage Speaker Bilinguals are natives too! *Applied Linguistics* 35. 93–98.

Salmons, Joseph. 2018. *A History of German. What the Past Reveals about Today's Language.* 2nd edition. Oxford: Oxford University Press.

Scheer, Fabienne. 2017. *Deutsch in Luxemburg. Positionen, Funktionen und Bewertungen der deutschen Sprache.* Tübingen: Narr Francke Attempto.

Scholze, Lenka. 2007. *Das grammatische System der obersorbischen Umgangssprache unter besonderer Berücksichtigung des Sprachkontakts.* Dissertation, Universität Konstanz. (▶ http://nbn-resolving.de/urn:nbn:de:bsz:352-opus-32217 (abgerufen 31.07.2022).

Schroeder, Christoph. 2007. Integration und Sprache. *Aus Politik und Zeitgeschichte (APuZ)* 22–23. 6–12.

Schulz, Jana. 2009. Das Sorbische als Minderheitensprache: Last oder Herausforderung? In Christel Stolz (Hg.), *Neben Deutsch: Die autochthonen Minderheiten- und Regionalsprachen Deutschlands.* Bochum: Brockmeyer. 103–120.

Sell, Eric E. 2011. Esisallesoreidt. In *NAM Släng – Deutsch.* Vol. 2. Windhoek: EES Records.

Shah, Sheena. 2007. German in a contact situation: The case of Namibian German. *eDUSA* 2. 20–45.

Shah, Sheena & Marianne Zappen-Thomson. 2019. German in Namibia. In Corinne A. Seals & Sheena Shah (Hg.), *Heritage Language Policies around the World.* London: Routledge. Kap. 9.

Şimşek, Yazgül. 2012. *Sequenzielle und prosodische Aspekte der Sprecher-Hörer-Interaktion im Türkendeutschen.* Münster: Waxmann.

Şimşek, Yazgül & Christoph Schroeder. 2011. Migration und Sprache in Deutschland – am Beispiel der Migranten aus der Türkei und ihrer Kinder und Kindeskinder. In Şeyda Ozil, Michael Hofmann & Yasemin Dayıoğlu-Yücel (Hg.), *Fünfzig Jahre türkische Arbeitsmigration in Deutschland.* Göttingen: V&R unipress. 205–228.

Steinbach, Markus. 2007. Gebärdensprache. In Markus Steinbach et al. (Hg.), *Schnittstellen der germanistischen Linguistik.* Stuttgart: Metzler. 137–185.

Stellmacher, Dieter. 2017. *Die niederdeutsche Sprachgeschichte und das Deutsch von heute.* Frankfurt am Main: Lang.

Stolt, Birgit. 1964. *Die Sprachmischung in Luthers Tischreden. Studien zum Problem der Zweisprachigkeit.* Uppsala: Almqvist & Wiksell.

Swarte, Femke & Nanna Haug Hilton. 2013. Mutual intelligibility between speakers of North and West Frisian. In Charlotte Gooskens & Renée van Bezooijen (Hg.), *Phonetics in Europe: Perception and Production.* Frankfurt am Main: Lang. 281–302.

Velde, John te. 2017. Temporal adverbs in the Kiezdeutsch left periphery: combining late merge with deaccentuation for V3. *Studia Linguistica* 71. 301–336.

Thoma, Dieter & Rosemarie Tracy. 2006. Deutsch als frühe Zweitsprache: zweite Erstsprache? In Bernt Ahrenholz (Hg.), *Kinder mit Migrationshintergrund: Spracherwerb und Fördermöglichkeiten.* Freiburg: Fillibach. 58–79.

Velupillai, Viveka. 2015. *Pidgins, Creoles and Mixed Languages. An Introduction.* Amsterdam, Philadelphia: Benjamins.

Volker, Craig. 1991. The birth and decline of Rabaul Creole German. *Language and Linguistics in Melanesia* 22. 143–156.

Walkden, George. 2017. Language contact and V3 in Germanic varieties new and old. *Journal of Comparative Germanic Linguistics* 20. 49–81.

Walker, Alastair. 2020. Die Friesen und das Friesische in Nordfriesland. In Rahel Beyer & Albrecht Plewnia (Hg.), *Handbuch der Sprachminderheiten in Deutschland.* Tübingen: Narr Francke Attempto. 65–138.

Wiese, Heike. 2012. *Kiezdeutsch. Ein neuer Dialekt entsteht.* München: C.H. Beck.

Wiese, Heike. 2013. What can new urban dialects tell us about internal language dynamics? The power of language diversity. In Werner Abraham & Elisabeth Leiss (Hg.), *Dialektologie in neuem Gewand. Zu Mikro-/Varietätenlinguistik, Sprachenvergleich und Universalgrammatik.* Hamburg: Buske (Linguistische Berichte, Sonderheft 19). 207–245.

Wiese, Heike. 2020. Contact in the City. In Raymond Hickey (Hg.), *Wiley Handbook of Language Contact.* Hoboken: Wiley-Blackwell. 261–279.

Wiese, Heike. 2022a. Urban contact dialects. In Salikoko Mufwene & Anna María Escobar (Hg.), *The Cambridge Handbook of Language Contact.* Cambridge: Cambridge University Press. 115–144.

Wiese, Heike. 2022b. Neue Dialekte im urbanen Europa. In Beatrix Busse & Ingo H. Warnke (Hg.), *Handbuch Sprache im urbanen Raum.* Berlin, Boston: De Gruyter. 137–164.

Wiese, Heike, Artemis Alexiadou, Shanley Allen, Oliver Bunk, Natalia Gagarina, Kateryna Iefremenko, Maria Martynova, Tatiana Pashkova, Vicky Rizou, Christoph Schroeder, Anna Shadrova, Luka Szucsich, Rosemarie Tracy, Wintai Tsehaye, Sabine Zerbian & Yulia Zuban. 2022. Heritage speakers as part of the native language continuum. *Frontiers in Psychology* 12. 717973. Sonderheft "The notion of the native speaker put to test: Recent research advances", hg. von P. Guijarro-Fuentes, C. Suarez-Gomez, M. Vulchanova, A. Sorace & V. Vulchanov. ▶ https://doi.org/10.3389/fpsyg.2021.717973

Wiese, Heike & Hans G. Müller. 2018. The hidden life of V3: an overlooked word order variant on verb-second. In Mailin Antomo & Sonja Müller (Hg.), *Non-Canonical Verb Positioning in Main Clauses.* Hamburg: Buske (Linguistische Berichte, Sonderheft 25). 201–223.

Wiese, Heike & Ulrike Freywald. 2019. Regionalsprachliche Merkmale in jugendsprachlichen Praktiken im multilingualen urbanen Raum. In Joachim Herrgen & Jürgen Erich Schmidt (Hg.), *Sprache und Raum. Ein internationales Handbuch der Sprachvariation.* Bd. 4: *Deutsch.* Unter Mitarbeit von Hanna Fischer und Brigitte Ganswindt. Berlin, Boston: De Gruyter Mouton. 995–1012.

Wiese, Heike & Yannic Bracke. 2021. Registerdifferenzierung im Namdeutschen: Informeller und formeller Sprachgebrauch in einer vitalen Sprechergemeinschaft. In Csaba Földes (Hg.), *Kontaktvarietäten des Deutschen im Ausland.* Tübingen: Narr Francke Attempto. 273–294.

Wiese, Heike, Horst J. Simon, Marianne Zappen-Thomson & Kathleen Schumann. 2014. Mehrsprachiges Deutsch: Beobachtungen zu Namdeutsch und Kiezdeutsch. *Zeitschrift für Dialektologie und Linguistik* 81. 247–307.

Wiese, Heike, Rosemarie Tracy & Anke Sennema. 2020. *Deutschpflicht auf dem Schulhof? Warum wir Mehrsprachigkeit brauchen.* Duden-Debattenbuch. Berlin: Duden-Verlag.

Wiese, Heike, Ulrike Freywald, Sören Schalowski & Katharina Mayr. 2012. Das KiezDeutsch-Korpus. Spontansprachliche Daten Jugendlicher aus urbanen Wohngebieten. *Deutsche Sprache* 40. 97–123.

Wiese, Heike & Ines Rehbein. 2016. Coherence in new urban dialects: a case study. *Lingua* 172/173. 45–61.

Wiese, Heike, Horst J. Simon, Christian Zimmer & Kathleen Schumann. 2017. German in Namibia: A vital speech community and its multilingual dynamics. In Péter Maitz & Craig Volker (Hg.), *Language Contact in the German Colonies: Papua New Guinea and beyond.* Special issue of *Language and Linguistics in Melanesia. Journal of the Linguistic Society of Papua New Guinea.* 221–245.

Wildfeuer, Alfred. 2017. Sprachinseln, Sprachsiedlungen, Sprachminderheiten. Zur Bezeichnungsadäquatheit dieser und weiterer Termini. In Alexandra N. Lenz et al. (Hg.), *Bayerisch-österreichische Varietäten zu Beginn des 21. Jahrhunderts – Dynamik, Struktur, Funktion.* Stuttgart: Steiner. 373–388.

Yager, Lisa, Nora Hellmold, Hyoun-A Joo, Michael T. Putnam, Eleonora Rossi, Catherine Stafford & Joseph Salmons. 2015. New structural patterns in moribund grammar: case marking in heritage German. *Frontiers in Psychology* 6. 1716. ▶ https://doi.org/10.3389/fpsyg.2015.01716

Zimmer, Christian, Heike Wiese, Horst J. Simon, Marianne Zappen-Thomson, Yannic Bracke, Britta Stuhl & Thomas Schmidt. 2020. Das Korpus *Deutsch in Namibia (DNam):* Eine Ressource für die Kontakt-, Variations- und Soziolinguistik. *Deutsche Sprache* 48. 210–232.

Umgang mit sprachlicher Vielfalt

Katharina Brizić

Inhaltsverzeichnis

© Springer-Verlag GmbH Deutschland, ein Teil von Springer Nature 2023
U. Freywald et al., *Deutsche Sprache der Gegenwart*,
https://doi.org/10.1007/978-3-476-04921-6_4

Für das Deutsche wurde bereits im vorangehenden Kapitel dargestellt, dass es sowohl ‚nach innen' vielfältig ist als auch ‚nach außen' stets von Vielfalt umgeben war. Dieses Kapitel verfolgt nun das Ziel, jene das Deutsche umgebende ‚äußere' Vielfalt genauer zu betrachten. Es geht also nicht mehr zentral um das Deutsche, sondern um Vielfalt einerseits und Deutsch andererseits in ihrer durchaus wechselhaften Beziehung zueinander.

Konflikt und Einheit Warum aber ist diese Beziehung eigentlich wechselhaft? Weil, so scheint es, Vielfalt sich schlecht mit Einheit im Sinne von Einheitlichkeit, Homogenität und Geregeltheit verträgt. Viele, wenn nicht sogar die meisten soziopolitischen Konflikte des 21. Jahrhunderts haben mit ebendiesem Gegensatz zu tun: Es geht an zahlreichen Schauplätzen – und durchaus auch gewaltsam – um Fragen von Vielfalt vs. Einheit, ja allzu oft ausgerechnet um *sprachliche* Vielfalt vs. *sprachliche* Einheit.

Und doch könnte man mit Vielfalt *und* mit Einheit leben, solange man die Reibung nicht scheut. Wichtiger noch: Aus der Reibung ließe sich immer wieder Treibstoff für Erneuerung und Weiterentwicklung gewinnen. Denn beides – Einheit wie auch Vielfalt – kann je nach Kontext nutzlos oder nötig, teilend oder einend, ordnend oder verwirrend, ästhetisch schön, quälend oder befreiend sein. Per se ist weder Einheit noch Vielfalt gut oder schlecht. Vielleicht gibt es überhaupt nur ein einziges Attribut, das man sowohl der Einheit als auch der Vielfalt attestieren kann: Beide sind Teil unseres Lebens; beide sind *normal*.

Diversität und Zusammenhalt Sprachliche Vielfalt und Deutschsprechen werden also hier betrachtet als ein alltägliches, sich gegenseitig bedingendes Miteinander. Zunächst scheint allerdings die Konflikthaftigkeit im Umgang mit Vielfalt zu überwiegen, wie der erste Abschnitt zum Thema Diskurs (▶ Abschn. 4.1) zeigen wird. Auch im zweiten Abschnitt zum Bildungswesen (▶ Abschn. 4.2) ist die Konflikthaftigkeit noch deutlich, dem Konflikt stehen aber nicht wenige innovative Herangehensweisen gegenüber. Das Gebot der Stunde, Alternativen zu gesellschaftlichen Konflikten aufzuzeigen, wird deshalb im dritten und letzten Abschnitt auch an die Forschung herangetragen (▶ Abschn. 4.3). Dabei wird in allen Abschnitten auf folgende zentralen Zusammenhänge Bezug genommen werden:

- auf *soziale Verhältnisse* als Kontext von Sprache;
- auf *historische Entwicklungen* als Grundlage für Gegenwart und
- auf *Mehrsprachigkeit und Migration* als Kontext für die Gegenwartssprache Deutsch.

Im Mittelpunkt steht in diesem Kapitel immer das Potenzial, das Vielfalt für den so vulnerablen sozialen und gesellschaftlichen Zusammenhalt bietet. Dieses Potenzial wird als Anspruch an alle hier dargestellten Handlungsfelder des deutschen Sprachraums herangetragen: an öffentliche Diskurse, an das Bildungssystem und an die Forschung.

4.1 Über Vielfalt sprechen: Begriffe im Diskurs

Um von sprachlicher Vielfalt und damit verbundenen Konflikten bzw. Potenzialen zu sprechen, ist zunächst Versachlichung notwendig. Für diese Versachlichung des Diskurses kann ein Begriffsinventar gute Dienste leisten. Anders gesagt: Wir brauchen dringend Klarheit darüber, wovon wir eigentlich sprechen, wenn wir von sprachlicher Vielfalt sprechen, sprachliche Vielfalt erfassen und sprachliche Vielfalt beziffern.

Die begrifflichen Kategorien zur Erfassung sprachlicher Vielfalt sind allerdings zahllos und in ihrer Gesamtheit nirgends gelistet. Sie haben sich im Lauf der Zeit herausgebildet und dienen seit jeher ganz unterschiedlichen Zielen. Für dieses Kapitel wurden daher einige wenige Kategorien ausgewählt, die in konflikthaften Diskursen – historisch wie aktuell – im deutschen Sprachraum eine besonders große Rolle spielen. Diese Kategorien sind:

- Standardsprache
- Territorium und Sprache
- Migration und Sprache
- Herkunfts- und Heritage-Sprachen

Das begriffliche Grundinventar dient gleichzeitig auch zur Veranschaulichung, wie anspruchsvoll es tatsächlich ist, mit sprachlicher Vielfalt differenziert, konstruktiv und sachlich umzugehen – insbesondere in öffentlichen Diskursen mit politischer Reichweite.

4.1.1 Standardsprache

Vielfalt, Standard und Sprache Mit Ende des Mittelalters und Beginn der Neuzeit erhielt die sprachliche Vielfalt in Deutschland erstmals ein gemeinsames sprachliches ‚Dach‘: Zunächst war es im 15. Jahrhundert der Buchdruck, dann im 16. Jahrhundert Luthers Bibelübersetzung, die die große mündliche Vielfalt durch eine Schriftsprache ‚überbrückten‘. Die Verschriftlichung und damit einhergehende Vereinheitlichung des Deutschen brachte es mit sich, dass erstmals weitreichend und weithin verständlich Wissen und Ideen ausgetauscht werden konnten. Die Standardisierung der deutschen Sprache hin zu einer überregionalen Verkehrssprache hatte begonnen (Lüdi 2014) (s. auch ▶ Kap. 2).

> **Definition**
>
> Der Begriff der **Standardsprache** meint „eine historisch gewachsene Verkehrssprache, die ein Dialektkontinuum überdacht". Dabei werden „sowohl Orthographie, Wortschatz und Grammatik als auch Status und Verwendungskontexte standardisiert" (Lüdi 2014: 1).

Standardsprachen und Schriftsprachen in Europa Der größte Teil der Bevölkerung im deutschsprachigen Raum hatte allerdings zunächst nur wenig Zugang zur neu

4

entstehenden deutschen Standardsprache. Dies gilt ebenso für andere europäische Sprachen und für den europäischen Raum insgesamt, wo noch um die Mitte des 19. Jahrhunderts erst rund 50 % der Bevölkerung alphabetisiert waren (Maas 2006: 2404). Dass sich dies mittlerweile deutlich verändert hat, zeigen Erhebungen der OECD für die Industriestaaten des 21. Jahrhunderts: Hier haben nur mehr rund 20 % der Bevölkerung Schwierigkeiten, Schrift – und somit auch schriftlichen Standard – kompetent zu nutzen. In Deutschland ist dieser Anteil sogar noch geringer: Nur rund 14,5 % der Bevölkerung können nicht vollständig an der Schriftkultur partizipieren; die große Mehrheit in Deutschland hingegen kann es (Maas 2006: 2403).

Nutzen und Kritik des Begriffs und seiner Anwendung   Der Terminus *Standardsprache* bezeichnet somit, kurz gefasst, die Möglichkeit weiträumiger Verständigung mittels einer schriftlich fixierten Sprache. In dieser Verwendung ist *Standard* ein rein pragmatischer Begriff. Er bezieht sich auf den praktischen Nutzen, den eine standardisierte Sprache hat, zum Beispiel zur Bildung eines homogenen Wirtschaftsraums. Die Schrift- bzw. Standardsprache ‚überbrückt‘ oder ‚überdacht‘ also die mündliche Vielfalt in einer Bevölkerung.

Der Terminus *Standardsprache* hat jedoch, neben der pragmatischen, auch eine ideologische Dimension: Mit der Französischen Revolution und dem darauffolgenden Entstehen von Nationalstaaten im ausgehenden 18. und im 19. Jahrhundert bildet sich zugleich die Idee heraus, dass ein Staat und seine Nation untrennbar, ja geradezu ‚naturgegeben‘ miteinander verbunden seien (vgl. auch ► Kap. 3). In diesem Verständnis hat (bzw. braucht) ein Staat eine einheitliche Bevölkerung mit einer ebenso einheitlichen Staatssprache (Krüger-Potratz 2011: 51, 54). Der pragmatische Nutzen der Standardsprache gerät damit in den Hintergrund. Im Vordergrund steht jetzt die ideologische Bewertung der Standardsprache als ‚einzig legitime Sprache‘; denn nun repräsentiert sie den Staat und seine gesamte Nation. Sie wird zur Nationalsprache.

Zur Vertiefung: Nation und Nationalsprache

Der Begriff der Nationalsprache hängt eng mit dem Konzept der Nation zusammen: Nation bezeichnet eine Gruppe von Menschen, die – egal wie vielfältig sie in sich sein mag – als einheitlich gedacht wird; diese Vorstellung von Einheitlichkeit schließt auch Sprache mit ein. Die Einheit von Staat, Nation und Sprache wird zudem als naturgegeben betrachtet (vgl. Anderson 1998: 124). Was in diese Einheit bzw. Einheitlichkeit nicht zu passen scheint, das gerät in Gefahr, als ‚abweichend‘, ‚fehlerhaft‘ oder gar als ‚illegitim‘ klassifiziert zu werden. Dies kann sich in Standardsprachenideologien und monolingualem Habitus zeigen (vgl. auch ► Kap. 2 und 3).

Legitim oder nicht legitim – das wird hier also zur entscheidenden Frage. Auf der einen Seite steht nun die National- bzw. Staatssprache als legitimer, ‚normgemäßer‘ Standard, der hohes Prestige genießt. Auf der anderen Seite stehen die vielen regionalen und sozialen Varietäten, die nun als ‚Verstöße gegen die Norm' stigmatisiert werden. Zudem wird die Stigmatisierung der Sprachen auch auf ihre Sprecher:innen übertragen: Sprecher:innen von Dialekten oder Soziolekten, ebenso wie Sprecher:innen von Minderheitensprachen, werden solcherart häufig als ‚unzulänglich', ja gar als ‚rückständig' und als ‚Gefahr für die nationale Einheit' gebrandmarkt. So entstandene Stereotype halten sich hartnäckig und lassen sich in nationalstaatlichen Kontexten weltweit beobachten (Lüdi 2014; Brizić 2007; Maas 2006: 2402; Wiese et al. 2020).

Dementsprechend häufig sind auch Diskriminierungserfahrungen für Menschen, deren Sprechweisen als ‚nicht legitim' angesehen werden – wie z. B. Dialekte, Soziolekte, oder auch das Sprechen einer Sprache ‚mit Akzent' (vgl. dazu bereits eine lange Tradition von Studien, z. B. Gumperz 1982; Trudgill 2016). Und in der Tat handelt es sich beim Phänomen der Auf- oder Abwertung von Sprechweisen nicht erst um eine Folge der Nationalstaatenbildung. Vielmehr ist es ein allgemeinmenschliches Charakteristikum, dass man beim Hören von Sprache gleichzeitig auch Vorstellungen über die Sprecher:innen (z. B. über ihre ‚Zugehörigkeit') entwickelt. Sprachliche Information transportiert also immer auch soziale Information. Die Linguistik bezeichnet dies als die soziale Indexikalität von Sprache (vgl. z. B. Garfinkel 1973 sowie die ▶ Abschn. 2.2 und 2.3.4 oben).

Zusammenfassend lässt sich also sagen, dass wir Menschen die Sprechweisen unserer Mitmenschen niemals bloß neutral wahrnehmen, sondern sie immer auch sozial bewerten. Die Bildung von Nationalstaaten wie Deutschland hat ein Übriges getan, da von nun an die Sprachen und Sprechweisen zusätzlich auch nationalstaatlich bewertet wurden, nämlich als legitimer nationaler Standard vs. nicht legitimer Normverstoß. Der Begriff ‚Standardsprache' birgt in dieser Verwendung stets die Gefahr, die Sprecher:innen nichtstandardisierter Sprachen und Sprechweisen abzuwerten, ja sogar zu diskriminieren.

Und doch hatte der Begriff ursprünglich eine rein pragmatische Funktion (s. o.): Er bezeichnete schlicht die Möglichkeit weiträumiger Verständigung mittels einer standardisierten, meist schriftlich fixierten Sprache. In dieser Verwendung birgt ‚Standardsprache' keine Abwertung, bedarf aber der Definition und Klärung, um nicht mit dem häufig gebrauchten, andere Sprechweisen abwertenden Pendant, wie es oben besprochen wurde, vermischt zu werden.

4.1.2 Territorium und Sprache

Vielfalt, Territorium und Sprache Ganz ähnlich wie der Begriff ‚Standard', so hängt auch der Begriff des ‚Territoriums' eng mit der Nationalstaatenbildung des ausgehenden 18. und des 19. Jahrhunderts zusammen. Auch das 1871 gegründete Deutsche Reich war Teil dieser Entwicklung, im Zuge derer man sich als eine sprachlich und kulturell ‚einheitliche' deutsche Nation zu verstehen begann. Und da die deutsche Sprache nun als Nationalsprache und somit als Sprache der Mehrheit definiert war, wurde den anderen Sprachen auf deutschem Gebiet der Minderheitenstatus zugewiesen (Krüger-Potratz 2011: 52). Dieser Status und seine Rechte galten allerdings nur für solche Minderheiten, die bereits territorial kompakt auf deutschem Gebiet ansässig waren. Man bezeichnet dies als Territorialitätsprinzip.

Definition

Die **territoriale Definition von Sprache** besagt, dass Minderheiten und ihre Sprachen nur dann einen anerkannten Minderheitenstatus erhalten, wenn sie als „an ein spezifisches Territorium gebunden" definiert werden können. In engem Zusammenhang mit diesem Territorialitätsprinzip stehen folglich auch Attribute wie „traditionell ansässig" oder „angestammt" (Krüger-Potratz 2011: 56).

Territoriale Minderheitensprachen in Deutschland   Zu den in diesem Sinne territorial ‚angestammten' Minderheiten zählten auf dem Gebiet des Deutschen Reichs an der Wende zum 19. Jahrhundert u. a. die Dänen, Friesen, Sorben, Litauer, Kuren, Polen, Masuren, Kaschuben sowie Sprecher:innen des Tschechischen (bzw. Böhmischen/Mährischen) und des Wallonischen (Krüger-Potratz 2011: 56). Die zuerkannten, u. a. sprachlichen Rechte durchliefen eine äußerst wechselvolle, auch gewaltvolle Geschichte, ehe Deutschland nach Ende des Nationalsozialismus ab 1949 wieder an zuvor bestehende Minderheitenrechte anknüpfte. Von den früher ansässigen Minderheiten waren von da an – und praktisch bis zum Ende des 20. Jahrhunderts – nur mehr drei Minderheiten nach dem Territorialitätsprinzip anerkannt: die dänische, die friesische und die sorbische (Krüger-Potratz 2011: 62–63; zu den entsprechenden Minderheitensprachen vgl. ausführlich ▶ Kap. 3).

Nutzen und Kritik des Begriffs und seiner Anwendung   Der Terminus ‚Territorium' trug und trägt insofern zum Schutz sprachlicher Minderheiten bei, als er die traditionellen Wohngebiete der Minderheiten definiert; auf dieser Grundlage werden sprachliche Rechte gewährt. Zu diesen Rechten gehörte und gehört auch schulischer Unterricht in den Minderheitensprachen (Krüger-Potratz 2011: 60 f.).

Die Anerkennung als ‚territoriale Minderheit' hat die Betroffenen dennoch vor Abwertung nicht geschützt. So wie die nicht-standardisierten Varietäten und Sprechweisen des Deutschen (Dialekte, Soziolekte, Akzente usw.), so wurden auch die nicht-deutschen Minderheitensprachen ab dem 19. Jahrhundert mehr und mehr gebrandmarkt, ein Hindernis für die nationale und sprachliche Einheit Deutschlands zu sein (Krüger-Potratz 2011: 54; vgl. auch Mattheier 2000: 1952). Dementsprechend ging und geht der Gebrauch der Sprachen Dänisch, Friesisch und Sorbisch in Deutschland mit so geringer Reichweite und geringem Prestige einher, dass die Sprachen oft nicht mehr an die Kindergeneration weitergegeben werden; man sprach und spricht stattdessen mehr und mehr Deutsch – eine Entwicklung, die bis in die Gegenwart anhält (s. ausführlich Beyer & Plewnia 2020 sowie die ▶ Abschn. 3.2.2 und 3.2.5).

Erst das Ende des 20. Jahrhunderts markiert einen gewissen Wendepunkt in der deutschen Sprachenpolitik der Gegenwart: Die „Europäische Charta der Regional- und Minderheitensprachen" tritt 1999 in Kraft (initiiert und 1992 veröffentlicht vom Europarat, vgl. Krüger-Potratz 2011: 59; WDDB 2016: 4). Es ist das Verdienst dieser Charta, die regionale sprachliche Vielfalt in Europa neu thematisiert zu haben; in der vermeintlichen Homogenität europäischer Nationalstaaten war diese Vielfalt lange aus dem Blick geraten. Nun aber erhielt in Deutschland, zusätzlich zum Dänischen, Friesischen und Sorbischen, auch das Niederdeutsche (bzw. Plattdeutsche) den Status einer Regionalsprache.

Neu anerkannt wurde infolge der Charta außerdem das Romani (auch: Romanes) der Roma und Sinti in Deutschland (WDDB 2016: 4 sowie Abschn. 3.2.4 oben). Gerade das Beispiel der Roma und Sinti zeigt aber besonders anschaulich, warum Kritik am Territorialitätsprinzip angebracht ist: Romani ist unter den genannten Minderheitensprachen die einzige, die niemals ein geographisches Zentrum oder definierbares Territorium hatte (Matras & Reershemius 1991: 103). Und genau diese Nicht-Territorialität mag das Ihre dazu beigetragen haben, dass die Minderheit der Roma und Sinti auf die Anerkennung der Sprache wesentlich länger warten musste als die dänische, friesische und sorbische Minderheit.

Heute sind alle genannten Sprachen – die der Roma und Sinti ebenso wie Dänisch, Friesisch und Sorbisch – unter dem Begriff der autochthonen Minderheitensprachen Deutschlands zusammengefasst.

Zur Vertiefung: Autochthone Minderheitensprachen

Autochthone Minderheitensprachen werden per Definition von Menschen gesprochen, die in Deutschland leben und die deutsche Staatsangehörigkeit haben. Die jeweils eigene Sprache ist, zusammen mit der eigenen Kultur und Geschichte, das zentrale Unterscheidungsmerkmal gegenüber der mehrheitlich deutschsprachigen Bevölkerung (s. Schneider & Toyka-Seid 2019). Die als autochthon anerkannten Minderheiten erhalten daher „durch Bund und Länder einen besonderen Schutz und eine spezifische Förderung" (Minderheitensekretariat o. J.). Dabei nimmt der Schutz der Sprachen eine zentrale Stellung ein, grundgelegt durch die „Europäische Charta der Regional- und Minderheitensprachen". Das „Rahmenübereinkommen zum Schutz nationaler Minderheiten" gewährleistet außerdem, dass die Zugehörigkeit zu einer Minderheit „die persönliche Entscheidung eines jeden Einzelnen ist, die von Staats wegen nicht registriert, überprüft oder bestritten wird" (ebd.; s. auch ▶ Abschn. 3.2.1).

Bis in die aktuelle Gegenwart allerdings zeigt sich, wie hoch der Druck der Nationalsprache Deutsch gegenüber den Minderheitensprachen auch weiterhin ist. Noch immer sind Sprachen ohne definierbares Territorium in Deutschland kaum anerkannt. Für Romani gilt dies zwar inzwischen, zwei weitere alteingesessene Sprachen Deutschlands haben diese Anerkennung hingegen bis heute nicht erhalten: das Jiddische (Matras & Reershemius 1991: 103; s. auch ▶ Abschn. 3.1) und das Jenische (vgl. Ehlich 1996: 189). Neben der Übermacht des Deutschen als Nationalsprache wird hier noch eine weitere Dimension von Macht deutlich: die Macht von Definition und Kategorisierung, hier am Beispiel des ‚Territoriums', an das die minderheitensprachlichen Rechte in Deutschland bis heute gekoppelt sind. Dabei war es für besonders stigmatisierte Minderheiten Deutschlands lange gar nicht möglich, in einem bestimmten Territorium dauerhaft sesshaft zu werden.

Sesshaft werden *dürfen* oder nicht – das war vielmehr über lange Zeiträume hinweg die entscheidende Frage für Roma und Sinti, ebenso wie für Jenische im deutschen Sprachraum. Ausgrenzung und Verfolgung bis hin zur Vernichtung, insbesondere im Nationalsozialismus, haben das Leben der genannten Gruppen geprägt. Häufige Umsiedlung, Flucht und somit ‚Nicht-Sesshaftigkeit' wurden zur notwendigen Normalität. Diese transregionalen Merkmale des Alltags haben die Sprachen geprägt.

Das Romani, das Jenische und in spezifischer Weise auch das Jiddische haben stets Elemente aus den umgebenden Mehrheitssprachen, insbesondere aus dem Deutschen, integriert. Man bezeichnet die Sprachen daher auch als Kontaktsprachen (Ehlich 1996: 189).

Im deutschen Kontext ist also die kontaktsprachliche ‚Gemischtheit' der genannten Sprachen (und die teilweise ‚Nicht-Sesshaftigkeit' ihrer Sprecher:innen) vor allem ein Ergebnis von Verfolgung. Beides aber stellt zum nationalstaatlichen Territorialitätsprinzip geradezu einen Gegenpol dar (ROMBASE o. J.). Und so wurde die Kontaksprachlichkeit und Nicht-Territorialität – einst Folge von Ausgrenzung – nun erneut Ausgangspunkt von Ausgrenzung: Ohne territoriale Gebundenheit war auch in der Gegenwart die sprachliche Zuerkennung von Rechten kaum zu erlangen. Zusätzlich ging und geht Nicht-Territorialität immer noch mit Diskriminierung einher (z. B. mit dem bis heute erhaltenen Stereotyp der ‚Unstetheit'; vgl. ROMBASE o. J.). Insbesondere aber das Jiddische ist infolge nationalsozialistischer Vernichtung gegenwärtig nur noch selten im deutschen Sprachraum vertreten (Matras & Reershemius 1991: 105).

Auch auf eine weitere Sprache hat es sich zweifellos ausgewirkt, dass sie nicht auf bestimmte Territorien Deutschlands eingrenzbar ist: die Deutsche Gebärdensprache (DGB o. J.). Sie wurde in ▶ Abschn. 3.2.1 bereits ausführlich dargestellt; hier interessiert uns nun aber der Aspekt der Diskriminierung aufgrund von Nicht-Territorialität: Denn allein schon die Verfolgung gehörloser Menschen im Nationalsozialismus (als „Behinderte") wäre eigentlich hinlänglicher Grund für die rasche Anerkennung der Gebärdensprachen in Nachkriegseuropa gewesen (Krausneker & Schalber 2009). Dennoch dauerte es noch lange bis zu dieser Anerkennung. In der ansonsten richtungweisenden „Europäischen Charta der Regional- und Minderheitensprachen" (s. o.) fanden die europäischen Gebärdensprachen zunächst gar keine, später nur nachträgliche Erwähnung. Ebenso lange dauerte es auch auf nationaler Ebene: In Deutschland ist die Gebärdensprache erst seit 2002 anerkannt (Adler & Beyer 2018: 9–10). Ähnlich spät oder noch später haben auch andere europäische Länder ihren Gebärdensprachen einen offiziellen Status zuerkannt; Österreich etwa tat dies erst im Jahr 2005 (vgl. Krausneker & Schalber 2007).

In Deutschland hat zur Erfassung sprachlicher Vielfalt und damit verbundener Minderheitenrechte das Territorialitätsprinzip durchaus zu Verbesserungen beigetragen. Bis in die Gegenwart sind jedoch nicht-territoriale (und insofern besonders vulnerable) Gruppen per Definition davon ausgeschlossen.

Zusammenfassend lässt sich daher ähnlich wie beim Begriff ‚Standard‘ fest-halten, dass auch das Prinzip des ‚Territoriums‘ allzu nationalstaatlichen Sicht-weisen folgt. Solche Sichtweisen bieten nicht jenen Ausgleich und Schutz, der für eine vielsprachige und von Ungleichheit betroffene Gesellschaft, wie sie das heutige Deutschland prägt, so notwendig gebraucht würde (s. zur aktuellen Situation detailliert Beyer & Plewnia 2020).

4.1.3 Migration und Sprache

Vielfalt, Migration und Sprache Wird aktuell über sprachliche Vielfalt in Deutsch-land diskutiert, so ist meist die sprachliche Vielfalt infolge von Migration ge-meint. Häufig wird dafür der Begriff ‚Migrantensprachen‘ verwendet. Wir werden im Verlauf dieses Abschnitts noch eingehender diskutieren, weshalb dieser Begriff und die durch ihn aufgerufenen Konzepte problematisch sind.

Der Begriff ‚Migrantensprachen‘ Er bezeichnet in seiner derzeitigen Verwendung laut Adler (2018: 7) die „Sprachen der in Deutschland lebenden Ausländer, Migranten [und] Personen mit Migrationshintergrund“, d. h. die Sprachen aller jener Personen, die selbst zugewandert sind, sowie ihrer bereits in Deutsch-land geborenen Kinder (vgl. aber Scarvaglieri & Zech 2013 zur Problematik des Begriffs ‚Migrationshintergrund‘). Die erste Generation bzw. ihre Sprachen stammen zum allergrößten Teil aus Ländern innerhalb der EU (mehr als ein Drittel) sowie aus europäischen Ländern außerhalb der EU (ein weiteres knappes Drittel). Es folgt als wichtigstes Herkunftsland die Türkei, danach kommen Russland, Kasachstan und Syrien. Insgesamt beträgt die Zahl der Menschen mit einem sogenannten ‚Migrationshintergrund‘ in Deutschland 21,9 Mio. Menschen. Gemessen an der Gesamtbevölkerung Deutschlands ist das etwas mehr als ein Viertel (26,7 %) (Stand: 2020; s. SVR 2021: 1). Ganz ähnlich sind die Zahlenverhältnisse auch im Nachbarland Österreich, wo die zugewanderte Be-völkerung und die bereits im Land geborene zweite Generation rund 25,4 % der Gesamtbevölkerung ausmachen (Statistik Austria 2022: 20–21). Deutschland und Österreich weisen also eine in etwa vergleichbare sprachliche Diversität auf.

Nutzen und Kritik der Begriffsgruppe und ihrer Anwendung Die Begriffe ‚Migranten-sprachen‘ und ‚Migrationshintergrund‘ finden ihre Anwendung weniger auf dem Gebiet der Sprachwissenschaft als vielmehr in der Soziologie und Bildungs-forschung. Dort werden sie inzwischen intensiv diskutiert, gerade auch im Hin-blick auf ausgrenzende Bedeutungsanteile. Neue Begrifflichkeiten, die in diesem Zusammenhang vorgeschlagen werden, sind z. B. ‚Heritage-Sprachen‘ (vgl. ► Kap. 3 und unten) sowie ‚Menschen mit Zuwanderungsgeschichte‘ und ‚Menschen aus Einwandererfamilien‘ oder auch ‚neue Deutsche‘ (s. etwa ► https://glossar.neuemedienmacher.de/glossar/neue-deutsche/).

Bewährt haben sich entsprechende Einteilungen dort, wo es um die systematische Erfassung ungleicher Lebensbedingungen geht. Gerade für Deutschland – und ganz ähnlich auch für Österreich – konnte gezeigt werden,

4

dass Menschen mit Zuwanderungsgeschichte und deren Kinder im Schnitt besonders oft im unteren Einkommensbereich liegen und dass sie vergleichsweise geringe Chancen auf höhere Bildungsabschlüsse und sozialen Aufstieg haben (SVR 2015: 146). Sogenannte begehrte Güter (Bildung, Wohnen, Einkommen u. v. m.) sind also im deutschsprachigen Raum weniger an individuelle Leistung als vielmehr an soziale Herkunft gekoppelt (OECD 2016: 8–9).

Die Begrifflichkeiten rund um Migration dienen somit dazu, ein gesellschaftspolitisches Problem statistisch sichtbar zu machen und klar zu benennen, nämlich die über Generationen anhaltenden Formen sozialer Ungleichheit und Diskriminierung (SVR 2015: 147). Die so gewonnenen Statistiken wiederum können als Basis für Veränderungen hin zu gleichen Lebensbedingungen dienen, zum Beispiel hin zu gleichen Chancen auf Bildung (ausführlich z. B. in SVR 2016).

Gerade im Zusammenhang mit Migration und Bildung hat aber erneut die Betrachtung von Sprache eine zentrale Bedeutung, insbesondere von Deutsch. Denn im Zusammenhang mit Schulleistungsstudien wie PISA werden ‚Migrantensprachen‘ und ‚Migrationshintergrund‘ überraschend oft zum Synonym für ‚zu Hause kein Deutsch‘ und für ‚sprachliche Hürden‘, und damit auch für ‚mögliche negative Folgen‘ der sprachlichen Vielfalt (s. Kasten „Zur Vertiefung").

Zur Vertiefung: Deutsch zu Hause

„Auch Kinder aus Familien mit Migrationshintergrund schneiden bis heute […] gegenüber deutschen Kindern deutlich schlechter ab. […] Noch immer ist die Sprachhürde besonders hoch. Solange in der Familie Deutsch nicht die Sprache ist, die zu Hause gesprochen wird, ist die soziale Situation der Menschen mit Migrationshintergrund in der Regel ungünstiger als die der einheimischen Familien." (LPB 2010)

Zu diesem Textausschnitt lässt sich zunächst mit an Sicherheit grenzender Wahrscheinlichkeit sagen: Wohl kaum hatten die Verfasser:innen im Sinn, der sprachlichen Vielfalt die Schuld an ungünstigen Bildungsverläufen zu geben.

Und doch erfolgt im Text der Wechsel zwischen dem „Migrationshintergrund" bzw. „nicht Deutsch in der Familie" und dem „schlechteren Abschneiden" allzu implizit und rasch. Es entsteht folglich der Eindruck: Wenn nur erst einmal Deutsch zu Hause gesprochen wird, dann fällt auch der Schulerfolg von Schüler:innen mit „Migrationshintergrund" besser aus. Diesem Kurzschluss zufolge wäre also sprachliche Vielfalt ein Hindernis für erfolgreiche Bildung. Tatsächlich ist aber ein solches Ergebnis, dass sprachliche Vielfalt ein Hindernis für erfolgreiche Bildung sei, in der Forschung nirgends belegt.

Deutsch oder nicht Deutsch – das wird hier also fälschlich zur alles entscheidenden Frage. Dies birgt die Gefahr, komplexe Vielfalt auf ein binäres Entweder-Oder zu reduzieren. So steht oft unreflektiert die Kategorie ‚Deutsch‘ der Kategorie ‚Migrantensprachen‘ (bzw. ‚Migrationshintergrund‘) gegenüber. Ein vermeintlich einheitliches ‚deutschsprachiges *wir*‘ wird zum Gegenpol eines vermeintlich ebenfalls einheitlichen ‚nicht-deutschsprachigen *sie*‘ (vg. auch Wiese et al. 2020). Ganz aus dem Blick geraten dabei jene Familien, die auch ohne

‚Migrationshintergrund' mehrsprachig sind, oder Familien mit ‚Migrationshintergrund', die zu Hause Deutsch sprechen (vgl. z. B. BAMF 2008: 19), ebenso
wie Familien, die gleichzeitig mehrere Sprachen sprechen bzw. mischen, ganz zu
schweigen von bildungserfolgreichen mehrsprachigen Personen und den vielen
anderen Einflussfaktoren auf Bildung – sie alle gehen in solcherart geführten
Debatten unter. Große Komplexität wird maximal reduziert.

Der Begriff ‚Migrationshintergrund' (ebenso wie die allzu breite Anwendung der Termini ‚Migrantensprachen' und ‚Migrant:innen') steht deshalb
im deutschen Sprachraum schon länger in der Kritik (vgl. SVR 2015: 146–147;
zu weiteren Kritikpunkten vgl. Foroutan 2010). Nach Ansicht vieler Sachver-
ständiger hat sich der Begriff mittlerweile „verselbständigt und im politischen,
öffentlichen und medialen Diskurs seine Wertneutralität verloren" (SVR 2015:
147). Dennoch dominiert der ‚Migrationshintergrund' immer noch die Diskurse
zu Bildung und zu Schulleistungsstudien in Deutschland.

Zusammenfassend lässt sich festhalten, dass die Begriffsgruppe rund um
Migration (‚Migrationshintergrund', ‚Migrantensprachen') sich zur Erfassung
sprachlicher Vielfalt nicht eignet. Einer Verwendung des Begriffs ‚Migrationshintergrund' zum Beispiel steht dennoch nichts im Weg, sofern im Auge behalten wird, was er tatsächlich leisten kann: Er dient vor allem der statistischen
Erfassung von sozialer Ungleichheit. Dabei bezieht sich der Begriff ‚Migrationshintergrund' einzig und allein auf Migrationserfahrungen in der Eltern- oder
Kindergeneration einer Familie   nicht mehr und nicht weniger. Er bezieht sich
hingegen nicht auf Sprachenvielfalt oder Sprachverwendung, sei es von Eltern
oder Kindern, Familien oder Gruppen. In der Tat gibt der ‚Migrationshintergrund' nicht einmal die so oft beschworene Auskunft darüber, ob denn nun
Deutsch zu Hause gesprochen wird oder nicht. Ein sehr klar begrenzter Gebrauch des Begriffs scheint deshalb dringend angeraten (vgl. Brizić & Hufnagl
2011: 22–23). Ein solch gezielter Gebrauch hat das Potenzial, problematischen
Vermischungen entgegenzutreten und die Diskurse zu Sprache und Bildung in
Deutschland erheblich zu versachlichen.

4.1.4 Herkunftssprache und Heritage-Sprache

Vielfalt, Herkunft und Sprache   Im Zusammenhang mit Zuwanderung und der Erfassung sprachlicher Vielfalt wird häufig die Kategorie ‚Herkunftssprache' verwendet.

> **Definition**
>
> Die **Herkunftssprachen** der nach Deutschland zugewanderten Menschen werden
> anhand der Herkunftsländer definiert; diese wiederum werden statistisch anhand
> des Geburtslandes und/oder der Staatsangehörigkeit der betreffenden Personen
> bzw. mindestens eines Elternteils erfasst (▶ Abschn. 4.1.3 zu ‚Migrationshinter-
> grund').

Wie aus der Definition deutlich wird, geht es hier nicht nur um das Herkunftsland von Sprecher:innen selbst, sondern es kann auch das Herkunftsland eines Elternteils gemeint sein. Dass dies problematisch ist, haben wir in ▶ Abschn. 3.2.6 schon eingehend diskutiert. Entsprechend wäre die Bezeichnung ‚Heritage-Sprache‘ vorzuziehen.

Herkunftssprachen in Deutschland   Das häufigste Herkunftsland in Deutschland ist die Türkei, dicht gefolgt vom EU-Land Polen. Danach kommen Russland, Kasachstan, Syrien, Rumänien, Italien und viele weitere Länder mit geringerer Zuwanderung nach Deutschland (Stand: 2020; s. SVR 2021: 1). Um nun die Herkunftssprachen zu erfassen, wird meist von eben diesen Herkunftsländern ausgegangen.

Nutzen und Kritik des Begriffs und seiner Anwendung   Ebenso wie die oben diskutierten Begriffe zu Migration und Zuwanderungsgeschichte, so haben sich auch ‚Herkunftsland‘ und ‚Herkunftssprachen‘ als Kategorien dort bewährt, wo es um die systematische Erfassung ungleicher Lebensbedingungen geht (▶ Abschn. 4.1.3).

Wenn nun von Herkunftsländern auf Herkunftssprachen geschlossen wird, dann werden zugleich – meist implizit – die Herkunftsländer mit ihrer jeweiligen Staatssprache gleichgesetzt. Wenn also beispielsweise in Deutschland von Menschen mit ‚türkischen Wurzeln‘ oder ‚türkischer Herkunft‘ die Rede ist, dann führt der Weg rasch zur ‚Herkunftssprache Türkisch‘. Da und dort ist sogar von einer ‚Herkunfts*land*sprache‘ die Rede (z. B. BAMF 2008: 45), wobei implizit davon ausgegangen wird, dass diese Herkunftsland- bzw. Staatssprache zugleich auch die ‚Muttersprache‘ der Menschen aus diesem Land sei; oder aber es bleibt völlig unklar, ob Staatssprache, Herkunfts(land)sprache und Muttersprache als Synonyme gemeint sind, und was darunter jeweils verstanden wird (vgl. ebd.: 6, 41, 42).

Kritik am Erfassen von ‚Herkunftssprachen‘ anhand von Herkunftsländern wird deshalb schon lange laut. Denn das Konzept der ‚Herkunftssprachen‘ reproduziert, gewollt oder ungewollt, die Ideologie „Ein Land – eine Sprache“ (s. dazu ▶ Kap. 3). Ganz aus dem Blick geraten dabei die vielen Sprachen in Deutschland, die nicht als Staatssprachen in der Welt repräsentiert sind. Man nehme als Beispiel nochmals die Türkei:

> **Zur Vertiefung: Türkisch ist mehr**
> Neben Türkisch sind auch viele Minderheitensprachen der Türkei nach Deutschland gelangt: Das sind insbesondere Kurdisch (in mehreren Varietäten), aber auch Armenisch, Arabisch, zahlreiche kaukasische Sprachen und mit dem Türkischen verwandte Turksprachen (Brizić 2007). Als Nicht-Staatssprachen der Türkei bleiben diese Sprachen indes häufig ‚unsichtbar‘, was vor allem auch eine Folge rigoroser Sprachenpolitik ist (ausführlich dazu z. B. Haig 2003).

Sichtbar oder unsichtbar – das wird dann problematischerweise zur entscheidenden Frage. Und das gilt nicht nur für die Türkei, sondern ebenso für den deutschen Sprachraum, mit erheblichen Folgen für den Bildungsverlauf und den Erwerb von Deutsch. Um es nochmals am Beispiel der Türkei und ihrer Sprachen zu illustrieren: Im deutschen und österreichischen Bildungswesen spricht ein erheblicher Anteil von Schüler:innen ‚türkischer Herkunft' in der Familie auch Kurdisch. Man stelle sich nun vor, dass gleichwohl für diese Schüler:innen angenommen wird, ihre Erstsprache sei Türkisch. Und in der Tat war und ist dies in nicht wenigen Studien, Befragungen und Sprachstandserhebungen der Fall; ja sogar in großflächigen Zensusdaten bleiben Minderheitensprachen oftmals unsichtbar, scheinen also nicht auf (s. Adler & Beyer 2018 sowie detailliert Brizić 2007).

Für Schüler:innen mit einer ‚unsichtbaren' Sprache (hier: Kurdisch) kann dies leicht in der Unsichtbarkeit ihrer Kompetenzen insgesamt enden (da sie ja die vermeintliche ‚Erstsprache' Türkisch nicht so beherrschen, wie man es von einer Erstsprache erwartet; vgl. Brizić 2022; Brizić, Şimşek & Bulut 2021; sowie detailliert Brizić 2007). Gefährlich ist das deshalb, weil diese Schüler:innen dann auch besonders leicht Gefahr laufen, vorschnell als ‚sprachförderbedürftig' oder als ‚sonderpädagogisch förderbedürftig' eingestuft zu werden (s. die Befunde zu stigmatisierten Minderheiten in Deutschland z. B. bei Strauß 2011: 101).

Wenn aber Erstsprachkompetenz verborgen bleibt (hier: im Kurdischen) und wenn stattdessen von ‚Sprachentwicklungsstörungen' ausgegangen wird (hier: im Türkischen als der vermeintlichen Erstsprache) und wenn daraus insgesamt auf die Sprach- und Bildungsfähigkeit der Schüler:innen rückgeschlossen wird (hier: auf den Deutscherwerb) oder gar auf die Fähigkeit zur Integration (hier: in Deutschland) – wie leicht kann dann sprachliche Vielfalt insgesamt in den Verdacht geraten, ein ‚Hindernis für Bildung und Integration' zu sein.

Die Begriffsgruppe rund um Herkunft (‚Herkunftsland', ‚Herkunftssprache') eignet sich deshalb nur mit größter Vorsicht, wenn überhaupt, zur Erfassung von sprachlicher Vielfalt. Das Herkunftsland leistet kaum mehr als der vorhin kritisierte ‚Migrationshintergrund'. Es kann einzig und allein zur Feststellung der Staatssprache eines Herkunftslandes der Zuwanderergeneration dienen. Darüber hinaus gibt ein Herkunftsland tatsächlich keine verlässliche Auskunft über die Sprachen dieser Personen oder ihrer Kinder. Denn was für Deutschland gilt, gilt auch für die Türkei und praktisch alle anderen Länder weltweit: Kein Land ist nur einsprachig (▶ Abschn. 3.1).

4.2 Über Vielfalt streiten: Spannungsfelder im Bildungswesen

Im 21. Jahrhundert scheinen wachsende Komplexität und Globalisierung zugleich zu bewirken, dass der Wunsch nach ‚Einfachheit' und ‚Einheitlichkeit' wächst. Dies trifft u. a. für erhebliche Teile der Bevölkerung Deutschlands und Österreichs zu: Vielfalt wird zunehmend als verunsichernd oder gar als bedrohlich wahrgenommen (s. hierzu z. B. Vehrkamp & Merkel 2018: 10).

Dabei ist gerade in Bezug auf Sprache der Streit um die Vielfalt nicht neu. Im deutschsprachigen Raum ist dieser Streit mittlerweile mehr als 200 Jahre alt und somit keineswegs nur eine Folge von Globalisierung (Krüger-Potratz 2011). Das betrifft insbesondere das Bildungswesen, wo in unterschiedlichen Spannungsfeldern über sprachliche Vielfalt ‚gestritten' wurde und wird.

Nachfolgend werden drei Spannungsfelder beispielhaft dargestellt, die im deutschen Bildungswesen bis heute eine besonders große Rolle spielen. Diese sind:

- Vielfalt und Sprachunterricht,
- Vielfalt und Pädagogik und
- Vielfalt und Institution.

4.2.1 Vielfalt und Sprachunterricht

Die Einheit von Staat und Sprache Nicht erst seit Gründung des Deutschen Reichs (1871) steht das Schulwesen vor der Aufgabe, die Mehrheitssprache Deutsch zu lehren, dabei aber gleichzeitig eine nicht nur deutschsprachige Schülerschaft zu berücksichtigen. Insbesondere drei Formen sprachlicher Vielfalt haben im Lauf der Geschichte im Schulwesen Beachtung erhalten und in der Gegenwart noch an Aktualität gewonnen: erstens die Dialekte des Deutschen, zweitens die ‚altansässigen' Minderheitensprachen und drittens die durch Migration ‚neu' nach Deutschland gelangten Sprachen (▶ Abschn. 4.1).

Um aber die Aktualität und Konfliktträchtigkeit der Thematik in der Gegenwart zu verstehen, hilft auch hier wieder der Blick in die Geschichte: Mit der Gründung des Deutschen Reichs 1871 hat dieses Reich sich erstmals auch als Nationalstaat verstanden – ganz im Sinne der Nationalstaatsidee der Französischen Revolution. Nationalstaat, Bevölkerung und Sprache wurden daher im Deutschen Reich ab 1871 zunehmend als eine ‚natürliche' Einheit betrachtet, und die Sprache Deutsch erhielt – und behielt bis heute – die privilegierte Rolle einer als einigend verstandenen Nationalsprache (Krüger-Potratz 2011: 54).

Trotzdem blieb gerade die Vielfalt deutscher Dialekte im Schulwesen zunächst noch erhalten, da Lehrkräfte und Schüler:innen meist weiterhin in den lokalen Dialekten (Hessisch, Fränkisch, Preußisch usw.) miteinander kommunizierten. Hingegen wurden die ‚altansässigen' nichtdeutschen Minderheitensprachen (Sorbisch u. a., ▶ Abschn. 4.1.2 sowie 3.2) bald schon als ‚Störfaktoren' nationaler Einheit gebrandmarkt und aus dem Schulwesen immer weiter verdrängt. Ideologisch untermauert wurde dies nach und nach auch mit dem Argument, Mehrsprachigkeit sei ‚schädlich', und zwar sowohl für die individuelle Kognition als auch für die Gesellschaft im Ganzen. Dabei spielte es durchaus auch politisch eine Rolle, dass viele Minderheiten in den Grenzregionen des Deutschen Reichs angesiedelt waren; und so hoffte man, mit der Unterdrückung der Sprachen auch eventuelle Unabhängigkeits- und Abspaltungsbestrebungen der Minderheiten schon im Keim zu verhindern (Krüger-Potratz 2011: 60–61).

Dieser Komplex aus politischen und ideologischen Beweggründen führte zu einer massiven Abwertung der Minderheitensprachen und zugleich zur ebenso intensiven Aufwertung der Nationalsprache Deutsch. Deutsch zu beherrschen, das wurde zu einem vorrangigen bildungspolitischen Ziel. Darauf aufbauend entwickelte sich das Ideal, dass es erstrebenswert, ja gar ‚normal‘ sei, *einsprachig* zu sein, also *nur* Deutsch zu sprechen. Dieses Paradigma von der Einsprachigkeit als ‚Normalfall‘ ist zwar wissenschaftlich nicht haltbar, hat sich aber vielfach bis in die Gegenwart erhalten. Mehrsprachigkeit erhielt auf diese Weise das Stigma des störenden ‚Sonderfalls‘ (s. a. ▶ Kap. 3 zum ‚monolingualen Habitus‘).

Deutsch als Standardsprache Auf die Verdrängung der Minderheitensprachen aus dem Schulwesen des Deutschen Reichs folgte deshalb bald auch die Verdrängung der deutschen Dialekte. Daran beteiligt war nicht nur die Ideologie der Einsprachigkeit, sondern auch die Ideologie der Standardsprachlichkeit (s. a. ▶ Kap. 2 und 3 zur ‚Standardsprachenideologie‘): Die standardisierte Form der deutschen Sprache wurde zunehmend zur allein ‚legitimen‘ Sprache erklärt. Den Dialekten hingegen – ähnlich wie zuvor den Minderheitensprachen – wurde kognitive und sogar moralische ‚Schädlichkeit‘ nachgesagt (Krüger-Potratz 2011: 57–58).

Deutsch als Muttersprache Erst in der Weimarer Republik (1918–1933) wurde der sprachlichen Vielfalt Deutschlands ein gewisser Stellenwert zuerkannt, und es wurde schulischer Unterricht in den anerkannten Minderheitensprachen eingerichtet. Nachdem der Nationalsozialismus (1933–1945) dieser Entwicklung zunächst wieder ein Ende bereitet hatte, knüpfte Deutschland ab 1949 erneut an die Weimarer Zeit an; der Unterricht in den ‚altansässigen‘ Minderheitensprachen Dänisch, Friesisch und Sorbisch wurde wiederhergestellt. Dies blieb denn auch für lange Zeit das einzige Modell der Integration nicht-deutscher Sprachen ins deutsche Bildungswesen. Denn anders als die Minderheitensprachen erhielten die ebenfalls bereits langansässigen Sprachen von Zugewanderten (z. B. das Polnische im Ruhrgebiet) keinen Platz in der Schule. Das änderte sich auch nicht, als in den 1950er und 1960er Jahren eine neue Phase der Zuwanderung nach Deutschland begann: die Zuwanderung von Arbeitskräften vor allem aus Südeuropa im Rahmen von Anwerbeabkommen.

Für die Kinder dieser Zugewanderten gab es erst ab Mitte der 1960er Jahre den sogenannten Herkunftssprachenunterricht (in den Staatssprachen der Herkunftsländer, z. B. Türkisch, Italienisch u. a.), da man von der Rückkehr der Zugewanderten in ihre Herkunftsländer ausging (Krüger-Potratz 2011: 64). Zusätzlich erhielten die Kinder auch Deutschförderung. Interessant ist hinsichtlich dieser Deutschförderung, dass es noch keinerlei Konzepte dafür gab, wie denn eine solche Förderung für anderssprachige Schüler:innen – also für Nicht-Muttersprachler:innen des Deutschen! – auszusehen habe. Eine Ursache für diese Lücke mag gewesen sein, dass die Ideologie der ‚Einsprachigkeit als Normalfall‘ immer noch dominierte. Und so waren deutsch-‚muttersprachliche‘ Schüler:innen immer noch der einzige Bezugspunkt für den Deutschunterricht. Das Ideal der Muttersprachlichkeit dominierte im Übrigen nicht nur in der Schule, sondern auch in der universitären Bildung: Das Fach Germanistik etwa sah sich lange Zeit nur für den Deutschunterricht für Muttersprachler:innen zuständig (Henrici 1995; Huneke & Steinig 2013).

4

Deutsch als Fremd- und Zweitsprache Eine erste Ausweitung hin zu nicht-‚mutter-sprachlichen' Schüler:innen erfuhr die Germanistik erst, als sich der Unterricht von Deutsch als Fremdsprache (DaF) entwickelte. Daran maßgeblich beteiligt war die Sprachlehrforschung, die sich mit Beginn der 1970er Jahre etablierte, gefolgt von intensiven Debatten an Universitäten sowie Goethe- und Herder-Instituten um die Ausbildung entsprechend qualifizierter DaF-Lehrkräfte. 1976 gab es einen ersten universitären Studiengang für Deutsch als Fremdsprache, allerdings nur für ausländische Studierende in Deutschland. Bis in die 1990er Jahre hinein folgten viele weitere neue Studiengänge. Das Fach Deutsch als Fremdsprache expandierte. Es fokussierte allerdings lange hauptsächlich auf den Bereich ausländischer Studierender in Deutschland sowie deutschlernender Er-wachsener im Ausland (s. z. B. Henrici 2004 zur Entwicklung des Faches DaF).

An dieser Entwicklung, die an Studium und Erwachsenenbildung orientiert war, wird erneut deutlich, wie weit der Weg zur Integration anderssprachiger Schüler:innen im deutschen Pflichtschulwesen war. Dort nämlich zeigte sich erst in den 1990er Jahren verstärkt ein Bewusstsein dafür, dass erwachsene Deutsch-lernende an Universitäten oder im Ausland andere Bedürfnisse an den Deutsch-unterricht haben als mehrsprachige Kinder und Jugendliche, die in Deutschland aufwachsen. Für Letztere ist das Beherrschen des Deutschen von existenzieller Bedeutung, müssen sie doch die Sprache unmittelbar anwenden und ihren gesamten Bildungsweg darin absolvieren. Vor diesem Hintergrund sprach man ab den 1990er Jahren immer seltener von ‚Migrantenkindern' mit Deutsch als Fremdsprache, sondern zunehmend von ‚Kindern mit Deutsch als Zweit-sprache' (DaZ). Dieser Begriff macht deutlich, dass Deutsch für mehrsprachige Menschen in Deutschland die Sprache des täglichen Lebens ist und dass sie also gerade nicht mit einer Fremdsprache gleichgesetzt werden kann (Harr et al. 2018; Dittmar & Rost-Roth 1995; Ahrenholz & Oomen-Welke 2014).

Deutsch als Bildungssprache Mit Herannahen der Wende zum 21. Jahrhundert ist zudem ein immer deutlicheres Bewusstsein dafür entstanden, dass der Erwerb der deutschen Sprache nicht gleichzeitig auch Bildungserfolg mit sich bringt. Denn für diesen Erfolg muss nicht einfach nur Deutsch beherrscht werden, sondern die Schwelle von der Alltagssprache zur Schrift-, Bildungs- und Fach-sprache überwunden werden (s. z. B. Grießhaber et al. 2018; Sürig et al. 2016; s. auch laufende Updates bei ProDaZ o. J.). Sogenannte einsprachige und mehr-sprachige Schüler:innen sind einander in diesem Punkt ähnlicher als gedacht. Im Vorteil sind dabei stets Schüler:innen aus der Mittelschicht bzw. aus gebildeten Elternhäusern, egal ob deutsch- oder anderssprachig. Schüler:innen hingegen, die nicht aus der Mittelschicht bzw. gebildetem Elternhaus kommen, benötigen eine gezielte und explizite schulische Heranführung an die Bildungssprache (d. h. an ihre lexikalischen, syntaktischen und diskursiven Besonderheiten; s. ausführlich Morek & Heller 2012).

Deutschunterricht in der Migrationsgesellschaft Am Beispiel der Komplexität der Bildungssprache zeigt sich also: Es sind nicht nur die sprachlichen, sondern be-sonders die sozialen Unterschiede (v. a. hinsichtlich Bildung und Einkommen), für die die Schule einen gezielten Ausgleich leisten muss. In einer Gegenwart wachsender und neu aufbrechender Ungleichheiten ist dieser soziale Ausgleich zur vorrangigen Aufgabe des Bildungswesens geworden (vgl. bereits Bade 2017: 17). Das explizite Lehren von Bildungssprache kann also im Schulwesen dafür sorgen, dass große soziale, z. B. migrationsbedingte Unterschiede sich im Lauf der Schulzeit vermindern. Es braucht dafür allerdings auch die gezielte Ausbildung von Lehrkräften, und zwar nicht allein für den Umgang mit sprachlicher, sondern besonders auch für den Umgang mit sozialer Diversität.

4.2.2 Vielfalt und Pädagogik

In Deutschland lässt sich geschichtlich erst relativ spät ein Spannungsverhältnis zwischen Sprachenvielfalt und Pädagogik erkennen. Das liegt v. a. daran, dass mehrsprachige Schüler:innen zunächst gar nicht als spezifisches Aufgabenfeld der Pädagogik wahrgenommen wurden (siehe oben: Einsprachigkeit als ‚Normalfall‘). Hinzu kam, dass noch bis weit in die Mitte des 20. Jahrhunderts hinein mehrsprachige Schüler:innen nur dann schulpflichtig waren, wenn sie deutsche Staatsangehörige waren. Lediglich schul*berechtigt* waren hingegen Kinder und Jugendliche mit nicht-deutscher Staatsangehörigkeit, die meist infolge von Arbeitsmigration in Deutschland lebten. Erst in der zweiten Hälfte der 1960er Jahre wurde für diese erhebliche Zahl junger Menschen die Schulpflicht eingeführt.

Lehren als Kompensation Die meisten Kinder und Jugendlichen mit nicht-deutscher Staatsangehörigkeit waren Kinder jener Arbeitskräfte, die im Rahmen von Anwerbeabkommen ab den 1950er Jahren v. a. aus Südeuropa nach Deutschland gekommen waren (▶ Abschn. 4.2.1). Bis 1973 betrug die Gesamtzahl dieser Zugewanderten (Erwachsene und Kinder) rund 14 Mio. (wovon 11 Mio. wieder in die Herkunftsländer zurückkehrten, vgl. Nuscheler 2004: 115). Als in den 1960er Jahren die Schulpflicht auch für diese Gruppe eingeführt wurde, existierten noch keinerlei pädagogische Konzepte für eine derart mehrsprachige Schülerschaft. Entsprechend kamen also ganz neue Aufgaben auf das deutsche Schulwesen zu. Das Schulwesen reagierte ab den 1970er Jahren mit der Einführung des Herkunftssprachenunterrichts, um die in den Anwerbeabkommen ohnehin vorgesehene Rückkehr in die Herkunftsländer zu unterstützen (▶ Abschn. 4.2.1). In Deutschland blieben damit allerdings die zugewanderten Schüler:innen unentrinnbar ihrem Status als ‚Ausländer:innen‘ und ‚Fremde‘ verhaftet.

Zusätzlich erhielten sie auch Deutschförderung, die aber ebenfalls nicht auf den dauerhaften Verbleib in Deutschland angelegt war. Das Schulwesen orientierte sich somit auch weiterhin nicht an der bestehenden Vielfalt der Bevölkerung, sondern vorrangig an den ‚muttersprachlich‘ deutschsprachigen Kindern und am ‚Normalfall Einsprachigkeit‘. Gemessen an dieser Norm mussten Schüler:innen mit anderen oder weiteren Erstsprachen zwangsläufig schwach abschneiden. Sie wurden damit nicht nur als ‚anders‘ betrachtet, sondern oft auch als ‚schwach‘ und in Deutsch allzu oft sogar als ‚defizitär‘ eingestuft. So bedeutete zwar die Einführung der allgemeinen Schulpflicht einen Meilenstein, ging aber mit einer an ‚Defiziten‘ und an ‚Kompensation‘ orientierten ‚Pädagogik für Ausländer:innen‘ einher. Für diese Herangehensweise der 1960er bis 1980er Jahre, für ihre Errungenschaften und auch ihr Scheitern, hat sich heute der Begriff der ‚Ausländerpädagogik‘ etabliert (Nieke 2008: 14–15).

Lehren als Vermittlung Aus der Kritik an den defizitorientierten Konzepten der Ausländerpädagogik ging ab den 1970er und 1980er Jahren die Interkulturelle Pädagogik hervor. Diese stellte nun insbesondere die Anerkennung und den Respekt für Diversität ins Zentrum. Gegenüber der früheren Sichtweise von Ausländer:innen als den ‚Anderen‘ betrachtete die Interkulturelle Pädagogik nun alle Menschen, also auch Inländer:innen, als vielfältig und untereinander ‚andersartig‘. Nicht nur ‚fremde‘ Kulturen, sondern die kulturelle Verschiedenheit *aller* Menschen bei gleichzeitiger Verbundenheit und Gleichwertigkeit stand im Zentrum. Das zentrale Differenzkriterium war hier folglich nicht mehr die unterschiedliche Staatsangehörigkeit, sondern die unterschiedliche Kultur bzw. der vermittelnde Dialog zwischen den Kulturen.

Bald zeigten sich jedoch auch die Gefahren einer Interkulturellen Pädagogik, die sich (zu) sehr auf Kulturen und auf das ‚Vermitteln‘ zwischen ihnen konzentrierte. Denn indem dieses Vermitteln oft als ‚Problembehandeln‘ verstanden wurde und indem man die ‚Probleme‘ (z. B. im Fach Deutsch) wiederum besonders bei ‚Migrantenkindern‘ diagnostizierte, wurden bestehende Ungleichheiten oft sogar noch bestätigt und verstärkt. Ansätze, die die ‚Kultur‘ bzw. ‚familiär-kulturelle Unterschiede‘ als vorrangige Ursache für Misserfolge betrachten, existieren im Übrigen bis heute (z. B. bei Esser 2006: 219 ff. bzw. 543).

Lehren als Ermächtigung Auch hier hat sich aus dem kritischen Blick zurück eine neue Herangehensweise entwickelt: Im ersten und zweiten Jahrzehnt des 21. Jahrhunderts etablierte sich in Deutschland die Migrationspädagogik (Mecheril et al. 2010). Sie vertritt eine klare kritische Distanz zum Paradigma der Interkulturalität, ebenso wie auch eine kritische Distanz zu jeder kategorisierenden Einteilung von Menschen, z. B. in ‚Kulturen‘, in ‚Zugewanderte‘ vs. ‚Einheimische‘, in ‚Lehrende‘ vs. ‚Lernende‘ usw. (Sprung 2008).

Es ist das Verdienst der Migrationspädagogik und verwandter Ansätze, auch den Deutschunterricht aus eben diesen kategorisierenden, eingrenzenden Betrachtungsweisen herausgelöst und in gesellschaftliche, politische und wissenschaftliche Diskurse involviert zu haben (Mecheril et al. 2010). Denn der Migrationspädagogik geht es nicht so sehr um die Frage, ob sprachliche und kulturelle Unterschiede existieren, sondern wie und wozu wir diese Unterschiede überhaupt herstellen und was wir damit und daraus machen (Gomolla & Radtke 2002: 276–277). Das *Wir* bezieht dabei alle Beteiligten mit ein – nicht nur bestimmte Kulturen, zwischen denen zu ‚vermitteln‘ sei, und nicht nur bestimmte Gruppen, die zu ‚fördern‘ seien. Lehren und Lernen ist nach migrationspädagogischer Auffassung vielmehr ein Prozess, der allen Beteiligten eine Entwicklung abverlangt.

Besonders relevant wird dies im Fall des Deutschunterrichts: Deutsch ist in Deutschland die dominante Sprache, und damit verbunden besteht im Unterricht immer auch die Möglichkeit des Ausübens von Dominanz. Um diese Dominanz zu überwinden, sucht die Migrationspädagogik „nach Handlungs-, Erfahrungs- und Denkformen, die weniger Macht über Andere ausüben" (Mecheril et al. 2010: 19). Dieses Ausüben von weniger Macht (seitens der Lehrkräfte) ist gleichzeitig verbunden mit Selbstermächtigung (seitens der Schüler:innen). Professionelles Unterrichten bedeutet also vor allem auch das Ablegen der Illusion, dass man als Lehrkraft ganz grundsätzlich kompetenter sei als die Schüler:innen und sie somit dominiere. Vielmehr berührt migrationspädagogischer Unterricht gleichermaßen das Selbstverständnis der Lernenden und der Lehrenden.

Pädagogik in der Migrationsgesellschaft Die hier beschriebene Perspektive eignet sich auch für größere gesellschaftliche Zusammenhänge, insbesondere für die Vielfalt in einer Migrationsgesellschaft wie der deutschen: Auch hier fragt die Migrationspädagogik nicht, wer in Deutschland ‚zugewandert' und wer ‚einheimisch' sei, sondern sie fragt, wie diese Kategorien überhaupt zustande kommen und wie Pädagogik damit reflektierend umgehen kann. Migrationspädagogik interessiert sich also für eine Gesamtperspektive von Pädagogik unter den Bedingungen der Migrationsgesellschaft.

Auch und gerade für den Deutschunterricht ergeben sich daraus erhebliche Neuerungen. Der Anspruch lautet nun nicht mehr vorrangig, zu unterteilen in ‚Norm' (die deutsche Standardsprache) vs. ‚Normverstoß' (Non-Standard, Dialekt, Einflüsse anderer/weiterer Erstsprachen auf das Deutschlernen). Vielmehr strebt ein solcher Deutschunterricht in seinem pädagogischen Verständnis danach, das Lehren und Lernen von Deutsch auf Augenhöhe zu ermöglichen; bestehende Macht- bzw. Dominanzverhältnisse werden kritisch reflektiert.

In einem solchen Verständnis von Deutschunterricht sind in der Tat Migration und sprachlich-soziale Vielfalt eine Chance für *alle* Beteiligten. Denn durch Migration werden Normen, Zugehörigkeitsverhältnisse, Kategorisierungen und Selbstverständlichkeiten jeglicher Art problematisiert. So wie das Lehren und Lernen, so ist also auch Migration ein Phänomen, das das Selbstverständnis *aller* anrührt – nicht nur der ‚Zugewanderten', sondern auch der ‚Einheimischen' (Mecheril et al. 2010: 35).

Gewohntes, Festgelegtes, ja sogar Normiertes (wie z. B. Sprache, Bildungserfolg, Staatsangehörigkeit, Herkunft) wird also durch Zuwanderung neu thematisiert und unter Umständen sogar in Frage gestellt, und zwar für Migrierte wie für Nichtmigrierte und für Schüler:innen aus Familien mit und ohne Zuwanderungsgeschichte gleichermaßen. Zuwanderung bringt es mit sich, dass man auch neu zu klären hat, wer denn nun eigentlich als ‚einheimisch' gelten soll und wer nicht, und wo denn überhaupt die Grenzen zwischen ‚einheimisch' und ‚zugewandert' verlaufen. „Migration problematisiert *Grenzen*", so bringen es Mecheril et al. (2010: 35) auf den Punkt. Mit diesen Grenzen sind also keineswegs nur staatliche Grenzen gemeint, die problematisiert werden, „sondern vor allem die symbolischen Grenzen der Zugehörigkeit" (ebd.: 35). Zuwanderung problematisiert somit etwas, das davor als klar, bekannt und vertraut galt. Und gerade der Unterricht von (Bildungs-)Sprache hat im migrationspädagogischen Sinne diesen Herausforderungen reflektierend zu begegnen und sich in der Migrationsgesellschaft stetig reflektierend weiterzuentwickeln.

4

4.2.3 Vielfalt und Institution

Die Einheit von Institution und Individuum Nicht nur Deutschunterricht (▶ Abschn. 4.2.1) und Pädagogik (▶ Abschn. 4.2.2), sondern auch die Institution Schule insgesamt blickt auf eine Geschichte des ‚Einteilens' von Vielfalt zurück. Aufgabe der Schule ist es ja, Bildung als öffentliches Gut zuzuteilen (Gomolla & Radtke 2002: 13) und folglich die Schüler:innen in jene mit mehr und jene mit weniger Bildungserfolg einzuteilen. Diese Einteilung und ihr Ziel sind also bereits vorgegeben. So ist institutionell dafür gesorgt, dass individuelle Grundsatzentscheidungen nicht mehr benötigt werden. Institutionelle Vorgaben wie diese sind zunächst durchaus funktional und sachgerecht, da die Zuteilung von Bildungserfolg ja die Ebene individueller Präferenzen übersteigen muss (Gomolla & Radtke 2002: 106–107). Auch müssen institutionelle Abläufe eine große Komplexität bewältigen. Indem also nicht jedes Individuum (z. B. jede Lehrkraft) jede einzelne Entscheidung stets selbst treffen muss, werden Komplexitäten vermindert und Abläufe beschleunigt bzw. überhaupt erst ermöglicht (Gomolla & Radtke 2002: 25).

Probleme entstehen erst dort, wo eine Institution mit ihren Abläufen den Anspruch auf soziale Gerechtigkeit nicht mehr bewältigen kann (Gomolla & Radtke 2002: 25–26). Das ist beispielsweise dann der Fall, wenn bestimmte Gruppen in der Schule regelmäßig schwächer abschneiden als andere (▶ Abschn. 4.1.3). Eines der prominentesten und vieldiskutiertesten Beispiele in Deutschland ist das vermeintlich systematisch schwächere Abschneiden von Schüler:innen ‚türkischer Herkunft' in Deutsch (s. z. B. AB 2016: 27).

Für dieses Abschneiden lassen sich empirisch belegte Ursachen nennen, die nicht etwa bei den Schüler:innen, sondern durchaus im Bildungssystem und seinen Selektionsmechanismen liegen (Gomolla & Radtke 2002: 21; vgl. auch Brizić 2022). Gleichwohl greift man seitens des Schulwesens häufig auf Erklärungen zurück, die nicht etwa das Schulwesen selbst in der Verantwortung sehen, sondern das Elternhaus bzw. die Kultur der Schüler:innen und ihrer Familien (Gomolla & Radtke 2002: 155–155; 239). Die Schüler:innen werden auf diese Weise nicht mehr als Individuen, sondern als Repräsentant:innen einer Kultur betrachtet (ebd.: 277).

Deutschlehrkräfte wiederum werden auf diese Weise ebenfalls zu Repräsentant:innen, und zwar zu Repräsentant:innen ihrer Institution. Denn obwohl Lehrkräfte persönlich durchaus auch andere Haltungen vertreten als ihre Institution, so müssen sie doch als Mitglieder ihrer Institution handeln und argumentieren – individuelle Haltungen sind hier also kaum relevant (Gomolla & Radtke 2002: 21). Anders ausgedrückt: Obwohl Lehrkräfte als Individuen und als geschulte Sprachlehrpädagog:innen möglicherweise anders handeln, beurteilen oder argumentieren würden, befinden sie sich regelmäßig in der Situation, sich für Vorgaben und Abläufe ihrer Institution rechtfertigen zu müssen (Gomolla & Radtke 2002: 149–150). Man könnte zusammenfassen: Die Institution Schule „denkt *in* ihren Mitgliedern oder *durch diese* hindurch" (Gomolla & Radtke 2002: 151; 276).

Institutionelle Diskriminierung Aus diesen Gründen, und ganz im Sinne der besprochenen Migrationspädagogik, befasst sich die neuere Schul- und Sprachlehrforschung nicht mehr so sehr mit einzelnen Gruppen (‚Migrantenkindern‘, ‚mehrsprachigen‘ vs. ‚einsprachigen‘ Kindern, ‚schwachen‘ vs. ‚starken‘ Schüler:innen usw.), sondern sie befasst sich mit der Frage, wie solche Kategorien in der Institution Schule überhaupt zustande kommen. Die Schlechterstellung z. B. von mehrsprachigen Schüler:innen spielt daher im umfassenden Konzept der ‚institutionellen Diskriminierung‘ eine zentrale Rolle. Institutionelle, z. B. sprachlich-schulische Diskriminierung findet im Wesentlichen auf zwei Wegen statt:

» „Unter *direkter institutioneller Diskriminierung* werden regelmäßige, intentionale Handlungen in Organisationen verstanden. Dies können einerseits hochformalisierte, gesetzlich-administrative Regelungen sein, andererseits aber auch informelle Praktiken, die in der Organisationskultur als Routine abgesichert sind (implizite Übereinkünfte, ‚ungeschriebene Regeln‘).

Der Begriff der *indirekten institutionellen Diskriminierung* zielt dagegen auf die gesamte Bandbreite institutioneller Vorkehrungen, die […] Angehörige bestimmter Gruppen […] überproportional negativ treffen. Mechanismen indirekter Diskriminierung resultieren oft aus der Anwendung gleicher Regeln, die bei verschiedenen Gruppen grundsätzlich ungleiche Chancen ihrer Erfüllung zur Folge haben." (Gomolla & Radtke 2002: 100; Kursivierungen im Original)

Institutionelle, z. B. sprachliche, Benachteiligung findet daher im Bildungswesen kaum je bewusst oder gar intentional statt, sondern gestaltet sich als Teil automatisierter institutioneller Routinen (Gomolla & Radtke 2002: 25). Dazu gehören auch organisatorische Handlungszwänge und pädagogische Deutungsmuster, die dazu führen können, dass ungleiche Bewertungen zur Anwendung gelangen – und dass das Ergebnis oft trotzdem „von allen Beteiligten als stimmig und fair empfunden" wird, weil es sich ja um geregelte Abläufe handelt (Gomolla & Radtke 2002: 100).

Institution in der Migrationsgesellschaft Zur Beseitigung institutioneller Diskriminierung, z. B. der Benachteiligung bestimmter mehrsprachiger Gruppen, reicht es nicht aus, ‚schwache‘ Schüler:innen einfach zu fördern (Gomolla & Radtke 2002: 25). Es ist vielmehr vonnöten, dass sich die institutionellen Bedingungen für lehrerseitiges sowie schülerseitiges Handeln ändern: „Erst wenn sich die Mitgliedschaftsbedingungen der Organisation ändern, wird sich auch [das] Denken und Begründen umstellen können" (Gomolla & Radtke 2002: 292).

Bis in die Gegenwart haben die Felder Sprachunterricht, Pädagogik und Institution nicht an Spannung verloren. Das Bildungssystem war und bleibt, gerade in sprachlicher Hinsicht, ein umkämpfter Ort. Allerdings ist in der Gegenwart das Bewusstsein für einen gleichheitsfördernden Umgang mit Vielfalt deutlich gewachsen. Zu verdanken ist dies zahlreichen Akteur:innen in der schulpraktischen Arbeit ebenso wie einer wachsenden Zahl an wissenschaftlichen Arbeiten zum Umgang mit sprachlicher und anderer Vielfalt.

4.3   Die Vielfalt leben: Potenziale der Forschung

Mehrsprachigkeit und Superdiversity   Die Vielfalt in Deutschunterricht, Sprachlehrpädagogik und Schule ist nicht nur Gegenstand von mehr und mehr geistes- und sozialwissenschaftlicher Forschung geworden; vielmehr verstehen sich auch Unterricht, Pädagogik und Institution selbst als vielfältiger denn zuvor. So zum Beispiel ist das Fach Deutsch als Zweitsprache, das zunächst nur im Deutschunterricht angesiedelt war, jetzt sowohl für den Erwerb der Bildungssprache Deutsch als auch für den Unterricht in allen anderen Schulfächern relevant geworden (Benholz et al. 2015; Becker-Mrotzek et al. 2017). Ebenso wird mittlerweile die Unterrichts-, Fach- und Zweitsprache Deutsch als Teil einer viel umfassenderen lebensweltlichen Mehrsprachigkeit verstanden (s. z. B. Danilovich & Putjata 2019; ausführlich Harr et al. 2018). Diese Mehrsprachigkeit wiederum schließt innersprachliche Varietäten ebenso mit ein (s. u. a. Dannerer & Mauser 2018) wie auch die wachsende Polyphonie aus Mehrsprachigkeit und zugehörigen Mischungen, Stilen und Neubildungen, Einstellungen und Praktiken jeglicher Art (s. a. Wiese et al. 2020).

Die Betrachtungen von Lebenswelt und Mehrsprachigkeit haben sich weltweit derart vervielfältigt, dass sich der Begriff ‚Superdiversity' etabliert hat, um diese Vielfalt einigermaßen adäquat zu benennen (Vertovec 2007). Wichtig ist hierbei, dass ‚Superdiversity' über klassische Mehrsprachigkeitsbegriffe hinausgeht: Sie bezieht ganz allgemein mehrsprachige Lebensrealitäten mit ein, die in der Tat nicht nur mehrsprachige Menschen, sondern *alle* Mitglieder gegenwärtiger Gesellschaften betreffen (Rampton et al. 2015).

Macht und Ermächtigung, Diskriminierung und Teilhabe   Dass aber mit Vielfalt in Unterricht, Pädagogik und Institution professionell umgegangen werden muss, um ungleiche Lehr- und Lernbedingungen zu verhindern, wurde hier mehrfach gezeigt. Die Forschung zum Deutschen als Zweitsprache hat sich dementsprechend dynamisch entwickelt und sich transdisziplinär mit Didaktik, Pädagogik und Bildungsforschung verbunden. Ihre kritischen Perspektiven auf Machtausübung und Dominanz einerseits, auf Ermächtigung andererseits sind heute nicht mehr wegzudenken (z. B. Thoma & Knappik 2015). Und auch hier wieder fällt auf, dass Realitäten und Bedürfnisse untersucht werden, die längst nicht nur für mehrsprachige Menschen relevant sind; Machtausübung, Dominanz und die Möglichkeiten der (Selbst-)Ermächtigung betreffen ja alle Lernenden und Lehrenden, egal wie ein- oder mehrsprachig sie auch sein mögen.

Zusätzlich zum professionellen Umgang mit Vielfalt braucht es im Lehrberuf auch den professionellen Umgang mit der (eigenen) Institution. Bereits in der Lehrerbildung wird deshalb in neuerer Zeit das Spannungsfeld zwischen Lehrperson, Profession und Institution aufgegriffen. Das Diskriminierungspotenzial institutioneller Mechanismen soll damit bewusster und kontrollierbarer werden. Dazu bedarf es auch des Bewusstseins für das jeweils eigene sprachliche Handeln, für sprachliche Exklusion und Inklusion bzw. sprachliche *Teilhabe* am Unterrichtsgeschehen. An die Stelle von gleichsam ‚mechanischer' institutioneller

Diskriminierung soll auf diese Weise die bewusste Inklusion und Teilhabe aller Beteiligten am Unterrichtsgeschehen treten (Feyerer et al. 2018; Doğmuş et al. 2016).

Ungleichheit und Zusammenhalt Es hat lange gedauert, bis die hier beschriebene sprachliche Vielfalt des deutschen Sprachraums auch in der Forschung hör- und sichtbar wurde. Die Gründe dafür sind vielfältig und erneut nur mit macht-kritischen Perspektiven zu verstehen: ‚Machtlose' Akteur:innen waren – und sind oft immer noch – kaum oder gar nicht in der Forschung repräsentiert. Positionierungen und Erfahrungen, Sprach- und Bildungsbiographien von marginalisierten oder verfolgten Menschen und Gruppen sind ein hartnäckiger blinder Fleck der Forschungslandschaft (s. Brizić, Şimşek & Bulut 2021). Es mag der sogenannte ‚Sommer der Migration' 2015 in Deutschland dazu bei-getragen haben, dass sich dies bis zu einem gewissen Grad verändert hat: Mehr und mehr marginalisierte Stimmen verschaffen sich mittlerweile sprachlich und wissenschaftlich Gehör (vgl. dazu das Konzept der *Voice* bei Blommaert 2005). Das trägt wiederum dazu bei, dass Gesellschaft als das Zusammenwirken aller ihrer Teile wahrgenommen wird – was von größter Bedeutung ist, da andernfalls sozialer Friede und Zusammenhalt nicht funktionieren könnten. Die Forschung zu Deutschunterricht und Schule leistet hier also auch einen Beitrag dazu, dass möglichst viele Teile der Gesellschaft einander hören, einander lesen, einander wahrnehmen und einander ernst nehmen können (s. z. B. Dannerer & Mauser 2018; Thoma 2018; Schnitzer 2017; Brizić 2022; Brizić, Şimşek & Bulut 2021).

Zusammenfassend lässt sich festhalten, dass die Forschung zu sprachlicher Vielfalt tatsächlich alle Teile der Gesellschaft betrifft. Diese Tendenz ist jung, doch stetig wachsend. Vielfalt hat es der Forschung ermöglicht, auch jene Be-dürfnisse zu erkennen, die eigentlich nicht erst mit der Vielfalt entstanden sind, sondern ganz allgemein bestehen: so etwa das Bedürfnis nach Zugang zu Bildung, zu Bildungssprache, zu sozialer Gerechtigkeit und zu einem dis-kriminierungsfreien Bildungsweg. Die Bedürfnisse, die sich mit der Betrachtung von Vielfalt zeigten, betreffen uns alle. Ein roter Faden ist hier entstanden, und es lässt sich erwarten, dass er nicht so bald endet.

Literatur

AB (Autorengruppe Bildungsberichterstattung). 2016. *Bildung in Deutschland 2016. Ein indikatorenge-stützter Bericht mit einer Analyse zu Bildung und Migration.* Bielefeld: Bertelsmann.

Adler, Astrid. 2018. *Die Frage zur Sprache der Bevölkerung im deutschen Mikrozensus 2017.* Mann-heim: Institut für Deutsche Sprache.

Adler, Astrid & Rahel Beyer. 2018. Languages and language policies in Germany/Sprachen und Sprachenpolitik in Deutschland. In Gerhard Stickel (Hg.), *National Language Institutions and Na-tional Languages. Contributions to the EFNIL Conference 2017 in Mannheim.* Budapest: EFNIL, 221–242. ► http://www.efnil.org/documents/conference-publications/mannheim-2017/EFNIL-Mannheim-27-Adler-Beyer.pdf (abgerufen 31.07.2022).

Ahrenholz, Bernt & Ingelore Oomen-Welke. 2014. *Deutsch als Zweitsprache.* Baltmannsweiler: Schneider Hohengehren.

4

Anderson, Benedict. 1998. *Die Erfindung der Nation. Zur Karriere eines folgenreichen Konzepts.* Berlin: Ullstein.

Bade, Klaus J. 2017. *Migration, Flucht, Integration. Kritische Politikbegleitung von der „Gastarbeiter-frage" bis zur „Flüchtlingskrise". Erinnerungen und Beiträge.* Osnabrück: IMIS.

BAMF (Bundesamt für Migration und Flüchtlinge). 2008. *Sprachliche Integration von Migranten in Deutschland.* Forschungsgruppe des Bundesamtes: Working Paper 14. ► https://www.bamf.de/SharedDocs/Anlagen/DE/Forschung/WorkingPapers/wp14-sprachliche-integration.html?nn=403984 (abgerufen 31.07.2022).

Becker-Mrotzek, Michael, Peter Rosenberg, Christoph Schroeder & Annika Witte (Hg.). 2017. *Deutsch als Zweitsprache in der Lehrerbildung.* Münster, New York: Waxmann.

Benholz, Claudia, Magnus Frank & Erkan Gürsoy (Hg.). 2015. *Deutsch als Zweitsprache in allen Fä-chern: Konzepte für die Lehrerbildung und Unterricht.* Stuttgart: Fillibach bei Klett.

Beyer, Rahel & Albrecht Plewnia (Hg.). 2020. *Handbuch der Sprachminderheiten in Deutschland.* Tübingen: Narr Francke Attempto.

Brizić, Katharina. 2007. *Das geheime Leben der Sprachen. Gesprochene und verschwiegene Sprachen und ihr Einfluss auf den Spracherwerb in der Migration.* Münster: Waxmann.

Blommaert, Jan. 2005. *Discourse. A Critical Introduction.* Cambridge: Cambridge University Press.

Brizić, Katharina. 2022. *Der Klang der Ungleichheit.* Münster, New York: Waxmann.

Brizić, Katharina & Claudia Hufnagl. 2011. *„Multilingual Cities" Wien: Bericht zur Sprachenerhebung in den 3. und 4. Volksschulklassen.* Wien: Österreichische Akademie der Wissenschaften.

Brizić, Katharina, Yazgül Şimşek & Necle Bulut. 2021. Ah, our village was beautiful… Towards a critical social linguistics in times of migration and war. *The Mouth. Critical Studies on Language, Culture and Society* 8. 29–63 (Special Issue *Migration, Laguage and Integration,* hg. von Klaudia Dombrowsky-Hahn und Sabine Littig).

Danilovich, Yauheniya & Galina Putjata (Hg.). 2019. *Sprachliche Vielfalt im Unterricht: Fachdidakti-sche Perspektiven auf Lehre und Forschung im DaZ-Modul.* Wiesbaden: Springer.

Dannerer, Monika & Peter Mauser (Hg.). 2018. *Formen der Mehrsprachigkeit in sekundären und ter-tiären Bildungskontexten. Verwendung, Rolle und Wahrnehmung von Sprachen und Varietäten.* Tübingen: Stauffenburg.

DGB (Deutscher Gehörlosen-Bund e.V.). o.J. *Die deutsche Gebärdensprache.* ► http://www.gehoerlo-sen-bund.de (abgerufen 31.07.2022).

Dittmar, Norbert & Martina Rost-Roth (Hg.). 1995. *Deutsch als Zweit- und Fremdsprache. Methoden und Perspektiven einer akademischen Disziplin.* Frankfurt am Main: Lang.

Doğmuş, Aysun, Yasemin Karakaşoğlu & Paul Mecheril (Hg.). 2016. *Pädagogisches Können in der Migrationsgesellschaft.* Wiesbaden: Springer.

Ehlich, Konrad. 1996. *Migration.* In Hans Goebl, Peter H. Nelde, Zdenek Stary & Wolfgang Wölck (Hg.), *Kontaktlinguistik. Ein internationales Handbuch zeitgenössischer Forschung.* Bd. 1. Berlin, New York: De Gruyter. 180–192.

Esser, Hartmut. 2006. *Sprache und Integration. Die sozialen Bedingungen und Folgen des Spracherwerbs von Migranten.* Frankfurt am Main: Campus.

Feyerer, Ewald, Wilfried Prammer, Eva Prammer-Semmler, Christine Kladnik, Margit Leibetseder & Richard Wimberger (Hg.). 2018. *System. Wandel. Entwicklung. Akteurinnen und Akteure inklusi-ver Prozesse im Spannungsfeld von Institution, Profession und Person.* Bad Heilbrunn: Klinkhardt.

Foroutan, Naika. 2010. Neue Deutsche, Postmigranten und Bindungs-Identitäten. Wer gehört zum neuen Deutschland? *Aus Politik und Zeitgeschichte (APuZ)* 46–47. 9–15.

Garfinkel, Harold. 1973. Das Alltagswissen über soziale und innerhalb sozialer Strukturen. In Arbeitsgruppe Bielefelder Soziologen (Hg.), *Alltagswissen, Interaktion und gesellschaftliche Wirk-lichkeit.* Bd. 2. Reinbek bei Hamburg: Rowohlt. 189–214.

Gomolla, Mechtild & Frank-Olaf Radtke. 2002. *Institutionelle Diskriminierung: Die Herstellung ethni-scher Differenz in der Schule.* Wiesbaden: VS Verlag für Sozialwissenschaften.

Grießhaber, Wilhelm, Sabine Schmölzer-Eibinger, Heike Roll & Karen Schramm (Hg.). 2018. *Schrei-ben in der Zweitsprache Deutsch. Ein Handbuch.* Berlin, Boston: De Gruyter Mouton.

Gumperz, John. 1982. *Discourse Strategies.* Cambridge: Cambridge University Press.

Haig, Geoffrey. 2003. The invisibilisation of Kurdish: the other side of language planning in Turkey. In Stephan Conermann & Geoffrey Haig (Hg.), *Die Kurden: Studien zu ihrer Sprache, Geschichte und Kultur*. Schenefeld: EB-Verlag. 121–150.

Harr, Anne-Katharina, Martina Liedke & Claudia Maria Riehl. 2018. *Deutsch als Zweitsprache. Migration – Spracherwerb – Unterricht*. Stuttgart: Metzler.

Henrici, Gert. 1995. Konturen der Disziplin Deutsch als Fremsprache. In Norbert Dittmar & Martina Rost-Roth (Hg.), *Deutsch als Zweit- und Fremdsprache. Methoden und Perspektiven einer akademischen Disziplin*. Frankfurt am Main: Lang. 7–22.

Henrici, Gert. 2004. Revisited: Deutsch als Fremdsprache. Eine Lehr- und Forschungsdisziplin. *Neue Beiträge zur Germanistik* 3;4: 11–46.

Huneke, Hans-Werner & Wolfgang Steinig (Hg.). 2013. *Deutsch als Fremdsprache. Eine Einführung*. Berlin: Schmidt.

Krausneker, Verena & Katharina Schalber. 2007. *Sprache Macht Wissen. Zur Situation gehörloser und hörbehinderter SchülerInnen, Studierender & ihrer LehrerInnen, sowie zur Österreichischen Gebärdensprache in Schule und Universität Wien. Abschlussbericht des Forschungsprojekts 2006/2007*. Wien: Universität Wien. ► https://www.univie.ac.at/oegsprojekt/files/SpracheMachtWissen_Nov.pdf (abgerufen 31.07.2022).

Krausneker, Verena & Katharina Schalber. 2009. Gehörlose ÖsterreicherInnen im Nationalsozialismus. Recherche, Buch, Skript, Regie, Kamera, Schnitt: Verena Krausneker und Katharina Schalber. Erzählerin: Astrid Weidinger. Acht Kurzfilme in Österreichischer Gebärdensprache mit deutschen und englischen Untertiteln. Wien: Zukunftsfonds und Nationalfonds der Republik Österreich.

Krüger-Potratz, Marianne. 2011. *Mehrsprachigkeit: Konfliktfelder in der Schulgeschichte*. In Sara Fürstenau & Mechtild Gomolla (Hg.), *Migration und schulischer Wandel: Mehrsprachigkeit*. Wiesbaden: Springer. 51–68.

LPB (Landeszentrale für politische Bildung Baden-Württemberg). 2010. PISA, IGLU, OECD-Jahresberichte und Ländervergleich der KMK-Bildungsstandards. ► http://www.lpb-bw.de/pisa.html (abgerufen 31.07.2022).

Lüdi, Georges. 2014. Deutsch und seine Normen – Welches Deutsch? Standardisierung. *Magazin Sprache*. Goethe-Institut. ► https://www.goethe.de/de/spr/mag/lld/20456023.html (abgerufen 31.07.2022).

Maas, Utz. 2006. Der Übergang von Oralität zu Skribalität in soziolinguistischer Perspektive. In Ulrich Ammon, Norbert Dittmar, Klaus J. Mattheier & Peter Trudgill (Hg.), *Soziolinguistik. Ein internationales Handbuch zur Wissenschaft von Sprache und Gesellschaft*. Band 3. 2. Aufl. Berlin, New York: De Gruyter. 2147–2170.

Matras, Yaron & Gertrud Reershemius. 1991. Standardization beyond the state: the cases of Yiddish, Kurdish and Romani. In Utta von Gleich & Ekkehard Wolff (Hg.), *Standardization of National Languages*. Hamburg: Unesco-Institut für Pädagogik. 103–123.

Mattheier, Klaus J. 2000. Die Durchsetzung der deutschen Hochsprache im 19. und beginnenden 20. Jahrhundert: sprachgeographisch, sprachsoziologisch. In Werner Besch, Anne Betten, Oskar Reichmann & Stefan Sonderegger (Hg.), *Sprachgeschichte. Ein Handbuch zur Geschichte der deutschen Sprache und ihrer Erforschung*. 2. Aufl. Berlin, New York: De Gruyter. 1951–1966.

Mecheril, Paul, Maria Castro Varela, İnci Dirim, Annita Kalpaka & Klaus Melter. 2010. *Migrationspädagogik*. Weinheim, Basel: Beltz.

Minderheitensekretariat. o.J. *Wen vertreten wir?* Homepage Minderheitensekretariat der vier autochthonen Minderheiten und Volksgruppen Deutschlands. ► https://www.minderheitensekretariat.de/wen-vertreten-wir/uebersicht-und-selbstverstaendnis/ (abgerufen 31.07.2022).

Morek, Miriam & Vivien Heller. 2012. Bildungssprache – Kommunikative, epistemische, soziale und interaktive Aspekte ihres Gebrauchs. *Zeitschrift für Angewandte Linguistik* 57. 67–101.

Nieke, Wolfgang. 2008. *Interkulturelle Erziehung und Bildung. Wertorientierungen im Alltag*. Wiesbaden: VS Verlag für Sozialwissenschaften.

Nuscheler, Franz. 2004. *Internationale Migration. Flucht und Asyl*. 2. Aufl. (1. Aufl. 1995). Opladen: Leske und Budrich.

4

OECD. 2016. *PISA 2015. Ergebnisse im Fokus.* ► https://www.oecd.org/berlin/themen/pisa-studie/PISA_2015_Zusammenfassung.pdf (abgerufen 31.07.2022).

ProDaZ. o.J. *Deutsch als Zweitsprache in allen Fächern.* Essen: Institut für Deutsch als Zweit- und Fremdsprache, Fakultät für Geisteswissenschaften der Universität Duisburg-Essen. ► https://www.uni-due.de/prodaz/veroeffentlichungen.php (abgerufen 31.07.2022).

Rampton, Ben, Jan Blommaert, Karel Arnaut & Massimiliano Spotti. 2015. Introduction: Superdiversity and Sociolinguistics. *Tilburg Papers in Culture Studies* 130. 1–17.

ROMBASE. o.J. *Didactically edited information on Roma.* Kapitel „Nomadic and sedentary". Universität Graz: ROMBASE. ► http://rombase.uni-graz.at/index.html (abgerufen 31.07.2022).

Scarvaglieri, Claudio & Claudia Zech. 2013. „ganz normale Jugendliche, allerdings meist mit Migrationshintergrund". Eine funktional-semantische Analyse von „Migrationshintergrund". *Zeitschrift für Angewandte Linguistik* 58. 201–227.

Schneider, Gerd & Christiane Toyka-Seid. 2019. *Das junge Politik-Lexikon: Nationale Minderheit.* Bonn: Bundeszentrale für politische Bildung. ► https://www.bpb.de/nachschlagen/lexika/das-junge-politik-lexikon/320833/nationale-minderheit (abgerufen 31.07.2022).

Schnitzer, Anna. 2017. *Mehrsprachigkeit als soziale Praxis. (Re-)Konstruktionen von Differenz und Zugehörigkeit unter Jugendlichen im mehrsprachigen Kontext.* Weinheim, Basel: Beltz Juventa.

Sprung, Annette. 2008. *Interkulturelle Pädagogik – Erwachsenenbildung in der Migrationsgesellschaft.* Bundesministerium für Bildung, Wissenschaft und Forschung. ► https://erwachsenenbildung.at/themen/migrationsgesellschaft/grundlagen/interkulturelle_paedagogik.php (abgerufen 31.07.2022).

Statistik Austria. 2022. Statistisches Jahrbuch: Migration & Integration. Zahlen, Daten, Indikatoren 2022. Wien: Statistik Austria – Bundesanstalt Statistik Österreich. ► https://www.statistik.at/fileadmin/publications/Migration_Integration_2022.pdf (abgerufen 31.07.2022).

Strauß, Daniel (Hg.). 2011. *Studie zur aktuellen Bildungssituation deutscher Sinti und Roma. Dokumentation und Forschungsbericht.* Marburg und RomnoKher: I-Verb.de.

Sürig, Inken, Yazgül Şimşek, Christoph Schroeder & Anja Boneß. 2016. *Literacy Acquisition in School in the Context of Migration and Multilingualism: A Binational Survey.* Amsterdam, Philadelphia: Benjamins.

SVR (Sachverständigenrat deutscher Stiftungen für Integration und Migration). 2015. *Unter Einwanderungsländern. Deutschland im internationalen Vergleich.* Berlin: SVR.

SVR (Sachverständigenrat deutscher Stiftungen für Integration und Migration). 2016. *Doppelt benachteiligt? Kinder und Jugendliche mit Migrationshintergrund im deutschen Bildungssystem.* Berlin: SVR.

SVR (Sachverständigenrat deutscher Stiftungen für Integration und Migration). 2021. *Fakten zur Einwanderung in Deutschland. November 2020 (aktualisierte Fassung).* Berlin: SVR.

Thoma, Nadja. 2018. *Sprachbiographien in der Migrationsgesellschaft. Eine rekonstruktive Studie zu Bildungsverläufen von Germanistikstudent*innen.* Bielefeld: transcript.

Thoma, Nadja & Magdalena Knappik (Hg.). 2015. *Sprache und Bildung in Migrationsgesellschaften. Machtkritische Perspektiven auf ein prekarisiertes Verhältnis.* Bielefeld: transcript.

Trudgill, Peter. 2016. *Dialect Matters. Respecting Vernacular Language.* Cambridge: Cambridge University Press.

Vehrkamp, Robert & Wolfgang Merkel. 2018. *Populismusbarometer 2018. Populistische Einstellungen bei Wählern und Nichtwählern in Deutschland 2018.* Berlin: Wissenschaftszentrum Berlin für Sozialforschung, WZB, BertelsmannStiftung. ► http://www.demokratiemonitor.org (abgerufen 31.07.2022).

Vertovec, Steven. 2007. Superdiversity and its implications. *Ethnic and Racial Studies* 30. 1024–1054.

WDDB (Wissenschaftliche Dienste des Deutschen Bundestages). 2016. *Zur Situation von Regional- und Minderheitensprachen in Deutschland (Sachstand).* [Aktenzeichen WD 10 – 3000 – 050/16]. Deutscher Bundestag: WDDB. ► https://www.bundestag.de/resource/blob/481532/911a9f36ee4afcefda7e47aabd772dad/wd-10-050-16-pdf-data.pdf (abgerufen 31.07.2022).

Wiese, Heike, Rosemarie Tracy & Anke Sennema. 2020. *Deutschpflicht auf dem Schulhof? Warum wir Mehrsprachigkeit brauchen.* Duden-Debattenbuch. Berlin: Duden-Verlag.

Aktuelle grammatische Entwicklungen im Deutschen der Gegenwart

Wortstellung im Satz

Ulrike Freywald

Inhaltsverzeichnis

© Springer-Verlag GmbH Deutschland, ein Teil von Springer Nature 2023
U. Freywald et al., *Deutsche Sprache der Gegenwart*,
https://doi.org/10.1007/978-3-476-04921-6_5

Auf Satzebene werden Wörter zu größeren Einheiten verbunden: zunächst zu Phrasen unterhalb der Satzebene und schließlich zu Sätzen. Die Systematik, die den Kombinationsmöglichkeiten zugrunde liegt und diese beschränkt, bildet den Gegenstand von syntaktischer Beschreibung und von Syntaxtheorien in der Sprachwissenschaft. Dabei gibt es zwei Arten von Relationen zwischen den einzelnen Einheiten im Satz: 1. lineare Beziehungen, die die Reihenfolge von Satzbestandteilen betreffen, und 2. hierarchische Beziehungen, die Abhängigkeiten zwischen syntaktischen Einheiten beschreiben. Diese beiden ‚Beziehungsebenen' interagieren miteinander, sind aber auch zu einem bestimmten Grad voneinander unabhängig. In dem Satz *Anna hat auf dem Fahrrad einen Apfel gegessen* ist das Objekt *einen Apfel* abhängig vom Verb *gegessen*. Es wird vom Verb festgelegt, dass das Objekt eine (pro-)nominale Wortgruppe sein muss und dass es im Akkusativ steht. Diese hierarchische Beziehung ist strikt. Die lineare Abfolge von Verb und Objekt kann dagegen unterschiedlich aussehen. Das Objekt kann dem Verb vorangehen, wie in *täglich einen Apfel essen*, oder es kann ihm folgen, wie in dem Satz *Ich esse einen Apfel*. Verb und Objekt müssen auch nicht direkt benachbart sein, es können noch andere Einheiten dazwischen stehen: *Im Winter esse ich täglich einen Apfel.* oder *Einen Apfel werde ich im Winter täglich essen.* Hier lässt sich also einiges umstellen und einfügen und schieben!

Das Deutsche wird daher oft als Sprache mit einer sehr freien Wortstellung angesehen. Zugleich sind bestimmte Wortstellungsregularitäten im Deutschen ausgesprochen strikt – ein scheinbarer Widerspruch. Wie lässt sich dieser Widerspruch auflösen? Wie frei ist die Wortstellung im Deutschen tatsächlich, und wodurch ist sie beschränkt? Wie gehen die Verbzweit-Regel, für die die deutsche Satzstruktur bekannt ist, die Verbletzt-Grundwortstellung des Deutschen und die freie Wortfolge zusammen? Und an welchen Stellen ändert sich an diesen Eigenschaften im heutigen Deutschen möglicherweise gerade etwas? Was ist typisch für das Gegenwartsdeutsche? Um diese Fragen wird es im folgenden Kapitel gehen.

5.1 Deutsch ist eine ‚Verbletzt'-Sprache: Die Grundwortstellung im Deutschen

Die Aussage, dass das Deutsche eine Verbletzt-Sprache ist, mag zunächst etwas überraschend klingen, weil man unwillkürlich zuerst an Sätze denkt wie:

(1)   *Anna zeichnet heute einen Apfelbaum.*

Und da steht das Verb eindeutig nicht am Ende. In diesem Abschnitt werden wir erläutern, weshalb das Deutsche dennoch als Verbletzt-Sprache einzuordnen ist, also sprachtypologisch zum Wortstellungstyp SOV (Subjekt–Objekt–Verb) gehört. Die Bezeichnung ‚Grundwortstellung' sagt schon aus, dass es neben der Grundwortstellung auch andere Wortstellungsmuster gibt, unter anderem jenes, das sich in dem Satz in (1) zeigt.

Entscheidend ist, dass die Position des finiten Verbs grundsätzlich veränderlich ist. Über die verschiedenen Satz- und Wortstellungstypen, die sich daraus ergeben, werden wir in den folgenden Abschnitten ausführlich sprechen. Zurückführen lassen sie sich aber alle auf die Nebensatzwortstellung, bei der sich das finite Verb am Satzende befindet. Im Deutschen dreht sich also buchstäblich alles darum, an welcher Stelle das finite Verb steht.

5.1.1 Das ‚zerrissene' Prädikat: Die Satzklammer

Verbpositionen Wenn wir den Satz in (1) ein bisschen variieren, wird schnell deutlich, dass das Verb *zeichnen* in Hauptsätzen nicht notwendigerweise zwischen Subjekt und Objekt stehen muss, sondern auch andere Positionen einnehmen kann:

(2)   a.   *Anna **zeichnet** heute einen Apfelbaum.*

    b.   *Anna hat heute einen Apfelbaum **gezeichnet**.*

    c.   ***Zeichnet** Anna heute einen Apfelbaum?*

Wenn man sich nun noch vor Augen hält, dass abgesehen von Präsens und Präteritum sämtliche Verbalformen periphrastisch sind, also aus mehreren Bestandteilen bestehen, dann wird das Muster klarer. Sowohl die analytischen Tempusformen als auch die verschiedenen Passiv- und Modalverbkonstruktionen umfassen mehr als eine Verbform· ein finites Auxiliar- oder Modalverb und eine infinite Form eines Vollverbs, z. B. *es wird geschrieben* (dies entspricht dem ‚analytischen Sprachbau', bei dem grammatische Informationen nicht am Wort selbst ausgedrückt werden, sondern auf andere, eigenständige Wörter ‚ausgelagert' sind; s. hierzu ► Abschn. 6.2). Ein Spezifikum des Deutschen ist es nun, dass mehrteilige Verbalformen in Hauptsätzen an zwei verschiedenen Stellen zu stehen kommen:

(3)   a.   *Anna **wird** heute einen Apfelbaum **zeichnen**.*

    b.   *Anna **hat** heute einen Apfelbaum **gezeichnet**.*

    c.   *Wann **will** Anna einen Apfelbaum **zeichnen**?*

    d.   *Anna **möchte** heute einen Apfelbaum **gezeichnet bekommen**.*

    e.   *Heute **ist** ein Apfelbaum **gezeichnet worden**.*

    f.   ***Hat** Anna heute einen Apfelbaum **gezeichnet**?*

Es stellt sich nun erneut die eingangs schon erwähnte Frage, ob eine Verbposition die zugrunde liegende ist, von der sich die anderen herleiten lassen, und wenn ja, welche das sein könnte. Die Frage nach der Grundwortstellung ist auch in der typologischen Einteilung von Sprachen zentral. In der Wortstellungstypologie werden Sprachen gemäß der Basisabfolge im Satz verschiedenen Grundwortstellungstypen zugeordnet. Zu welchem Typ gehört dann das Deutsche?

Wortstellungstypologie   Die Grund- oder Basiswortstellung ist einer der zentralen Parameter, nach denen sich Sprachen verschiedenen Sprachtypen zuordnen lassen. Es ist das Ziel der Sprachtypologie, solche Sprachtypen anhand einer repräsentativen Sprachenauswahl zu ermitteln und die Sprachen der Welt entsprechend in bestimmte Kategorien zu gruppieren. Als Datengrundlage für die sprachtypologische Forschung dient gewöhnlich eine repräsentative Auswahl von mehreren hundert Sprachen, die hinsichtlich der Sprachfamilien austariert ist, ein sogenanntes ‚balanced sample‘. Anhand dieses Samples können Sprachen in umfassender Weise miteinander verglichen und hinsichtlich bestimmter Merkmale (z. B. der Grundwortstellung) zu Kategorien zusammengefasst werden.

Ein Forschungsinstrument, das es gestattet, die globale Häufigkeit und eine grobe areale Verteilung solcher Merkmale sowie Kookkurrenzen von Merkmalen in interaktiven Karten darzustellen, ist der *World Atlas of Language Structures Online (WALS Online)*.

Empirische Ressourcen: *World Atlas of Language Structures Online* (*WALS Online*)

Der *World Atlas of Language Structures* versammelt Informationen zu 192 sprachlichen Merkmalen aus den Bereichen Phonologie, Morphologie, Syntax und Lexik aus insgesamt 2662 Sprachen (für ein einzelnes Merkmal sind es bis zu 1500 Sprachen). Die Informationen stammen hauptsächlich aus deskriptiven Grammatiken dieser Sprachen.

Die verzeichneten Strukturmerkmale sind online in einer dynamischen Datenbank verfügbar. Auf dieser Basis können benutzerdefinierte interaktive Karten erstellt werden, so dass das weltweite Vorkommen des ausgewählten Merkmals und seiner verschiedenen Ausprägungen sichtbar wird. Zum Beispiel wird so erkennbar, dass Tonsprachen vor allem in Südostasien und im subsaharischen Afrika beheimatet sind (Feature 13, ▶ https://wals.info/feature/13A#2/19.3/152.8). Zugleich wird deutlich, dass Eigenschaften, die uns mit Blick auf das Deutsche ganz gewöhnlich vorkommen, in Wirklichkeit extrem selten und außergewöhnlich sind, z. B. die Lippenrundung bei Vorderzungenvokalen (im Deutschen [y], [ʏ] und [ø] und [œ], verschriftet als <*ü*> bzw. <*ö*>) (Feature 11, ▶ https://wals.info/feature/11A#2/22.6/152.8) oder die Markierung von Entscheidungsfragen durch die Stellung des finiten Verbs (s. unten ◨ Abb. 5.3).

Es können zudem in der Kartendarstellung mehrere Merkmale kombiniert werden. Dies erlaubt Aufschlüsse darüber, welche Merkmalsausprägungen typischerweise mit anderen Merkmalsausprägungen gemeinsam auftreten. So ist die suffigierende gegenüber der präfigierenden Flexionsmorphologie nicht nur weitaus häufiger (s. auch ▶ Abschn. 6.2), es gibt außerdem auch eine starke Korrelation von suffigierender Flexionsmorphologie und SOV-Grundwortstellung, so wie es auch im Deutschen der Fall ist.

Da auch ein Sample von mehreren hundert Sprachen immer noch nur einen kleinen Ausschnitt aus sämtlichen existierenden Sprachen darstellt, ist die Darstellung der räumlichen Verteilung der sprachlichen Merkmale selbstredend nie vollständig. Zudem ist es wichtig, im Auge zu behalten, dass im WALS die Entscheidung getroffen wurde, bei der lokalen Verortung der Sprachen den Stand vor der europäischen kolonialen Expansion abzubilden. Die arealen

Verteilungsmuster stellen also eine historische Momentaufnahme dar, die nicht die faktische aktuelle Verbreitung von Sprachen erfassen soll.

Die erste Version des WALS wurde 2005 als Printpublikation (mit CD-ROM) des Max-Planck-Instituts für evolutionäre Anthropologie in Leipzig veröffentlicht (Haspelmath et al. 2005). Die aktuelle Online-Version des WALS (Dryer & Haspelmath 2013) ist frei verfügbar und wird bis heute regelmäßig aktualisiert. Sie ist ohne Registrierung nutzbar: ▶ https://wals. info. Sämtliche Merkmale oder Merkmalsgruppen sind mit erläuternden Texten und linguistischen Analysen von insgesamt 55 Autor:innen versehen.

Für eine Einschätzung der WALS-Daten aus der Sicht des Deutschen vgl. Plank (2009). Zur Relevanz des WALS für die germanistische Forschung s. z. B. Simon (2015, 2016).

Die weitaus häufigsten Wortstellungstypen sind ‚SOV' (z. B. Japanisch, Türkisch, Sorbisch und die Deutsche Gebärdensprache) und ‚SVO' (z. B. Englisch, Tschechisch, Vietnamesisch), danach folgen mit großem Abstand ‚VSO' (z. B. Hawaiianisch, Maori, Arabisch, Walisisch) und weitere, recht seltene Typen. Die Karte in ◘ Abb. 5.1 gibt einen Eindruck von der Häufigkeit und von der ungefähren arealen Verteilung der Wortstellungstypen SOV, SVO und VSO auf der Welt.

Die Schwierigkeit, den Wortstellungstyp des Deutschen auf einen Blick zu benennen, rührt vor allem daher, dass – wie in (3) gesehen – Sätze im Deutschen über mehrere Verbpositionen verfügen, so dass sich in der Oberflächenform verschiedener Sätze auch unterschiedliche Abfolgemöglichkeiten zeigen. So gehen in Nebensätzen Subjekt und Objekt dem Verb stets voran (wie in (4a)), in Hauptsätzen können aber nun sowohl Subjekt als auch Objekt dem Verb folgen (vgl. (4b)). Das Verb kann aber in Aussagesätzen auch zwischen Subjekt und Objekt bzw. zwischen Objekt und Subjekt stehen, wie in (4c) und (4d):

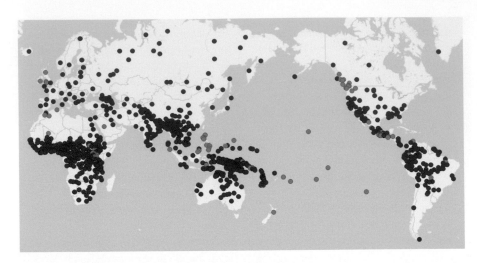

◘ Abb. 5.1 Häufigkeit und ungefähre areale Verteilung der Sprachen mit der Grundwortstellung SOV (blau), SVO (rot) und VSO (grün) (*World Atlas of Language Structures Online,* ▶ https://wals.info/feature/81A#2/18.0/153.1, Juli 2022)

(4) a. *…, dass sie heute einen Apfelbaum **zeichnet**.*

b. *Heute **zeichnet** sie einen Apfelbaum.*

c. *Sie **zeichnet** heute einen Apfelbaum.*

d. *Einen Apfelbaum **zeichnet** sie heute.*

Nimmt man (4a) als Ausgangspunkt, ist Deutsch eine SOV-Sprache. Aber sprechen nicht Beispiele wie (4c) für eine SVO-Grundwortstellung? Und wie wäre Satz (4d) einzuordnen – als OVS? Wäre (4b) nicht wiederum auch ein Argument für VSO?

Wie oben in (3) gesehen, können Verbformen im Deutschen mehrteilig sein. Das finite Verb und das infinite Verb (bzw. auch mehrere infinite Verben) können entweder zusammen stehen (s. (5a)) oder getrennt voneinander an verschiedenen Positionen erscheinen (s. (5b) und (5c)):

(5) a. *…, dass sie heute einen Apfelbaum **gezeichnet hat**.*

b. *Heute **hat** sie einen Apfelbaum **gezeichnet**.*

c. *Sie **hat** heute einen Apfelbaum **gezeichnet**.*

Folgen Subjekt und Objekt hier dem Verb oder gehen sie ihm voran? Lässt sich das überhaupt sagen? Für die Wortstellungstypologie ist das Deutsche ein schwieriger Fall, denn SOV, SVO und VSO scheinen ja auf den ersten Blick, wie wir in (4) und (5) gesehen haben, alle gleichermaßen zu passen.

Topologische Struktur Wenn man sich die Beispiele in (3) bis (5) genau ansieht, fällt aber auf, dass gar nicht die relative Abfolge von Subjekt, Objekt und Verb variiert, sondern in erster Linie die Position des finiten Verbs. Diese Stellungsvariation ist dabei nicht beliebig, sondern an zwei feste Strukturpositionen geknüpft. Wenn man die Sätze (3a) bis (3f) typographisch bündig ausrichtet, so wie in (6), werden diese Positionen sofort sichtbar:

(6)	a.	*Anna*	***wird***	*heute einen Apfelbaum*	***zeichnen.***
	b.	*Anna*	***hat***	*heute einen Apfelbaum*	***gezeichnet.***
	c.	*Wann*	***will***	*Anna einen Apfelbaum*	***zeichnen?***
	d.	*Anna*	***möchte***	*heute einen Apfelbaum*	***gezeichnet bekommen.***
	e.	*Heute*	***ist***	*ein Apfelbaum*	***gezeichnet worden.***
	f.		***Hat***	*Anna heute einen Apfelbaum*	***gezeichnet?***

Diese beiden Verbpositionen bilden im Deutschen sozusagen das Gerüst des Satzes, ähnlich wie zwei Pfeiler, die eine Brücke stützen. Da zwischen den beiden Prädikatsteilen mehrere Phrasen stehen können, die dann vom finiten und infiniten Prädikatsteil umschlossen (oder: eingeklammert bzw. eingerahmt) werden, werden die beiden Verbpositionen auch als ‚Satzrahmen' oder ‚Satzklammer' bezeichnet. Die beiden festen Verbpositionen definieren somit auch die Bereiche vor, zwischen und nach den Prädikatsteilen, woraus sich eine fünfgliedrige topologische (d. h. räumliche) Einteilung der linearen Satzstruktur ergibt. Dieses Unterteilungsprinzip liegt dem ‚Modell der topologischen Felder' (auch: ‚Topologisches Satzmodell' oder ‚Stellungsfeldermodell') zugrunde, das auf Drach (1937) zurückgeht (s. den Vertiefungskasten unten). Die durch die klammeröffnende und klammerschließende Position definierten Bereiche werden entsprechend ihrer linearen Relation zu den Klammerpositionen als ‚Vorfeld', ‚Mittelfeld' und ‚Nachfeld' bezeichnet:

Vorfeld	Linke Klammerposition	Mittelfeld	Rechte Klammerposition	Nachfeld
Anna	*wird*	heute einen Apfelbaum	*zeichnen.*	
Wann	*will*	Anna einen Apfelbaum	*zeichnen?*	
	Hat	Anna einen Apfelbaum	*gezeichnet,*	weil ihr langweilig war?

Dieses Modell macht die Wortstellungsprinzipien des Deutschen anschaulich und ist daher sehr gut geeignet, um die grundlegenden Zusammenhänge der Satzstruktur im Deutschen aufzuzeigen.

5

Zur Vertiefung: Das Modell der topologischen Felder

Die lineare Struktur deutscher Sätze wird ganz wesentlich von den beiden Verbpositionen bestimmt, nämlich der Basisposition am Ende und der Finitumsposition am Anfang des Satzes. Sie stellen sozusagen das Grundgerüst des Satzes dar. Durch den Rahmen bzw. die Klammer, die diese beiden Positionen bilden, werden drei Bereiche im Satz definiert:

- der Bereich, der von Finitumsposition und verbaler Basisposition eingerahmt bzw. eingeklammert wird: das Mittelfeld,
- der Bereich vor der Finitumsposition: das Vorfeld,
- der Bereich nach der verbalen Basisposition: das Nachfeld.

Daraus ergibt sich das fünfgliedrige Modell, wie wir es auch in diesem Kapitel verwenden.

Vorfeld	Linke Klammerposition	Mittelfeld	Rechte Klammerposition	Nachfeld

Bezogen auf die Klammerstruktur entspricht die linke Klammerposition der Finitumsposition und die rechte Klammerposition der Basisposition des Verbs.

Das Fünf-Felder-Modell geht auf den ersten Vorschlag für ein Topologisches Modell von Erich Drach (1937) zurück, das nur aus drei Feldern bestand: Die Position des finiten Verbs im Aussagesatz bildete die Mitte, davor befand sich das Vorfeld und danach das Nachfeld. Hiermit konnte gut erfasst werden, dass die Finitumsposition fest ist, die Bereiche davor und danach jedoch je nach Satztyp flexibel gefüllt werden können, wobei dem Vorfeld ein besonderer Stellenwert zukommt. Das Drei-Felder-Modell kann jedoch nicht darstellen, dass es im Satz zwei Verbpositionen gibt, die sich in Distanzstellung zueinander befinden. Als Ergebnis der Forschungsdiskussion vor allem der 1980er Jahre (vgl. u. a. Reis 1980; Askedal 1986; Höhle 1986) wurde das Feldermodell daher weiterentwickelt zu der fünfgliedrigen Version, dem ‚uniformen Grundmodell' (s. Wöllstein 2010).

Das Modell mit nun zwei Verbpositionen erfasst angemessen die **Verbklammer**, die aus vorangestelltem finitem Verb und dem am Ende befindlichen infiniten Verb (bzw. auch mehreren infiniten Verben oder einer Verbpartikel) besteht. Im Nebensatz wird die Klammer durch die einleitende Konjunktion in der linken Klammerposition und das bzw. die infinite(n) Verb(en) plus finites Verb in der rechten Klammerposition gebildet: die **Nebensatzklammer**.

Auch der systematische Zusammenhang zwischen diesen beiden Klammertypen tritt deutlich hervor. Sobald eine einleitende Konjunktion vorhanden ist, kann nämlich das finite Verb nicht in die linke Satzklammerposition rücken. Umgekehrt rückt das finite Verb sogar im Nebensatz obligatorisch in die linke Satzklammerposition, sobald diese kein einleitendes Element enthält (sog. uneingeleitete Nebensätze, wie der Objektsatz in dem Satz *Ich fürchte, er wird nicht pünktlich sein*, s. auch ▶ Abschn. 5.4.1). Es wird an dieser komplementären (d. h. sich gegenseitig ausschließenden) Verteilung von finitem Verb und Konjunktion deutlich, dass das finite Verb im Hauptsatz und die einleitende Konjunktion im Nebensatz ein und dieselbe Position besetzen.

Mittlerweile gibt es eine ganze Reihe von weiteren Vorschlägen, wie das topologische Feldermodell ausdifferenziert und erweitert werden könnte, die in Wöllstein (2010) eingehend diskutiert werden. Dazu gehören u. a. Erweiterungen der Felder nach links, um darstellen zu können, dass auch Elemente, die dem Satz vorangehen, bestimmten Serialisierungsbeschränkungen unterliegen, wie Interjektionen, Vokative, koordinierende Konjunktionen usw. (s. auch Eroms 2000: 253–255). Auch das Nachfeld kann noch weiter unterteilt werden, da Nachstellungen, Nachträge sowie verschiedene ans Ende gestellte Nebensatztypen bestimmten Abfolgebedingungen folgen (s. auch Reis 1997).

Ein feiner differenziertes (und noch weiter differenzierbares) Satzmodell könnte demnach so aussehen (nach Wöllstein 2010: 72 sowie Zifonun et al. 1997):

Linkes Außenfeld			VF	Linke Kl.-pos	Mittel-feld	Rechte Kl.- pos	enges NF	rechtes AF	weites NF
Int	Kjk	LV							
Ach,	und	den Quatsch,	den	**soll**	ich denen	**glauben**	jetzt,	diesen Doofis,	nachdem sie sich so blamiert haben.

Int – Interjektion, Kjk – Konjunktion, LV – Linksversetzung, VF – Vorfeld, AF – Außenfeld, NF – Nachfeld

Für eine eingehendere Beschäftigung mit dem Modell der topologischen Felder s. Wöllstein (2010) sowie Pittner & Berman (2021: Kap. 6).

Klammerbildung als Strukturprinzip   Die Prominenz der Satzklammer im Feldermodell wird auch der Tatsache gerecht, dass die Klammerbildung ganz generell ein basales Strukturprinzip des Deutschen ist, nicht nur im Satz. Auch Nominalphrasen und eine Teilklasse der Adverbien, die Pronominaladverbien, weisen eine Klammerstruktur auf. Entsprechend lässt sich ein topologisches Modell auch für andere Klammerstrukturen entwerfen, wie dies für die Nominalphrase z. B. in Karnowski & Pafel (2004) und Ramers (2006) bereits getan wurde.

In Nominalphrasen wird die Klammer vom Artikelwort (Determinierer) und dem kongruierenden Nomen gebildet (vgl. Ronneberger-Sibold 1991, 1994 sowie Nübling et al. 2017: 126 f.):

(7)   **das** *jüngeren Leser:innen heute nicht mehr zugängliche* **Wissen**

GENUS, KASUS, NUMERUS

Adverbialklammern entstehen durch die Distanzstellung bei Pronominaladverbien (*davon, damit, darüber* usw.). Hier kann entweder das Adverb *da-* getrennt vom präpositionalen Bestandteil (*-von*, *-mit* usw.) erscheinen oder das Adverb kann verdoppelt werden (*da … davon*, *da … drüber* usw.). In beiden Fällen ergibt sich eine Klammer:

(8)   a.   **Da** *weiß ich nichts* **von.**

b.   **Da** *weiß ich nichts* **davon.**

c.   **Da** *weiß ich nichts* **drüber.**

Ob das Pronominaladverb in *da-* und Präposition aufgespalten oder ob der adverbiale Bestandteil *da-* verdoppelt wird, hängt von der phonologischen Form der enthaltenen Präposition und von der Region im deutschsprachigen Raum ab. Bei vokalisch anlautenden Präpositionen (wie in *dar-über*, *dar-auf*) wird fast im gesamten deutschen Sprachraum *da-* verdoppelt (*da … drüber*, *da … drauf*) – eine Ausnahme findet sich nur vereinzelt im niederdeutschen Sprachgebiet (dort: *da … über*, *da … auf*). Bei konsonantisch anlautenden Präpositionen (wie in *da-von*, *da-mit*) wird dagegen im Norden, genauer: im nieder- und mitteldeutschen Raum, die ‚gespaltene‘ Konstruktion präferiert (*da … von*), während im Süden, d. h. im östlichen oberdeutschen Raum sowie in der Schweiz, auch hier das *da-* verdoppelt wird (*da … da-von*). Dies zeigt die Karte aus dem *Atlas zur deutschen Alltagssprache* in ◘ Abb. 5.2 (s. den Kasten „Empirische Ressourcen“ in ► Abschn. 2.4.3) für die überregionale Umgangssprache (für die Verteilung in den Dialekten s. Fleischer 2002).

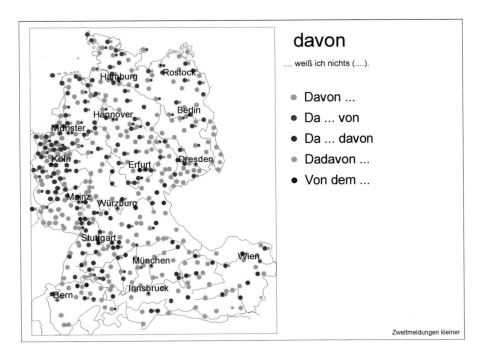

◘ **Abb. 5.2**   Areale Verteilung adverbialer Klammerformen des Pronominaladverbs *davon* (Atlas zur deutschen Alltagssprache, ► http://www.atlas-alltagssprache.de/runde-1/f11-f12/, Juli 2022)

Die Satzklammer wird gestärkt   Im Deutschen ist also die Klammerbildung ein zentrales syntaktisches Verfahren, das in verschiedenen Bereichen genutzt wird. Es ist daher aufschlussreich, dass die Satzklammer nicht etwa ‚schwächelt', sondern gestärkt und ausgebaut wird. Wie Thurmair (1991) in ihrer Studie belegt, zeigen Verbneubildungen eine Präferenz für klammerfähige Formen, d. h. für trennbare Verben, deren Verbpartikel die rechte, schließende Klammerposition füllt, wenn das Verb als Finitum die öffnende Klammer bildet. Thurmair nennt hier *abfeiern, abtanzen, abkotzen*. Diese Reihe ließe sich mühelos um weitere, noch jüngere Bildungen ergänzen, wie *abchillen, anmailen, dazuadden* und andere mehr.

Vorfeld	Linke Klammer-position	Mittelfeld	Rechte Klammer-position	Nachfeld
Anna	*feiert*	das ganze Wochenende	*ab.*	
Wo	*chillt*	ihr heute abend	*ab?*	
	Adde	mich mal bitte später	*dazu,*	sobald du Zeit hast.

Die Verbpartikeln sind oft sogar semantisch redundant, wie etwa in *dazuadden*. Die Möglichkeit, eine Klammer zu bilden, scheint größeres Gewicht zu haben als der Bedeutungsbeitrag der Verbpartikel. Thurmair (1991) weist auf die Entstehung neuer, trennbarer Konkurrenzformen zu bereits bestehenden einfachen Verben hin, wie z. B. *abchecken* oder *abfotografieren*, in denen die Verbpartikel der Bedeutung nichts oder nicht viel hinzufügt, das Verb aber zu einem klammerbildenden Verb macht (zu ähnlichen pleonastischen Bildungen s. auch Diedrichsen 2017).

Zusammenfassend können wir festhalten, dass Klammerstrukturen – und insbesondere die verbale Satzklammer – ein prominentes Strukturmerkmal des Deutschen darstellen. Bei der Neubildung von Verben wird von den Sprecher:innen des Deutschen sogar extra darauf „geachtet", dass möglichst ein trennbares, also klammerbildendes Verb entsteht. Im nächsten Abschnitt werden wir uns der Frage zuwenden, welche Argumente dafür angeführt werden können, die rechte verbale Klammerposition als die Basisposition des Verbs anzusehen.

5.1.2 Deutsch als SOV-Sprache

Die Feldereinteilung, die im vorigen Abschnitt besprochen wurde, macht nicht nur deutlich, dass die beiden Verbpositionen im Deutschen den Rahmen für die Struktur des Satzes bilden. Sie hilft auch dabei, die Argumente zu veranschaulichen, die für die Annahme einer Grundabfolge Subjekt–Objekt–Verb (SOV) sprechen, wie sie in ‚Reinform' im Nebensatz vorliegt.

Argumente für eine Verbposition am Satzende Zunächst einmal muss man sich klarmachen, dass einfache Sätze, die einem zuerst einfallen, wenn man sich spontan einen deutschen Aussagesatz vorstellt, wie *Anna malt ein Bild*, im Sprachgebrauch nicht die häufigsten sind. Es wäre also nicht zutreffend, die Abfolge Subjekt–Verb–Objekt als die ‚normale‘, weil häufigste zu bezeichnen. Sätze mit mehrteiligem Prädikat und also mit einer zweiteiligen Klammerstruktur (z. B. *Anna hat ein Bild gemalt*) kommen etwa doppelt so oft vor wie solche mit einem einfachen finiten Verb, wie *Anna malt ein Bild* (Thurmair 1991: 186).

Dieser Befund schließt auch die Tatsache ein, dass eine große Zahl von Verben, wie die gerade diskutierten Partikelverben, im finiten Hauptsatz ausschließlich in zweiteiliger Form verwendet werden können. Ein Verb wie *vorlesen* kann nur entweder infinit gemeinsam mit einem finiten Auxiliar- oder Modalverb auftreten (*soll … vorlesen*) oder finit in getrennter Form (*liest … vor*). In Nicht-Letztposition kann dieses Verb – wie auch alle anderen Partikelverben – grundsätzlich nicht ungetrennt erscheinen: **Sie vorliest ihrem Bruder ein Märchen.*

Wenn wir infinite Hauptsätze betrachten, stellen wir auch hier fest, dass das Verb am Satzende stehen muss. Es gibt keine andere Möglichkeit:

(9)   a.   *Fahrgäste mit Fahrrad bitte hinten* **einsteigen!**

        b.   *Nach zehn Minuten die Möhren würfeln und mit den Kräutern zur Suppe* **geben.**

        c.   *Warum extra* **aufräumen?**

Die klammerschließende, am Satzende befindliche Verbposition ist also nicht nur in Nebensätzen, sondern auch in Hauptsätzen immer vorhanden (so schon Weinrich 1986). Um es noch deutlicher zu sagen: Alle Sätze des Deutschen – Haupt- und Nebensätze, finite wie infinite Sätze – verfügen über eine Verbposition am Satzende (die in bestimmten Fällen auch mal leer bleiben kann, wie in *Anna malt ein Bild*). – Dies ist ein erstes Argument für die Annahme der Verbletzt-Stellung als Grundabfolge.

SOV im Spracherwerb Auch im Erstspracherwerb zeigt sich die SOV-Grundwortstellung des Deutschen. Wenn in den frühen Erwerbsstufen im Alter von etwa 1,5 bis 2,5 Jahren erste Mehrwortäußerungen einsetzen, dann haben diese zunächst Verbletzt-Stellung, und die Verben erscheinen als Verbstammform (z. B. *die auto kipp*; *ich jetzt hab*) oder als Infinitiv (z. B. *ich schaufel haben*; *mama ball suchen*). Erst mit ungefähr 2 bis 2,5 Jahren produzieren Kinder Äußerungen, die ein finites Verb enthalten. Die finiten Verben stehen dann nicht am Satzende, sondern in einer Position weiter vorn im Satz, in der linken Satzklammerposition (z. B. *hommt da?* [wer kommt da?]; *sieh doch!*). Infinitive oder nicht-flektierte Verbstämme tauchen in dieser vorderen Position so gut wie nicht auf (vgl. Clahsen 1982, 1988 sowie Meibauer et al. 2015: Kap. 7, woraus auch die Beispiele entnommen sind). Die Verteilung von infiniten Verben und finiten Verben auf zwei Verbpositionen ist hier also schon sichtbar.

Dies macht es plausibel, auch im Unterricht für Deutsch als Fremdsprache die Aufmerksamkeit stärker auf die Verbletzt-Struktur deutscher Sätze zu lenken, nicht zuletzt um zu vermeiden, dass mit einer vermeintlich vereinfachenden

Fokussierung auf die SVO-Abfolge bei den Lerner:innen Grundlagen gelegt werden, die den weiteren Erwerbsverlauf womöglich erschweren (vgl. hierzu die Studienergebnisse in Winkler 2011).

Nicht-bewegliche Verben Ein weiteres Argument für SOV liefern Verben, die generell nur in Letztposition vorkommen, egal ob sie finit oder infinit sind. Es handelt sich hier um Verben wie *uraufführen, rundumerneuern* oder *notbremsen*. Sie können in Aussagesätzen nicht in der linken Klammerposition stehen, sehr wohl aber in der rechten (und ebenso gut in Nebensätzen), d. h. immer am Satzende:

(10) a. **Die Stadt **rundumerneuert** den Festsaal im nächsten Jahr.*

  b. **Die Stadt **erneuert** den Festsaal im nächsten Jahr **rundum**.*

  c. *Die Stadt wird den Festsaal im nächsten Jahr **rundumerneuern**.*

  d. *…, weil die Stadt den Festsaal im nächsten Jahr **rundumerneuert**.*

Wenn nicht die Letztposition die Grundposition von Verben wäre, hätten Verben wie *rundumerneuern* und viele ähnliche ja kein Zuhause!

Abhängigkeit von rechts nach links Ein drittes Argument liegt darin begründet, dass sich die Wortstellung in Haupt- und Nebensatz bei genauerem Hinsehen gar nicht wesentlich unterscheidet. Die Abhängigkeitsverhältnisse spiegeln sich in der Wortfolge des Nebensatzes sozusagen in ‚Reinform' wider, und zwar von rechts nach links: Subjekt–Objekt–Verb. In Hauptsätzen ändert sich diese Abfolge praktisch nicht – mit einer Ausnahme.

		S		**O**	**V**
Nebensatz:		dass	Anna	heute	einen Apfelbaum	gezeichnet hat.
		S		**O**	**V**
Hauptsatz:		Hat	Anna	heute	einen Apfelbaum	gezeichnet?
	Heute	hat	Anna		einen Apfelbaum	gezeichnet.
	Wann	hat	Anna		einen Apfelbaum	gezeichnet?
			Bitte	einen Apfelbaum	zeichnen!

Das finite Verb geht nach vorn Diese ‚Ausnahme' ist die Position des finiten Verbs, und nur des finiten, denn die infiniten Verbformen (oder auch die Verbpartikeln) bleiben ja an ihrem Platz am Ende des Satzes. Allein das finite Verb verändert seine Position, es wird vorangestellt, so dass sich die Verbspitzenstellung oder Verberst-Stellung (V1) ergibt, die z. B. für Entscheidungsfragesätze typisch ist. Wenn dann noch ein Adverbial wie *heute* oder ein Frageausdruck wie *wann* bzw. ein beliebiges anderes Satzglied an den Satzanfang vor das finite Verb gestellt wird, entsteht ein Aussagesatz oder ein Konstituentenfragesatz.

Dass es nicht umgekehrt sein kann, dass also nicht die infiniten Prädikatsteile ans Satzende gerückt worden sein können, dürfte aus der vorhergehenden

Diskussion deutlich geworden sein. Denn es wäre ja sonst z. B. nicht erklärbar, dass es etliche Verben gibt, die nie in der vermeintlichen Ausgangsposition in der linken Klammer gewesen sein können (wie *rundumerneuern* oder die Partikelverben).

Verbletzt-Stellung als Grundwortstellung   Die Schlussfolgerung aus diesen Überlegungen kann nur sein, dass die Nebensatzwortstellung, also die Verbletzt-Stellung die zugrunde liegende Abfolge, d. h. die Basiswortfolge ist, von der sich die Wortstellungsmuster finiter Hauptsätze herleiten lassen:

5

Vorfeld	Linke Klammer-position	Mittelfeld	Rechte Klammer-position	Nachfeld
	(dass)	Anna heute einen Apfelbaum	gezeichnet *hat*	
	Hat	Anna heute einen Apfelbaum	gezeichnet __?	
Heute	*hat*	Anna ___ einen Apfelbaum	gezeichnet __.	

Im Feldermodell wird auch deutlich, dass es sich bei Sätzen, in denen ein anderes Satzglied als das Subjekt im Vorfeld steht (und das Subjekt somit auf das finite Verb folgt), nicht um eine sogenannte ‚Inversion‘ von Subjekt und Verb handelt. Dies würde voraussetzen, dass das Subjekt seine feste Position eigentlich vor dem finiten Verb hat (wie es etwa im Englischen gilt), dies ist aber im Deutschen nicht der Fall. In allen Verberst- und Verbzweit-Sätzen folgt das Subjekt dem finiten Verb, mit der einzigen Ausnahme, dass es auch selbst ins Vorfeld gestellt werden kann und dann dem finiten Verb vorangeht.

Wer hat Angst vor der linken Satzklammer?   Zum Schluss dieses Abschnitts wollen wir noch einmal kurz auf die Verben zurückkommen, die nur in der rechten Klammerposition stehen können, selbst wenn sie finit sind, und die damit in ihrer finiten Form auf Nebensätze beschränkt bleiben. Wie wir oben in (10) gesehen haben, lassen *rundumerneuern* oder *uraufführen* die hier illustrierten Voranstellungen in die linke Klammerposition nicht zu. Warum ist das so? Es sieht ganz danach aus, als ob diese Verben (bzw. natürlich die Sprecher:innen) sich nicht entscheiden können, ob sie syntaktisch wie ein trennbares oder ein untrennbares Verb zu behandeln sind.

Vorfeld	Linke Klammer- position	Mittelfeld	Rechte Klammer- position	Nachfeld
	(ob)	das Orchester die Sinfonie	*uraufführt*	
	*Uraufführt	das Orchester die Sinfonie	___?	
	*Führt	das Orchester die Sinfonie	*urauf* ___?	

Da sich Verben wie *uraufführen* der Versetzung in die linke Klammerposition, also in die Verbzweit-Position, verweigern, werden sie auch als ‚bewegungsresistente' bzw. ‚immobile Verben' oder als ‚Non-V2-Verben' bezeichnet (s. Freywald & Simon 2007; Fortmann 2007, 2015; Forche 2020). Ein Grund für dieses Verhalten könnte in der morphologischen Struktur dieser Verben liegen. Eine ihrer Besonderheiten ist nämlich, dass sie durch Konversion oder Rückbildung aus komplexen Nomen entstanden sind (zu Wortbildungsprozessen im Deutschen ▶ Kap. 6). Mit dem Wortbildungsverfahren der Rückbildung werden Verben gebildet, indem von einem Nomen wie *Rundumerneuerung* oder *Uraufführung* das nominale Suffix getilgt und der verbleibende Rest als Verbstamm verwendet wird.

Rundumerneuerung	>	*Rundumerneuerung*	>	*rundumerneuer-(n)*	
Notbremsung	>	*Notbremsung*	>	*notbrems-(en)*	
Uraufführung	>	*Uraufführung*	>	*uraufführ-(en)*	

Komplexität der Verbstämme ist nur scheinbar Die so entstandenen Verben wirken auf den ersten Blick komplex, nämlich wie eine Zusammensetzung aus *rundum* und *erneuern* bzw. aus *Not* und *bremsen* oder wie eine Präfigierung von *aufführen* mit dem Präfix *ur-*. Dies ist aber nicht der tatsächliche Weg der Wortbildung gewesen. Die Verben *rundumerneuern*, *notbremsen* und *uraufführen* wirken nur wie eine komplexe Bildung, sind es aber nicht. Die Komplexität steckt vielmehr schon in dem Nomen, von dem sie sich herleiten. Zunächst wird aus einem Verbstamm ein Nomen abgeleitet, dann wird dieses Nomen mit einem weiteren Wort zusammengesetzt oder – in Fällen wie *Uraufführung* – präfigiert, und schließlich wird aus diesem komplexen Nomen durch Streichung des nominalen Suffixes *-ung* ein Verbstamm erzeugt:

1.	Derivation:	$[erneuer-]_V + -ung$	>	*Erneuerung*
2.	Komposition:	*rundum + Erneuerung*	>	*Rundumerneuerung*
3.	Rückbildung:	*Rundumerneuerung*	>	$[rundumerneuer-]_V$

1.	Derivation:	$[brems\text{-}]_V + \text{-}ung$	>	*Bremsung*
2.	Komposition:	*Not + Bremsung*	>	*Notbremsung*
3.	Rückbildung:	*Notbrems~~ung~~*	>	$[notbrems\text{-}]_V$

1.	Derivation:	$[aufführ\text{-}]_V + \text{-}ung$	>	*Aufführung*
2.	Präfigierung:	*ur + Aufführung*	>	*Uraufführung*
3.	Rückbildung:	*Uraufführ~~ung~~*	>	$[uraufführ\text{-}]_V$

Sprecher:innen haben offenbar ein Bewusstsein dafür, dass die Komplexität von Verben wie *notbremsen* und *uraufführen* nur scheinbar ist, und geraten nun in einen Konflikt bezüglich der Trennbarkeit. Soll das, was aussieht wie ein Kompositumserstglied (*rundum-*, *not-*) oder eine Verbpartikel (*ur-/urauf-*), auch so behandelt werden und das Verb also ein trennbares Verb sein? Oder soll das Verb, obwohl es wie ein trennbares aussieht, doch wie ein untrennbares Präfixverb verwendet werden? Da diese Entscheidung nicht widerspruchsfrei zu treffen ist, wird die Verbzweit-Position von den Sprecher:innen (zumindest zunächst) lieber ganz vermieden. Wir beobachten hier also einen der seltenen Fälle, wo die Wortbildung direkt mit der Syntax interagiert.

Ähnliche Konflikte treten im Übrigen bei Verben mit aus dem Englischen entlehnten Stämmen auf, wie *downloaden*, *feedbacken* oder *updaten*, und aus den gleichen Gründen. Für Sprecher:innen des Deutschen sehen diese Verben wie eine Kombination aus Verbpartikel/Verbpräfix und Verbstamm aus, es sind aber keine im Deutschen gebildeten Partikel- oder Präfixverben. Daher müssen sich die Sprecher:innen zuerst entscheiden, ob sie sie als Partikel- oder Präfixverben behandeln wollen (s. hierzu ausführlich ▶ Abschn. 6.3.5).

Es bleiben jedoch nicht alle Non-V2-Verben für immer ‚bewegungsresistent'. Einige Verben bilden nach und nach trennbare oder eben nicht-trennbare Formen aus, die es dann gestatten, diese Verben auch in der linken Satzklammerposition zu verwenden. Dabei kann es zunächst durchaus zu Schwankungsfällen kommen, wie im Fall von *notbremsen*, das sich gerade auf diesem Entwicklungsweg befindet:

(11) a. *Gestern abend, nach einer 35-km-Radrunde, **notbremst** ein Mann auf dem Radweg, weil ihm ein Autofahrer, der von der parallel laufenden Landesstraße einbiegen will, die Vorfahrt nimmt.*

   b. *Der Fiat Punto vor mir **bremst not**, doch ich schaff es nicht mehr da ich auf dem Belag ins Rutschen kam und prall gegen meinen Vordermann.*

   (Einträge in Internetforen von 2011 und 2006, entnommen aus Freywald 2018: 53, Anm. 17)

Andere Verben, wie z. B. *uraufführen*, sind dagegen schon seit gut hundert Jahren in Gebrauch, sind jedoch noch immer vollständig ‚bewegungsresistent' (Freywald & Simon 2007).

Fazit Wir haben in diesem Abschnitt gesehen, dass die Klammerstruktur und die SOV-Eigenschaft zwei grundlegende syntaktische Merkmale des Deutschen sind. Diese Verhältnisse sind in keiner Weise von Schwächung, Abbau oder Frequenzrückgang betroffen. Im Gegenteil, die Verbklammer ist sehr stabil und wird sogar weiter gefestigt, wie wir an verbalen Neubildungen wie *abchillen* gesehen haben.

Wortstellungsphänomene, die aktuell stark diskutiert werden und die oft als Indiz für einen vermeintlichen Abbau der SOV-Struktur gesehen werden, sind zum einen Sätze mit mehrfach besetztem Vorfeld im Kiezdeutschen und anderen Varietäten sowie zum anderen die Hauptsatzwortstellung im Nebensatz. Für beide Erscheinungen wird oft der Einfluss des Englischen als treibende Kraft angesehen, und Sprachpurist:innen prognostizieren hier einen tiefgreifenden Wandel, der früher oder später zu einer durchgängigen SVO-Struktur in Hauptsätzen (analog zum Englischen) und zur vollständigen Aufgabe der Nebensatzwortstellung und damit der wortstellungsgebundenen Hauptsatz-/Nebensatzunterscheidung führt (und dieser vermeintliche Wandel wird zudem sehr negativ gesehen).

Es gibt jedoch für keines dieser Szenarien die geringsten Anzeichen. In den folgenden Abschnitten wollen wir daher diese beiden Phänomene der Gegenwartssprache herausgreifen (▶ Abschn. 5.2 und 5.4), um an ihnen exemplarisch zu erläutern, dass es sich bei zunächst ungewohnten oder erst neu in den Aufmerksamkeitsfokus gerückten sprachlichen Strukturen in aller Regel nicht um Verfallserscheinungen oder Simplifizierungsprozesse handelt, sondern um systematische Entwicklungen, die bezogen auf das Sprachsystem Sinn ergeben und funktional sind. Es handelt sich bei den hier diskutierten Beispielen um syntaktische Optionen, die nicht andere Optionen verdrängen, sondern mit einer funktionalen Differenzierung einhergehen, so dass neue Ausdrucksmöglichkeiten entstehen. Sie machen die Sprache also nicht ärmer, sondern reicher.

5.2 Deutsch ist eine ‚Verbzweit'-Sprache: Der linke Rand

5.2.1 Satztypmarkierung

Satztypen und Sprechhandlungen Die beiden voneinander getrennten Verbpositionen im Satz dienen nicht nur, wie im vorigen Abschnitt gesehen, der Klammerbildung, sondern auch der Markierung von Satztypen. Es gehört zu den besonders spannenden Eigenschaften des Deutschen, dass mit Hilfe der Stellung des finiten Verbs Satztypen unterschieden werden. Nebensätze erkennt man daran, dass das finite Verb am Ende steht, Hauptsätze daran, dass das finite Verb weiter vorne steht. Zu der Markierung von Selbstständigkeit (Haupt- vs. Nebensatz) kommt noch die Kennzeichnung des Illokutionstyps hinzu. Im Deutschen sagt die syntaktische Form von Sätzen etwas darüber aus, für welche Sprechhandlungstypen diese Sätze üblicherweise verwendet werden. Entscheidend ist dafür (neben lexikalischen und intonatorischen Merkmalen) vor allem die Position des finiten Verbs.

Wenn das finite Verb in der linken Klammerposition das erste Element eines Hauptsatzes bildet, das Vorfeld also leer ist, kann man mit so einem Satz bestimmte Sprechhandlungen ausführen, z. B. eine Ja/Nein-Frage stellen, einen Wunsch ausdrücken oder eine Aufforderung aussprechen. Es handelt sich um einen Entscheidungs-Interrogativsatz, einen Optativsatz oder einen Imperativsatz (Sätze a) bis c) in ◘ Tab. 5.1).

Ist das Vorfeld besetzt, z. B. durch ein Subjekt, Objekt oder Adverbial bzw. durch einen Frage-Ausdruck, kann es sich um einen Deklarativsatz, einen Konstituenten-Interrogativsatz oder einen deklarativen Interrogativsatz handeln (Sätze d) bis f) in ◘ Tab. 5.1). Mit Deklarativsätzen können u. a. Aussagen getroffen, Behauptungen aufgestellt oder Versprechen gegeben werden. Mit einem Konstituenten-Interrogativsatz kann man Informationsfragen, mit einem deklarativen Interrogativsatz rhetorische Fragen stellen.

Auch nebensatzförmige Sätze können, wenn sie selbstständig verwendet werden, mit einem Sprechhandlungstyp verbunden sein. Diese Sätze sind durch eine subordinierende Konjunktion eingeleitet und haben sämtliche Verbalformen am Satzende, sie sind jedoch nicht in einen übergeordneten Satz eingebettet. Je nach einleitender Konjunktion kann es sich z. B. um einen Interrogativ- oder einen Imperativsatz handeln (Sätze g) und h) in ◘ Tab. 5.1). Mit ersterem kann man eine deliberative (d. h. nachdenkliche, mehr an sich selbst gerichtete) Frage stellen, mit letzterem eine Aufforderung äußern.

Verbzweit – strikt und liberal zugleich Für die Satztypen d) bis f) ist entscheidend, dass das Vorfeld einerseits nicht leer ist, andererseits aber auch nicht mehr als

◘ Tab. 5.1 Einige Satztypen (Formtypen) des Deutschen

Satztyp	Vorfeld	Linke Klammer-position	Mittelfeld	Rechte Klammer-position	Nachfeld
a)		Wird	Anna heute einen Apfelbaum	zeichnen?	
b)		Hätte	Anna doch einen Apfelbaum	gezeichnet!	
c)		Zeichne	bitte heute einen Apfelbaum!		
d)	Heute	wird	Anna einen Apfelbaum	zeichnen.	
e)	Wann	wird	Anna einen Apfelbaum	zeichnen?	
f)	Anna	wird	heute einen Apfelbaum	zeichnen?	
g)		Ob	Anne wohl heute einen Apfelbaum	zeichnet?	
h)		Dass	du mir ja heute einen Apfelbaum	zeichnest!	

eine satzgliedwertige Phrase enthält. Die Beschränkung, dass das Vorfeld maximal eine Phrase enthält, macht das Deutsche zu einer Verbzweit-Sprache. Das Verbzweit-Merkmal wird, wie die Beispiele in ◘ Tab. 5.1 deutlich machen, ebenfalls zur Satztypmarkierung genutzt. Dabei ist die Art und Funktion der Phrase im Vorfeld kaum beschränkt. Sie kann eine Nominalphrase, eine Präpositionalphrase, eine Verbalphrase oder ein ganzer Nebensatz sein, und es kann sich von der syntaktischen Funktion her um ein Adverbial, ein Subjekt oder ein Objekt handeln.

Satztypmarkierung im Sprachvergleich Beide Eigenschaften– sowohl die Unterscheidung von Haupt-/Nebensatz und sprechhandlungsbezogenen Satztypen durch die unterschiedliche Positionierung des finiten Verbs als auch die Verbzweit-Eigenschaft– sind unter den 6000 bis 7000 heute bekannten Sprachen äußerst selten. Sie finden sich nur in einer kleinen Zahl von Sprachen, von denen die meisten zu den kontinentalgermanischen Sprachen zählen, also eng miteinander verwandt sind (wie z. B. neben Deutsch auch Niederländisch, Friesisch, Schwedisch und einige andere mehr).

Wie selten etwa die im Deutschen anzutreffende Markierung von Entscheidungs-Interrogativsätzen mithilfe der Wortstellung im Sprachvergleich ist, veranschaulicht die Karte aus dem *World Atlas of Language Structures Online* in ◘ Abb. 5.3. Von 955 analysierten Sprachen besitzen nur 13 diese Eigenschaft (hier durch rote Punkte gekennzeichnet). Die Lokalisierung spiegelt nicht die tatsächliche heutige Verteilung der betreffenden Sprachen wider, da die Ortspunkte im WALS die Verteilung zur Zeit vor der europäischen kolonialen Expansion abbilden (s. o. „Empirische Ressourcen").

Für die Struktur von Deklarativsätzen und Konstituenten-Interrogativsätzen ist das Verbzweit-Merkmal zentral. Das Vorfeld erfüllt dabei besondere Funktionen. Der folgende Abschnitt erläutert einige zentrale Funktionen sowie wesentliche syntaktische Eigenschaften dieses topologischen Bereichs.

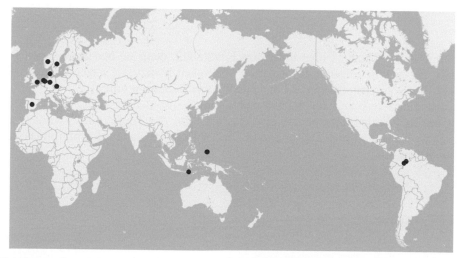

◘ **Abb. 5.3** Sprachen, die Entscheidungs-Interrogativsätze mittels Wortstellung markieren (*World Atlas of Language Structures Online*, ▶ https://wals.info/feature/116A#2/22.6/153.1, Juli 2022)

5.2.2 Funktionen des Vorfelds

Der linke Satzrand ist der Bereich, in dem die Verankerung einer Äußerung im Diskurs, also im Kontext des Texts oder Gesprächs, erfolgt. Hier wird somit unter anderem auch die jeweilige Anbindung an zuvor bereits erwähnte Informationen markiert.

Effiziente Informationsverteilung   Das finite Verb in Zweitposition grenzt das Vorfeld vom Rest des Satzes ab. Durch diese Zweiteilung ergeben sich zwei getrennte Bereiche, die für die Informationsverteilung im Satz genutzt werden können. Der Bereich links vom finiten Verb ist für topikale Elemente, wie das Satztopik oder ein Rahmensetzer-Topik, reserviert. Topiks repräsentieren sehr oft (aber nicht immer) gegebene Information, d. h. sie verweisen häufig auf etwas, was im vorhergehenden Text oder Diskurs schon erwähnt wurde oder den Gesprächsteilnehmer:innen anderweitig bereits bekannt ist.

Definition

Das **Topik** („Satztopik") eines Satzes bezeichnet dasjenige, über das etwas ausgesagt bzw. mitgeteilt wird; oder anders ausgedrückt: dasjenige, über das dem Wissen der Diskursteilnehmer:innen neue Information hinzugefügt wird (dieses Merkmal wird auch ‚Aboutness' genannt). Das Topik repräsentiert häufig etwas, das aus dem Kontext bereits bekannt ist. Ein Topik – also das, worüber etwas ausgesagt wird – kann aber auch selbst neu sein. Topik ist also nicht gleichzusetzen mit ‚alter Information'.

Das Konzept des Topiks entspricht ungefähr dem Begriff ‚Thema', der in den 1960er/70er Jahren von der ‚Prager Schule' geprägt wurde (s. Eroms 1986).

In vielen Sprachen werden Topiks durch eine bestimmte Position im Satz, durch Partikeln oder durch morphologische Marker (z. B. Suffixe) kenntlich gemacht.

Zum Topikbegriff und dessen Verhältnis zu weiteren Konzepten der Informationsstruktur s. Krifka (2008), Musan (2010), Pittner & Berman (2021: Kap. 10).

Rahmensetzer-Topiks bilden hier einen Spezialfall, denn sie benennen einen Bereich, für den die folgende Information Gültigkeit besitzt (sie setzen einen ‚Rahmen' für die Interpretation des Folgenden, s. die Definition unten).

Das finite Verb und der Bereich rechts davon, also der Rest des Satzes, bilden für gewöhnlich den Kommentar, also das, was über das Topik (oder Thema) ausgesagt wird. Der Kommentar beinhaltet in der Regel die neue Information (Fokus bzw. Rhema).

Topikbereich	Kommentarbereich
Topik/neu	Neue Information
Meine Schwester	*hat in Weimar Musik studiert.*
Topik/gegeben	Neue Information
Sie	*ist heute freischaffende Musikerin.*
Rahmensetzer-Topik	Neue Information
In Europa	*sind viele Sinfonieorchester staatlich finanziert.*

Definition

Ein **Rahmensetzer-Topik (‚Framesetter')** gibt den Gültigkeitsbereich an, auf den die Aussage eines Satzes bezogen werden soll. Es erteilt somit eine Art ‚Interpretationsanweisung', dass sich die vermittelte Information nur auf einen bestimmten (zeitlichen, räumlichen, epistemischen, …) Teilbereich bezieht (Chafe 1976; Jacobs 2001; Krifka 2008).

Krifka (2008: 269) gibt folgendes Beispiel (unsere Übersetzung):
A: Wie gehts Hans?
B: *Gesundheitlich* geht es ihm gut.   [im Gegensatz zu anderen Lebensbereichen]

Durch die Begrenzung, dass eine Aussage nur in dem benannten Teilbereich gültig ist – im Gegensatz zu anderen denkbaren Teilbereichen –, sind Rahmensetzer-Topiks stets inhärent kontrastiv (s. Krifka 2008).
   Rahmensetzer teilen eine Reihe von Eigenschaften mit Satztopiks, z. B. die Eingrenzung der Gültigkeit: auf einen bestimmten Satzgegenstand im Falle von Satztopiks, auf einen bestimmten Interpretationsbereich im Falle von Rahmensetzern (sie teilen dagegen nicht das Merkmal ‚Aboutness'). Daher werden Rahmensetzer und Satztopiks oft zu einer gemeinsamen, weiter gefassten Kategorie topikaler Elemente zusammengefasst (für eine eingehendere Diskussion s. Jacobs 2001 und Krifka 2008).

Topikmarkierung   Zur Kennzeichnung des Topiks eines Satzes stehen im Deutschen prosodische Mittel zur Verfügung, wie steigender Akzent (sog. ‚Topikakzent') und Deakzentuierung, aber auch verschiedene syntaktische Markierungsstrategien. Hierzu zählen insbesondere Herausstellungen nach links, d. h. topikale Elemente werden nicht nur einfach an den Satzanfang – ins Vorfeld – gestellt, sondern sozusagen noch darüber hinaus, also noch weiter nach links. In (12) bis

(14) sind einige dieser Herausstellungskonstruktionen aufgeführt (s. hierzu detailliert Altmann 1981; Jacobs 2001):

(12)   Linksversetzung
(Wiederaufnahme der herausgestellten Phrase durch ein adjazentes Resumptivpronomen)

Der Einwurf von Conny vorhin, ***der*** *hat mir gar nicht gefallen.*

(13)   Freies Thema (‚Hanging Topic')
(Wiederaufnahme der herausgestellten Phrase durch ein resumptives Element später im Satz)

Also der Vorschlag von Conny, ich glaube, dass wir auf ***den*** *verzichten können.*

(14)   Pseudocleft-Konstruktion

Was die Kritik von Conny betrifft, so hab ich der noch einiges entgegenzusetzen.

Schließlich besteht eine mögliche Form der Topikmarkierung darin, den Topikausdruck ganz wegzulassen. Dies ist sozusagen die Maximalform der Deakzentuierung, nämlich der Verzicht auf eine phonetische Realisierung. Hierdurch entstehen Aussagesätze mit phonetisch leerem Vorfeld, also scheinbare Verberstsätze – ‚scheinbar' deshalb, weil im Vorfeld durchaus ein Ausdruck interpretiert wird (in (15) das Subjekt des Satzes), er ist bloß nicht zu hören/sehen. Es handelt sich hierbei stets um ein Topik, dessen Referent aus dem Kontext bereits bekannt ist.

(15)   Vorfeldellipse (‚Topic drop')

Gestern hat uns Micha besucht. __ Sah ganz schön mitgenommen aus.

Das Vorfeld kann jedoch, wie gesagt, sehr unterschiedliche Arten von Ausdrücken und Phrasen aufnehmen. Dies sind nicht ausschließlich Topiks. In Sätzen, in denen keine Phrase als Topik markiert werden soll, kann das Vorfeld durch ein ‚Platzhalter-*es*' gefüllt sein. Es hat keine Bedeutung, d. h. es bezieht sich nicht auf etwas, sondern füllt lediglich formal das Vorfeld, damit eine Aussagesatzstruktur (Verbzweit) entsteht:

(16)   ***Es*** *kam eine Frau mit Regenschirm zur Tür herein.*

Auch für Fokusphrasen kann das Vorfeld genutzt werden. So kann in einer Antwort auf eine Frage die erfragte Information – also gerade die neue Information, der Fokus – im Vorfeld stehen. Das gleiche gilt für Frageausdrücke, die ja stets neue Information erfragen und obligatorisch im Vorfeld stehen:

(17)   A: ***Was*** *hast du auf dem Markt eingekauft?* – B: ***Gemüse*** *hab ich gekauft.*

Das Vorfeld ist also eine wichtige Auszeichnungsposition, dabei ist es polyfunktional. Präferiert steht ein topikaler Ausdruck bzw. gegebene Information im

Vorfeld, es kann aber auch Fokusphrasen und auch Phrasen ohne informationsstrukturellen Gehalt aufnehmen.

Das ‚Vorfeldkomma' Eine relativ rezente Erscheinung scheint es zu sein, dass das Vorfeld häufig auch graphisch vom Rest des Satzes abgetrennt wird, nämlich durch ein Komma. Die folgenden Belege stammen aus einer Berliner Tageszeitung, von der Beschriftung eines Exponats in einem Museum und von einem Aushang in einem Supermarkt (Belegsammlung Heike Wiese):

(18)   a.   *Spätestens von der dritten Januarwoche an, verzichten die meisten von selbst auf Neujahrsbekundungen, weil es dann irgendwie maniert wirkt* [...]

(*Der Tagesspiegel*, 07.01.2018)

   b.   *In Abhängigkeit vom Eisengehalt, ist die Farbe der Granate dunkelbraun bis hellgrün.*

(Naturkundemuseum Berlin, 2017)

   c.   *Bei Einlass in den Markt, muss jeder Kunde einen Einkaufswagen mit ins Geschäft nehmen, unabhängig von der Menge des geplanten Einkaufs.*

(Supermarkt in Berlin, 2021)

In einer umfangreichen Korpusstudie ermitteln Berg et al. (2020) zahlreiche Belege für Vorfeldkommas nach nicht-satzwertigen Vorfeldkonstituenten und stellen eine positive Korrelation des Kommas mit der Länge, der phrasalen Kategorie und der syntaktischen Funktion der Vorfeldkonstituente fest: Je länger das Vorfeldelement, desto wahrscheinlicher steht ein Vorfeldkomma; der Phrasentyp Präpositionalphrase und die syntaktische Funktion Adverbial (insbesondere mit textkonnektiver Funktion) erhöhen die Wahrscheinlichkeit weiter.

Berg et al. (2020) sehen hierfür auf Seiten der Schreiber:innen die folgende Motivation: Präpositionalphrasen mit adverbialer Funktion besitzen eine relativ große semantische Nähe zu Sätzen, sie haben eine gewisse Ähnlichkeit zu Herausstellungen und sie enthalten Präpositionen, die oft formgleich mit sog. ‚Signalwörtern' sind, also mit nebensatzeinleitenden Konjunktionen. – Möglicherweise spielen darüber hinaus aber auch informationsstrukturelle Faktoren eine Rolle. Das Vorfeldkomma würde auf graphischer Ebene leisten, was auch das finite Verb in der Zweitposition tut: Es markiert die Grenze zwischen Topik- und Kommentarbereich. Präpositionalphrasen an der Satzspitze erfüllen häufig die Funktion eines Rahmensetzer-Topiks, das die darauf folgende Aussage temporal oder lokal situiert oder den Gültigkeitsbereich der folgenden Aussage festlegt (s. die Definition oben). Eine informationsstrukturelle Erklärung für das Vorfeldkomma wird in Müller (2007) ansatzweise erwogen, jedoch wurde dies bislang noch nicht detaillierter ausgearbeitet.

Im folgenden Abschnitt besprechen wir Beispiele aus dem Gegenwartsdeutschen, die eine Alternative zur Verbzweit-Regel aufzeigen. Die Beschränkung für das Vorfeld, der zufolge dort nur höchstens eine Phrase stehen kann, scheint unter bestimmten Bedingungen weniger strikt zu sein, so dass in Aussagesätzen auch zwei Phrasen im Vorfeld auftreten können. Dies erscheint zunächst unerwartet. Im folgenden Abschnitt werden die Bedingungen näher betrachtet, die erfüllt sein müssen, damit das Vorfeld ‚gedehnt' werden kann.

5.2.3 Alternativen zur Verbzweit-Regel: ‚Verbdritt' – zwei Konstituenten vor dem finiten Verb

Wie dehnbar ist das Vorfeld?   Vor allem im mündlichen Sprachgebrauch finden sich neben Verbzweit-Aussagesätzen auch Sätze wie in (19). Hier nehmen zwei satzgliedwertige Konstituenten die Vorfeldposition ein, so dass das finite Verb nicht an zweiter, sondern an dritter Stelle steht. Die beiden Vorfeldkonstituenten sind durch eckige Klammern markiert:

(19)   a.   *[im Winter] [du] hast ab drei Uhr kein Licht mehr*

(Schalowski 2017: 21)

b.   *und [dann] [die Studierenden] bilden sechs Gruppen*

(Wiese & Müller 2018: 207)

c.   *[ab jetz] [ich] krieg immer zwanzig Euro*

(KiDKo, Mu17MA; Freywald et al. 2015: 84)

Diese Sätze wurden von Sprecher:innen in ganz verschiedenen Situationen geäußert. (19a) entstammt einem Alltagsgespräch unter befreundeten jungen Erwachsenen, (19b) einer Diskussion zwischen Sprachwissenschaftler:innen und (19c) einem Gespräch unter Schüler:innen in einem multiethnisch geprägten Wohnviertel in Berlin (entnommen aus dem KiezDeutsch-Korpus, KiDKo, ▶ Abschn. 3.2.6).

Topics first!   Alle drei Äußerungen verbindet die einheitliche Funktionalität dieser Konstruktion. Im vorigen Abschnitt wurde erläutert, dass das Vorfeld u. a. als Topikbereich dient und durch das finite Verb in der linken Klammerposition gut erkennbar vom Rest des Satzes, dem Kommentarbereich, abgegrenzt wird. Da im Aussagesatz gleichzeitig die Verbzweit-Regel wirksam ist, kann nur genau eine satzgliedwertige Phrase mit Topikstatus im Vorfeld platziert werden. Das Besondere an den Beispielen in (19) ist nun, dass hier zwei verschiedene Topiktypen im Vorfeld stehen: ein ‚Rahmensetzer-Topik' und ein ‚Satztopik'. Dabei besitzen Rahmensetzer-Topiks auch eine kontrastive Komponente, da sie den Gültigkeitsbereich für die im Satz getroffene Aussage anzeigen – im Kontrast zu anderen denkbaren Bereichen, für die die Aussage jedoch nicht gilt.

Konkurrenz ums Vorfeld   Die unabhängig von der Einzelsprache bevorzugte syntaktische Markierung für beide Topiktypen ist die Positionierung am Satzanfang. Die ‚Topic-first'-Strategie wurde oben schon erwähnt. Auch kontrastive Elemente tendieren zur Satzspitze. Dies ist für viele verschiedene Sprachen gezeigt worden (s. Molnár 2006; Neeleman et al. 2009 sowie fürs Deutsche Jacobs 2001; Speyer 2008). In den Sätzen in (19) teilen sich nun ein Rahmensetzer-Topik und ein Satztopik das Vorfeld – es werden sozusagen zwei Vorzüge des Vorfelds miteinander kombiniert (Wiese & Müller 2018):

Topikbereich		Kommentarbereich	
Rahmensetzer	Satztopik	Neue Information	
im Winter	du	hast	ab drei Uhr kein Licht mehr
dann	die Studierenden	bilden	sechs Gruppen
ab jetz	ich	krieg	immer zwanzig Euro

Die bezüglich der Verbpositionen ziemlich rigide Syntax des Deutschen ist dynamisch genug, um solche diskurspragmatisch gesteuerten, d. h. an der Informationsanordnung orientierten Abfolgen wie die in (19) zu ermöglichen (für zahlreiche weitere Beispiele s. Schalowski 2017; Wiese & Müller 2018 sowie Bunk 2020).

Die Präferenz für die Platzierung eines Rahmensetzers *und* eines Topiks vor dem Verb zeigt sich im Übrigen auch in non-verbalen Serialisierungen. In einer Studie wurden Sprecher:innen wortstellungstypologisch verschiedener Sprachen (Deutsch, Türkisch und Deutsch/Türkisch bilingual) gebeten, die in einem kurzen Comic abgebildeten Ereignisse mit Spielfiguren darzustellen. Ein semantisch passendes Verb stand als bedruckter Papierstreifen zur Verfügung. Im Ergebnis war unabhängig von der jeweiligen Sprache bzw. Sprachenkombination der Teilnehmer:innen eine statistisch signifikante Präferenz für die Platzierung von Rahmensetzer und Satztopik vor dem Verb zu erkennen (Wiese, Öncü & Bracker 2017). Hier zeigen sich also Strategien der Informationsstrukturierung, die sprachunabhängig angewendet werden und die Muster wie die in (19) erklären können.

Ein alter Hut Das Wirken solcher Strategien ist auch schon in älteren Sprachstufen des Deutschen nachweisbar. Die Verbdritt-Stellung in Aussagesätzen ist keine neue Erscheinung (Wiese 2012). In frühneuhochdeutschen und mittelniederdeutschen Texten kommen ganz ähnliche Verbdritt-Sätze vor wie die, die in (19) aufgeführt sind. Auch hier findet sich systematisch die Abfolge Rahmensetzer-Topik > Satztopik an der Satzspitze:

(20) a. *[An den selven tiden], [Dyocletianus] buwede den palas to Rome das gehetan is Terme Dyocletiani*

,Zur selben Zeit erbaute Diokletian in Rom den Palast, der„Thermen des Diokletian" genannt wurde.'

(Mittelniederdeutsch; Sächsische Weltchronik 113, 17; 13. Jh.; aus Petrova 2012: 182)

   b. *[Jm 6886. Jar] [der Großfürst DEMETRI] hat den mächtigen Tatarischen Khünig MAMAI geschlagen.*

(Frühneuhochdeutsch; Sigmund Herberstein, Moscouia, Wien 1557; aus Speyer 2008: 481)

Ganz parallel zu den Daten in (19) benennt das erste Element den Rahmen bzw. den Gültigkeitsbereich, vor dessen Hintergrund die dann folgende Aussage zu interpretieren ist. Dies ist in beiden Beispielen ein zeitlicher Rahmen: ‚zur selben Zeit' und ‚im 6886. Jahr'. Darauf folgt – immer noch vor dem finiten Verb – das Topik des Satzes, das den Gegenstand bzw. die Person benennt, über die etwas ausgesagt wird, nämlich ‚Diokletian' bzw. ‚der Großfürst Dmitri'.

Vorfeld oder Vor-Vorfeld? Aus syntaktischer Perspektive stellt sich natürlich die Frage, wie die Struktur des Vorfelds in Verbdritt-Sätzen beschaffen ist. Wenn man sich noch weitere Belege ansieht, wird deutlich, dass es sich bei den Rahmensetzer-Topiks wohl nicht um Vor-Vorfeldelemente (im Linken Außenfeld, s. Vertiefungskasten oben in ► Abschn. 5.1.1) handelt, sondern dass beide Phrasen, Rahmensetzer-Topik und Satztopik, ins Vorfeld integriert sind. Typische Vor-Vorfeld-Ausdrücke sind z. B. Interjektionen und Diskursmarker, wie die Interjektion *ey* in (21a), der adressatenbezügliche, aufmerksamkeitssteuernde Diskursmarker *kuck mal* in (21b) und die Bekräftigungspartikel *ischwör* in (21c) (alle Beispiele stammen aus dem KiezDeutsch-Korpus; Versalien markieren Akzentbetonung):

(21) a. *EY, die letzten miNUten so letzten VIER minuten wo*   [MuH25MA]
          NACHspielzeit war isch habe jetzt geDACHT die schießen noch
          ein TOR rein (-) PORtugal

      b. *ku = ma bei GE:kurs wir REden nich ma richtich*   [MuP6MD/
                                                                  SPK102]

      c. *i = SCHWÖR wenn isch irgendein BILD seh was isch nisch*   [MuH3WT]
          davor geSEHN hab (-) isch TÖte disch

          (Wiese & Müller 2018: 213 f.)

Auch linksversetzte Konstituenten, wie der *wenn*-Satz in (22), gehen den beiden Vorfeldphrasen voran:

(22) *wenn ich sage „nein wir machen dis MORgen", dann er macht =s*   [MuH11MD]
      dann Immer an dem tag wo ich nich KANN

      (Wiese & Müller 2018: 213)

Es gibt also gute Gründe anzunehmen, dass es sich bei den beiden präfiniten Phrasen um genuine Vorfeldelemente handelt. Man könnte also von einer Art ‚verdoppelter Vorfeldposition' sprechen (s. hierzu Walkden 2017 und Bunk 2020, die jedoch andere syntaktische Modelle verwenden):

Vor-Vorfeld	Vorfeld		Linke Klammer-position	Mittelfeld	Rechte Klammer-position	Nachfeld
ku = ma	bei GE:kurs	wir	*REden*	nich ma richtich		
i = SCHWÖR	wenn isch … geSEHN hab	isch	*TÖte*	disch		

Verbdritt im Sprachkontakt Aussagesätze mit Verbdritt-Stellung werden oft mit multiethnolektalen Sprechweisen wie Kiezdeutsch in Verbindung gebracht. Tatsächlich zeigt sich hier eine besonders große Dynamik, die sich aus der Sprachkontaktsituation mit sehr unterschiedlichen beteiligten Sprachen ergibt und ein generelles, systemweit wirksames Merkmal des sprachlichen Repertoires mehrsprachiger Sprecher:innen darstellt (s. Wiese & Rehbein 2016). Dies gilt interessanterweise nicht nur für den deutschsprachigen Raum, sondern z. B. auch für multiethnolektale Varietäten des Schwedischen und Norwegischen (s. Ganuza 2010; Nistov & Opsahl 2014). Sowohl Norwegisch als auch Schwedisch sind ebenfalls Verbzweit-Sprachen, so wie das Deutsche, und auch hier sind in jüngeren Varietäten, die in Sprachkontaktsituationen entstanden sind, Äußerungen mit Verbdritt-Stellung zu beobachten, die ein vergleichbares Muster und eine ähnliche informationsstrukturelle Gliederung zeigen wie im Deutschen (s. Freywald et al. 2015):

(23) a. *[I dag]* *[hun]* *lagde* *somalisk* *mat.* (norwegischer Urbanolekt)

heute sie machte somalisches Essen

‚Heute hat sie somalisch gekocht.'

b. *[Nu]* *[ingen]* *kan* *terra* *mej* *längre.* (schwedischer Urbanolekt)

jetzt niemand kann terrorisieren mich länger

‚Jetzt kann mich niemand mehr länger terrorisieren.'

(Freywald et al. 2015: 83, 85)

Da sowohl in Deutschland als auch in Norwegen und Schweden jeweils mehrere und jeweils verschiedene Sprachen in die genannten Kontaktsituationen involviert sind, kann man recht sicher ausschließen, dass es sich hierbei um Transfererscheinungen (Übertragungen) aus den beteiligten Sprachen handelt. Nicht zuletzt sprechen die zahlreichen Belege für Verbdritt-Sätze von Sprecher:innen, die sich nicht in einem multilingualen Sprachkontaktkontext bewegen, stark gegen eine solche Auffassung (Bunk 2020). Die Beispiele oben haben deutlich gemacht, dass es sich in allen Fällen um das gleiche syntaktische Muster handelt.

SOV bleibt SOV Eine andere These, die im Kontext von Verbdritt-Sätzen im Kiezdeutschen zuweilen erwogen wird, sieht hier Indizien für einen syntaktischen Wandelprozess von SOV zu SVO (z. B. Auer 2003). Das Ergebnis eines solchen Wandels wäre eine Satzstruktur, wie sie im Englischen vorliegt, wo das Subjekt und ggf. ein hervorgehobenes Adverbial gemeinsam dem Verb vorangehen. Auf den ersten Blick sieht diese Struktur ja ganz ähnlich aus:

(24) a. *[From now on],* *[I]* *get twenty euros.*

b. *[ab jetzt]* *[ich]* *krieg immer zwanzig Euro*

Diese Ähnlichkeit ist jedoch nur scheinbar. Bislang gibt es keinerlei Anzeichen, dass das Deutsche – oder einzelne seiner Varietäten, wie das Kiezdeutsche – auf dem Weg zur SVO-Struktur wäre. Um eine SVO-Sprache zu werden, müsste das Deutsche nämlich noch einiges mehr aufgeben als nur die Verbzweit-Regel. Zum ersten müsste die Subjektposition vor dem Verb fest werden, es müsste sich also eine Beschränkung entwickeln, die die Platzierung des Subjekts nach dem Verb, also so etwas wie *Einen Apfelbaum hat Anna heute gezeichnet*, ausschließt. Zum zweiten müsste die satzfinale Verbposition aufgegeben werden, d. h. sowohl in Hauptsätzen als auch in Nebensätzen müsste der *gesamte* Verbalkomplex vor dem Objekt stehen, also *Anna hat gezeichnet einen Apfelbaum*. Beides ist jedoch nicht der Fall und auch nicht in Ansätzen zu beobachten. Vielmehr ist die Verbposition am Satzende für infinite Verben im Hauptsatz und für den gesamten Verbkomplex im Nebensatz im nicht-multiethnolektalen Deutsch genauso wie im Kiezdeutschen stabil (Wiese & Müller 2018). Dies lässt sich daran erkennen, dass Hauptsätze mit mehrteiligem Prädikat im Kiezdeutschen eine Verbklammer aufweisen:

(25)   a.   *er **ruft** IMmer noch **an***   [KiDKo, MuH19WT]

       b.   *ich **muss** ein refeRAT **machen***   [KiDKo, MuP1MK]

       (Wiese & Müller 2018: 210 f.)

Auch eine Beschränkung von Subjekten auf die Position vor dem Verb (wie es SVO nahelegen würde) ist nicht auszumachen. Es gibt im Gegenteil zahlreiche Beispiele für nicht-subjektivische Vorfeldphrasen, z. B. in (26):

(26)   a.   ***im internt** gib=s SO geile bilder von denen*   [KiDKo, MuH19WT]

       b.   ***den** seh ich zum ersten MAL*   [KiDKo, MuP1MK]

       (Wiese & Müller 2018: 209)

Zusammenfassend ist festzuhalten, dass Verbdritt-Aussagesätze im Deutschen eine zusätzliche Option darstellen, die andere syntaktische Muster nicht ablöst oder verdrängt, sondern ergänzt. Die Verbdritt-Abfolge erfüllt Funktionen, die sich aus dem sprachunabhängigen Bedürfnis nach Informationsgliederung ergeben.

Dasselbe Bedürfnis, nämlich Informationen in einer bestimmten Weise anzuordnen, bewirkt die Variation in der Wortstellung des Deutschen, die ihm den Ruf eingebracht hat, eine Sprache mit freier Wortstellung sein. Die kommunikativen Strategien, die hier wirken, werden im folgenden Abschnitt besprochen.

5.3   Deutsch ist eine Sprache mit ‚freier' Wortstellung: Präferenzen im Mittelfeld

In den vorangegangenen Abschnitten dieses Kapitels wurde deutlich, dass die syntaktische Struktur deutscher Sätze recht strikt geregelt ist, insbesondere in Bezug auf die Verbpositionen. Wie kommt es dann, dass Deutsch als eine sehr flexible und bezüglich der Wortstellung ‚freie' Sprache gilt? Ein Aspekt ist sicherlich die sehr freie Besetzbarkeit des Vorfelds – nicht was die Anzahl der dort platzierbaren Phrasen angeht, aber hinsichtlich ihrer Kategorie und Funktion: So gut wie alle Phrasentypen (Nominal-, Präpositional-, Adjektivphrasen, Nebensätze u. a.) mit unterschiedlichsten Funktionen (Objekt, Adverbial, Subjekt, Prädikativ) können im Vorfeld erscheinen. Wie oben schon gesagt, hat dies sehr oft informationsstrukturelle Gründe. Das Vorfeld stellt den Topikbereich dar, es kann aber auch für fokussierte Konstituenten genutzt werden, wie z. B. Frageausdrücke oder Phrasen, die neue Information zum Ausdruck bringen.

Gerührt, nicht geschüttelt Ein weiterer weiterer Aspekt sind die vielfältigen Umstellungsmöglichkeiten im Mittelfeld, also im Bereich zwischen linker und rechter Klammerposition. Hier kann man je nach Bedarf verschiedenste Abfolgen erzeugen und wie ein Rührei kräftig quirlen – daher wird dieser Vorgang auch als ‚Scrambling' bezeichnet. Die Wortstellung ist dabei aber nicht beliebig, sondern vor allem pragmatisch gesteuert. Daneben spielen syntaktische und prosodische Faktoren eine Rolle. Kurze, ‚leichte' Elemente streben an den Anfang des Mittelfelds. Besonders leichte Ausdrücke, wie unbetonte Pronomina und Modalpartikeln, heften sich dabei gerne an das finite Verb (‚Klitisierung', s. hierzu ► Abschn. 6.3.6 und 8.3). Einige wesentliche Strategien, die bei der Serialisierung der Konstituenten im Mittelfeld maßgeblich sind, werden im Folgenden aufgeführt. Dabei handelt es sich um Tendenzen bzw. Präferenzen, nicht um ausnahmslose Regularitäten. Nicht-präferierte Abfolgen sind daher meist nicht inakzeptabel, sondern lediglich unangemessen oder in ihrer Verwendung auf ganz bestimmte Situationen beschränkt. Diese Varianten sind daher nicht mit einem Asterisk *, sondern mit einer Raute # gekennzeichnet.

Belebt vor unbelebt Dieses semantische Prinzip besagt, dass Ausdrücke, die auf belebte Referenten verweisen, bevorzugt vor solchen positioniert werden, die sich auf Unbelebtes beziehen. (27a) ist in unmarkierten Kontexten die präferierte Abfolge:

(27)   a.   *Kürzlich hat Carlos seiner Schwester eine falsche Briefmarke untergejubelt.*

        b.   *# Kürzlich hat Carlos eine falsche Briefmarke seiner Schwester untergejubelt.*

Diese Abfolge korreliert mit dem syntaktischen Faktor Kasus sowie dem semantischen Faktor der semantischen Rolle. Bei nicht-pronominalen Phrasen, wie in (27), überwiegt die Abfolge Nominativ (Subjekt) > Dativobjekt > Akkusativobjekt. Akkusativobjekte bezeichnen nun sehr oft Unbelebtes, Dativobjekte verweisen dagegen oft auf belebte Referenten, und Subjekte haben ebenfalls in den meisten Fällen einen belebten Referenten. Diese Korrelation hängt mit den semantischen Rollen zusammen, die typischerweise durch Subjekte, Akkusativobjekte und Dativobjekte realisiert werden. Subjekte tragen meist die Rolle des ‚Agens', die typischerweise von Lebewesen ausgefüllt wird. Akkusativobjekte erfüllen dagegen meist die ‚Patiens'-Rolle, d. h. sie bezeichnen dasjenige, das der Verbalhandlung unterliegt, und das sind sehr häufig unbelebte Entitäten. Dativobjekten kommt wiederum typischerweise die Rolle ‚Rezipient' oder ‚Benefaktiv' zu, die meist belebte Referenten involviert (s. zu semantischen Rollen den Vertiefungskasten). Somit spiegelt die rein syntaktisch zu fassende Kasusabfolge direkt die (semantisch verankerte) Belebtheitsabfolge wider (s. Nübling et al. 2017: 124 f.).

5

Zur Vertiefung: Semantische Rollen

Neben syntaktischen Leerstellen (für Subjekte und Objekte) eröffnen Verben auch semantische Leerstellen. Sie stehen in einer funktionalen Beziehung zum Verb und bezeichnen semantische Relationen wie Ausführende:r einer Handlung, Gegenstand einer Handlung, Nutznießer:in oder Adressat:in einer Handlung, Ort einer Handlung usw.

Die semantischen Rollen werden mit Fillmore (1968) auch als ‚Tiefenkasus' bezeichnet oder als ‚thematische Rollen' (auch kurz: Theta/θ-Rollen). Sie sind nur schwer klar zu definieren, es gibt daher in der Forschungsliteratur unterschiedlich umfangreiche Listen solcher Rollen. Hier sind nur einige zentrale genannt und an jeweils einem Beispiel illustriert:

AGENS	übt eine Handlung aus	*Anna gießt die Blumen.*
PATIENS	ist von einer Handlung betroffen, unterliegt einer Handlung	*Anna isst **ein Eis**.*
REZIPIENT	Adressat:in einer Handlung	*Anna gibt **der Katze** etwas Milch.*
BENEFAKTIV	Nutznießer:in einer Handlung (auch im negativen Sinne: malefaktiv)	*Anna gibt **ihm** einen Kuss/ einen Korb.*
EXPERIENCER	unterliegt einem psychischen Prozess oder Zustand	***Ihr** gefällt/missfällt dieser Vorschlag.*
PLACE	räumliche Orientierung der Handlung	*Sie wohnen **auf einer Insel**.*
INSTRUMENT	Ursache/Auslöser oder Mittel einer Handlung (auch: Stimulus)	*Er rührt den Tee **mit einem Löffel** um.*

Semantische und syntaktische Relationen sind miteinander korreliert. Typischerweise wird im Deutschen ‚Agens' durch das Subjekt ausgedrückt, ‚Patiens' durch ein Akkusativobjekt, ‚Benefaktiv', ‚Rezipient' und ‚Experiencer' durch ein Dativoder Präpositionalobjekt, ‚Instrument' durch ein Präpositionalobjekt u. a.

Vgl. weiterführend z. B. Fillmore (1968), Eroms (2000: Kap. 6.3) sowie Pittner & Berman (2021: Kap. 4.3).

Bekannt vor neu   Ähnlich wie im gesamten Satz zeigt sich auch im Mittelfeld eine Präferenz für das ‚Given-New'-Prinzip: Bekannte Information steht vor neuer Information. Dieses Prinzip geht konform mit dem Faktum, dass sich im Deutschen die Fokusposition, also die Position für die neue Information, sehr weit rechts, meist direkt vor dem infiniten Verb, befindet (Uhmann 1991; Féry 1993). Daher klingt in (28) die Fortsetzung der Erzählung in (a) ganz normal. Hier steht der Fokusausdruck *auf dem Flohmarkt*, also die neue Information, weit rechts, direkt vor dem infiniten Verb in der rechten Satzklammer. Die Fortsetzung (b) wirkt dagegen sehr merkwürdig. Wenn jedoch *auf dem Flohmarkt* bekannte Information ist, ist nur die Abfolge (b) angemessen, so wie in (29).

(28) *Hannes hatte heute eine echt coole Jeans an. (a) Er hat sich die Hose auf dem Flohmarkt gekauft. / (b) # Er hat sich auf dem Flohmarkt die Hose gekauft.*

(29) *Hannes hat erzählt, dass bei ihm in der Straße jedes Wochenende Leute ihren Trödel verkaufen. (a) # Er hat sich eine Hose auf dem Flohmarkt gekauft. / (b) Er hat sich auf dem Flohmarkt eine Hose gekauft.*

Ihnen ist sicher aufgefallen, dass der Ausdruck, der auf „Hose" verweist, in (28b) definit ist (*die Hose*), in (29b) ist derselbe Ausdruck jedoch indefinit: *eine Hose*. Eine definite Phrase würde hier sehr unpassend klingen. Hier zeigt sich erneut eine Korrelation, nämlich zwischen dem Prinzip ‚bekannt vor neu' und dem Prinzip ‚definit vor indefinit'. Gemäß der in Ariel (1988, 1990) und ähnlich auch in Givón (1983) beschriebenen Zugänglichkeitshierarchie (‚Accessibility Hierarchy') werden für den Bezug auf unterschiedlich stark zugängliche, d. h. im Diskurs identifizierbare Referenten formal verschiedene Ausdrücke verwendet.

Indefinite Nominalphrasen stehen dabei am Pol der geringsten Zugänglichkeit, d. h. sie sind aus dem vorhergehenden Text oder Gespräch noch nicht bekannt und auch nicht anderweitig aus dem Kontext inferierbar. Daher sind indefinite Phrasen besonders für den Ausdruck neuer Information geeignet, wie in (29). Sie werden benutzt, um neue Diskursreferenten einzuführen. Definitheit markiert dagegen gegebene, bereits bekannte Information. Definite Ausdrücke stehen näher am Pol der Zugänglichkeit und können sich z. B. auf zuvor bereits eingeführte Diskursreferenten beziehen, so wie *die Hose* in (28) (zuvor eingeführt durch *Jeans*). Diese beiden Dimensionen – (In-)Definitheit und Neuigkeitswert – hängen zusammen, das eine geht nicht ohne das andere. Daher ändert sich in (29) gegenüber (28) mit der Veränderung des vorhergehenden Kontexts auch die Definitheit der auf „Hose" verweisenden Phrase.

Kurz vor lang Ein prosodisches Kriterium spielt bei dem Prinzip ‚kurz vor lang' eine Rolle. Leichttonige, d. h. unbetonte Elemente, wie z. B. Pronomina, gehen umfangreicheren Konstituenten, wie z. B. vollen Nominalphrasen, voraus:

(30) a.   *Gestern hat er es seiner Freundin geschenkt.*

     b.   *# Gestern hat er seiner Freundin es geschenkt.*

(31) a.   *Gestern hat er ihr das Bild geschenkt.*

     b.   *# Gestern hat er das Bild ihr geschenkt.*

Bei mehreren Pronomina zeigt sich eine etwas andere Reihenfolgepräferenz als bei vollen Phrasen, nämlich Nominativ (Subjekt) > Akkusativobjekt > Dativobjekt (Lenerz 1977). Dies heißt freilich nicht, dass nicht auch die umgekehrte Abfolge grundsätzlich möglich ist.

(32) a. *Gestern hat er es ihr geschenkt.*

  b. *Gestern hat er ihr es geschenkt.*

Unbetonte Pronomina und auch Modalpartikeln, wie *denn* in (33b), werden in dieser Position oft noch stärker phonetisch reduziert, indem sie sich an das vorhergehende finite Verb ,anlehnen' und mit ihm verschmelzen. Das kann auch mit mehreren solcher Elemente hintereinander passieren:

(33) a. *Gestern **hat er es / haters** ihr geschenkt.*

  b. *Wo **hast du es denn / hastesn** hingelegt?*

Die Position, in der eine solche Klitisierung stattfinden kann, wird nach Jacob Wackernagel, der diesen systematischen positionellen Zusammenhang zuerst beschrieben hat, ,Wackernagelposition' genannt (s. auch ▶ Abschn. 6.3.6 und 8.3).

Das Mittelfeld ist zwar sehr flexibel und verfügt in gewisser Hinsicht tatsächlich über eine ,freie Wortfolge', aber das Herumquirlen passiert nicht unsystematisch oder beliebig, sondern dient dem Ausdruck pragmatischer und semantischer Informationen. Diese Situation besteht allerdings nicht schon immer, sondern erst seit dem 16. Jh. Zuvor war die Abfolge im Mittelfeld viel stärker syntaktisch geregelt, nämlich in Form einer sehr konsequenten ,Dativ > Akkusativ'-Serialisierung (s. Speyer 2011 sowie für einen Überblick Nübling et al. 2017: 124 f.).

Die Literatur zur Syntax des Mittelfelds und zu den Wortstellungspräferenzen ist außerordentlich umfangreich. Für einen einführenden Überblick s. Pittner & Berman (2021: Kap. 10) sowie Musan (2002, 2010).

Im folgenden und letzten Abschnitt zu Wortstellungsfragen auf Satzebene geht es um komplexe Sätze und Satzverknüpfung. Im Mittelpunkt steht das stark in der Diskussion stehende Phänomen der Hauptsatzwortstellung in Nebensätzen. Die eigentlich dahinter liegende Frage ist, wie einleitende Konjunktionen mit der Positionierung des finiten Verbs interagieren.

5.4 Hauptsatzwortstellung im Nebensatz

Wenn es um Nebensätze geht, die wie Hauptsätze aussehen, setzt oft eine emotional geführte Diskussion ein. Es scheint der ,Untergang des Nebensatzes' zu drohen, genauer eigentlich nur: der Untergang der Unterscheidung von Haupt- und Nebensätzen anhand der Position des finiten Verbs. Über diese Unterscheidung wurde in den vorhergehenden Abschnitten schon einiges gesagt, unter anderem, dass sie im Sprachvergleich eine wahrlich exotische Eigenschaft ist. Dieses Exotikum wird uns auch, soweit man dies aus heutiger Sicht beurteilen kann, erhalten bleiben. Wie schon die Verbdritt-Stellung im Aussagesatz sind auch Nebensätze mit Hauptsatzwortstellung (► Abschn. 5.4.1) und Hauptsätze mit nebensatzeinleitenden Konjunktionen (► Abschn. 5.4.2) Teil eines breiten Spektrums struktureller Möglichkeiten, ohne dass hier zu befürchten wäre, dass dadurch andere Optionen verdrängt oder überflüssig würden.

In den folgenden beiden Abschnitten beschränken wir uns des Umfangs halber auf finite Konjunktionalsätze. Verbstellungsvariation tritt allerdings nicht nur bei diesen auf, sondern z. B. auch in Relativsätzen (vgl. hierzu u. a. Gärtner 2001; Holler 2005; Ravetto 2007). Unter den Argument- und Adverbialsätzen, die Hauptsatzwortstellung aufweisen können, sind zunächst zwei Arten zu unterscheiden: Nebensätze ohne Einleitung, also asyndetisch verknüpfte Sätze, und Sätze mit einer Einleitung, nämlich einer (auch) subordinierenden Konjunktion. Wir beginnen mit den uneingeleiteten Nebensätzen.

5.4.1 Uneingeleitete Nebensätze

Das finite Verb als Lückenfüller Finite Nebensätze ohne Einleitungselement kommen im Deutschen als Argumentsätze vor (das sind Nebensätze, die Subjekt- oder Objektfunktion erfüllen) oder als Adverbialsätze, nämlich mit hypothetisch-konditionaler, konzessiver oder adversativer Bedeutung. Die uneingeleiteten Nebensätze alternieren mit eingeleiteten Pendants, im Fall von Verbzweit-Sätzen mit *dass*-Sätzen, im Fall von Verberst-Sätzen mit *wenn*-Sätzen (seltener auch mit *während*-Sätzen).

Wenn in einem Nebensatz die Einleitung fehlt, folgt daraus automatisch Verberst- oder Verbzweit-Stellung des finiten Verbs. Es gibt im Deutschen keine Verbletzt-Sätze ohne einleitende Konjunktion oder einleitendes Relativ- bzw. Interrogativpronomen oder -adverb. Folglich kann die Hauptsatzwortstellung (Verberst oder Verbzweit – oder Verbdritt, ► Abschn. 5.2.3) hier zunächst als rein syntaktischer Mechanismus aufgefasst werden. Ist die linke Klammerposition nicht durch eine Konjunktion gefüllt, rückt das finite Verb dorthin. Es entsteht ein Verbzweit-Satz wie in (34) oder ein Verberst-Satz wie in (35):

(34)   *Ich hatte vermutet, …*

Vorfeld	Linke Klammerposition	Mittelfeld	Rechte Klammerposition	Nachfeld
	dass	sie heute einen Apfelbaum	zeichnen würde	
sie	würde	___ heute einen Apfelbaum	zeichnen ___	

(35)   *Du kannst mich einfach anrufen, ...*

Vorfeld	Linke Klammer-position	Mittelfeld	Rechte Klammer-position	Nachfeld
	wenn	es sehr viel später	werden sollte	
	sollte	es sehr viel später	werden ___	

5

Das ‚Nachrücken' des finiten Verbs in die linke Klammerposition zeigt sehr klar den engen Zusammenhang zwischen dieser öffnenden, linken und der schließenden, rechten Klammerposition und damit zwischen den Elementen, die diese Positionen füllen können. Oben hatten wir den Zusammenhang zwischen Konjunktion und Verbkomplex bereits als Nebensatzklammer charakterisiert (s. Vertiefungskasten „Das Modell der topologischen Felder" in ▶ Abschn. 5.1.1).

V1-Argumentsätze in der Schweiz   Uneingeleitete Argumentsätze haben stets Verbzweit-Stellung, uneingeleitete Adverbialsätze stets Verberst-Stellung. Die Hauptsatzwortstellung ist hier also auf jeweils ein einziges Muster beschränkt. Damit ist die Spannbreite wesentlich stärker limitiert als in selbstständigen Hauptsätzen. Die deutschsprachige Schweiz verfügt als einzige Region des deutschsprachigen Raums über mehr Varianz. Argumentsätze, die auch mit *dass* eingeleitet werden könnten, können hier auch Verberst-Stellung aufweisen, und zwar vorwiegend, aber nicht ausschließlich, dann, wenn sie von einem evaluativen Adjektiv oder Nomen abhängen (s. Lötscher 1997; Dürscheid & Hefti 2006):

(36)   a.   *Ich   find   s   guet,   **het** er   chönne   choo.*

   ich   finde   es   gut   hat   er   können   kommen

   ‚Ich finde es gut, dass er hat kommen können.' (Lötscher 1997: 85)

   b.   *Ja das Lager isch würklech super gsi!!! Mega schad **isch** es scho verbi*

   ‚Ja, das Lager ist wirklich super gewesen! Megaschade, dass es schon vorbei ist.'

   (Gästebucheintrag auf der Website der Jungschar „Terra Nova", Region Bern; 11.10.2010)

   c.   *I   ha   no   Glück,   **han** i   e   gueti   Woonig!*

   ich   habe   noch   Glück   habe ich   eine   gute   Wohnung

   ‚Ich hab noch Glück, dass ich eine gute Wohnung habe!'

   (Projekt-Website „Dialektsyntax des Schweizerdeutschen";
   ▶ https://www.dialektsyntax.uzh.ch/de/phenomena.html)

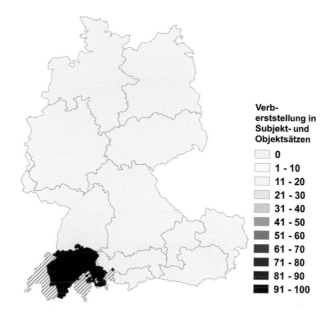

Verb-
erststellung in
Subjekt- und
Objektsätzen

☐ 0
☐ 1 - 10
☐ 11 - 20
☐ 21 - 30
☐ 31 - 40
■ 41 - 50
■ 51 - 60
■ 61 - 70
■ 71 - 80
■ 81 - 90
■ 91 - 100

☐ **Abb. 5.4**   Eingebettete Verberst-Sätze mit Subjekt- oder Objektfunktion (Variantengrammatik des Standarddeutschen, ▶ http://mediawiki.ids-mannheim.de/VarGra/index.php/Verberststellung_in_Subjekt-_und_Objektsätzen, Juli 2022)

Die Karte aus der *Variantengrammatik* in ☐ Abb. 5.4 (s. Kasten „Empirische Ressourcen: Die Variantengrammatik des Standarddeutschen" in ▶ Abschn. 2.4.4) zeigt die Vorkommen von Verberst-Argumentsätzen in den Standardsprachen im deutschsprachigen Raum. Die für die Karte ausgewerteten Daten entstammen einem regional ausgeglichenen Zeitungskorpus. Sätze wie in (36) kommen ausschließlich in Schweizer Zeitungen vor.

Das ‚Nachrücken' des Verbs in die leere linke Klammerposition, das oben als rein syntaktischer Mechanismus bezeichnet wurde, unterliegt jedoch gewissen Beschränkungen und hat auch pragmatische Effekte. Die Schweizer Verberst-Sätze werden ganz überwiegend mit evaluativen/emotiven Adjektiven als übergeordnetem Ausdruck verwendet. Es besteht hier also eine semantische Beschränkung für das Auftreten dieser Verberst-Sätze. Zudem steigen Akzeptanz und Natürlichkeit dieser Sätze, wenn das übergeordnete Syntagma sehr floskel- und formelhaft ist (Lötscher 1997).

Beschränkungen für V2-Argumentsätze   Für die Bildung von Verbzweit-Argumentsätzen sind in der Forschungsliteratur als wesentliche Beschränkungen semantische Eigenschaften des übergeordneten Satzes genannt worden (s. u. a. Reis 1997). Der Literatur zufolge treten uneingeleitete Verbzweit-Sätze nicht als Subjekt oder Objekt eines Verbs auf, wenn dieses faktiv oder negiert ist, s. (37) und (38):

5

(37)   Faktives Verb im übergeordneten Satz (der Inhalt des Objektsatzes wird präsupponiert, d. h. als wahr vorausgesetzt)

Peter hat vergessen, er ist heute mit Einkaufen dran.

(dagegen unproblematisch mit nicht-faktivem Verb:

Peter hat behauptet, er ist heute mit Einkaufen dran.)

(38)   Negation im übergeordneten Satz (Inhalt des Objektsatzes wird mit negiert)

Ich habe nicht gelesen, das Briefporto wird wieder billiger!

(dagegen unproblematisch ohne Negation:

Ich habe gelesen, das Briefporto wird wieder billiger!)

Diese Beschränkung wird im Allgemeinen darauf zurückgeführt, dass uneingeleitete Verbzweit-Nebensätze eigenes assertierendes Potenzial haben. Das Argument
lautet also: Ein Sachverhalt, der als wahr behauptet wird, kann nicht zugleich
präsupponiert oder negiert sein (Reis 1997; Gärtner 2001; Meinunger 2006). Typische Kontexte für Verbzweit-Argumentsätze sind entsprechend Verben des Sa-
gens, Denkens und Meinens, Wahrnehmungsverben und Präferenzprädikate (z. B.
Es ist besser, du rufst nochmal an).

Wenn man sich den Sprachgebrauch in verschiedenen Varietäten und Registern ansieht, kann man jedoch feststellen, dass es hier Variation gibt. Uneingeleitete Verbzweit-Sätze erscheinen durchaus auch als Objekte von negierten Verben
(wie in (39a, b)) und von semantisch negierenden Verben, wie *bestreiten* u. ä. (vgl.
(39c)). Dies findet sich sowohl in informellen und formellen schriftlichen Texten (Internetforum, Tageszeitung) als auch in gesprochenen Varietäten (wie z. B.
Namdeutsch, s. auch ▶ Abschn. 3.3.2):

(39)   a.   *Was davon tatsächlich abzuziehen ist, sei mal dahingestellt. Ich habe **nicht**
behauptet, es wären 59 € Gewinn. Der Umsatz ist erstmal da.*

(User-Eintrag im *Jurawelt-Forum*, 11.07.2013)

b.   *Ich hoffe **nich,** die hatte sich verletzt.*

(Namdeutsch, DNam-Korpus, NAM154W3)

c.   *Trump wie auch Vertreter des Kreml haben stets **bestritten,** es habe Manipulations-
versuche gegeben.*

(*Oberbayerisches Volksblatt Online*, 07.06.2017)

Die genauen Auftretensbedingungen und Restriktionen von Verbzweit-Argumentsätzen sind also nicht abschließend geklärt (für einen Überblick s. Freywald
2013, 2016). Unklar ist außerdem, welche übergeordneten Verben, Nomen und
anderen Ausdrücke einen Verbzweit-Satz als ihr Argument nehmen können und
welche dies nicht können. Hier gibt es noch viel Spannendes aufzudecken.

V1-Adverbialsätze – nur geschrieben? Uneingeleitete Verberst-Sätze, die mit *wenn*-Verbletzt-Sätzen alternieren, sind Adverbialsätze und haben zuallermeist eine hypothetisch-konditionale Semantik (s. (40a)), sie können aber auch temporale oder adversative Bedeutungsfacetten aufweisen (s. (40b) und (40c)):

(40) a. *Hätte ich mehr Zeit gehabt, hätte ich einen kürzeren Brief geschrieben.*
(Reis & Wöllstein 2010: 112)

b. *Hatte Karl eine Arbeit abgeschlossen, stürzte er sich mit Eifer in eine neue.*
(Heidolph, Flämig & Motsch 1981: 792)

c. *War Öl lange Zeit zu billig, (so) ist es seit einiger Zeit zu teuer.*
(Reis & Wöllstein 2010: 122)

Auch für diese adverbialen Verberst-Sätze stellt sich die Frage, wann sie auftreten können und wann nicht. Klar ist, dass sie – wie auch die Verbzweit-Argumentsätze – einen kleineren Verwendungsspielraum als ihre eingeleiteten Pendants haben, d. h. nicht jeder konditionale oder temporale *wenn*-Satz ist durch einen uneingeleiteten Verberst-Satz ersetzbar (Reis & Wöllstein 2010; Pittner 2011).

Hier spielen u. a. stilistische Aspekte eine Rolle. In einer Korpusstudie, die verschiedene schriftliche Textsorten, vor allem Zeitungstexte, sowie eine Kompilation aus verschiedenen Korpora formeller und informeller gesprochener Sprache umfasst, stellen Auer & Lindström (2011) fest, dass konditionale Verberst-Sätze im Deutschen hauptsächlich in schriftlichen Texten vorkommen und fast gar nicht in der gesprochenen Sprache. In mündlicher Kommunikation gibt es in den von ihnen untersuchten Daten in den (ohnehin seltenen) konditionalen Verberst-Sätzen zudem eine enge lexikalische Beschränkung auf die Verben *sollte*, *hätte* und *wäre*.

Präferenz für Voranstellung Schließlich werden uneingeleitete konditionale Verberst-Sätze in Satzgefügen präferiert vorangestellt (so wie in den Beispielen in (40)). Wenn sie – in eher seltenen Fällen – nachgestellt sind, stehen sie überwiegend im Konjunktiv (s. (41a)). Der Konjunktiv ist jedoch auch bei Nachstellung nicht obligatorisch, wie die empirische Untersuchung in Götz (2019) zeigt (s. die Belege in (41b, c)):

(41) a. *Der Konzern drohte den Mitarbeitern mit Insolvenz, **sollten** sie keine Opfer bringen.*
(*Süddeutsche Zeitung*, 07./08.11.2009, 9)

b. *Doch das ist, **sieht** man vom Scharmützel mit dem Bund der Steuerzahler ab, Vergangenheitsbewältigung.* (*Fränkischer Tag*, 02.06.2007, 9)

c. *Robert Redford drehte hier den „Pferdeflüsterer", und nachts ist es bisweilen so dunkel, dass man besser bis zur Morgendämmerung stehen bleibt, **will** man sich nicht wehtun oder schlimm verlaufen.* (*Süddeutsche Zeitung*, 21.08.2007, 9)

(Belege aus Götz 2019: 431, 433, 432)

Die Diskussion uneingeleiteter Argument- und Adverbialsätze in diesem Abschnitt hat deutlich gemacht, dass zwischen der konjunktionalen Nebensatzeinleitung und der Positionierung des finiten Verbs in der linken Satzklammerposition ein systematischer Zusammenhang besteht. Wenn keine einleitende Konjunktion vorhanden ist, rückt das finite Verb nach vorn. Dass dieser Zusammenhang kein rein mechanistischer ist, zeigen die pragmatischen Effekte, die mit der Verbvoranstellung in Nebensätzen einhergehen, und die damit verbundenen stärker restringierten Verwendungsbedingungen für uneingeleitete Nebensätze gegenüber ihren eingeleiteten Gegenstücken mit Verbletzt-Stellung.

Im folgenden, letzten Abschnitt dieses Kapitels kommen nun Satzstrukturen zur Sprache, die dem gerade formulierten Prinzip des inneren Zusammenhangs zwischen einleitender Konjunktion und Verberst-/Verbzwei-Stellung des finiten Verbs zu widersprechen scheinen. Es geht um Sätze, die eine Nebensatzkonjunktion enthalten und trotzdem die Form und Verbstellung eines Hauptsatzes haben: die viel diskutierte Hauptsatzwortstellung nach *weil*. Wir werden sehen, dass dieses Phänomen zum einen nicht auf *weil* beschränkt ist und zum anderen keinen Widerspruch zu der komplementären Verteilung von subordinierender Konjunktion und vorangestelltem finitem Verb darstellt.

5.4.2 Nebensatzkonjunktionen als Hauptsatz-Verknüpfer

In ▶ Abschn. 5.4.1 haben wir gesehen, dass in Nebensätzen ohne einleitende Konjunktion das finite Verb seine Basisposition am Satzende verlässt und an die erste bzw. zweite Stelle, d. h. in die linke Satzklammerposition, rückt. Ist die linke Satzklammer dagegen durch eine Konjunktion gefüllt, bleibt das finite Verb am Ende des Satzes. Nun scheint es aber auch Ausnahmen von dieser Regularität zu geben, denn in den Sätzen in (42) ist eine Nebensatzkonjunktion vorhanden und das finite Verb steht trotzdem in Zweitposition:

(42) a. *Ich bin unheimlich voll, **obwohl** den Berliner eß ich noch.*

   (Gaumann 1983: 229)

   b. *In Chicago wars mehr ne Einzelidee, **während** auf Korsika ist es ja Volkskunst.*

   (Gaumann 1983: 232)

   c. *Beinahe finde ich es schade, dass es in Prenzlauer Berg keine Garagen gibt. **Wobei,** eigentlich hätte ich ja lieber einen Balkon.*

   (*die tageszeitung*, 16.04.2013, 24)

   d. *Ist das überhaupt Kunst? **Weil** – ordinär ist das schon!*

   (Scheutz 2001: 112)

Wie ist das zu erklären? Haben wir es hier tatsächlich mit einem Syntaxwandel zu tun, der auf eine Angleichung der Nebensatzwortstellung an die Hauptsatzwortstellung hinausläuft, wie es von einigen Sprachpessimist:innen gemutmaßt wird? In der nicht-sprachwissenschaftlichen öffentlichen Diskussion werden Sätze wie die in (42) oft als Indiz dafür gesehen, dass viele Sprecher:innen des Deutschen Nebensätze nicht mehr richtig bilden können und dass die vermeintlich komplizierte Nebensatzwortstellung folglich vereinfacht werde (was zudem als Sprachverfallserscheinung gewertet wird). Dies ist allerdings eine Fehleinschätzung, und das in (42) illustrierte Phänomen ist auch gar nicht so neu, wie es vielleicht zunächst den Anschein hat. In den folgenden Absätzen werden wir dies mit Argumenten belegen.

Funktionale Differenzierung   Zunächst einmal ist festzustellen, dass die Konjunktionen in (42) eine andere Funktion erfüllen, als es die gleichlautenden Konjunktionen in Verbletzt-Sätzen tun. Dies wird deutlich, wenn man die entsprechenden Varianten direkt miteinander vergleicht:

(43)   a.   *Ich bin unheimlich voll,* **obwohl** *den Berliner* **eß** *ich noch.* /
            Ich bin unheimlich voll, **obwohl** *ich den Berliner noch* **eß.**

       b.   *In Chicago wars mehr ne Einzelidee,* **während** *auf Korsika* **ist** *es ja Volkskunst.* /
            In Chicago wars mehr ne Einzelidee, **während** *es auf Korsika ja Volkskunst* **ist.**

       c.   *Beinahe finde ich es schade, dass es in Prenzlauer Berg keine Garagen gibt.*
            Wobei, *eigentlich* **hätte** *ich ja lieber einen Balkon.* /
            Wobei *ich ja eigentlich lieber einen Balkon* **hätte.**

       d.   *Ist das überhaupt Kunst?* **Weil** *– ordinär* **ist** *das schon!* /
            Ist das überhaupt Kunst, **weil** *das schon ordinär* **ist!**

Die jeweiligen Verbstellungsvarianten sagen nicht das Gleiche aus. Am stärksten tritt dies in (43a) zutage, wo der *obwohl*-Verbletzt-Satz die gesamte Aussage recht unsinnig wirken lässt, da ja das Essen eines weiteren Berliners eigentlich eher einen Grund dafür (und nicht ein Argument dagegen) darstellt, dass man sich „unheimlich voll" fühlt. Auch in (43d) ändert sich der Inhalt der Äußerung enorm: Der *weil*-Verbletzt-Satz gibt eine Begründung für das vermeintliche ‚Kunst-Sein' (paraphrasierbar als: *Ist das deshalb Kunst, weil das ordinär ist?*). Der *weil*-Verbzweit-Satz dagegen gibt eine Begründung dafür an, weshalb die rhetorische und leicht abfällige Frage *Ist das überhaupt Kunst?* gestellt wird. Die Begründung findet also auf der Ebene der Sprechhandlungen statt, nicht auf der inhaltlichen Ebene.

In ähnlicher Weise nimmt der *obwohl*-Verbzweit-Satz in (43a) Bezug auf das Tätigen einer Aussage selbst. Die Behauptung eines Sachverhalts (nämlich unheimlich voll zu sein) wird hier relativiert bzw. zurückgenommen. Man könnte dies aus Sprecher:innensicht so paraphrasieren: *Ich habe zwar behauptet, dass ich unheimlich voll bin, aber so ernst gemeint war diese Behauptung gar nicht. Ich esse nämlich jetzt doch noch einen Berliner.* Die Semantik von *obwohl* ist hier nicht konzessiv, sondern korrektiv, denn es wird eine bereits gemachte Aussage wieder zurückgenommen (ähnliches passiert bei *wobei*), s. Günthner (1999, 2000).

In (43b) schwingt im *während*-Verbletzt-Satz neben der adversativen Bedeutung auch noch schwach die temporale Bedeutung von *während* mit. Dagegen ist die Beziehung zwischen zwei Sätzen mit Hauptsatzwortstellung ausschließlich kontrastiv. Es werden zwei voneinander unabhängige, eigenständige Aussagen kontrastierend einander gegenübergestellt.

Verknüpfung von zwei eigenständigen Sprechhandlungen   Es ist allen Sätzen in (42) gemeinsam, dass der durch *obwohl*, *während*, *wobei* oder *weil* verknüpfte Satz mit Hauptsatzwortstellung eine eigenständige Aussage darstellt, die von der im vorhergehenden Satz geäußerten Aussage (oder Frage) unabhängig ist. Folglich ist der Inhalt des verknüpften zweiten Satzes nicht Teil der Aussage, die mit dem ersten Satz getroffen wird. Die Information erhält dadurch ein anderes, nämlich viel größeres und selbstständigeres Gewicht, als es in den entsprechenden Verbletzt-Sätzen der Fall wäre.

Eine der Funktionen der Konjunktionen *obwohl*, *während*, *wobei* und *weil* (wie übrigens auch ihrer Varianten *obschon*, *obgleich*, *obzwar* und *währenddessen* sowie der Konjunktion *wo(hin)gegen*) ist es also, eigenständige Sprechhandlungen miteinander zu verknüpfen und diese Sprechhandlungen in eine bestimmte Relation zueinander zu stellen: in eine begründende im Fall von *weil*, in eine kontrastive im Fall von *während* und *wogegen* und in eine korrektive im Fall von *obwohl* und *wobei* (für eine eingehendere Diskussion dieser Funktionsunterschiede s. z. B. Sweetser 1990; Günthner 1996, 1999; Freywald 2018). Dies wird u. a. auch daran deutlich, dass die beiden verknüpften Äußerungen unterschiedliche Sprechhandlungen repräsentieren (und nicht eine einzige komplexe). In (42d) verknüpft *weil* eine (rhetorische) Frage mit einem exklamativen Satz. Da die Verknüpfungen, die *obwohl*, *während*, *wobei* und *weil* hier herstellen, nicht auf der propositionalen, also inhaltlichen Ebene angesiedelt sind, sondern auf der Ebene der Sprechhandlungen, also auf der Diskursebene, könnte man hier mit Wöllstein (2010) von ‚Diskurskonjunktionen' sprechen.

Zusammenfassend können wir festhalten: Die Positionierung des finiten Verbs nach *obwohl*, *während*, *wobei* und *weil* steht den Sprecher:innen nicht einfach frei, sondern hat Folgen für die Aussage, die sie mit den Sätzen jeweils treffen können, und für die Gewichtung der Information, die transportiert wird. Entsprechend ist die Verwendung der Verbzweit-Stellung nach diesen Konjunktionen auch kein Lapsus, sondern eine funktional gut motivierte Entscheidung. Und Nebensätze mit Verbletzt-Stellung nach *obwohl*, *während*, *wobei* und *weil* gibt es ja weiterhin. Die Funktion, Verbletzt-Sätze einzuleiten, geht diesen Konjunktionen nicht verloren.

Aufsplittung der Lexeme   Vielmehr können wir von einer funktionalen Aufsplittung der betreffenden Konjunktionslexeme ausgehen (◘ Abb. 5.5). Ein *weil* oder *obwohl* kann eben einfach beides: einen kausalen bzw. konzessiven Nebensatz einbetten und eine begründende bzw. korrektive Diskursrelation zwischen zwei Äußerungen etablieren. Zumindest für *weil* lässt sich zudem sagen, dass mit der Begründung der vorherigen Sprechhandlung zugleich auch eine Begründung des Inhalts der vorherigen Sprechhandlung ausgedrückt werden kann; die eine Begründungsebene kann also die andere enthalten (aber nicht umgekehrt).

Diese Aufsplittung zeigt sich auch in den syntaktischen Eigenschaften. Konjunktionen mit subordinierender Funktion haben einen anderen syntaktischen Status als die sprechhandlungsverknüpfenden parataktischen Konjunktionen. Sie gehören unterschiedlichen syntaktischen Kategorien an.

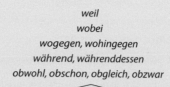

□ Abb. 5.5 Funktionale Aufsplittung von Konjunktionen

Nebensatz oder nicht? Ein wesentlicher Punkt ist, dass sich die parataktischen Konjunktionen *obwohl, weil, während* usw. nicht auf die Verbstellung in dem folgenden Satz auswirken: sie lösen keine Verbletzt-Stellung aus. Darin unterscheiden sie sich von subordinierenden Konjunktionen. Es ist also sehr fraglich, ob sie tatsächlich in der linken Satzklammerposition stehen. Wir haben außerdem gesehen, dass parataktische Konjunktionen eigenständige Sprechhandlungen miteinander verbinden und nicht einen Satz in einen anderen einbetten. Es deutet also einiges darauf hin, dass die Sätze mit Hauptsatzwortstellung nach *obwohl, während, wobei* und *weil* gar keine Nebensätze sind.

Dies zeigt sich u. a. daran, dass die verknüpften Sätze jedwede Form aufweisen können, die Hauptsätze sonst auch haben können, nicht nur die Verbzweit-Form von Aussagesätzen (s. hierzu auch Reis 2013). Der auf *obwohl, weil* usw. folgende Satz kann ebenso eine Konstituenten- oder Entscheidungsfrage sein, aber auch ein infiniter Hauptsatz, ein selbstständiger Verbletzt-Satz oder eine gänzlich verblose Äußerung (s. in dieser Reihenfolge die Belege in (44a–e)). In all diesen Fällen wäre der auf die parataktische Konjunktion folgende Satz auch gar nicht in einen Nebensatz mit Verbletzt-Stellung überführbar:

(44) a. *Augenblicklich war der Kaufmann gestürzt und der Sänger auf sein Podest erhoben,* **obwohl:** *Was war im Grunde gegen einen guten Kaufmann zu sagen?*

(Thomas Bernhard, „Der Keller. Eine Entziehung", 1976; zit. nach der Ausgabe 2011, dtv München, 115)

b. Koh Samui

12 *das ist wirklich schön dort.*

13 (0.5)

14 *wo**BEI** soll ich nochmals auf den taz artikel hinweisen?*

15   *der erste abschnitt (-) der erste satz sagt,*

16   *wer an die verträumte situation in dieser region denkt wird sich wundern;*

(Gesprächsausschnitt; Günthner 2000: 323)

c.   *Running Frühstück lautet das zweite Fließband-Konzept des Innenstadt-Lokals und kann von 09:00 bis 11:00 Uhr morgens genossen werden. Um 7,90 € unter der Woche und 16,90 € am Wochenende fällt die Auswahl zwischen verschiedenen Müslis, Joghurts, dunklem Schnittlauchbrot, Schinkenteller, Käseteller, Waffeln oder Rührei und verschiedenen Säften schwer – **obwohl,** warum nicht einfach alles ausprobieren? Denn auch beim Running Frühstück gilt: Schmausen, bis der Arzt kommt.*

(Restaurantkritik, Wiener Stadtmagazin *Stadtbekannt*, 02.06.2014; Freywald 2016: 331)

d.   *Querholzdübel heissen die Dinger. Kann dir jeder Schreiner herstellen. Am besten bringst ein Stück Holz mit, **weil,** ob der das gerade auf Lager hat?*

(Eintrag in einem Internetforum vom 05.03.2009)

e.   *ich rauche, seit ich 13 bin, hat sich irgendwann auch krass gesteigert und dann mit 15, oder so, wieder weniger, **weil** hallo? 5 € für den Scheiß! Das konnt ich mir nicht leisten*

(Eintrag in einem Internetforum vom 28.05.2013)

Die in (44) illustrierten Verwendungsweisen lassen nur den Schluss zu, dass parataktische Konjunktionen eine Position besetzen, die nicht Teil des folgenden Satzes ist. Sie stehen zu keinem Element in dem Satz, den sie verknüpfen, in einer syntaktischen Beziehung. Insbesondere der Beleg in (44d) liefert den Nachweis, dass parataktisches *weil* kein linkes Satzklammerelement sein kann, denn die linke Satzklammerposition ist hier ja durch *ob* besetzt. Die topologische Struktur muss demzufolge für die parataktische Konjunktion ein eigenes Feld enthalten, das wir im Anschluss an Höhle (1986) und Wöllstein (2010) als PARORD-Feld (von ‚parordinierend‘ für ‚beiordnend‘) bezeichnen:

PARORD	Vorfeld	Linke Klammer-position	Mittelfeld	Rechte Klammer-position	Nachfeld
obwohl	was	war	im Grunde gegen einen guten Kaufmann	zu sagen?	
obwohl	warum		nicht einfach alles	ausprobieren?	
wobei		soll	ich nochmals auf den taz artikel	hinweisen?	
weil		ob	der das gerade auf Lager	hat?	

Graphematische Markierung der Unabhängigkeit Die Tatsache, dass die parataktische Konjunktion sozusagen außerhalb des folgenden Satzes steht, wird in geschriebenen Texten häufig durch eine graphische Abgrenzung der Konjunktion kenntlich gemacht. Auch in drei der schriftsprachlichen Beispiele in (44) ist diese Strategie zu erkennen. In (44a) ist das parataktische *obwohl* durch einen Doppelpunkt abgetrennt, in (44c, d) sind *obwohl* bzw. *weil* durch ein Komma vom folgenden Satz separiert. Weitere graphematische Mittel, die von Schreiber:innen zur Markierung der Unabhängigkeit des parataktisch verknüpften Satzes genutzt werden, sind ein Bindestrich nach der Konjunktion sowie ein satzfinales Interpunktionszeichen am Ende des vorherigen Satzes plus Großschreibung der Konjunktion (wie z. B. in dem Zeitungsbeleg in (42c) oben).

In einer Korpusstudie auf der Basis umfangreicher Webkorpora haben Schäfer & Sayatz (2016) die graphematische Markierung von *weil* und *obwohl* verglichen und festgestellt, dass zum einen die genannten graphematischen Grenzmarkierungen bei den parataktischen Konjunktionen *weil* und *obwohl* sehr viel häufiger auftreten als bei den subordinierenden Konjunktionen *weil* und *obwohl* und dass zum anderen parataktisches *obwohl* eine weitaus größere Tendenz zu graphematischer Abgrenzung zeigt als parataktisches *weil*.

Ein Grund dafür könnte aus unserer Sicht darin liegen, dass das parataktische *obwohl* semantisch weiter vom subordinierenden *obwohl* entfernt ist als parataktisches *weil* von subordinierendem *weil*. Während das subordinierende *obwohl* konzessive Bedeutung hat, erfüllt das parataktische *obwohl* eine korrektive Funktion (es nimmt die vorhergehende Sprechhandlung zurück bzw. relativiert diese). Dadurch können ein subordinierter *obwohl*-Satz und ein parataktisch verknüpfter *obwohl*-Satz zuweilen eine nahezu gegensätzliche Bedeutung haben. Um dies zu vereindeutigen, haben Schreiber:innen möglicherweise hier ein stärkeres Bedürfnis, auch graphisch zu markieren, um welches *obwohl* es sich handelt. Die Bedeutung von *weil* ist dagegen in beiden Fällen ähnlich, nämlich begründend, nur mit dem Unterschied, dass das subordinierende *weil* eine Begründung für den Inhalt des übergeordneten Satzes einleitet (Begründung auf propositionaler Ebene), das parataktische *weil* jedoch eine Begründung für die Ausführung der vorangegangenen Sprechhandlung anschließt (Begründung auf Diskursebene).

Neu oder schon mal da gewesen? Wie schon angedeutet, ist die funktionale Aufsplittung der kausalen, konzessiven und adversativen Konjunktionen keine neue Erscheinung im Deutschen. Häufig wird hierin zwar ein aktueller Sprachwandel gesehen, diese Polyfunktionalität von Konjunktionen gibt es aber schon länger. So lässt sich parataktisches *obgleich* seit dem 18. Jh., parataktisches *obwohl* seit Mitte des 20. Jh. nachweisen (Freywald 2018), Belege für hauptsatzverknüpfendes *weil* existieren ebenfalls bereits seit dem 19. Jh. (Elspaß 2005).

Es muss bei der Frage nach dem Alter parataktischer Konjunktionen auch mit bedacht werden, seit wann die betreffende Konjunktion überhaupt in Gebrauch ist. Die Konjunktionen *während* und *wobei* sind zum Beispiel sehr jung und können folglich auch eine parataktische Variante erst in jüngerer Zeit ausgebildet haben. Die subordinierende Konjunktion *während* (mit temporaler und adversativer Bedeutung) ist aus der Präposition *während* entstanden und seit

ca. 1800 in Texten nachweisbar (Freywald 2018). Die ältesten in der Forschungsliteratur erwähnten Belege für parataktisches *während* stammen aus den 1970er
Jahren (Kann 1972; Gaumann 1983). Die Entwicklung der Konjunktion *wobei*
aus dem gleichlautenden Relativadverb ist zeitlich noch etwas später zu verorten.
Die konjunktionale, subordinierende Verwendung von *wobei* mit additiver bzw.
aussagepräzisierender Bedeutung ist für die Mitte des 20. Jh. bereits gut belegt,
das parataktische *wobei* taucht erst in den 1980/90er Jahren auf – mit bis heute
zunehmender Frequenz (s. Günthner 2000; Freywald 2018).

Die Vorgänger von *weil* und *obwohl*   Für kausale und konzessive Konjunktionen
lässt sich beobachten, dass das Nebeneinander von subordinierender und parataktischer Funktion bei ein und derselben Konjunktion historisch schon weit zurück-
reicht. Allerdings betrifft dies nicht unbedingt dieselben Lexeme, die wir heute verwenden, da es im Inventar der Konjunktionen Veränderungen gegeben hat.

So hatte in mittelhochdeutscher und frühneuhochdeutscher Zeit die ‚Vorgän-
gerin‘ des heutigen *weil*, nämlich die kausale Konjunktion *wande/wan(n)*, sowohl
subordinierende Funktion, wie in (45), als auch parataktische Funktion, wie in
den Belegen in (46):

(45)   a.   *wan iu und iuwern kindern des himelrîches als nôt **ist**, sô sult ir iuwer kinder selber
ziehen*

,weil ihr und eure Kinder des Himmelreiches bedürft, so sollt ihr eure Kinder
selbst erziehen‘

(Berthold von Regensburg, 13. Jh.; zitiert in Eroms 1980: 104)

   b.   *vnd ich behielt das vnder dem pett mit grossen sorgen, **wann** wir chain truhen da
nicht **heten**.*

,und ich verwahrte das unter dem Bett mit großen Sorgen, denn wir hatten keine
Truhe‘

(Helene Kottanerin, Denkwürdigkeiten, 13, 15–17, Wien 1445–1452; Bonner
Fnhd.-Korpus)

(46)   a.   *Dâ soltû rehte deheinen zwîvel an hân, **wan** ez **ist** diu rehte wârheit*

(Berthold von Regensburg, 13. Jh.; zitiert in Eroms 1980: 104)

,Daran sollst du wirklich keinen Zweifel haben, denn es ist die rechte Wahrheit.‘

   b.   *Die edel kindelpetterinn die het nẏ kain rue, **wann** die geschẻft die **waren** gros*

,Die edle Wöchnerin, die hatte niemals Ruhe, denn die Geschäfte, die waren sehr
umfangreich.‘

(Helene Kottanerin, Denkwürdigkeiten, 21, 26–28, Wien 1445–1452; Bonner
Fnhd.-Korpus)

Es gab also bereits bei *wandelwan(n)* die gleiche funktionale Aufsplittung, wie wir sie auch vom heutigen *weil* kennen (für eine detaillierte Darstellung der historischen Entwicklung der Kausalkonjunktionen s. Arndt 1959; Eroms 1980 und Selting 1999).

Ebenso hat es im Bereich der konzessiven Konjunktionen schon in älteren Sprachperioden eine Polyfunktionalität von subordinierender und parataktischer Verwendung gegeben, zwar zunächst nicht bei *obwohl*, das sich erst zum Ausgang des 19. Jh. fest etabliert hat und dann hochfrequent wurde, aber sehr wohl bei dessen Vorläufern *wiewohl* und *obgleich*.

Staffellauf   Die statistischen Wortverlaufskurven für drei konzessive Konjunktionen im Zeitraum 1600 bis 2018 aus dem *Digitalen Wörterbuch der deutschen Sprache* (s. den Kasten „Empirische Ressourcen" in ▶ Abschn. 6.3.5) zeigen, dass von 1600 bis etwa 1750 die Konjunktion *wiewohl* die konzessive Konjunktion der Wahl war, während *obgleich* und *obwohl* noch überhaupt keine Rolle spielten (◘ Abb. 5.6). Zwischen 1750 und 1880 ist dann *obgleich* dominant geworden, bevor es um 1900 von *obwohl* überholt wurde. Seitdem nahm die Frequenz von *wiewohl* und *obgleich* immer mehr ab und geht heute gegen Null (die Konjunktionen *obzwar* und *obschon* sind übrigens durchgehend und gleichmäßig niedrigfrequent).

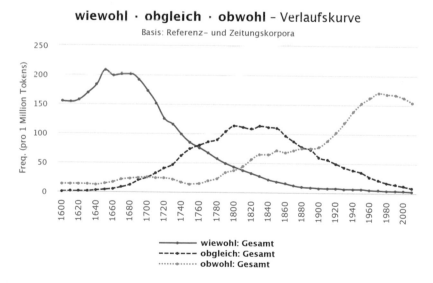

wiewohl · obgleich · obwohl – Verlaufskurve
Basis: Referenz- und Zeitungskorpora

◘ **Abb. 5.6**   Wortverlaufskurven für *wiewohl, obgleich* und *obwohl* pro 1 Mio. Wortformen von 1600 bis 2018 (subordinierende und parataktische Konjunktionen gemeinsam) (*Digitales Wörterbuch der deutschen Sprache,* ▶ http://www.dwds.de)

Es lassen sich für alle drei Konjunktionen Belege für eine Aufsplittung in subordinierende und parataktische Funktion finden, besonders in den Zeiträumen hoher Gebrauchshäufigkeit. In (47) und (48) sind zur Illustration einige ältere Beispiele für parataktisches *wiewohl* und *obgleich* aufgeführt, systematische Korpusstudien stehen hierzu allerdings noch aus.

(47)   a.   *Ein Fürst wird sich erheben / und für die Lutherische lehr streiten / und sie vertheidigen und beschützen;* **wiewol** *er* **wirds** *nicht thun / sondern GOtt wird vor und mit ihm streiten.*

(Gottfried Arnold, Unpartheyische Kirchen- und Ketzer-Historie. Bd. 2 (T. 3/4), Frankfurt/Main, 1700, 225; Deutsches Textarchiv)

b.   *Dabey fallen mir die mulieres ventriloquae ein,* **wiewohl,** *wenn ich daran gedencke, ist mir, als wann ichs etwan im Robinson Crusoe gelesen, so unwahrscheinlich kommt mir alles davon für.*

(Johann Andreas Fabricius, Philosophische Oratorie, Leipzig, 1724, 247 f.; Deutsches Textarchiv)

(48)   *Der König Friedrich von Preußen hatte acht Stunden von Berlin freilich ein schönes Lustschloß und war gerne darin, wenn nur nicht ganz nahe daneben die unruhige Mühle gewesen wäre. Denn erstlich stehn ein königliches Schloß und eine Mühle nicht gut neben einander,* **obgleich** *das Weißbrot* **schmeckt** *auch in dem Schloß nicht übel, wenn's die Mühle fein gemahlen und der Ofen wohl gebacken hat.*

(Johann Peter Hebel, „König Friedrich und sein Nachbar", 1819; zitiert in Paul 1920: 298)

Dieser kurze Blick in die jüngere Sprachgeschichte kann hier nur ein Schlaglicht auf die komplexe Situation der historischen und gegenwärtigen parataktischen Verwendungsweisen von subordinierenden Konjunktionen werfen.

Insbesondere wäre noch zu ergründen, wann und in welchen zeitlichen Schritten sich die Funktion eines Diskursmarkers (s. Definition in ▶ Abschn. 8.4) herausgebildet hat, wie sie für *weil*, *obwohl* und *wobei* im Gegenwartsdeutschen beschrieben wird (Günthner 1996, 1999, 2000). Als Diskursmarker verbindet die betreffende (ehemalige) Konjunktion nicht mehr (Teil-)Sätze oder Sprechhandlungen, sondern größere Teile eines Gesprächs, also ganze Diskursabschnitte. Sie stellt dann nicht in erster Linie eine semantische Beziehung zwischen zwei Sätzen/ Sprechhandlungen her, sondern erfüllt gesprächsorganisatorische Funktionen, d. h. sie schafft thematische Übergänge, steuert die Verteilung des Rederechts, leitet metakommunikative Sequenzen ein u. ä. (s. Imo 2012). Die ursprüngliche Bedeutung ist hier in der Regel stark ausgebleicht (s. auch ▶ Abschn. 8.4).

Empirische Ressourcen: Deutsches Textarchiv (DTA) und historische Referenzkorpora

Das Deutsche Textarchiv ist ein historisches Textkorpus, das deutschsprachige Texte vom frühen 16. Jh. bis zum frühen 20. Jh. umfasst. Die ca. 4.450 historischen Werke gehören ganz unterschiedlichen Textsorten an und stammen aus verschiedenen inhaltlichen Gebieten (u. a. Belletristik, Gebrauchsliteratur, Zeitungstexte und wissenschaftliche Publikationen). Es lassen sich hier also über einen größeren Zeitraum hinweg Sprachwandelprozesse nachzeichnen.

Die Textauswahl des DTA hat einen Fokus auf überregional verbreiteten Texten, so dass hier „die Entwicklung einer überregionalen Umgangssprache im hochdeutschen Sprachraum seit dem Ende der frühneuhochdeutschen Sprachperiode" fassbar wird (▶ http://www.deutschestextarchiv.de/doku/textauswahl). Zu allen Volltexten stehen auch die entsprechenden Digitalisate der Erstausgaben zur Verfügung, so dass man jederzeit auch ins Original blicken kann, um sich z. B. das Druckbild und das Seitenlayout anzusehen.

Das Korpus ist linguistisch annotiert, d. h. es enthält Informationen zu Wortarten (POS-Tagging; POS steht hier für ‚Parts of Speech'), Satzgrenzen, Textbereichen u. a. und ist entsprechend auch nach diesen Informationen durchsuchbar (man kann sich also z. B. sämtliche Überschriften anzeigen lassen, die mit einer Präposition beginnen).

Zudem ist die Suche schreibweisentolerant, d. h. wenn Sie beispielsweise nach der Nebensatzeinleitung *wobei* suchen möchten, werden bei der Suchanfrage "wobei" auch sämtliche Schreibvarianten, wie *<wobey>*, *<worbey>* und *<worbei>*, mit ausgegeben.

Das DTA-Kernkorpus hat einen Umfang von 129 Mio. laufenden Wortformen, es kommen jedoch kontinuierlich weitere Texte hinzu, z. B. von externen Forschungsprojekten, die dem DTA ihre aufbereiteten Texte zur Verfügung stellen.

Als Projekt der Berlin-Brandenburgischen Akademie der Wissenschaften ist das DTA an das *Digitale Wörterbuch der deutschen Sprache (DWDS)* angegliedert (s. Kasten „Empirische Ressourcen" in ▶ Abschn. 6.3.5) und auch mit den Textkorpora des DWDS gemeinsam recherchierbar.

Auf der Website ▶ http://www.deutschestextarchiv.de ist das DTA frei verfügbar und kann unkompliziert im Webbrowser benutzt werden – auch über linguistische Fragestellungen hinaus.

Neben dem DTA gibt es eine ganze Reihe weiterer historischer Textkorpora, die zum Teil auch andere Zeiträume abdecken. Hier soll zumindest auf eine Auswahl von Korpora verwiesen werden, die browserbasiert und frei zugänglich recherchierbar sind (zumeist über die Plattform ANNIS, vgl. Krause & Zeldes 2016):

- Referenzkorpus Altdeutsch (Texte von 750 bis etwa 1050; Umfang: 500.000 Wortformen) ▶ https://www.deutschdiachrondigital.de/rea/
- Referenzkorpus Mittelhochdeutsch (Texte von 1050 bis 1350; Umfang: 2 Mio. Wortformen) ▶ https://www.linguistics.ruhr-uni-bochum.de/rem/
- Referenzkorpus Mittelniederdeutsch/Niederrheinisch (Texte von 1200 bis

5

1650; Umfang: 2,3 Mio. Wortformen)
▶ https://www.slm.uni-hamburg.de/
ren.html
– Referenzkorpus Frühneuhochdeutsch
(Texte von 1350 bis 1650; Umfang:
3,5 Mio. Wortformen) ▶ https://www.
linguistics.rub.de/ref/
– Bonner Frühneuhochdeutsch-Korpus
(Texte von 1350 bis 1700; Umfang:
518.000 Wortformen) ▶ http://www.
korpora.org/FnhdC/

– GerManC (Zeitungstexte von 1650 bis
1800; Umfang: 676.000 Wortformen)
▶ http://hdl.handle.net/20.500.12024/
2544

Für einen detaillierten Überblick über
die vier Referenzkorpora zu historischen
Sprachstufen des Deutschen s. Dipper
& Kwekkeboom (2018) sowie die Website ▶ https://www.deutschdiachrondi-
gital.de

Zusammenfassung und Ausblick   In diesem Kapitel haben wir aufgezeigt, wie nütz-
lich die teilweise recht exotischen Eigenschaften der deutschen Satzstruktur für
die Sprecher:innen sind. Sie werden sehr funktional genutzt, um kommunikative
Strategien zu verfolgen und Ausdrucksbedürfnisse zu erfüllen. Dabei sind scheinbare ‚Abweichungen von der Norm' keineswegs als ein aktueller grundlegender
Wandel oder gar als Niedergang der Sprache zu bewerten. Insbesondere gibt es
keine Anzeichen dafür, dass die SOV-Grundwortstellung abgebaut wird oder sich
in Richtung SVO verändert. Einige Beispiele, die oft als Belege für einen solchen
vermeintlichen Wandel angeführt werden, haben wir uns im Detail angesehen:
Verbdritt-Stellung im Aussagesatz und Hauptsatzwortstellung in uneingeleiteten
Nebensätzen sowie nach Nebensatzkonjunktionen. Es hat sich gezeigt, dass weder die SVO-Abfolge ‚auf dem Vormarsch' noch die Nebensatzwortstellung ‚in
Gefahr' ist. Ganz im Gegenteil: Die Klammerstruktur im Satz wird gestärkt und
weiter ausgebaut. Und einige Nebensatzkonjunktionen (nicht alle!) zeigen – wie
schon ihre historischen Vorgänger – eine funktionale und syntaktische Vielfalt,
die sie vielseitig einsetzbar macht, z. B. um ganze Sprechhandlungen miteinander
zu verknüpfen und damit eine semantische Relation zwischen ihnen herzustellen,
die sich von der in Nebensatzgefügen unterscheidet.

Im folgenden Kapitel begeben wir uns auf die Ebene der Einheiten, die als
kleinste Bestandteile in syntaktische Strukturen eingehen, der Wörter. Es wird darum gehen, wie Wörter heute gebildet werden und wo gerade neue Präfixe und
Suffixe entstehen, wie sich das Konjugations- und Deklinationssystem von Verben und Substantiven verändert und wie das Deutsche Wörter integriert, die aus
anderen Sprachen entlehnt wurden.

Literatur

Altmann, Hans. 1981. *Formen der „Herausstellung" im Deutschen. Rechtsversetzung, Linksversetzung,
Freies Thema und verwandte Konstruktionen.* Tübingen: Niemeyer.
Ariel, Mira. 1988. Referring and Accessibility. *Journal of Linguistics* 24. 65–87.

Ariel, Mira. 1990. *Accessing Noun-Phrase Antecedents*. London: Routledge.

Arndt, Erwin. 1959. Das Aufkommen des begründenden *weil*. *Beiträge zur Geschichte der deutschen Sprache und Literatur* 81. 388–415.

Askedal, John Ole. 1986. Zur vergleichenden Stellungsfelderanalyse von Verbalsätzen und nicht-verbalen Satzgliedern im Deutschen. *Deutsch als Fremdsprache* 23. 269–273; 342–348.

Auer, Peter. 2003. Türkenslang: Ein jugendsprachlicher Ethnolekt des Deutschen und seine Transformationen. In Annelies Häcki Buhofer (Hg.), *Spracherwerb und Lebensalter*. Tübingen: Francke. 255–264.

Auer, Peter & Jan Lindström. 2011. Verb-first conditionals in German and Swedish: Convergence in writing, divergence in speaking. In Peter Auer & Stefan Pfänder (Hg.), *Constructions: Emerging and Emergent*. Berlin, New York: De Gruyter. 218–262.

Berg, Kristian, Ursula Bredel, Nanna Fuhrhop & Niklas Schreiber. 2020. Was determiniert das Vorfeldkomma? Untersuchungen zur Verteilung einer nicht-standardisierten Kommatierung. *Linguistische Berichte* 261. 85–116.

Bickerton, Derek. 1981. *Roots of Language*. Ann Arbor: Karoma.

Bunk, Oliver. 2020. „Aber immer alle sagen das" The status of V3 in German: Use, processing, and syntactic representation. Dissertation. Humboldt-Universität zu Berlin. ▶ https://doi.org/10.18452/22085

Chafe, Wallace L. 1976. Givenness, contrastiveness, definiteness, subjects, topics, and point of view. In Charles N. Li (Hg.), *Subject and Topic*. New York: Academic Press. 25–55.

Clahsen, Harald. 1982. *Spracherwerb in der Kindheit*. Tübingen: Narr.

Clahsen, Harald. 1988. *Normale und gestörte Kindersprache. Linguistische Untersuchungen zum Erwerb von Syntax und Morphologie*. Amsterdam, Philadelphia: Benjamins.

Diedrichsen, Elke. 2017. Pleonasm in particle verb constructions in German. In Brian Nolan & Elke Diedrichsen (Hg.), *Argument Realisation in Complex Predicates and Complex Events. Verb-verb Constructions at the Syntax-Semantic Interface*. Amsterdam, Philadelphia: Benjamins. 43–77.

Dipper, Stefanie & Sarah Kwekkeboom. 2018. Historische Linguistik 2.0. Aufbau und Nutzungsmöglichkeiten der historischen Referenzkorpora des Deutschen. In Marc Kupietz & Thomas Schmidt (Hg.), *Korpuslinguistik*. Berlin, Boston: De Gruyter. 95–124.

Drach, Erich. 1937. *Grundgedanken der deutschen Satzlehre*. Frankfurt am Main: Diesterweg.

Dryer, Matthew S. & Martin Haspelmath (Hg.). 2013. *The World Atlas of Language Structures Online*. Leipzig: Max Planck Institute for Evolutionary Anthropology. ▶ http://wals.info (abgerufen 31.07.2022).

Dürscheid, Christa & Inga Hefti. 2006. Syntaktische Merkmale des Schweizer Standarddeutsch. Theoretische und empirische Merkmale. In Martin Businger & Christa Dürscheid (Hg.), *Schweizer Standarddeutsch. Beiträge zur Varietätenlinguistik*. Tübingen: Narr. 131–161.

Elspaß, Stephan. 2005. *Sprachgeschichte von unten. Untersuchungen zum geschriebenen Alltagsdeutsch im 19. Jahrhundert*. Tübingen: Niemeyer.

Eroms, Hans-Werner. 1980. Funktionskonstanz und Systemstabilisierung bei den begründenden Konjunktionen im Deutschen. *Sprachwissenschaft* 5. 73–115.

Eroms, Hans-Werner. 1986. *Funktionale Satzperspektive*. Tübingen: Niemeyer.

Eroms, Hans-Werner. 2000. *Syntax der deutschen Sprache*. Berlin, New York: De Gruyter.

Féry, Caroline. 1993. *German Intonational Patterns*. Tübingen: Niemeyer.

Fillmore, Charles J. 1968. The case for case. In Emmon Bach & Robert T. Harms (Hg.), *Universals in Linguistic Theory*. New York: Holt, Rinehart and Winston. 1–88.

Fleischer, Jürg. 2002. *Die Syntax von Pronominaladverbien in den Dialekten des Deutschen. Eine Untersuchung zu Preposition Stranding und verwandten Phänomenen*. Stuttgart: Steiner.

Forche, Christian R. 2020. *Non-V2-Verben im Deutschen. Theoretische Überlegungen und empirische Untersuchungen zu einem morphosyntaktischen Problemfall (den es vielleicht gar nicht gibt)*. Stuttgart: Metzler.

Fortmann, Christian. 2007. Bewegungsresistente Verben. *Zeitschrift für Sprachwissenschaft* 26. 1–40.

Fortmann, Christian. 2015. Verbal pseudo-compounds in German. In Peter O. Müller, Gerold Ungeheuer & Herbert Ernst Wiegand (Hg.), *Word-formation. An International Handbook of the Languages of Europe*. Berlin, Boston: De Gruyter Mouton. 594–610.

5

Freywald, Ulrike. 2013. Uneingeleiteter V1- und V2-Satz. In Jörg Meibauer, Markus Steinbach & Hans Altmann (Hg.), *Satztypen des Deutschen*. Berlin, Boston: De Gruyter. 317–337.

Freywald, Ulrike. 2016. „V2-Nebensätze" – ein eigener Satztyp? In Rita Finkbeiner & Jörg Meibauer (Hg.), *Satztypen und Konstruktionen*. Berlin, Boston: De Gruyter. 326–372.

Freywald, Ulrike. 2018. *Parataktische Konjunktionen. Zur Syntax und Pragmatik der Satzverknüpfung im Deutschen – am Beispiel von* obwohl, wobei, während *und* wogegen.Tübingen: Stauffenburg.

Freywald, Ulrike, Leonie Cornips, Natalia Ganuza, Ingvild Nistov & Toril Opsahl. 2015. Beyond verb second – a matter of novel information structural effects? Evidence from Norwegian, Swedish, German and Dutch. In Jacomine Nortier & Bente A. Svendsen (Hg.), *Language, Youth and Identity in the 21st Century. Linguistic Practices across Urban Spaces*. Cambridge: Cambridge University Press. 73–92.

Freywald, Ulrike & Horst J. Simon. 2007. Wenn die Wortbildung die Syntax stört: Über Verben, die nicht in V2 stehen können. In Maurice Kauffer & René Métrich (Hg.), *Verbale Wortbildung im Spannungsfeld zwischen Wortsemantik, Syntax und Rechtschreibung*. Tübingen: Stauffenburg. 181–194.

Ganuza, Natalia. 2010. Subject-verb order variation in the Swedish of young people in multilingual urban areas. In Pia Quist & Bente A. Svendsen (Hg.), *Multilingual Urban Scandinavia. New Linguistic Practices*. Bristol: Multilingual Matters. 31–48.

Gärtner, Hans-Martin. 2001. Are there V2 relative clauses in German? *Journal of Comparative Germanic Linguistics* 3. 97–141.

Gaumann, Ulrike. 1983. *„Weil die machen jetzt bald zu". Angabe- und Junktivsatz in der deutschen Gegenwartssprache*. Göppingen: Kümmerle.

Givón, Talmy. 1983. *Topic Continuity in Discourse: A Quantitative Cross-Language Study*. Amsterdam, Philadelphia: Benjamins.

Götz, Ursula. 2019. *... hätte sie Erfolg*. Zur Position von konditionalen Verberstsätzen im Deutschen. *Sprachwissenschaft* 44. 407–440.

Günthner, Susanne. 1996. From subordination to coordination? Verb-second position in German causal and concessive constructions. *Pragmatics* 6. 323–356.

Günthner, Susanne. 1999. Entwickelt sich der Konzessivkonnektor *obwohl* zum Diskursmarker? Grammatikalisierungstendenzen im gesprochenen Deutsch. *Linguistische Berichte* 180. 409–446.

Günthner, Susanne. 2000. *wobei (.) es hat alles immer zwei seiten*. Zur Verwendung von *wobei* im gesprochenen Deutsch. *Deutsche Sprache* 28. 313–341.

Haspelmath, Martin, Matthew S. Dryer, David Gil & Bernard Comrie (Hg.). 2005. *The World Atlas of Language Structures*. Oxford: Oxford University Press (mit CD-ROM).

Heidolph, Karl Erich, Walter Flämig & Wolfgang Motsch. 1981. *Grundzüge einer deutschen Grammatik*. Berlin: Akademie-Verlag.

Höhle, Tilman N. 1986. Der Begriff ‚Mittelfeld'. Anmerkungen über die Theorie der topologischen Felder. In Walter Weiss, Herbert Ernst Wiegand & Marga Reis (Hg.), *Textlinguistik contra Stilistik? – Wortschatz und Wörterbuch – Grammatische oder pragmatische Rede?* (= Schöne, Albrecht (Hg.), *Kontroversen, alte und neue*. Band 3). Tübingen: Niemeyer. 329–340.

Holler, Anke. 2005. *Weiterführende Relativsätze. Empirische und theoretische Aspekte*. Berlin: Akademie-Verlag.

Imo, Wolfgang. 2012. Wortart Diskursmarker? In Björn Rothstein (Hg.), *Nicht-flektierende Wortarten*. Berlin, Boston: De Gruyter. 48–88.

Jacobs, Joachim. 2001. The dimensions of topic–comment. *Linguistics* 39. 641–681.

Kann, Hans-Joachim. 1972. Beobachtungen zur Hauptsatzwortstellung in Nebensätzen. *Muttersprache* 82. 375–380.

Karnowski, Paweł & Jürgen Pafel. 2004. A topological schema for noun phrases in German. In Gereon Müller, Lutz Gunkel & Gisela Zifonun (Hg.), *Explorations in Nominal Inflection*. Berlin, New York: Mouton de Gruyter. 161–188.

Krause, Thomas & Amir Zeldes. 2016. ANNIS3: A new architecture for generic corpus query and visualization. *Digital Scholarship in the Humanities* 31. 118–139. ► https://doi.org/10.1093/llc/fqu057

Krifka, Manfred. 2008. Basic notions of information structure. *Acta Linguistica Hungarica* 55. 243–276.

Lenerz, Jürgen. 1977. *Zur Abfolge nominaler Satzglieder im Deutschen*. Tübingen. Narr.

Lötscher, Andreas. 1997. „Guet, sind si doo". Verbstellungsprobleme bei Ergänzungssätzen im Schweizerdeutschen. In Arno Ruoff & Peter Löffelad (Hg.), *Syntax und Stilistik der Alltagssprache*. Tübingen: Niemeyer. 85–95.

Nistov, Ingvild & Toril Opsahl. 2014. The social side of syntax in multilingual Oslo. In Tor A. Åfarli & Brit Mæhlum (Hg.), *The Sociolinguistics of Grammar*. Amsterdam, Philadelphia: Benjamins. 91–116.

Nübling, Damaris, Antje Dammel, Janet Duke & Renata Szczepaniak. 2017. *Historische Sprachwissenschaft des Deutschen*. 5. Aufl. Tübingen: Narr.

Meibauer, Jörg et al. 2015. *Einführung in die germanistische Linguistik*. 3. Aufl. Stuttgart: Metzler.

Meinunger, André. 2006. On the discourse impact of subordinate clauses. In Valéria Molnár & Susanne Winkler (Hg.), *The Architecture of Focus*. Berlin, New York: De Gruyter Mouton. 459–487.

Molnár, Valéria. 2006. On different kinds of contrast. In Valéria Molnár & Susanne Winkler (Hg.), *The Architecture of Focus*. Berlin, New York: De Gruyter Mouton. 197–234.

Neeleman, Ad, Elena Titov, Hans van de Koot & Reiko Vermeulen. 2009. A syntactic typology of topic, focus and contrast. In Jeroen van Craenenbroeck (Hg.), *Alternatives to Cartography*. Berlin, New York: De Gruyter Mouton. 15–52.

Müller, Hans-Georg. 2007. *Zum „Komma nach Gefühl". Implizite und explizite Kommakompetenz von Berliner Schülerinnen und Schülern im Vergleich*. Frankfurt am Main: Lang.

Musan, Renate. 2002. Informationsstrukturelle Dimensionen im Deutschen. Zur Variation der Wortstellung im Mittelfeld. *Zeitschrift für germanistische Linguistik* 30. 198–221.

Musan, Renate. 2010. *Informationsstruktur*. Heidelberg: Winter.

Paul, Hermann. 1920. *Prinzipien der Sprachgeschichte*. 5. Aufl. Halle an der Saale: Niemeyer.

Petrova, Svetlana. 2012. Multiple XP-fronting in Middle Low German root clauses. *Journal of Comparative Germanic Linguistics* 15. 157–188.

Plank, Frans. 2009. WALS values evaluated. *Linguistic Typology* 13. 41–75.

Pittner, Karin. 2011. Anmerkungen zur (Un-)Integriertheit von Konditionalsätzen mit Verberststellung. *Zeitschrift für Sprachwissenschaft* 30. 75–105.

Pittner, Karin & Judith Berman. 2021. *Deutsche Syntax. Ein Arbeitsbuch*. 7. Aufl. Tübingen: Narr.

Ramers, Karl Heinz. 2006. Topologische Felder. Nominalphrase und Satz im Deutschen. *Zeitschrift für Sprachwissenschaft* 25. 95–127.

Ravetto, Miriam. 2007. *Es war einmal ein Königssohn, der bekam Lust in der Welt umher zu ziehen*. Die deutschen d-V2-Sätze: Synchrone und diachrone Überlegungen. *Deutsche Sprache* 35. 239–249.

Reinhart, Tanya. 1981. Pragmatics and linguistics: An analysis of sentence topics. *Philosophica* 27. 53–94.

Reis, Marga. 1980. On justifying topological frames: „Positional Fields" and the order of non-verbal elements in German. *DRLAV/Revue de Linguistique* 22. 59–85.

Reis, Marga. 1997. Zum syntaktischen Status unselbständiger Verbzweit-Sätze. In Christa Dürscheid, Karl Heinz Ramers & Monika Schwarz (Hg.), *Sprache im Fokus. Festschrift für Heinz Vater zum 65. Geburtstag*. Tübingen: Niemeyer. 121–144.

Reis, Marga. 2013. „Weil-V2"-Sätze und (k)ein Ende? Anmerkungen zur Analyse von Antomo & Steinbach (2010). *Zeitschrift für Sprachwissenschaft* 32. 221–262.

Ronneberger-Sibold, Elke. 1991. Funktionale Betrachtungen zu Diskontinuität und Klammerbildung im Deutschen. In Norbert Boretzky, Werner Enninger, Benedikt Jeßing & Thomas Stolz (Hg.), *Sprachwandel und seine Prinzipien. Beiträge zum 8. Bochum-Essener Kolloquium über „Sprachwandel und seine Prinzipien" vom 19.10.-21.10.1990 an der Ruhruniversität Bochum*. Bochum: Brockmeyer. 206–236.

Ronneberger-Sibold, Elke. 1994. Konservative Nominalflexion und „klammerndes Verfahren" im Deutschen. In Klaus-Michael Köpcke (Hg.), *Funktionale Untersuchungen zur deutschen Nominal- und Verbalmorphologie*. Tübingen: Niemeyer. 115–130.

Schäfer, Roland & Ulrike Sayatz. 2016. Punctuation and syntactic structure in *obwohl* and *weil* clauses in nonstandard written German. *Written Language and Literacy* 19. 212–245.

Schalowski, Sören. 2017. From adverbial to discourse connective: the function of German *dann* and *danach* in non-canonical prefields. SVM-AP 6 [= Working Papers of the Centre "Language, Variation, and Migration", ed. H. Wiese, H. Marten & O. Bunk]. ► https://www.uni-potsdam.de/en/svm/working-papers-language-variation-and-migration/years-2017-2018 (abgerufen 31.07.2022).

Scheutz, Hannes. 2001. On causal clause combining. The case of *weil* in spoken German. In Margret Selting & Elizabeth Couper-Kuhlen (Hg.), *Studies in Interactional Linguistics*. Amsterdam, Philadelphia: Benjamins. 111–139.

Selting, Margret. 1999. Kontinuität und Wandel der Verbstellung von ahd. *wanta* bis gwd. *weil*. Zur historischen und vergleichenden Syntax der *weil*-Konstruktionen. *Zeitschrift für germanistische Linguistik* 27. 167–204.

Simon, Horst J. 2015. Die Historische Syntax des Deutschen braucht die Sprachtypologie und umgekehrt. *Zeitschrift für germanistische Linguistik* 43 (Sonderheft *Historische Syntax*, hg. von Jürg Fleischer). 421–449.

Simon, Horst J. 2016. Inspiration and corrective: Typology can be more than a mere pastime for historical linguists. *Linguistic Typology* 20. 497–504.

Speyer, Augustin. 2008. Doppelte Vorfeldbesetzung im heutigen Deutsch und im Frühneuhochdeutschen. *Linguistische Berichte* 216. 455–485.

Speyer, Augustin. 2011. Die Freiheit der Mittelfeldabfolge im Deutschen – ein modernes Phänomen. *Beiträge zur Geschichte der deutschen Sprache und Literatur* 133. 14–31.

Sweetser, Eve. 1990. *From Etymology to Pragmatics. Metaphorical and Cultural Aspects of Semantic Structure*. Cambridge: Cambridge University Press.

Thurmair, Maria. 1991. Warten auf das Verb: Die Gedächtnisrelevanz der Verbklammer im Deutschen. *Jahrbuch Deutsch als Fremdsprache* 17. 174–202.

Uhmann, Susanne. 1991. *Fokusphonologie. Eine Analyse deutscher Intonationskonturen im Rahmen der nicht-linearen Phonologie*. Tübingen: Niemeyer.

Walkden, George. 2017. Language contact and V3 in Germanic varieties new and old. *Journal of Comparative Germanic Linguistics* 20. 49–81.

Weinrich, Harald. 1986. Klammersprache Deutsch. In *Sprachnormen in der Diskussion. Beiträge vorgelegt von Sprachfreunden*. Berlin, New York: De Gruyter. 116–145.

Wiese, Heike. 2012. *Kiezdeutsch. Ein neuer Dialekt entsteht*. München: C.H. Beck.

Wiese, Heike & Hans-Georg Müller. 2018. The hidden life of V3: An overlooked word order variant on verb second. In Mailin Antomo & Sonja Müller (Hg.), *Non-canonical Verb Positioning in Main Clauses*. Hamburg: Buske (= Linguistische Berichte, Sonderheft 25). 201–223.

Wiese, Heike, Mehmet Tahir Öncü & Philip Bracker. 2017. Verb-dritt-Stellung im türkisch-deutschen Sprachkontakt: Informationsstrukturelle Linearisierungen ein- und mehrsprachiger Sprecher/innen. *Deutsche Sprache* 45. 31–52.

Wiese, Heike & Ines Rehbein. 2016. Coherence in new urban dialects: a case study. Lingua 172/173. 45–61.

Winkler, Steffi. 2011. Progressionsfolgen im DaF-Unterricht. Eine Interventionsstudie zur Vermittlung der deutschen (S)OV-Wortstellung. In Natalia Hahn & Thorsten Roelcke (Hg.), *Grenzen überwinden mit Deutsch*. Göttingen: Universitätsverlag Göttingen. 193–207.

Wöllstein, Angelika. 2010. *Topologisches Satzmodell*. Heidelberg: Winter.

Zifonun, Gisela, Ludger Hoffmann & Bruno Strecker. 1997. *Grammatik der deutschen Sprache*. Berlin, New York: De Gruyter.

Morphologie: Das Wort

Antje Dammel und Ulrike Freywald

Inhaltsverzeichnis

© Springer-Verlag GmbH Deutschland, ein Teil von Springer Nature 2023
U. Freywald et al., *Deutsche Sprache der Gegenwart*,
https://doi.org/10.1007/978-3-476-04921-6_6

Der Begriff ‚Morphologie' bezeichnet die sprachliche Beschreibungsebene der Wortstruktur. Hier geht es um den inneren Aufbau von neu gebildeten und bereits bestehenden komplexen Wörtern und Wortformen.

Bildung neuer Wörter   Um neue Wörter zu schaffen, kann man Material, das in einer Sprache schon vorhanden ist, einfach neu zusammenfügen, wie z. B. den Stamm des Verbs *lesen* (*les-*) und das Suffix *-ung*, und man erhält das Nomen *Lesung* für ein Event, bei dem jemand anderen etwas vorliest. Dieses Wort ist zugegebenermaßen nicht mehr besonders neu, aber es funktioniert auch bei einem Wort, das Sie wahrscheinlich nur sehr selten oder noch nie gehört haben, z. B. *Gönnung* für ein Event, bei dem man sich gemeinsam etwas *gönnt*. Wir können aus dem Nomen *Radfahrer* und dem Suffix *-tum* ein neues Nomen bilden: *Radfahrertum* – und damit z. B. die gesellschaftliche Gruppe der (überzeugten) Radfahrer:innen oder eine Lebenseinstellung, die als typisch für Radfahrer:innen angesehen wird, bezeichnen. Das klappt auch mit ganz neu ins Deutsche gekommenen, aus einer anderen Sprache entlehnten Bestandteilen, wie z. B. beim Nomen *Hipstertum* oder – um dies noch mit einem anderen Suffix zu illustrieren – beim Adjektiv *updatebar* (vgl. *Dieses Programm ist nicht mehr updatebar*). Für dieses Neuzusammenfügen stellt das Deutsche eine Reihe von Wortbildungsverfahren bereit, wie die Komposition, die Derivation, die Konversion oder die Reduplikation (▶ Abschn. 6.1 und 6.4).

Wortformveränderung (Flexion)   Wörter können aber auch ihre Form verändern, ohne dass dabei neue Wörter entstehen. Dies passiert bei der Konjugation und Deklination, zwei Flexionsverfahren, die dazu dienen, semantische und grammatische Informationen direkt am Wort zu markieren. Im Deutschen betrifft dies nur einige Wortarten, nämlich Verben, Nomen, Adjektive, Pronomen und Artikelwörter. Andere Wortarten, wie Konjunktionen, Partikeln und Adverbien, sind unveränderlich. (Das ist in vielen Sprachen anders: In einer ganzen Reihe von Sprachen gibt es keine Flexion, d. h. es sind alle Wortarten unveränderlich, wie z. B. im Vietnamesischen, ▶ Abschn. 6.2).

Dieses Kapitel bietet zunächst in ▶ Abschn. 6.1 einen kurzen Einstieg in morphologische Grundlagen. Dann werden die morphologischen Eigenschaften des Deutschen aus sprachtypologischer Perspektive betrachtet (▶ Abschn. 6.2), bevor ausgewählte Fallbeispiele gegenwartssprachlicher Variation aus den beiden Teilbereichen der Morphologie vorgestellt werden: Flexion (▶ Abschn. 6.3) und Wortbildung (▶ Abschn. 6.4).

6.1 Morphologische Grundlagen

Die Bausteine der Wörter   Wörter wie *Brote*, *Bäckerei* und *Backerei* haben mehrere Baueinheiten. Die Baueinheiten der Morphologie auf der abstrakten Ebene des Sprachsystems nennt man ‚Morpheme' (Sg. ‚Morphem') analog zu Phonemen in der Phonologie. Sie sind die kleinsten Einheiten im Sprachsystem, die selbst grammatische Funktion oder lexikalische Bedeutung tragen. In konkreten sprachlichen Äußerungen identifiziert man über die Austauschprobe zunächst einmal Morphe, die man einer Bedeutung zuordnen kann, hier *brot*, *-e*, *back/bäck-* und *-erei*. *brot* und *back-* tragen lexikalische Bedeutung, *-e* und *-erei* haben grammatische Funktionen, nämlich den Plural anzuzeigen bzw. Verben zu Nomen zu machen, die Ereignisse oder Orte bezeichnen. Wörter mit nur einem Morph nennt man ‚Simplizia' (Sg. ‚Simplex'), Wörter aus mehreren Morphen ‚morphologisch komplex'.

Auf der Suche nach Morphen Um Morphe zu ermitteln, muss man sich immer fragen, ob die Einheiten, in die man zerlegt, für sich noch eine Funktion tragen. Wenn man z. B. Wörter wie *Fahrer*, *Kinder* und *Hammer* vergleicht, ist *Fahrer* morphologisch komplex und besteht aus zwei Morphen, dem Verbstamm *fahr* und dem Wortbildungssuffix *-er*. Auch *Kinder* ist komplex und besteht aus dem Nomenstamm *Kind* und dem Flexionssuffix *-er*, das das Morphem ‚Plural' anzeigt. Dass es neben *-er* noch weitere Morphe gibt, die Plural anzeigen, z. B. *-e* wie in *Brote*, *-en* wie in *Menschen* und *-s* wie in *Demos* (und warum das so ist), ist Thema von ▶ Abschn. 6.3.2. Wenn mehrere Formen auf ein und dieselbe Funktion verweisen, spricht man von ‚Allomorphie'. Beim Wort *Hammer* sieht das etwas anders aus: Wenn man versucht, dieses Wort zu zerlegen, kommt man auf das sinnlose Element **hamm*. Hier haben wir also nur ein Morphem, das ausnahmsweise zweisilbig ist {*Hammer*}. An den Beispielen sieht man auch, dass dasselbe formale Element, hier graphisch < er > und lautlich /ər/ bzw. [ɐ], mit unterschiedlichen Funktionen (oder gar keiner Funktion) belegt sein kann.

Verschiedene Formen von Morphen Stämme mit eigenständiger lexikalischer Bedeutung, wie {*fahr*} und {*kind*}, können auch modifiziert erscheinen, wie in {*back/bäck*} mit Umlaut oder in {*fahr/fuhr*} mit Ablaut (◘ Abb. 6.1). Affixe sind unselbstständige morphologische Einheiten mit verschiedenen Untertypen: Suffixe wie {*-er*}, {*-erei*}, {*-ung*} und {*-tum*} treten an das Ende von Stämmen; Präfixe (die es im Deutschen grundsätzlich nur in der Wortbildung, nicht aber in der Flexion gibt) treten vor den Stamm auf wie in {*ver*}*fahren*, {*be*}*fahren*, {*un*}*genau*. In Flexion wie Wortbildung gibt es einige wenige Zirkumfixe, die sich um den Stamm herum legen, wie z. B. bei den Perfekt-Partizipien {*ge*}*fahr*{*en*},

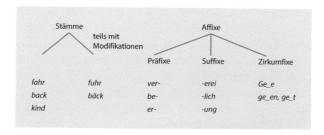

◘ **Abb. 6.1** Formale Ausprägungen von Morphen

{*ge*}*tanz*{*t*} und bei der Nominalisierung von Verben, wie in {*Ge*}*back*{*e*}, mit der man gleichzeitig eine Aktion bezeichnen und diese Aktion kritisieren kann.

Teilbereiche der Morphologie   Wie oben schon angesprochen, lassen sich zwei Teilbereiche der Morphologie unterscheiden. Bei der Wortbildung geht es um die Struktur von Lexemen, d. h. von eigenständigen Lexikoneinheiten, und um die Bildungsmuster, die eine Sprache zur Neubildung von Lexemen zur Verfügung hat. Im Beispiel *Fahrer* ist dies das Muster [Verbstamm + er]$_N$. Bei der Flexion geht es um die Bildung der verschiedenen Wortformen, die zu einem Lexem gehören. Für das Beispiel *Kind* umfassen sie neben *Kind-er* auch die Grundform *Kind* sowie die flektierten Formen *Kind-es*, *Kind-er-n* und bis ins 19. Jh. auch noch (*dem*) *Kind-e*.

6

> **Definition**
>
> Der Begriff **Wortbildung** bezeichnet zum einen die Verfahren und Muster, mit denen neue, morphologisch komplexe Lexikoneinheiten gebildet werden, zum anderen den Bereich der Linguistik, der untersucht, wie komplexe Wörter aufgebaut sind und nach welchen Mustern sie gebildet werden.

Wenn wir im Deutschen neue Wörter bilden, machen wir von verschiedenen Verfahren Gebrauch, die hier kurz vorgestellt werden.

Komposition und Derivation   Dies sind die beiden meistgenutzten Wortbildungsverfahren im Deutschen. Bei der Komposition werden eigenständig vorkommende Stämme zu neuen zusammengesetzt, wie [[[Curry]$_N$ + [Wurst]$_N$]$_N$ + [Bude]$_N$]$_N$ zu *Currywurstbude*. Bei der Derivation verbindet sich ein eigenständiger Stamm mit einem unselbstständigen Wortbildungsaffix, wie in *fettig* aus [[fett]$_N$ + [ig]$_A$]$_A$ oder *ungesund* aus [[un] + [gesund]$_A$]$_A$. Das Verfahren, einen Stamm mit einem Affix zu kombinieren, teilt die Derivation mit der Flexion. Die Funktionen von Derivation und Flexion sind aber klar unterschieden: Bildung neuer Lexeme versus Bildung von Wortformen. In ▶ Abschn. 6.4.1 wird auf ein interessantes Phänomen im Grenzbereich zwischen Komposition und Derivation eingegangen, die sogenannten Affixoide, wie z. B. *-burger* in *Ham-/Veggie-/Chickenburger*.

Konversion   Ein weiteres Verfahren ist die Konversion, mit der Wörter in eine andere Wortart versetzt werden können. Es gibt zwei Arten von Konversion:
1. **Morphologische Konversion:** Hier werden die Flexionseigenschaften der alten Wortart abgestreift und die der neuen angenommen. Das Nomen *Fall* ist eine Konversion aus dem Verbstamm *fall-*: *fall- > der Fall*. Das neue Nomen hat alle Eigenschaften eines Substantivs, z. B. ein Genus und die Kasus- und Numerusflexion: *die Fälle, den Fällen* etc. Das Verb *zoomen* ist umgekehrt eine Konversion des Verbstamms aus dem entsprechenden Nomen: *Zoom > zoom-*,

und besitzt nun auch die grammatischen Merkmale eines Verbs, es kann konjugiert werden: *du zoomst, ihr zoomt, …*).

2. **Syntaktische Konversion:** Hier wird die Formenbildung der alten Wortart ‚mitgenommen', z. B. die Adjektivflexion in nominalisierten Partizipien, wie in *studierende/angestellte Menschen > Studierende/Angestellte, die Studierenden/Angestellten, den Studierenden/Angestellten* usw.). Die syntaktische Konversion wird vielfach nicht zur Morphologie, sondern zur Syntax gezählt, weil die Konversion nur dadurch zustande kommt, dass das Wort eine andere syntaktische Position einnimmt, seine Wortarteigenschaften aber beibehält.

Kurzwortbildung und Reduplikation Schließlich gibt es noch einen Bereich der Wortbildung, in dem bestehende Wörter modifiziert, gekürzt oder verdoppelt werden können. Für unsere Zwecke genügt eine Grobunterscheidung in (a) Wortkürzungen, die auch mit Affigierung einhergehen können (z. B. *Auf-i* für *Aufenthaltsraum*), (b) Wortkreuzungen (wie *Schnipo* für *Schnitzel mit Pommes*) und Reduplikationen wie *Buchbuch* (also ein Buch aus Papier, kein E-Book). Auf die Kurzwortbildung mit *-i* und auf die Reduplikationen wird in den ▶ Abschn. 6.4.2 und 6.4.3 genauer eingegangen.

Definition

Der Begriff **Flexion** bezeichnet die grammatische Ebene, auf der Wortformen eines Lexems angepasst (d. h. flektiert oder ‚gebeugt') werden, um grammatische Eigenschaften des Lexems und seine Funktionen im Satz zu markieren. Die Informationen, die über Flexion vermittelt werden, nennt man Flexionskategorien. Es handelt sich um Informationen, bei denen wir keine Wahlfreiheit haben, sondern die wir bei jedem Einsatz eines Wortes automatisch und obligatorisch mitliefern müssen.

Die Gesamtheit der Wortformen von Lexemen kann man systematisch in Flexionsparadigmen darstellen.

Die Flexion von Wortarten, die in Nominalphrasen auftreten, also Substantiven, Pronomen, Adjektiven und Determinierern, nennt man auch ‚Deklination', die Flexion von Verben auch ‚Konjugation'.

Flexionskategorien in der Deklination Im Deutschen haben Substantive, Adjektive und Determinierer die Flexionskategorien ‚Kasus' (mit den Merkmalen Nominativ, Genitiv, Dativ, Akkusativ) und ‚Numerus' (mit den Werten Singular und Plural). Bei Substantiven und Pronomen ist Numerus eine inhärente Kategorie, die die Wortart selbst betrifft und modifiziert, bei anderen Wortarten ist Numerus eine Kongruenzkategorie, die sich im Satz an den Numerus der jeweiligen (pro-)nominalen Einheiten anpasst. Inhärente Kategorien sind wie andere Flexionskategorien allgemeingültig auf die allermeisten Elemente ihrer Wortart anwendbar, ähneln aber insofern der Derivation, als sie die Semantik ihrer Basis modifizieren und nicht syntaktische Funktionen erfüllen.

Bei den Artikelwörtern und Adjektiven ist im Deutschen auch ‚Genus' mit den Merkmalen Maskulinum, Femininum und Neutrum eine veränderliche Flexionskategorie, bei Substantiven dagegen ist Genus eine lexikalische Kategorie, die fest im Lexikoneintrag gespeichert und unveränderlich ist. Adjektive haben zwei verschiedene Flexionsparadigmen, die man ‚stark' und ‚schwach' nennt. Welche Form gewählt wird, hängt davon ab, welche Artikelform vorangeht. Ist die Markierung von Numerus, Kasus und Genus in der Artikelform deutlich, dann flektiert das Adjektiv ‚schwach' nur mit e- und n-haltigen Flexiven ohne weitere Unterscheidung. Ist die Artikelform nicht eindeutig oder nicht vorhanden, übernimmt die starke Adjektivform, die ein differenzierteres Paradigma hat, die Markierung von Numerus, Kasus und Genus:

(1)	a.	eindeutige Artikelform:	*der menschenleer-e Park* (schwache Adjektivflexion)
	b.	keine oder uneindeutige Artikelform:	*(ein-Ø) menschenleer-er Park* (starke Adjektivflexion)

Adjektive flektieren darüber hinaus noch in der Kategorie ‚Komparation' mit den Merkmalen Positiv, Komparativ und Superlativ. Auch Komparation ist eine inhärente Kategorie, die das Adjektiv selbst betrifft und nicht der Kongruenz, also der Übereinstimmung mit anderen Elementen im Satz, dient (es gibt deshalb auch Forschungspositionen, die Komparation als Derivationskategorie in der Wortbildung verorten).

Flexionskategorien in der Konjugation   Verben flektieren im Deutschen in den Kategorien ‚Tempus' (mit den flektierend ausgedrückten Merkmalen Präsens und Präteritum und den konstruktionell ausgedrückten Merkmalen Perfekt, Plusquamperfekt und Futur), ‚Modus' (mit Indikativ, Konjunktiven und Imperativ) und ‚Person' (mit den Merkmalen 1. und 2. Person, die auf am Kommunikationsereignis Beteiligte verweisen, und 3. Person, das auf Unbeteiligte referiert). ‚Person' wird kombiniert mit ‚Numerus' (Sg./Pl.). Die Suffixe sind so aufgebaut, dass diese beiden Informationen fusioniert ausgedrückt sind, so kann man -st mit der Funktion 2. Person Singular nicht in einen Abschnitt für 2. Person und einen für Singular unterteilen. ‚Genus Verbi' mit den Merkmalen Aktiv und Passiv wird im Deutschen nicht durch Flexion, sondern konstruktionell ausgedrückt, d. h. durch mehrteilige Formen.

Wie das folgende Beispiel zeigt, nutzt das Deutsche in der Flexion vor allem Suffixe, also Affixe, die an das Ende eines Stamms treten, der die lexikalische Information bereitstellt (nur Partizipien II haben ein Zirkumfix in zwei Varianten, je nach Verbklasse: starke Verben haben *ge_en* und schwache *ge_(e)t*). In geringerem Umfang wird auch der Stamm selbst modifiziert, entweder mit Umlaut wie in der Pluralbildung (*Apfel – Äpfel*) und Konjunktiv-II-Bildung (*lag – läge*) oder mit Ablaut wie in der Tempusbildung (*liegt – lag*). Beim Definitartikel, bei dem man zunächst auch an eine Stammmodulation denken könnte, gibt es gute Argumente für eine Segmentierung. Auch wenn der Stamm *d-*, der Definitheit, also

Identifizierbarkeit des Referenten für die Hörer:innen, ausdrückt, dann aus nur einem Laut besteht, bleibt er doch über alle Formen des Definitartikels hinweg konstant. Die beiden Flexionsverfahren Suffigierung und Stammmodulation sind in den folgenden beiden Sätzen illustriert:

(2)   a.   *D-er ge-brat-en-e Apfel lieg-t/lag auf d-em Ofen.*

        b.   *D-ie Gäst-e löffel-n/löffel-t-en d-ie ge-brat-en-en Äpfel mit Vorsicht.*

Mit dieser Präferenz für Suffigierung gegenüber Präfigierung in der Flexion ist das Deutsche nicht allein (siehe dazu den folgenden Abschnitt). Durch Suffixpräferenz in der Flexion waren und sind die grammatischen Informationen am Wortende phonetischen Abschwächungsprozessen unterworfen, durch die viele flexionsmorphologische Informationen heute uneindeutig und manchmal gar nicht (mehr) markiert werden (s. auch ▶ Kap. 7). Besonders Kasus wurde in der Geschichte des Deutschen am Substantiv selbst bis auf wenige Flexive abgebaut. In einem Beispiel wie *Die Katze frisst die Currywurst* gibt uns die Flexion von Feminina innerhalb der Nominalphrase keinerlei Auskunft über den Kasus und damit indirekt auch keine Auskunft über die semantischen Rollen der beiden Mitspieler. Die Satzbedeutung wird aber in den meisten Fällen durch andere Hinweise, hier die im Deutschen präferierte Wortstellung Agens vor Patiens, durch Bedeutungsaspekte wie Belebtheit verbunden mit Weltwissen (nur belebte Referenten können fressen) und durch Intonation vereindeutigt. Oft klären sich auch die Verhältnisse im Zusammenspiel mehrerer Wortarten, z. B. gibt die Verbkongruenz im Deutschen einen Hinweis auf Subjektstatus, weil das flektierte Verb in Person und Numerus mit dem Subjekt übereinstimmt: *Die Katzen fressen die Currywurst* gegenüber *Die Katze frisst die Currywurst.*

6.2 Morphologie im Sprachvergleich

Suffixpräferenz   Die meisten Sprachen der Welt mit Morphologie flektieren eher am Wortende (Suffix) als am Wortanfang (Präfix) oder in der Wortwurzel (Infix) (s. dazu Kap. 26 von Dryer 2013 im *World Atlas of Language Structures Online (WALS)*: ▶ http://wals.info/chapter/26; zum *WALS* vgl. den Kasten „Empirische Ressourcen" in ▶ Abschn. 5.1). Diese Suffixpräferenz hat wahrscheinlich mit der menschlichen Sprachverarbeitung zu tun: Wörter mit Suffixen beginnen mit dem Wortstamm, wir erkennen ihn daher besser und können ihn schneller auf eine Repräsentation in unserem mentalen Lexikon zurückführen. Wie oben schon zu sehen war, gibt es im Deutschen daneben aber auch andere Verfahren für unterschiedliche Aufgaben (z. B. Stammmodulation).

Typen der Informationsverpackung   Darüber hinaus nutzen die Sprachen der Welt unterschiedlich viel Morphologie auf unterschiedliche Weise. Aus diesen

Unterschieden wurden in der frühen Sprachtypologie des frühen 19. Jh. (Wilhelm von Humboldt, die Brüder Schlegel) verschiedene Sprachbautypen abgeleitet. Die Typologie bezieht sich darauf, wie viele grammatische Informationen wie in einem Wort markiert werden. Die übergreifende Unterscheidung dabei ist: Wenn grammatische Informationen auf eigene Wörter ausgelagert sind, also über syntaktische Konstruktionen ausgedrückt werden, spricht man von analytischen Strukturen. Werden die grammatischen Informationen in das Wort integriert, also morphologisch ausgedrückt, spricht man von synthetischen Strukturen.

So ist das Perfekt im Deutschen analytischer als das Präteritum (*ich verspeiste – ich habe verspeist*), und Substantive brauchen Determinierer, um die Kasusinformation zu vereindeutigen (***die** Wurst – **der** Wurst*). Aus der Langzeitperspektive scheint das Deutsche eine Entwicklung von Synthese zu Analyse zu durchlaufen. Wenn man genauer hinschaut, zeigt sich aber, dass es eigentlich Mischkonstruktionen sind, die hier entstehen. Das Perfekt hat mit seinem Hilfsverb und dem Partizip II ja auch flektierende Elemente. Zudem gibt es auch ‚Gegenbewegungen‘, wie die in ► Abschn. 6.3.6 besprochene Präposition-Artikel-Verschmelzung: *in das > ins* (*ins Haus*), ruhrdeutsch: *in der > inner* (*inner Currywurstbude*).

Sprachen können auch mit ganz wenig Morphologie auskommen, also am analytischen Pol liegen. Das gilt für viele ostasiatische Sprachen, wie z. B. das Vietnamesische, das einem 1:1-Verhältnis von Wort und Morphem sehr nahe kommt. Dieses Verfahren, jede inhaltliche Information einzeln in ein eigenes Wort zu verpacken, nennt man traditionell ‚isolierend‘. In (3) wird z. B. die Information 1. Person und Plural (‚wir‘) auf zwei Wörter verteilt (*tôi* und *chúng*).

(3) Vietnamesisch (aus Comrie 1989: 43)

Khi	*tôi*	*đến*		*nhà*	*ban*	*tôi,*	***chúng tôi***	*bắt đầu*	*làm*	*bài.*
wenn	ich	kommen		Haus	Freund	ich	PL ich	beginnen	tun	Lektion

‚Als ich ins Haus meines Freundes kam, begannen wir, Lektionen zu machen.‘

Um Tendenzen in Richtung Analyse und Isolation zu finden, genügt aber auch schon ein Blick ins Englische, wo Flexionsabbau stärker in diese Richtung geführt hat als im Deutschen. Vergleichen wir z. B. die englische Pluralbildung und Definitheitsmarkierung mit der im Deutschen:

(4)	engl.	Sg	*the pub, in the pub*	Pl	*the pubs*
	dt.	Sg	*die Kneipe, in der Kneipe*	Pl	*die Kneipe**n***

Das Englische hat mit -*s* (und seinen phonologisch bedingten Varianten) nur noch einen produktiven Pluralmarker, das Deutsche dagegen je nach Zählung fünf bis sieben Plural-Allomorphe, also Formvarianten für ein und dieselbe Funktion. Der Artikel funktioniert im Deutschen synthetischer als im Englischen, indem er Kasus, Numerus und Genus zusätzlich zu Definitheit mitmarkiert. Diese Informationen sind am englischen Artikel abgebaut. Zusammen mit

Afrikaans ist das Englische diejenige germanische Sprache mit der größten Tendenz in Richtung Analyse.

Es gibt aber auch das Gegenteil, nämlich dass Sprachen sehr viele Informationen in ein einziges Wort packen, die andere Sprachen in Form von Phrasen oder Sätzen ausdrücken. Solche Sprachen, wie zum Beispiel Yupik, werden traditionell als ‚polysynthetisch‘ (vielfach zusammengesetzt) klassifiziert. Im folgenden Beispiel stecken die lexikalischen Informationen ‚Boot‘, ‚Augmentation‘ (‚groß‘) und ‚erwerben/anschaffen‘ sowie die grammatischen Informationen ‚Desiderativ‘ (‚beabsichtigen, etwas zu tun‘) und ‚3. Person Singular‘ alle in einem Wort:

(5)   Sibirisches Yupik (Comrie 1989: 45)

angya-ghlla-ng-yug-tuq

Boot-AUGMENTATIV-anschaffen-DESIDERATIV-3SG

‚X möchte ein großes Boot anschaffen‘

Art der Verpackung   Innerhalb der flektierenden Sprachen gibt es also Unterschiede, wie viele Informationen in eine Wortform gepackt werden. Ein weiteres Kriterium ist die Art der Verpackung. Das lässt sich gut erkennen, wenn wir ausschnittsweise die Flexion der Wörter für ‚Mann‘ (auch ‚Mensch‘) im Isländischen und Türkischen mit dem Deutschen vergleichen (▶ Tab. 6.1 unten).

Das Isländische bündelt Kasus und Numerus in einem Suffix (z. B. *-a* für Genitiv *und* Plural in *mann-a*), teils wird auch Modulation allein oder zusammen mit einem Suffix genutzt. Zwei Formen sind dabei gleich (*menn*). Die Irregularität, dass Formen mit unterschiedlichen Funktionen in einem Flexionsparadigma formgleich sind, bezeichnet man als ‚Synkretismus‘. Wenn wir noch weitere isländische Wörter anschauen würden, hätten wir noch zusätzliche Flexionsmuster, die wir diskutieren müssten.

Das Türkische organisiert seine Informationsverpackung demgegenüber weitaus transparenter: Es nutzt für gleiche Funktionen (z. B. Plural oder Akkusativ) fast immer die gleiche Form (*-lar/ler* für Plural und *-ı/i/u/ü* für Akkusativ) und reiht die Suffixe separat aneinander, anstatt mehrere Informationen in einem Flexiv zu bündeln.

Fusionierende Flexion   Sprachen wie Isländisch, Russisch oder Latein mit viel Flexion, die mehrere Informationen in einem Suffix bündeln, Stammflexion aufweisen und ihre Flexion in verschiedenen Mustern (Deklinationen und Konjugationen) organisieren, werden traditionell als ‚flektierende‘ Sprachen bezeichnet, ein treffenderer Begriff ist allerdings ‚fusionierend‘, weil Informationen verschmolzen werden und weil ‚flektierend‘ der Oberbegriff für alle Sprachen mit Flexionsmorphologie ist, also auch für die des nächsten Typs, die agglutinierenden Sprachen.

Agglutinierende Flexion   Sprachen wie Türkisch und Finnisch, die zwar mehrere Informationen in einem Wort kombinieren, aber diese Informationen nicht verschmelzen, nennt man traditionell ‚agglutinierende‘ (‚anklebende‘) Sprachen.

Fusionierende und agglutinierende Sprachen sind Untertypen flektierender Sprachen. Beide Lösungen haben Vor- und Nachteile: Der Preis der besseren Segmentierbarkeit der einzelnen Informationen sind längere Wörter.

Das Gegenwartsdeutsche ist ein Mischtyp der beiden Lösungen. An den Beispielen *Mann* und *Mensch* in ◘ Tab. 6.1 kann man sehen, dass Deutsch einerseits Eigenschaften mit dem Isländischen teilt: Informationen fusionieren mit dem Stamm (*mann – männ*) und es gibt weitreichende Synkretismen (besonders bei *Mensch*) sowie Allomorphie, wenn man die Paradigmen von *Mann* und *Mensch* vergleicht. Mit dem Türkischen hat Deutsch andererseits gemeinsam, dass im Plural Numerus und Kasus (wenn Kasus überhaupt markiert ist) getrennt symbolisiert werden können (Pl. *-er* und Dat. Pl. *-n: Männ-er-n*).

Auch in anderen morphologischen Bereichen zeigt sich, dass Deutsch ein Mischtyp ist: In der Komposition hat es teils polysynthetische Züge (man denke an die berüchtigten Bandwurmkomposita) und in der Flexion Arbeitsteilungen zwischen flektierenden und agglutinierenden Verfahren entwickelt (z. B., wie oben erläutert, stammflektierende starke Verben (*singe – sang*) gegenüber agglutinierenden, schwachen Verben (*lache – lach-te*). Durch kontinuierliche Abschwächungsprozesse von Suffixen gibt es viele uneindeutige Formen, die mehrere Funktionen haben können. Dazu gehören Synkretismen, wie die Wortform *Menschen* in ◘ Tab. 6.1, die alles außer Nom. Sg. sein kann. Umgekehrt können einige Funktionen alternativ über unterschiedliche Formen ausgedrückt werden, z. B. das Tempus der Vergangenheit durch *ich sang* oder *ich habe gesungen*.

Kombinierende Flexion   Eine ganz wichtige Eigenschaft des Deutschen wird durch die bisher vorgestellten Typen aber nicht erfasst: Sehr viele Informationen werden erst in der Kombinatorik mehrerer Wörter einer Konstruktion vereindeutigt. Die flektierenden Determinierer, Adjektive und Substantive, z. B. *der*, *leckeren*, *Suppe*, sind für sich genommen hochgradig uneindeutig. Erst im Zusammenspiel wissen wir genau, dass es sich um eine feminine Nominalphrase (NP) im Dativ Singular handelt: *in der leckeren Suppe sind viele Kräuter*. Auch Verbalkomplexe unterliegen im Deutschen diesem Prinzip: So ist das Auxiliar in *ich werde…* für sich genommen uneindeutig, die Konstruktionsbedeutung wird erst durch den

◘ **Tab. 6.1**   Kasus-Numerus-Flexion im Sprachvergleich

	Isländisch		Deutsch		Türkisch	
	Sg	Pl	Sg	Pl	Sg	Pl
Nom	*maður*	*menn*	*Mann* *Mensch*	*Männer* *Menschen*	*adam*	*adamlar*
Gen	*manns*	*manna*	*Mannes* *Menschen*	*Männer* *Menschen*	*adamnın*	*adamların*
Dat	*manni*	*mönnum*	*Mann* *Menschen*	*Männern* *Menschen*	*adama*	*adamlara*
Akk	*mann*	*menn*	*Mann* *Menschen*	*Männer* *Menschen*	*adamı*	*adamları*

infiniten Verbteil klar: Mit einem Partizip II handelt es sich um ein Vorgangspassiv (*ich werde gefragt*), mit einem Infinitiv um ein Futur (*ich werde fragen*). Die infiniten Verbformen wiederum sind für sich genommen auch nicht eindeutig: Kombiniert man z. B. ein Partizip II mit einem anderen Auxiliar, *haben*, entsteht ein Perfekt (*ich habe gefragt*). Kombiniert man einen Infinitiv mit dem Konjunktiv II von *werden*, entsteht eine Konjunktivperiphrase (*ich würde fragen*). Dieses kombinatorische Verfahren hat das Deutsche also in Nominal- und Verbalphrasen massiv ausgebaut.

Für eine vertiefende Lektüre zur morphologischen Sprachtypologie seien z. B. Comrie (1989: Abschn. 2.3), Ronneberger-Sibold (2010) und Nübling et al. (2017: Kap. 13) empfohlen.

6.3 Fallbeispiele Flexion

Sowohl in der Flexion als auch in der Wortbildung lässt sich in der deutschen Gegenwartssprache viel Variation beobachten. Sie kann unter anderem dadurch bedingt sein, dass neue Regelmäßigkeiten und Formen allmählich alte ablösen oder dass sich Arbeitsteilungen von Formen entwickelt haben. Variation entsteht aber auch dadurch, dass wir – d. h. die Sprecher:innen – uns durch die Wahl bestimmter Varianten an unterschiedliche Situationen anpassen (wie formell versus informell) oder spezielle kommunikative Effekte erzielen möchten. Einige Fälle gegenwartssprachlicher Variation greifen wir in den folgenden Abschnitten auf.

Zuerst beschäftigen wir uns mit aktuellen Flexionsklassenübergängen in der Verb- und Substantivflexion (▶ Abschn. 6.3.1 und 6.3.2). Danach stellen wir Phänomene an der Schnittstelle von Morphologie und Syntax vor. Hier geht es um die Genitivmarkierung am Nomen sowie um die Frage, wo und wie Flexion im Deutschen gerade neu entsteht (▶ Abschn. 6.3.3 und 6.3.6). An der Schnittstelle von Morphologie und Graphematik ist die heutige Verwendung des Apostrophs (oder ‚des Apostroph's'?) zu verorten, der – entgegen der Schelte, die er oft erfährt – von Schreiber:innen hochfunktional gebraucht wird, da er die morphologische Struktur von Wörtern im Schriftbild schneller erkennbar macht (▶ Abschn. 6.3.4). Schließlich werden wir an einigen Beispielen zeigen, wie effizient und schnell Fremdwörter ins Flexionssystem des Deutschen integriert werden und in welchen Schritten dieser Integrationsprozess verläuft (▶ Abschn. 6.3.5).

6.3.1 Werden alle Verben schwach?

Man könnte von dem Ideal ausgehen, dass alle Wörter einer Wortart auf gleiche Weise flektieren. In agglutinierenden Sprachen (▶ Abschn. 6.2) ist das manchmal annähernd der Fall. Im Deutschen zeigen sich Substantive und Verben jedoch uneinheitlich in ihrem Flexionsverhalten. Sie bilden Untergruppen, die ihre Formen auf jeweils eigene Weise bilden. Solche Untergruppen nennt man ‚Flexionsklassen'.

┌─ **Definition** ───┐

Flexionsklassen sind Gruppen von Lexikoneinheiten (häufig innerhalb einer Wortart), die ihre Flexionsformen auf gleiche Weise bilden. Wortartspezifisch kann man
dabei in Konjugationsklassen bei Verben und Deklinationsklassen bei Substantiven
unterscheiden.

└──┘

Starke und schwache Verben   In der Verbformenbildung unterscheidet man (neben Sonderverben, die sich einer irregulären Kleinklasse oder gar keiner Klasse
zuordnen lassen) zwei größere Konjugationsklassen, die seit Jacob Grimm (z. B.
1864) als ‚schwache‘ und ‚starke‘ Verben bezeichnet werden. Grimm war übrigens ein großer Fan der starken Verben. In seiner später in Aufsatzform über-
führten Rede „Über das Pedantische in der deutschen Sprache" (1864: 340) bezeichnet er den Ablaut (das ist der regelmäßige Vokalwechsel in den Formen starker Verben) als „edelste regel deutscher conjugation" und „reizenden wechsel der
laute und formen" (er schrieb übrigens durchgehend klein). In Grimms Augen ist
diese Konjugationsform durch die Grammatiker, die die schwachen Verben als
den Normalfall beschreiben, zu sehr in den Hintergrund gerückt worden. Grimm
appelliert: „fühlt man aber nicht, dasz es schöner und deutscher klinge zu sagen
buk wob boll (früher noch besser *wab ball*) als *backte webte bellte*, und dasz zu jener form die participia *gebacken gewoben gebollen* stimmen?", und weiter: „es ist
sicher alles daran gelegen ihn [den Ablaut] zu behaupten und fortwährend schalten zu lassen." Ob man starke Verben nun mag oder nicht – sie werden weniger.
In den folgenden Absätzen erläutern wir diesen Prozess.

Die Unterschiede in der Formenbildung, die Grimm so leidenschaftlich beschreibt, sind die folgenden:

- **Schwache Verben,** wie *lachen – lachte – gelacht, reden – redete – geredet* flektieren ohne Modulation des Stammes und arbeiten in Präteritum und Konjunktiv
  mit dem sog. Dentalsuffix -(e)t- und im Partizip II mit dem Zirkumfix ge_(e)t.
  Die schwache Flexion ist das heute produktive Verfahren, das auch sämtliche
  neu integrierte Verben umfasst, z. B. *liken – geliked/gelikt/geliket* (hier besteht
  häufig zunächst orthographische Variation, s. unten ▶ Abschn. 6.3.5).
- **Starke Verben,** wie *singen – sang – gesungen, schreiben – schrieb – geschrieben* flektieren mit Stammmodulation, genauer gesagt mit dem Ablaut, der ein
  sehr frühes Erbe aus der Vorgeschichte des Deutschen ist. Dabei gibt es heute
  knapp 40 verschiedene Muster. Starke Verben nutzen im Präteritum kein Dentalsuffix und arbeiten im Partizip mit einem Zirkumfix, das mit Nasal endet
  (ge_en). Dieses Verfahren ist im heutigen Deutschen nicht produktiv; der Versuch, neu integrierte Verben mit Veränderung des Stammvokals zu flektieren,
  scheitert: *hypen – *gehiepen, chillen – *gechollen;* es kann nur heißen: *gehypt*
  und *gechillt.*

Gebrauchshäufigkeit schützt vor Schwachwerden Um einmal einen empirischen Einblick in die Häufigkeit der verschiedenen Flexionstypen zu geben, sind im folgenden Absatz alle starken Verben fett gedruckt und alle schwachen Verben unterstrichen; alle irregulären Verben sind in Kapitälchen gesetzt:

Starke Verben SIND ein Erbe aus der Vorgeschichte des Deutschen und HABEN seit althochdeutscher Zeit nur wenig Zuwachs **erfahren** (z. B. *schreiben, pfeifen*). Ihre Anzahl IST deutlich **gesunken**, einerseits dadurch, dass Verben zur schwachen Flexion **übergetreten** sind (z. B. *bellen – ball – bullen – gebollen > bellen – bellte – gebellt*), vor allem aber dadurch, dass starke Verben **ausgestorben** SIND (z. B. althochdeutsch *quedan* ‚sprechen'). Trotzdem **hält** sich ein Grundstock an starken Verben, die dem Grundwortschatz <u>angehören</u> und in vielen Präfix- und Partikelverbbildungen **vorkommen** (z. B. *helfen, aushelfen, verhelfen, abhelfen*). Sie WERDEN durch ihre hohe Gebrauchsfrequenz vor Abbau <u>geschützt</u>. Aus der Mikroperspektive der einzelnen Sprecher:innen IST dieser ‚Abbau' nichts anderes, als dass man im mentalen Lexikon <u>gespeicherte</u> Formen allmählich **vergisst** oder aber dass man Formen gar nicht erst **erwirbt**, die andere Sprecher:innen vielleicht in ihrem Lexikon <u>gespeichert</u> HABEN, aber nur sehr selten <u>realisieren</u>.

Der Absatz zeigt, dass starke und irreguläre Verben häufiger im laufenden Text vorkommen (Gebrauchsfrequenz), als ihre geringe Anzahl von ca. 170 starken gegenüber über 4000 schwachen Simplizia zunächst annehmen lässt (vgl. August 1975a, der dieses Zahlenverhältnis als erster für das Deutsche ermittelt und interpretiert hat). Verben, die diesen ‚Schutz' nicht haben, weil sie wie *melken* an Häufigkeit verlieren, tendieren zur schwachen Bildungsweise, die *ad hoc* auf jedes beliebige neue Verb anwendbar ist.

Gebrauchsfrequenz ist aber nicht der einzige Faktor. Verben, die einem Ablautmuster angehören, das viele Vertreter hat (wie z. B. [-*ing- -ang- -ung-*] in *singen, klingen, springen* usw., bleiben auch dann länger in der starken Flexionsklasse, wenn sie nur selten gebraucht werden (Nowak 2016). Außerdem kommt es darauf an, wie viele formale Differenzierungen abgebaut werden müssen, um schwach zu werden. Starke Verben, deren Partizip-II-Vokal dem Infinitivvokal gleicht (die Vokale bilden also das Muster A-B-A, wie in *halten – hielt – gehalten*), sind besonders zahlreich zum schwachen Flexionsmuster gewechselt, weil hier im Partizip II nur das nasale durch ein dentales Suffix ersetzt werden musste (*schalten – geschalten/geschaltet*). Damit war der Weg frei, auch ein Dentalsuffix einzuführen. Dass diese Regularisierung nicht überall im deutschsprachigen Raum gleichermaßen eingetreten ist, zeigt die räumliche Verteilung in der Karte aus dem *Atlas zur deutschen Alltagssprache* (◻ Abb. 6.2; vgl. auch den Kasten „Empirische Ressourcen" in ► Abschn. 2.4.3).

Spielerisch können wir aber auch starke Bildungsmuster abrufen und anwenden, wie z. B. die Gesellschaft zur Stärkung der Verben auf ihrer Internetseite beweist, die viele schwache Verben ‚gestorken' hat (► https://neutsch.org/Startseite). Auch alltagssprachlich und in Dialekten des Deutschen ist für schwache Verben die Grenze zur starken Flexion überwindbar. Das ist einerseits dann zu beobachten, wenn sie gut in eines der phonologischen Schemata der starken Verben passen: So gibt es in Teilen des Westmitteldeutschen für *bringen* das Partizip II

6

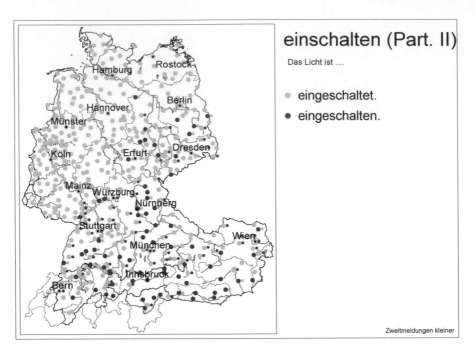

□ **Abb. 6.2**   Die Partizip II-Formen des Verbs *einschalten* (Atlas zur deutschen Alltagssprache,
► http://www.atlas-alltagssprache.de/runde-7/f10a-e/, Juli 2022)

gebrung(en) nach dem Muster der starken Verben auf *-ing-*. Auch das Partizip II
gewunken geht auf ein ursprünglich schwaches Verb zurück, das allerdings schon
in mittelhochdeutscher Zeit ‚gestärkt‘ wurde (vgl. Pfeifer 1993). Die starken Formen sind hier also gar nicht so neu. Heute existieren die beiden Formen *gewinkt*
und *gewunken* nebeneinander (□ Abb. 6.3).

Der oben schon erwähnte Faktor der formalen Ähnlichkeit kann auch zu vollständigen Übergängen aus der schwachen in die starke Konjugationsklasse führen. Schwache Verben mit einem dentalen Plosiv im Stammauslaut und einem
Partizip, das den gleichen Vokal wie der Präsensstamm hat (Muster A-B-A), können den Sprung zur starken Flexion schaffen, weil die Sprecher:innen den Den-
tal des Suffixes als Teil des Stamms reanalysieren und dann die starke Endung
neu ‚anhängen‘. In vielen Dialekten verschmilzt man nämlich Stamm und Suffix
in solchen Fällen, also *gred* statt *geredet* und *gheirat* statt *geheiratet.* In alemannischen Dialekten hat man daher – stark flektierend – *ghūrote* (‚geheiraten‘), wenn
man *geheiratet* hat. Auch die sogenannte Wechselflexion starker Verben, mit der
die 2./3. Person Singular Präsens vom übrigen Präsens durch Vokalwechsel abge-
hoben wird (*ich helfe – du hilfst, sie hilft*), kann von schwachen Verben angenommen werden, z. B. westmitteldeutsch bei ‚sagen‘ *ich sag – sie secht/seet* und ost-
fränkisch *ich bad mich – er bäd sich* für ‚baden‘ (Harnisch 1999).

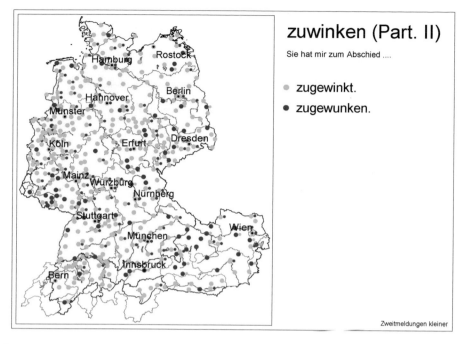

◻ Abb. 6.3 Die Partizip II-Formen des Verbs *zuwinken* (Atlas zur deutschen Alltagssprache, ► http://www.atlas-alltagssprache.de/runde-7/f10a-e/, Juli 2022)

Starke und schwache Verbformen mit Bedeutungsdifferenzierung Variation zwischen starken und schwachen Formen in der Gegenwartssprache kann neben den beschriebenen ‚Schwächungstendenzen' aber auch eine sehr alte Ursache haben. Von manchen Verben gibt es nämlich starke bzw. schwache ‚Doppelgänger'. Dabei ist die stark flektierende Version ein intransitives Verb: *die Wäsche hing an der Leine.* Die schwach flektierende (oft von der starken abgeleitete) Version ist dagegen ein transitives Verb: *Er hängte die Wäsche ab.* Dieses Muster findet sich nicht nur bei *hängen – hing/hängte – gehangen/gehängt*, sondern auch bei *bleichen – blich/bleichte – geblichen/gebleicht.* Hier ist an den formalen Unterschied also historisch ein Bedeutungsunterschied gekoppelt, der bei manchen Verben noch präsent ist, während andere Verben schwanken (*hängen, bleichen*). Diese Varianten sind wiederum im deutschsprachigen Raum unterschiedlich verteilt (◻ Abb. 6.4).

Im Übergang zur schwachen Flexion lassen sich auch vorübergehende Funktionsdifferenzierungen beobachten, z. B. in Bezug auf die Stilebene oder auf die Argumente, die vom Verb gefordert werden. Bei *saugen* sind das starke Verb mhd. *sûgen* und das schwache Verb mhd. *sougen* durch Lautwandel zusammengefallen. Wann würden Sie z. B. eher *gesogen*, wann eher *gesaugt* verwenden? Viele würden die starke Form *gesogen* eher einsetzen, wenn sich ein poröser Gegenstand (z. B. Holz oder ein Schwamm) *vollgesogen* hat, die schwache aber, wenn ein Baby getrunken hat oder man die Wohnung von Staub befreit, also *gesaugt*, hat. Eine übergreifende Tendenz bei solchen Schwankungsfällen, die sich z. B. auch bei den

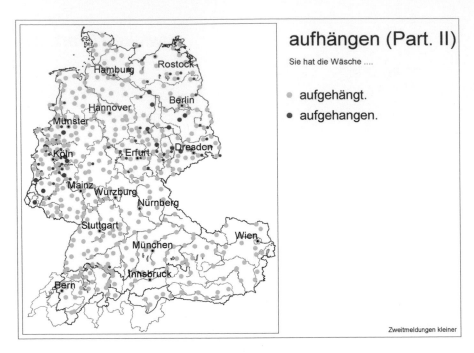

Abb. 6.4 Die Partizip II-Formen des Verbs *aufhängen* (Atlas zur deutschen Alltagssprache, ▶ http://www.atlas-alltagssprache.de/runde-7/f10a-e/, Juli 2022)

regulären und irregulären Formen von *gesendet/gesandt*, *gewendet/gewandt* zeigt, besteht darin, dass sich die irreguläre Variante auf idiomatische Kontexte und hohe Stilebenen zurückzieht und die reguläre die konkreten, semantisch transparenten Kontexte abdeckt. Wie allgemeingültig, d. h. überindividuell wirksam solche Präferenzen sind, können nur Korpus- oder Fragebogenuntersuchungen zeigen.

Der lange Weg zum schwachen Verb   Die Hauptrichtung des Wandels ist also das Schwachwerden. Dabei ist die Beobachtung interessant, dass starke Merkmale nicht auf einen Schlag, sondern schrittweise abgebaut werden (vgl. Bittner 1996; Dammel 2014). Wir vergessen die ganzheitlich abgespeicherten Formen nicht *en bloc*, sondern nach und nach, da manche Formen besser verankert sind als andere. Am längsten hält sich in der Regel das Partizip II. So nutzen wir alle noch das Partizip *gesalzen*, würden aber nicht mehr *Sälzt du die Suppe?* oder *Früher sielz meine Oma immer Gurken ein* sagen. Auch diese Beobachtung kann auf Unterschiede in der Gebrauchsfrequenz zurückgeführt werden, und zwar auf die häufigere Nutzung des Perfekts gegenüber dem Präteritum: Das Perfekt hat, besonders südlich der Mainlinie, seit frühneuhochdeutscher Zeit in der gesprochenen Sprache das Präteritum verdrängt, so dass wir eher Partizipien als Präteritalformen nutzen. Unregelmäßige Formen werden dann für das Partizip II besser erinnert als für das Präteritum.

Ähnliches gilt für die Konkurrenz von synthetischen Konjunktivformen (*ich ginge*) und der analytischen Konjunktivumschreibung (*ich würde gehen*). Konstruktionen wie Perfekt und *würde*-Umschreibung sind einfacher *ad hoc* zu bilden: Man muss nur noch das Hilfsverb flektieren, von den Vollverben genügen die infiniten Formen Partizip II und Infinitiv. Die Tendenz, morphologische Ausdrucksformen wie Präteritum und Konjunktiv durch periphrastische Konstruktionen wie Perfekt und die *würde*-Umschreibung zu ersetzen, und der Abbau starker Verbformen mit dem Partizip II als letztem Relikt gehen also Hand in Hand.

Dennoch ist diese Entwicklung zu relativieren: Wir haben zwar heute viel mehr schwache als starke Verben in unserem mentalen Lexikon gespeichert. Wie oben in dem Absatz durch die fett gedruckten, in Kapitälchen gesetzten und unterstrichenen Verben schon gezeigt, benutzen wir aber in einem laufenden Text oder Gespräch auch heute noch häufiger starke und irreguläre als schwache Verbformen. Die am häufigsten gebrauchten Verben tendieren zu unregelmäßiger Formenbildung, was kürzere und deutlicher unterschiedene Formen zur Folge hat. Das ist eine Beobachtung, die auch wortarten- und sprachenübergreifend gilt.

Was passiert, wenn die Gebrauchshäufigkeit steigt? Wird ein Verb frequenter, wie das bei *haben* historisch der Fall war, als es im Althochdeutschen zum Perfekthilfsverb wurde, dann kann es mit der Zeit Unregelmäßigkeiten aufbauen und Kurzformen entwickeln (z. B. Vokalkürzung und *b*-Schwund, vgl. die fetten Hervorhebungen in ◘ Tab. 6.2). Dass das kein normaler reduktiver phonologischer Wandel ist, der bei allen Formen dieser Struktur auftreten würde, zeigt der Vergleich mit dem reimenden regelmäßigen Verb *traben*. Genauso müsste *haben* heute flektieren, wenn es sich regelmäßig entwickelt hätte. Im Aufbau von unregelmäßigen Kurzformen ist die gesprochene Alltagssprache (die sich regional unterscheidet) progressiver als die Standardnorm. Sie greift durchgehend auf sog. kontrahierte Formen ohne /b/ im Stammauslaut zurück, die sich bereits in mittelhochdeutscher Zeit entwickelt haben (Nübling 2000).

In der bis hierher dargestellten Diskussion scheinbar junger Flexionsklassenwechsel von stark zu schwach hat sich gezeigt, dass diese Tendenz schon sehr alt ist, dass sie zu Variation innerhalb des Gegenwartsdeutschen geführt hat und dass

◘ **Tab. 6.2** Irreguläre Formen von *haben* im Varietätenvergleich

haben **Standardsprache**	*haben* **Umgangssprache**	*traben* **(Vergleichsverb)**
[haːbə]	[hap]	[tʀaːbə]
[hast]	[hast]	[tʀaːpst]
[hat]	[hat]	[tʀaːpt]
[haːbən/haːbm]	**[ham]**	[tʀaːbən/tʀaːbm]
[haːpt]	[hapt]	[tʀaːpt]
[haːbən/haːbm]	**[ham]**	[tʀaːbən/tʀaːbm]

sie nicht nur eine Einbahnstraße ist. Ein Grund dafür, dass sich Variation im Ausdruck derselben morphologischen Informationen (hier vor allem Tempus und Modus) hält, ist die frequenzabhängige Verteilung unregelmäßiger Formen.

6.3.2 Werden alle Maskulina stark? – Und andere Fragen zur Deklination

Auch die Nominalflexion des Deutschen hat nicht (wie das Englische mit *s*-Genitiv und *s*-Plural) *ein* gemeinsames Muster für fast alle Substantive, sondern leistet sich mehrere Deklinationsklassen. Traditionell werden diese Klassen eingeteilt in:

- **die starke Deklination**: sie geht auf vokalische Klassenkennzeichen in germanischer Zeit zurück und zeichnet sich heute durch *e*- oder Null-Plural (mit der Ausnahme *er*-Plural) und im Maskulinum und Neutrum durch ein Genitiv-*s* aus;
- **die schwache Deklination**: sie geht auf das konsonantische Klassenkennzeichen der germanischen *n*-Deklination zurück und weist heute *n*-haltige Flexive im Plural auf, bei Maskulina auch im Singular.

Deklinationsklassen und Genus Deklinationsklassen sind aus den Vorstufen des Deutschen ererbt, haben aber im Laufe der Zeit starke Umschichtungen erfahren. Heute gilt ein System, bei dem das Genus und die phonologische Struktur des Substantivs Hinweise auf die Deklinationsklasse geben. Mit Genus korreliert, dass Feminina klar die schwache Flexion mit *n*-Plural favorisieren und überhaupt keine Kasusmarkierungen im Singular haben. Starke Feminina mit *e*-Plural gibt es nur noch ganz wenige, sie alle haben Umlaut (z. B. *Wurst – Würste*). Die meisten Maskulina und Neutra haben dagegen starke Flexion mit *e*- oder Null-Plural und im Genitiv Singular ein *-(e)s* (z. B. *das Pferd – die Pferde, des Pferd(e)s*). Innerhalb dieser Klasse können Maskulina Umlaut haben (*Frosch – Frösche, Apfel – Äpfel*), Neutra dagegen selten (*Brot – Brote*; vgl. Augst (1975b), der diese Verhältnisse als erster quantitativ ermittelt hat).

Der Plural fühlt sich nur als Trochäus wohl Die prosodische Phonologie sorgt Genera übergreifend dafür, dass der Plural die Form eines Trochäus annimmt (Betonungsmuster ʹXx), also die bevorzugte Struktur für phonologische Wörter im Deutschen (vgl. ▶ Abschn. 7.2): Ob im Femininum *-en* oder *-n* hinzutritt und ob bei Maskulinum und Neutrum ein *e*- oder ein Nullplural greift, hängt davon ab, ob der Singular bereits ein Trochäus ist (vgl. Neef 1998; Wegener 2003):

(6)	Numerus	Sg	Pl	Sg	Pl
	Betonungsmuster	X	'Xx	'Xx	'Xx
		Zahl	*Zahl-en*	*Zunge*	*Zunge-n*
		Tat	*Tat-en*	*Nadel*	*Nadel-n*
		Pfeil	*Pfeil-e*	*Pfeiler*	*Pfeiler-Ø*
		Farn	*Farn-e*	*Fenster*	*Fenster-Ø*

Sonderfall *s*-Plural   Gegenüber diesen Grundprinzipien (siehe auch unten Vertiefungskasten „Deklinationsklassen des Deutschen") gibt es aber auch einige Ausreißer. Dies ist zum einen der *s*-Plural, der Genera übergreifend für Wörter verwendet wird, deren Eigenschaften von denen prototypischer deutscher Wörter abweichen. Dazu gehören unter anderem Kurzwörter mit ‚ungewöhnlicher' Phonologie, wie *Mutti*, *Auto* und *Studi*. Im Deutschen haben Wörter normalerweise in unbetonten Silben keine Vollvokale (► Kap. 7). Auch Namen bekommen den *s*-Plural und unterscheiden sich damit im Fall der Familiennamen von Appellativen: *die Kochs* (Familie), aber *die Köche* (Berufsbezeichnung). Namen sind eine besondere Herausforderung für das mentale Lexikon, weil sie nicht auf Klassen von Referenten, sondern auf einzelne Referenten verweisen. Man muss also weitaus mehr Namen memorieren und abrufen als andere Substantive (Appellative). Zur Klientel des *s*-Plurals gehören außerdem bislang wenig integrierte Fremdwörter (z. B. die *Meetings*) und manche Produkte von Konversion, dem Wortbildungsprozess, der Lexeme ohne Affigierung in eine neue Wortart überführt. Hierher gehören z. B. substantivierte Interjektionen oder Adjektive: *die Igitts*, *die Tiefs*. Dieses Sammelsurium hat eine Gemeinsamkeit: All diese Stämme weichen vom Normalwortschatz ab, entweder strukturell, semantisch, durch die schlechte Erkennbarkeit der Wortart oder weil sie einfach noch neu, also ungewohnt sind.

Der *s*-Plural hat für diese Wörter gegenüber den anderen Pluralmarkern den Vorteil, dass er akustisch sehr gut segmentierbar ist und anders als die anderen Pluralmarker nie die Silbengrenze verschiebt, weil er keine neue Silbe eröffnet:

(7)	Sg	Pl	
	Tag	*Ta.ge*	(Morphem- und Silbengrenze stimmen nicht überein)
	Snack	*Snacks*	(keine Veränderung der Silbengrenze)

Der Wortstamm bleibt so immer gut erkennbar. Dafür haben die Pluralformen, die mit den anderen Pluralallomorphen gebildet wurden, den Vorteil, besser ins prosodische System des Deutschen zu passen. In ► Abschn. 6.3.5 wird gezeigt, dass keineswegs alle Fremdwörter einen *s*-Plural bekommen und dass der *s*-Plural im Deutschen keine Entlehnung aus dem Englischen ist, denn er wurde schon genutzt, lange bevor der Kontakt des Deutschen mit dem Englischen so intensiv wurde, wie er heute ist. Im Niederdeutschen gab und gibt es ihn durchgehend, z. B. bei Wörtern auf Reduktionssilbe (*die Lehrers*, *die Onkels*).

Ausnahme *er*-Plural   Einen Ausnahmestatus hat neben dem *s*- auch der *er*-Plural, den ca. 80 Neutra und wenige Maskulina (z. B. *die Wörter, die Männer*) nutzen. Er hat in frühneuhochdeutscher Zeit viele neue Mitglieder gewonnen (u. a. *die Wörter*), die vorher keine Pluralmarkierung hatten. Im Mittelhochdeutschen hieß es *daz wort* im Singular und *diu wort* im Plural. Im überregionalen Deutschen ist der *er*-Plural heute allerdings nicht mehr produktiv.

Zur Vertiefung: Deklinationsklassen des Deutschen

Wir geben hier einen kurzen Überblick über die Deklinationsklassen im Deutschen.
- Feminina: Singular ohne Genitivmarkierung
  - schwache Feminina mit *(e)n*-Plural (*die/der Frau – die Frauen, die/der Zunge – die Zungen*)
  - kleinere Klassen:
    - mit *s*-Plural (*Oma – Omas, Carmen – die beiden Carmens*)
    - starke Feminina mit *e*-/Null-Plural und Umlaut: (*die/der Hand – die Hände, die/der Mutter – die Mütter*)
- sog. starke Maskulina und Neutra: mit Genitiv-*s*
  - mit *e*-/Null-Plural (*des Pfeils – die Pfeile*; *des Pfeilers, die Pfeiler*), Maskulina auch mit Umlaut (*des Froschs – die Frösche, des Apfels – die Äpfel*)
  - kleinere Klassen:
    - mit *er*-Plural (meist Neutra): *des Lammes – die Lämmer, des Gespensts – die Gespenster*
    - mit *s*-Plural (*Foto – Fotos, Club – Clubs*)
- sog. gemischte Maskulina und Neutra: mit Genitiv-*s* und Plural -*(e)n* (*des Autors – die Autoren, des Auges – die Augen*)
- sog. schwache Maskulina und Neutra mit -*(e)n* in allen Formen außer dem Nominativ Singular (*der Bär/der Bote, des, dem, den Bären/Boten, die Bären/Boten*).

Am wichtigsten für die folgenden Ausführungen sind die beiden letzten Klassen im Vertiefungskasten, die ebenfalls einen Ausnahmestatus im Klassensystem haben, die sog. gemischte und die schwache Flexion im Maskulinum. Gemischte Maskulina und Neutra flektieren im Singular stark mit Genitiv-*s* und im Plural schwach mit -*(e)n*. Schwache Maskulina haben kein Genitiv-*s*, dafür haben alle Nicht-Nominativformen im Singular und alle Pluralformen das Suffix -*(e)n*. Dieses abweichende Muster zeigt schon seit sehr langer Zeit Schwankungen in Richtung der starken Flexion. Es ist also keine ganz neue Entwicklung, wenn wir *dem Prinz* statt *dem Prinzen* hören oder sagen.

Ab- und Umbau der schwachen Maskulina nach Belebtheit   Historisch umfasste diese Klasse ursprünglich weit mehr Lexeme als heute (z. B. auch *Knoten, Lappen, Funken, Balken, Storch, Hahn, Schnecke, Fahne*). Die ‚Aussteiger' wurden auf verschiedene Weise umverteilt (vgl. Köpcke 2000): Lexeme, die Unbelebtes bezeichnen, haben auch im Nom. Sg. -*n* angenommen und damit jegliche Kasus- und Numerusflexion abgebaut, wie bei *Funke* im Beispielparadigma in ■ Tab. 6.3. Dass im Genitiv

◼ **Tab. 6.3**	Die gemischte Flexionsklasse					
	Singular			**Plural**		
NOM	*der Funke*	>	*der Funken*	*die Funken*	>	*Funken*
GEN	*des Funken*	>	*des Funkens*	*der Funken*	>	*Funken*
DAT	*dem Funken*	>	*dem Funken*	*den Funken*	>	*Funken*
AKK	*den Funken*	>	*den Funken*	*die Funken*	>	*Funken*

◼ **Tab. 6.4**	Genuswechsel schwacher Maskulina zum Femininum			
	Singular			**Plural**
NOM	*der made* (m.)	>	*die Made* (f.)	*die Maden*
GEN	*des maden*	>	*der Made*	*der Maden*
DAT	*dem maden*	>	*der Made*	*den Maden*
AKK	*den maden*	>	*der Made*	*die Maden*

nicht *des *Funkes* vorkommt, weist darauf hin, dass hier das Suffix -*n* als Teil des Wortstamms uminterpretiert wurde (*Funke-n* > *Funken* > *Funken-s*). Nach diesem Muster schwanken übrigens heute u. a. auch die Nomen *Name* und *Buchstabe*.

Klassenmitglieder mit belebten, aber sehr menschenunähnlichen Denotaten (z. B. Mollusken, Insekten, Fische) konnten ihre Formenbildung im Plural beibehalten, aber ihr Genus hin zum Femininum wechseln (*der Schnecke, der Made* > *die Schnecke, die Made*; s. ◼ Tab. 6.4). Eine mögliche Brücke für einen Sprung in der Kategorie Genus vom Maskulinum zum Femininum könnte (z. B. nach Becker 1994) sein, dass die Referenten dieser Substantive häufig in Mengen und damit im Plural vorkamen, der ja den formgleichen Artikel wie das Femininum im Nom./Akk. Sg. aufweist. Aus einem Plural *die Maden* könnte man also auch auf einen femininen Sg. *die Made* ‚rückschließen' (vgl. das formal parallele Muster *die Zungen – die Zunge*).

Die meisten Substantive, die Vögel (aber auch andere größere Tiere) bezeichnen, sind zu den starken Maskulina gewechselt, der produktivsten Klasse für deutsche Maskulina (s. ◼ Tab. 6.5). Die alte schwache Flexion ist allerdings z. B. noch in vielen Gasthausnamen konserviert, z. B. *Zum Schwanen, Zum Hirschen*, wie auch in Fugenelementen zwischen Kompositionsgliedern, z. B. *Hahnenfeder, Storchennest*.

Vor allem die Substantive mit als besonders agentiv (handlungsfähig) konzeptionalisierten Denotaten, wie Menschen (*Mensch, Prinz*) und größeren Säugetieren (*Affe, Löwe, Elefant*), sind bis heute in der Klasse der schwachen Maskulina geblieben. Wir haben es hier also mit einem Belebtheitseffekt zu tun, der die Umschichtung der Klassenzugehörigkeit steuert (vgl. Köpcke 2000). Damit einher gehen Unterschiede in der morphologischen Differenzierung entlang der Belebtheitsskala (letzte Zeile in (8) unten):

◘ Tab. 6.5   Flexionsklassenwechsel schwacher Maskulina zu starken Maskulina

	Singular			Plural
Nom	*der hane*	>	*der Hahn*	*die Hähne*
Gen	*des hanen*	>	*des Hahns*	*der Hähne*
Dat	*dem hanen*	>	*dem Hahn*	*den Hähnen*
Akk	*den hanen*	>	*den Hahn*	*die Hähne*

(8)   Umschichtung schwacher Maskulina nach Belebtheit

```
human      belebt                                    unbelebt
           Säugetiere > andere

Mensch     Affe        Storch, Hahn     Made, Schnecke, Fahne  Lappen, Balken
schwache Maskulina     starke Maskulina  Feminina              starke Maskulina

◄─────────────────────────────────────────────────────────────────►

Kasus: Nom. vs. Rest   Numerus (Kasus)  nur Numerus            keinerlei Marker
```

Differenzielle Objektmarkierung?   Wegen des Belebtheitseffekts wurde dieser Fall auch aus der Perspektive sog. differenzieller Objektmarkierung diskutiert mit folgendem Erklärungsversuch (z. B. Köpcke 2000): Für hochbelebte Referenten erhält sich ein Flexionsmuster, das eine unterschiedliche Markierung von Subjekt und Akkusativobjekt vorsieht und damit materiell markiert, wenn die semantische Rolle von der des Agens (Handlungsträgers) abweicht (*der Mensch/den Menschen*), welche häufig mit der syntaktischen Funktion Subjekt korreliert. Da weniger belebte Referenten eine höhere Wahrscheinlichkeit dafür haben, durchgehend als Nicht-Agens aufzutreten, haben sie eine formale Kasusdifferenzierung weniger nötig als hochbelebte. Substantive mit Denotaten am unteren Ende der Belebtheitsskala sind in Klassen gewechselt, die weder Kasus- noch Numerusmarkierung aufweisen (vgl. (8)). Diese schwächere Ausprägung morphologischer Differenzierungen bei Substantiven mit unbelebten Denotaten findet sich ebenfalls im Deutschen als Heritage-Sprache in den USA (s. Yager et al. 2015; Abschn. 3.3.3) sowie auch sprachenübergreifend, siehe dazu Kap. 34 und die Karte dazu im *World Atlas of Language Structures Online (WALS),* ► https://wals.info/chapter/34 (s. den Kasten „Empirische Ressourcen" in ► Abschn. 5.1.1). Das WALS-Kapitel (Haspelmath 2013) und die zugehörige Karte zeigen: Ob eine Numerusmarkierung am Nomen stattfindet und wie obligatorisch sie ist, hängt in relativ vielen Sprachen vom Belebtheitsgrad der Denotate ab.

Ein Problem der funktionalen Erklärung mit differenzieller Objektmarkierung ist, dass wir lange schon Schwankungen auch bei Substantiven mit hochbelebtem Denotat haben. Formen wie *des Präsidents* gibt es etwa schon in Schweizer

Quellen aus dem 18. Jh. Auch in den Dialekten des Deutschen wurde vielfach die Differenzierung zwischen Nominativ und Akkusativ bei schwachen Maskulina unabhängig von ihrem Belebtheitsgrad abgebaut.

Prosodische Faktoren Neben Belebtheit spielen für den Verbleib in der schwachen Flexionsklasse auch prosodische Faktoren eine Rolle (Köpcke 2000): Einsilbler ohne Schwa-Endung wie *Mensch, Bär, Prinz* (*dem Mensch, dem Bär, dem Prinz*) zeigen teilweise schon lange Schwankungen zur starken Flexion hin. Weniger schwankungsfreudig sind demgegenüber Substantive mit Schwa-Endung, also Trochäen mit dem Betonungsmuster 'Xx: *dem Kunden, dem Laien, dem (Post)boten* gegenüber ?*dem Kunde, dem Laie, dem (Post)bote*) oder solche mit noch komplexerer Prosodie, wie (x)x'X(x) in *Präsident, Automat, Demokrat, Ostjake.* Der semantische und der phonologisch-prosodische Faktor greifen hier ineinander.

Mit einem Bein in der schwachen Flexion Es scheint darüber hinaus auch so, dass die einzelnen Formen eines Lexems nicht gleichermaßen schwanken (dazu Thieroff 2003, der die Schwankungen als Anpassungen in Richtung starke Flexion analysiert): Dativ und Akkusativ, bei denen lediglich ein Suffix weggelassen werden muss (*dem/den Prinz*), passen sich bei Einsilblern wie *Prinz* offenbar leichter der starken Flexion an als der Genitiv, bei dem ein Suffix aufgesattelt oder ersetzt werden muss: ?*des Prinzens*/?*Prinzes.* Der Plural, der am Substantiv generell konsequenter markiert wird als Kasus, ,widersteht' dem Klassenwechsel am besten: **die Prinze* zu bilden, ist nicht möglich. Im Singular bestehen also in unterschiedlichem Ausmaß Tendenzen zur starken Flexion, der Plural bleibt aber konservativ, d. h. bei -(e)n. Auf diese Weise entsteht gemischte Flexion und die Deklinationsklasse wächst an. Ein solcher Fall ist auch *Automat* mit den schwankenden Singularformen *der Automat, des Automat-en/Automat-ens/Automat-s, dem Automat/Automaten, den Automat/Automaten* und der Pluralform *die Automaten.* Nur im Singular zeigen sich hier Anpassungstendenzen an die starke Flexion, der Plural bleibt dagegen stabil schwach. So finden sich auf der Internetseite einer Tiefkühlautomatenfirma zwei verschiedene Genitivvarianten im selben Text (☐ Abb. 6.5).

Möglicherweise spielen dabei auch Registerunterschiede und das Prestige des Genitivs eine Rolle: Wer eine hohe Stilebene anstrebt, wird eher den Genitiv markieren (*-ens*) als die Affixe im Dativ/Akkusativ Singular wegzulassen. Die Variation spielt sich auf jeden Fall vor allem im Singular ab. Diese Variation sowie das

Ein bewährtes, aber auch flexibles System.

Die Technik des XL-Tiefkühlautomaten setzen wir seit Jahren erfolgreich in den XL-Warenautomaten ein.
Die Flexibilität des Automatens ermöglicht uns eine Anpassung an nahezu jedes Produkt.
Wir arbeiten eng mit unseren Kunden zusammen, um unsere Produkte ständig weiterzuentwickeln.

☐ **Abb. 6.5** Ausschnitt aus der Internetseite eines Tiefkühlautomaten-Anbieters (▶ https://xl-automaten.de/xl-tiefkuehlautomat/, Juli 2022)

Anwachsen einer vorher unbedeutenden Klasse (der gemischten Maskulina) kann also entstehen, da es zum einen ein Tauziehen retardierender Momente gibt, zu denen vor allem Belebtheit und insbesondere die phonologische Struktur gehören, und da zum anderen Ausgleichstendenzen an die Klasse mit den meisten Vertretern, nämlich die starke Deklination, bestehen.

6.3.3 Kasusrektion: Wie geht es dem Genitiv?

Der Genitiv gilt in populären Publikationen selbsternannter Sprachkritiker:innen und im laienlinguistischen Diskurs als Paradebeispiel für eine vermeintliche Verfallserscheinung der deutschen Sprache. In diesem Kapitel wird der Versuch unternommen, den Themenkomplex differenzierter zu betrachten: Es gibt sehr unterschiedliche Funktionen von Genitivkonstruktionen. Manche wurden und werden durch Alternativen ersetzt, in anderen erweitert der Genitiv sogar derzeit seinen Einsatzbereich.

Genitivobjekte von Verben Als Kasus, der vom Verb gefordert wird, hat sich der Genitiv tatsächlich im Gegenwartsdeutschen weitgehend zurückgezogen. Ein Überbleibsel sind Verben wie *gedenken*, die in stilistisch gehobenen Registern oder in juristischer Fachsprache wie bei *beschuldigen* zum Einsatz kommen, z. B. in einer Rede der ehemaligen Bundeskanzlerin Angela Merkel: „Wir gedenken des kommunistischen Widerstands." (► https://www.bundesregierung.de/breg-de/aktuelles/rede-20-juli-1649888). In derselben Rede kommen jedoch auch Alternativformen zum Genitiv vor, etwa Präpositionalobjekte wie „wir erinnern uns an …". Präpositionalobjekte haben bereits viele der früher von Verben geforderten Genitive abgelöst.

Attributiver Genitiv Der Genitiv hat aber durchaus Domänen, in denen er stabil ist: Einer dieser Bereiche ist die attributive Verwendung in geschriebener Sprache u. a. zum Ausdruck von Possession, wo der Genitiv in Variation mit anderen Ausdrucksmitteln steht. Bei Personennamen ist unabhängig vom Genus ein vorangestellter Genitiv mit -*s* sehr häufig. Feminina bilden ihren Genitiv eigentlich endungslos ohne -*s*. Vorangestellte Namen bilden hier die Ausnahme, siehe (9):

(9)   *Tinas, Omas, Peters Fahrrad*

        vs. *der *Fraus, ?des Mannes Fahrrad*

Alternativkonstruktionen zum vorangestellten *s*-Genitiv, die abhängig von nähe- und distanzsprachlichen Bedingungen variieren, sind in (10a) der nachgestellte Genitiv, in (10b) die *von*-Konstruktion und in (10c) die possessive Dativ-Konstruktion:

(10)   Alternativkonstruktionen zum attributiven Genitiv

   a.   *das Fahrrad der Frau/des Mannes* (bei Personennamen nur mit
          Attribut: *das Fahrrad der frechen Tina*, aber nicht ?*das Fahrrad
          der Tina*)

   b.   *das Fahrrad von Tina, Oma, Peter, das Fahrrad von der Frau/
          dem Mann*

   c.   *der Frau ihr Fahrrad/Tina ihr Fahrrad* sowie *dem Mann sein
          Fahrrad/Peter sein Fahrrad*

Die Konstruktion in (10c) wird in informellen Kontexten und in so gut wie allen Dialekten des Deutschen mindestens seit frühneuhochdeutscher Zeit zum
Ausdruck von Possession genutzt. Der attributive Genitiv teilt seinen Funkti-
onsbereich also je nach situativer Einbettung, grammatischem Kontext und Be-
zugsnomen (Eigenname oder nicht?) mit alternativen Konstruktionen, die schon
lange zur deutschen Sprache gehören. Dass sich der Genitiv bei Namen so besonders verhält und auch bei femininen Namen benutzt wird, die eigentlich keinen
s-Genitiv haben dürften, spricht dafür, dieses Flexiv gar nicht mehr als Kasus-
flexiv, sondern als Possessivmarker zu analysieren, der – ähnlich wie es im Englischen und in skandinavischen Sprachen schon geschehen ist – gerade dabei ist,
seine Domäne auf die Phrase zu verlagern. Das heißt, das *s*-Flexiv heftet sich
nicht mehr an ein Wort, sondern an ein ganzes Syntagma, wie z. B. in Belegen wie
[*Tanja und Christian*]*s Wohnung* (vgl. dazu Fuß 2011; Ackermann 2018).

Genitiv als Präpositionalkasus   Ein Bereich der Grammatik, in der der Genitiv defi-
nitiv Zuwachs hatte und weiterhin hat, ist seine Funktion als Präpositionalkasus,
also als ein Kasus, den Präpositionen ihrer Bezugsphrase zuweisen:

(11)   *dank*   [*des schönen Wetters*]
          └──── GENITIV ↑

Bei der Entstehung und Etablierung neuer Präpositionen lassen sich in der jüngeren Sprachgeschichte vermehrt Umpolungen vom Dativ zum Genitiv beobachten (s. z. B. Di Meola 1999; Eichinger & Rothe 2014): Aus ursprünglicher Dativrektion (*dank dem Zuspruch*) wird Genitivrektion (*dank des Zuspruchs*), aus *entgegen dem, entlang dem, gemäß dem, dem … entsprechend* wird *entgegen des, entlang
des, gemäß des, entsprechend des*. Für dieses Phänomen werden verschiedene Er-
klärungsansätze diskutiert.

   Zum einen distanziert sich die neue Präposition mit dem Kasuswechsel von
ihrer lexikalischen Quelle (hier z. B. von dem Nomen *Dank* oder dem Adverb

entlang). Entsprechend dieses ‚Distanzierungsbedürfnisses' gibt es sprachhistorisch auch den umgekehrten Fall, nämlich dass ursprüngliche Genitivrektion zu Dativrektion wird (*von des vaters wegen* > *wegen dem Vater*). Linguistische Laien kennen oft nur dieses eine Beispiel und die Richtung Genitiv > Dativ und schließen daraus fälschlicherweise auf einen generellen Abbau des Genitivs bei Präpositionen.

Zum anderen haben viele Sprecher:innen des Deutschen den Genitiv durch seinen Rückgang in der gesprochenen Sprache in anderen Domänen (z. B. attributiv und als Objektkasus von Verben) als spezifisch schriftsprachlich und stilistisch gehoben reinterpretiert – im Zuge dessen ist er zu einem sozialen Index für ein hohes Bildungsniveau geworden, da in höheren Bildungsinstitutionen konservative Sprachvarianten der ausgebauten Schriftsprache eingeübt, belohnt und damit auch konserviert werden. Vor diesem Hintergrund stigmatisieren viele Sprachbenutzer:innen Übergänge zum Dativ wie bei *wegen*. In diesem Zusammenhang ist ein zweiter möglicher Faktor, der für die Ausbreitung des Genitivs bei Präpositionen verantwortlich sein kann, dass viele Sprecher:innen und Schreiber:innen hyperkorrigieren und sozusagen ‚sicherheitshalber' zum stilistisch höher gewerteten Genitiv greifen, zumal die betroffenen neuen Präpositionen wie *gemäß* für schrift- und distanzsprachliche kommunikative Anlässe eingesetzt werden (vgl. Szczepaniak 2014; Vieregge 2018).

6.3.4 Morphographie: der Denker-Apostroph

Das Genitiv-*s* in vorangestellten attributiven Personennamen macht auch den Löwenanteil an Apostrophschreibungen wie in *Rita's Blumenlädchen* aus, die ebenso wie die gerade besprochene Dativrektion bei Präpositionen häufig stigmatisiert werden. Der Apostroph, der ursprünglich ein Auslassungszeichen war und diese Funktion auch heute noch haben kann, hat in den vergangenen Jahrhunderten zusätzlich eine morphologische Funktion entwickelt: Er hebt den Wortstamm und das Flexiv graphematisch voneinander ab. In dieser Funktion kommt der Apostroph besonders auf Werbemedien im öffentlichen Raum zum Einsatz. Weit seltener als für den Genitiv von Eigennamen wie in *Rita's* wird er zur Abgrenzung eines Plural-*s* (*die Menü's*) oder Fugen-*s* (*Frühstück's Pension*) sowie zur Abtrennung von Derivationsaffixen verwendet, wie in *Lengfeld'sche Buchhandlung* und in dem Diminutiv *Crêpe'chen* in ■ Abb. 6.6.

■ **Abb. 6.6** Morphographischer Apostroph vor Derivationssuffix in einem Cafénamen (Ahrweiler)

Der Apostroph als Grenzsignal Dieser Apostroph, der auch ‚morphographisch' genannt wird, weil er morphologische Grenzen visualisiert, ist im Deutschen keineswegs neu (vgl. Ewald 2006; Nübling 2014; Kempf 2019). Er findet sich in Korpusdaten aus dem 18. und 19. Jh. vor allem in wissenschaftlichen Texten sogar weit häufiger als heute und tritt besonders bei fremdsprachigen Eigennamen aus verschiedenen Sprachen, neben Englisch u. a. auch Französisch, auf (Kempf 2019). Auch in Namen auf Buchtiteln und in Werbeanzeigen ist er im 19. Jh. verbreitet. Trotz der Stigmatisierung in Sprachratgebern und Grammatiken hält sich der Apostroph in morphographischer Funktion über die Zeit (Scherer 2013). Die Apostrophierung von Flexiven gerade bei Namen und Fremdwörtern dient einem nützlichen Prinzip: Die visuelle Absetzung eines Flexions-, Fugen- oder Wortbildungselements ‚schont' die Wortgestalt des Namens oder Fremdworts. Die visuelle Gestalt des Worts bleibt sozusagen unversehrt, und dies erleichtert die Gliederung des Worts in seine Bestandteile beim Lesen. In *Crêpe'chen* ist viel deutlicher erkennbar, wo das französische Fremdwort endet und das deutsche Suffix beginnt, als in *Crêpechen*.

Ein weiterer morphologischer Bereich, in dem das Prinzip der Wortgestaltschonung und der Morphemgrenzmarkierung wirkt, ist der *s*-Plural bei Fremdwörtern (*die Meetings*), Namen (*die Kochs*) und anderen ‚untypischen' Wörtern des Deutschen (z. B. *die Azubis*; ▶ Abschn. 6.3.2). Dass es sich hier immer um *s*-Morpheme handelt, die auch lautlich gut abtrennbar sind, ist sicherlich kein Zufall. Daneben lassen sich auch die Bindestrich-/Getrenntschreibung sowie die Binnengroßschreibung in Komposita (z. B. *Westfälische Wilhelms-Universität*, *BahnCard*) in den Kontext der Morphemgrenzmarkierung stellen. – Eine vertiefende Diskussion zur Apostrophschreibung bieten Klein (2002), Ewald (2006), Bankhardt (2010), Scherer (2013, 2016), Nübling (2014) und Kempf (2019).

6.3.5 Wie flektieren neue Wörter im Deutschen?

Das Lexikon von Sprecher:innen des Deutschen wird nicht nur durch Wortbildung angereichert, sondern auch durch Entlehnung von Wörtern aus anderen Sprachen. Das ist keineswegs ein neues Phänomen; Sprachkontakt gab es schon in den frühesten Vorstufen des Deutschen. Was sich im Laufe der Zeit immer wieder geändert hat, sind die Sprachen, aus welchen bevorzugt Wörter entlehnt werden.

◘ Abb. 6.7 gibt eine quantitative Übersicht der Hauptgebersprachen des Lehnwortschatzes seit dem 15. Jh. Die Grafik geht über Eisenberg (2018) auf Kirkness (1991) zurück, der das Register eines Fremdwörterbuchs ausgewertet und die Erstbelege für die verzeichneten Wörter erhoben hat. Die Übersicht ließe sich links mit Latein bis in die Vorgeschichte des Deutschen in germanischer Zeit erweitern. Auch Französisch ist schon in mittelhochdeutscher Zeit Gebersprache. Die grünen Balken beziehen sich auf Wörter, die nicht entlehnt, sondern im Deutschen mit Wortbildungsmitteln gebildet wurden, die aus anderen Sprachen stammen und im Deutschen produktiv geworden sind. Ein Beispiel ist das aus dem Französischen entlehnte Suffix *-ieren*, etwa in *buchstabieren* mit der deut-

6

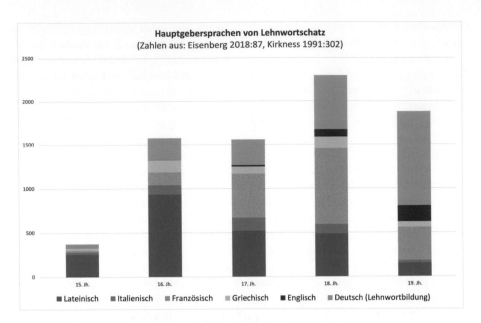

Abb. 6.7   Spendersprachen von Lehnwortschatz im Deutschen

schen Basis *Buchstabe*. Ein anderes Beispiel sind Wortbildungen mit entlehnten Stämmen und deutschen Affixen, z. B. *musikalisch*. Englisch reicht zwar als Gebersprache relativ weit zurück, hat aber erst im 20. Jh. einen größeren Anteil an den Entlehnungen. Mit einer anderen Datenbasis liefert Körner (2004: 36 f., 47) Graphen zur Entwicklung der Entlehnungen aus verschiedenen Gebersprachen, die den starken Anstieg von Entlehnungen aus dem Englischen im 20. Jh. belegen (Körner 2004: Abschn. 3.4).

Der (vermeintliche) Einfluss des Englischen   Wohl weil das Englische heute eine prominente Gebersprache ist, werden Neuerungen im Deutschen von linguistischen Laien manchmal vorschnell auf englischen Einfluss zurückgeführt, z. B. der Apostroph und der *s*-Plural, die in den ▶ Abschn. 6.3.4 und 6.3.2 besprochen wurden. Für diese beiden Erscheinungen gilt jedoch gleichermaßen, dass im Deutschen eine ganz andere Verteilung herrscht als im Englischen: Im Englischen erscheint der Apostroph an jedem Genitivflexiv, im Deutschen machen Namen den Löwenanteil der Genitivapostrophe aus. Im Englischen ist -*s* das einzige produktive Pluralflexiv, im Deutschen hat es Ausnahmestatus und tritt an ganz bestimmte Stämme, deren gemeinsamer Nenner ein besonderer Schonungsbedarf der Wortgestalt ist. Fremdwörter sind davon nur eine Untergruppe. Beide Marker waren darüber hinaus schon Teil des deutschen Sprachsystems, bevor sich im 20. Jh. der englische Einfluss intensiviert hat.

Wie kommen entlehnte Substantive zu Pluralformen? Wir beschäftigen uns hier noch etwas genauer mit dem *s*-Plural, der eben auch an Fremdwörter antritt, besonders an solche, die auf einen unbetonten Vollvokal enden. Die wortgestaltschonende Funktion dieses Pluralallomorphs hat auch Wegener (z. B. 1999, 2003) diskutiert und davon ausgehend die These aufgestellt, dass der *s*-Plural im Prozess der Fremdwortintegration eine Übergangslösung sein kann, die nach einer ‚Gewöhnungsphase' von anderen Allomorphen abgelöst wird. Zunächst trete also der *s*-Plural an Wörter wie *Pizza* und *Konto*: *die Pizzas*, *die Kontos* (im Italienischen im Übrigen: *pizze*, *conti*). Später, wenn sich die Sprechgemeinschaft an das Wort gewöhnt hat, können solche Wörter ein natives Suffix annehmen – in Fällen wie *Pizzen* und *Konten* das Suffix -*en*.

Mit -*en* liegt zwar ein natives Suffix vor; die Flexionsweise ist aber typisch für die Flexion von Fremdwörtern im Deutschen. Sie kommt über die schon besprochenen Feminina und schwachen Maskulina hinaus bei Fremdwörtern verschiedener Genera mit verschiedenen Endungen vor (*Glob-us – Glob-en*, *Muse-um – Muse-en*, *Myth-os – Myth-en*, *Zykl-us – Zyklen*). Bei dieser Flexionsweise, die man Stammflexion nennt, gibt es keine Grundform, die alleine stehen kann (**Pizz*, **Kont*, **Glob*), sondern einen unselbstständigen Stamm, bei dem Flexive ausgetauscht werden, hier -*a*, -*o*, -*um*, -*os* und -*us* durch -*en* im Plural. Das Deutsche hat also für den Fremdwortbereich teilweise eigenständige Flexionsprinzipien etabliert (vgl. Eisenberg 2018: Kap. 5.2.2).

Wenn man einige Stichproben zur Statistik des Wortgebrauchs in den vergangenen hundert Jahren nimmt (s. Wortschatzportal auf ► http://www.dwds.de sowie den Kasten „Empirische Ressourcen" unten), bestätigt sich Wegeners These für viele Fälle. Bei den in ◘ Abb. 6.8 gezeigten Beispielen *Pizza* und *Sauna* überwiegt zuerst der *s*-Plural, dann überholt ihn das Suffix -*en*. Dennoch ist diese Progression nicht für alle Fremdwörter mit Vollvokal generalisierbar. Bei *Zebra* zeigen sich zum Beispiel keinerlei Tendenzen in Richtung **Zebren*.

Auch bei Maskulina wie *General*, *Lift* und *Balkon* lässt sich die Tendenz zu -*s* als Übergangsplural bestätigen (◘ Abb. 6.9). Hier endet der Integrationsprozess in der Deklinationsklasse der starken Maskulina (*e*-Plural), bei *General* sogar mit Umlaut. In den Korpora des DWDS musste hier mit Definitartikel gesucht werden, damit keine Genitiv-Singular-Formen in die Grundgesamtheit gelangen.

Insgesamt lässt sich festhalten: -*s* kann ein Übergangsplural für Fremdwörter sein, die im Deutschen noch fremde Wörter sind (Eisenberg 2018: Kap. 2.3), aber nicht für alle. Viele Fremdwörter, wie *Computer*, *Poster*, *Label*, deren Struktur ein Trochäus mit Reduktionssilbe ist, passen gut in das phonologische und morphologische System des Deutschen und werden ohne *s*-Plural direkt mit Nullplural in das Pluralsystem integriert. Dasselbe gilt für Neuzugänge, die phonologisch zum Schema der schwachen Maskulina passen (*Katholik*, *Rivale*, *Faktor*). Darüber hinaus bleibt ein Moment des Zufalls. Manche Fremdwörter nutzen gleich den nativen Plural, z. B. den *e*-Plural beim Wort *Produkt*, andere nutzen

6

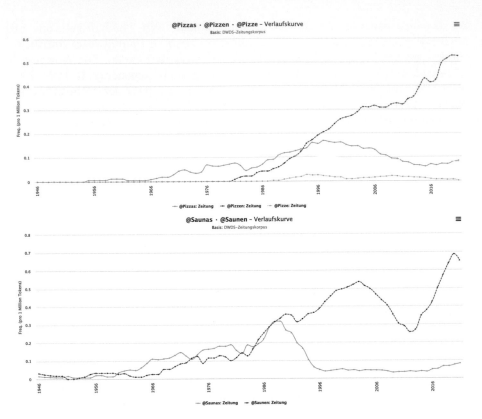

◼ Abb. 6.8 Wortverlaufskurven der Formen *Pizze*, *Pizzas* und *Pizzen* sowie *Saunas* und *Saunen* pro 1 Mio. Wortformen in Zeitungstexten von 1946 bis 2020 (*Digitales Wörterbuch der deutschen Sprache,* ► http://www.dwds.de)

den *s*-Plural dauerhaft, ohne zum *e*-Plural überzugehen (*Bars, Schocks, Streiks, Parks*, vgl. aber die Varianten *Parke* und im Standarddeutsch der Schweiz *Pärke* für Naturschutzgebiete, ► http://mediawiki.ids-mannheim.de/VarGra/index.php/ Park). Der *s*-Plural ist kein Fremdwortplural, da er zum einen nicht exklusiv auf Fremdwörter beschränkt ist, sondern einen Transparenzplural auch für andere vom Kernwortschatz strukturell oder semantisch abweichende Wörter darstellt (► Abschn. 6.3.2). Zum anderen ist er für viele Fremdwörter erst gar keine Option, weil sie direkt in andere Flexionsklassen eintreten (s. o. *Computer, Rivale, Produkt*) oder eigenständige Flexionsmuster im Deutschen etablieren (wie *Schema – Schemata*).

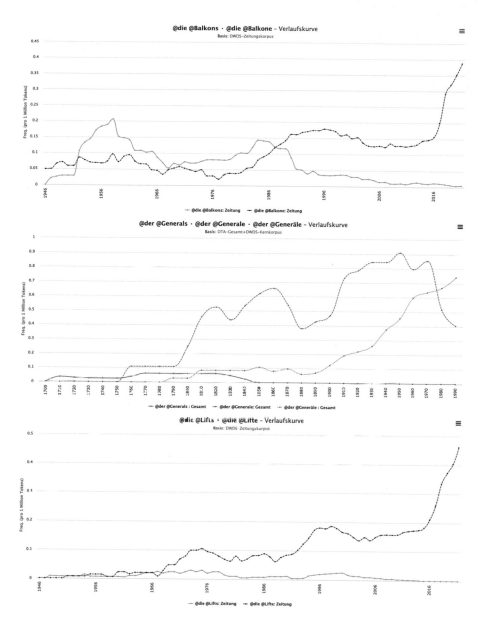

Abb. 6.9 Wortverlaufskurven der Plural-Varianten von *General, Lift* und *Balkon* pro 1 Mio. Wortformen in Zeitungstexten bzw. im Gesamtkorpus von 1700 bzw. 1946 bis 2020 (*Digitales Wörterbuch der deutschen Sprache*, ▶ http://www.dwds.de)

6

Empirische Ressourcen: Digitales Wörterbuch der deutschen Sprache (DWDS)

Das Digitale Wörterbuch der deutschen Sprache (DWDS) ist ein Forschungs- und Informationsportal der Berlin-Brandenburgischen Akademie der Wissenschaften zum Wortschatz des Deutschen in Gegenwart und Vergangenheit. Wer über die Startseite ein Suchwort eingibt, erhält Informationen zur Bedeutung mit Beispielbelegen, eine Übersicht bedeutungsverwandter Wörter sowie Informationen zu Kollokationen (Verbindungen mit anderen Wörtern, in denen das Wort sehr häufig auftritt). Auf der Ergebnisseite sind auch verschiedene **Wörterbücher** zur Gegenwartssprache und zur Sprachgeschichte des Deutschen verlinkt, in denen man sich tiefergehend informieren kann.

Eine wichtige Ressource, die der Wortsuche zugrunde liegt, die aber auch direkt angesteuert werden kann, sind die **Textkorpora** des DWDS. In der Korpusübersicht (▶ https://www.dwds.de/r) finden sich verschiedene Zeitungskorpora, aber auch Spezialkorpora aus Blogs, Chats und zu gesprochener Sprache. In den DWDS-Kernkorpora kann man Sprachvariation von 1900 bis 2010 verfolgen, im Deutschen Textarchiv (DTA), das ins DWDS eingebunden ist, kann man korpusbasiert Sprachwandelphänomenen ab dem 15. Jh. auf den Grund gehen (s. den Kasten „Empirische Ressourcen" in ▶ Abschn. 5.4.2). In der Suchmaske wählt man das gewünschte Korpus an

und kann mit Hilfe der Abfragesprache darin z. B. nach exakten Wortformen (Suche @*Burger*), nach Lexemen mit all ihren Formen (Suche *Burger* → *Burger, Burgern, Burgers*), nach Wortteilen (*burger → *Hamburger, Cheeseburger, Marburger,* …), aber auch nach syntaktischen Strukturen suchen (siehe ▶ https://www.dwds.de/d/korpussuche).

Das Korpus liefert eine Übersicht, in der man die gefundenen Belege in längeren Textabschnitten oder in der knapperen KWIC-Ansicht (Key Words in Context) betrachten kann. Die Ergebnisse kann man exportieren und offline weiter analysieren. Die Suche im Kernkorpus und DTA kann nach Zeitabschnitten und Gattungen (Zeitung, Belletristik, Wissenschaft und Gebrauchsliteratur) differenziert werden. So könnte man z. B. ausloten, in welchen Textsorten wann das Wort *Burger* oder Wörter mit dem Zweitglied *burger auftreten.

Das DWDS bietet auch verschiedene Werkzeuge für statistische Auswertungen, unter anderem die Wortverlaufskurven oben zu *Pizza, Sauna* usw. Sie zeigen an, wie häufig ein Suchbegriff im Zeitverlauf in den Korpora auftritt. Ein weiteres Werkzeug sind Wortprofile, die für Suchbegriffe Kollokationen in verschiedenen syntaktischen Kontexten in den Korpora aufschlüsseln: Hier sehen Sie als Beispiel das Wortprofil von *Burger*. Das Beispiel -*burger* wird genauer in ▶ Abschn. 6.4.1 behandelt.

Suche im DWDS-Wortprofil

Lemma		optional: Wortvergleich		Lemma Vergleichswort		
Burger		Unterschiede zu		Vergleichswort	Wortprofil abfragen	⟳

Wortart	min. *logDice*	min. Frequenz	Sortierung	Ansicht	Kollokationen
Substantiv	0	5	logDice	▦ ☁	20

Überblick	*logDice* ↕	*Freq.* ↕	hat Adjektivattribut	*logDice* ↕	*Freq.* ↕	ist Akk./Dativ-Objekt von	*logDice* ↕	*Freq.* ↕
1. Pommes	8.8	66	1. fleischlos	8.6	6	1. ordern	6.7	6
2. Fritten	8.7	28	2. fettig	7.8	8	2. essen	6.2	46
3. Pizza	7.2	39	3. lecker	6.4	8	3. bestellen	4.5	12
4. Chicken Wings	7.2	8	4. vegetarisch	6.4	5	4. verkaufen	2.7	21
5. Diavortrag	7.0	14	5. saftig	5.2	6	5. lieben	1.8	8
6. Hotdog	6.7	6	6. fett	4.6	8	6. sagen	1.1	24
7. Döner	6.6	10	7. dick	1.9	7	7. lesen	1.0	5
8. fleischlos	6.5	6	8. rein	0.9	5	8. heißen	0.6	5
9. King-Filiale	6.5	5	9. echt	0.7	5			
10. Steak	6.5	19						

Manche Wortarten werden leichter entlehnt Es gibt eine sprachenübergreifende Hierarchie der Entlehnbarkeit, nach der Substantive die meistentlehnte Wortart sind, gefolgt von Adjektiven und Verben. Im Sprachkontakt in der face-to-face-Interaktion sind es allerdings Diskursmarker, die an erster Stelle stehen (s. z. B. zur Entlehnung des Diskursmarkers *wallah* ins Deutsche ▶ Abschn. 8.4). Erst nach den Hauptwortarten folgen Funktionswörter (z. B. Hilfsverben), und noch seltener werden Derivationsaffixe entlehnt. Am seltensten ist die Entlehnung von Flexionsaffixen und Phonemen (vgl. z. B. Eisenberg 2018: 28). Dass der *s*-Plural ein englischer Import ist, ist auch aus dieser Perspektive unwahrscheinlich. Wenden wir uns nun der vierten Stelle auf dieser Hierarchie zu: Was passiert, wenn Verben ins Deutsche entlehnt werden?

Ausgezoomt und *downgeloadet*? **Graphematische und morphologische Integration von Verben** Ein Integrationsanzeichen ist die Ausbildung von finiten (flektierenden) Verbformen). Neue Verben kommen meist zunächst in infiniten Formen ins Deutsche, zuerst im Infinitiv (*Müssen wir schon wieder zoomen?*), und bilden nach und nach Partizipien (*Ich hab gestern den ganzen Tag gezoomt.*) und dann flektierte Formen aus (*Zoomst du schon wieder?*). Einmal voll integriert, werden sie dann auch als Stämme in der Wortbildung eingesetzt: *Zoomerei, ausgezoomt* (vgl. Androutsopoulos 1998: 558; Zifonun 2000: 75–77; Hausmann 2006: 11).

Wie läuft eine solche Integration aber nun genau ab und welche Komplikationen gibt es dabei? Das Englische, das nah mit dem Deutschen verwandt ist, macht Integration einerseits besonders leicht, weil ähnliche Strukturen vorliegen, z. B. Dentalsuffixe bei schwachen Verben (engl. *zoomed* – dt. *gezoomt*). Diese Nähe und die Mehrsprachigkeit der Sprachbenutzer:innen, die beide morphologischen und graphematischen Systeme kennen, führt aber auch zu unterschiedlichen Lösungen – und damit zu Variation. Wie würden Sie z. B. das Perfekt der Verben *flashen, designen, timen* schreiben und das der Verben *downloaden, outsourcen* und *feedbacken* bilden?

Integration in der Schreibung   Im Präteritum und Partizip II kann die Schreibung des deutschen oder des englischen Systems genutzt werden. Im Partizip II fordert das deutsche morphologische System ein Zirkumfix *ge_t*, das bei Verben wie *downloaden* und *feedbacken*, die als untrennbare präfigierte Verben oder als trennbare Partikelverben interpretiert werden können, für Komplikationen sorgt. Schauen wir uns zuerst die Schreibung der Dentalsuffixe bei den Simplizia *flashen, designen* und *timen* an.

Die englische Partizip-II-Bildung funktioniert wie im Deutschen mit einem Dentalsuffix, das phonisch zwar zwei Allomorphe hat, /d/ und /ɪd/, graphematisch aber immer gleich als <ed> geschrieben wird (*designed, flashed, timed, reminded*). Auch die Bildung deutscher Präterital- und Partizipformen (und der Präsensformen mit den Personalendungen *-t* und *-st*) hat zwei Allomorphe, die im Gegensatz zum Englischen auch graphematisch differenziert werden, /t/ als <t> und /ət/ als <et> (*lach-t-e, arbeit-et-e, gelach-t, gearbeit-et*). Die Variante mit Schwa tritt bei Verben mit einem Dentalplosiv oder einem Cluster aus Nasal + Konsonant im Stammauslaut auf (*red-et-e, atm-et-e*). Formal ähnelt <et> der Schreibung beim englischen Suffix stärker. Für die Schreibung bestehen dann verschiedene Möglichkeiten der Integration, die hier am Partizip II durchgespielt werden, aber ähnlich auch für das Präteritum, die 2./3. Person Singular Präsens und die 2. Person Plural Präsens greifen würden.

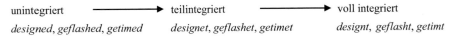

unintegriert	⟶	teilintegriert	⟶	voll integriert
designed, geflashed, getimed		*designet, geflashet, getimet*		*designt, geflasht, getimt*

Eine Stichprobe im Deutschen Referenzkorpus (DeReKo) (s. den Kasten „Empirische Ressourcen" in ▶ Abschn. 2.3.2), bei der Partizipien in Verbindung mit einer

Form von *haben* im Abstand von fünf Wörtern (W5) gesucht wurden, und ein Vergleich mit einer Google-Recherche zeigen, dass die Kompromissform <et> kaum genutzt wird (■ Abb. 6.10). Das Entlehnungsalter der jeweiligen Verben (das erneut mit Wortverlaufskurven im Wortschatzportal des DWDS ermittelt wurde, und zwar anhand des einsetzenden Anstiegs der Frequenz) scheint weniger eine Rolle zu spielen als graphematische Fremdheitsmerkmale, denen man noch weiter auf den Grund gehen könnte.

Die Verben *designen* und *timen* weichen in der Vokalschreibung mit <i> für den Diphthong /aɪ/ stark von den Graphem-Phonem-Korrespondenz-Regeln (GPK-Regeln) des deutschen Schriftsystems ab. Das könnte ein Grund für ihren geringeren Anteil integrierter Formen sein. Im Fall *timen* weichen die Google-Funde deutlich von DeReKo-Belegen ab und bestätigen die Tendenz von *timen* zu *e*-haltigen Dentalsuffixen auf graphematischer Ebene (*getimed/getimet*). Bei *timen* mit nur einem graphematischen Konsonanten im Stammauslaut ist der Verstoß gegen die GPK-Regeln für Langvokale und Diphthonge des Deutschen vielleicht noch auffälliger als bei den anderen beiden Beispielen mit graphematischen Endrändern aus mehreren Konsonanten. Bei (*downge*)*loaded/et* würde der Fall anders aussehen, weil hier ein Dentalplosiv im Stammauslaut steht und wie bei *geredet* das deutsche Allomorph *-et* (gegenüber *-t*) gelten würde. Die Variation spielt sich hier also zwischen <ed> und <et> ab.

Morphologische Integration Morphologisch komplexe Lehnverben wie *downloaden*, *outsourcen* und *feedbacken* haben mit dem Zirkumfix *ge_ (e)t* im Partizip II ein zusätzliches Problem. Dieses Problem betrifft allerdings genauso nicht-entlehnte komplexe Verben wie *uraufführen* und *notlanden* (Freywald & Simon 2007;

designen	designed (+haben /W5)	designet (+haben/W5)	designt (+haben /W5)	Anstieg in DWDS
DeReKo (W)	13 (9%)	0	127 (91%)	um 1920
Google (deutsch)	3.720 (17%)	595 (3%)	17.600 (80%)	

flashen	geflashed	geflashet	geflasht	
DeReKo (W)	3 (1%)	0	197 (99%)	um 1970
Google (deutsch)	55.600 (9%)	581 (<1%)	545.000 (91%)	

timen	getimed	getimet	getimt	
DeReKo (W)	67 (11%)	51 (8%)	504 (81%)	um 1920
Google (deutsch)	107.000 (66%)	22.100 (14%)	31.900 (20%)	

Recherchen: 9.1.18, Google Seiten auf Deutsch aus Deutschland, % gerundet

■ Abb. 6.10 Graphematische Integration schwacher Verben mit Dentalsuffix

Forche 2020 sowie ▶ Abschnitt 5.1.2). Es handelt sich um die Frage, ob die Verben von den Sprachbenutzer:innen als untrennbare Verben wie im Englischen (*she downloads the file*) behandelt und damit analog zu deutschen Präfixverben mit unbetontem Präfix verwendet werden (also so wie z. B. *zerlegen*). Oder werden sie so ins Deutsche integriert, dass sie schließlich ein trennbares Verb mit betonter Verbpartikel bilden (also so wie *vorlegen*)? Auch Mischformen kommen vor, und die Variation betrifft sowohl flexivische Merkmale als auch syntaktische Charakteristika (Distanzstellung im Verbzweit-Aussagesatz) und graphematische Eigenschaften (Zusammen- vs. Getrenntschreibung).

(12)	Lehnverben: Präfix- oder Partikelverb?			
	Infinitiv	Partizip II	in V2 trennbar?	Inf. + *zu*
Präfixverb:	*zerlégen*	*sie hat es zerlégt* (mit Ersatz von *ge-*)	*sie legt es zer	***zu** zerlégen*
Partikelverb:	*vórlegen*	*sie hat es vórgelegt* (*gevórlegt)	*sie legt es vór*	*vórzulegen*
Lehnverben:				
Präfixverb?	*outsourcen*	*sie hat es outsourct*	*sie outsourct es*	***zu** outsourcen*
Partikelverb?		*sie hat es outgesourct*	*sie sourct es aus/out*	*outzusourcen*
Präfixverb?	*feedbacken*	*sie hat gefeedbackt*	*sie feedbackt*	***zu** feedbacken*
Partikelverb?		*sie hat feedgebackt*	*sie backt feed*	*feedzubacken*

Faktoren, die eine Partikelverblösung begünstigen, sind a. semantische Durchsichtigkeit im Verhältnis der Bestandteile, b. Betonung des ersten Bestandteils und c. eine Richtungssemantik des ersten Bestandteils, weil Verben mit Richtungspartikeln im Deutschen so gut wie immer trennbar sind und Analogien zu bestehenden Bildungen und Lehnübersetzungen gezogen werden können (*fällt herunter, heruntergefallen; lädt herunter, heruntergeladen*). Das ist bei *downloaden* und *outsourcen* eher gegeben.

Faktoren, die eine Präfixverblösung begünstigen, sind nach Hausmann (2006) unter anderem a. ein enges Kompositionsverhältnis, wie bei *freeclimben*, b. semantische Undurchsichtigkeit oder ein für das deutsche System ungewöhnliches Verhältnis der Kompositionsglieder (*feedbacken, setuppen*) sowie c. fehlende Anknüpfungsmöglichkeiten an Partikelverben, die schon Teil des Systems sind. Die Verben *feedbacken* und *setuppen* fügen sich nicht in das Muster ‚Modifikator + Verbstamm', das Verb *freeclimben* hat ein enges Kompositionsverhältnis. Alle drei lassen sich weniger gut an profilierte Muster deutscher Partikelverben anschließen als die Fälle im vorigen Absatz. Nach Internetanalysen von Hausmann (2006) werden diese drei Verben eher wie Präfixverben behandelt (teilweise mit Mischformen), obwohl sie erstbetont sind.

6.3.6 Wie kommt es zum Aufbau neuer Flexion?

Bisher haben wir beschrieben, wie Flexionsmorphologie von Verben und Substantiven im System neu organisiert werden oder auch schwinden kann und wie
neue Wörter ins Flexionssystem integriert werden. Dieser Abschnitt widmet sich
nun der Frage, wie neue Flexionsmorpheme entstehen und wie völlig neue grammatische Informationen im System herausgebildet werden können.

Klise von Personalsuffixen am Verb   Flexionssuffixe können nicht nur durch phonologische Abschwächung oder morphologischen Abbau schwinden, sie können
sich auch neu entwickeln. Die wichtigste Quelle dafür sind Klitisierungsprozesse,
z. B. die Klitisierung von Personalpronomen.

> **Definition**
>
> Von **Klise** (auch: Klitisierung) spricht man, wenn sich phonologisch reduzierte, un-
> betonte Wortformen an ein benachbartes Wort, ihren sogenannten ‚Host‘ anlehnen
> und mit ihm zu einem phonologischen Wort verschmelzen. Klitisierte Formen kön-
> nen ein Zwischenstadium auf dem Weg zu Flexionsaffixen sein. Ihr Zwischenstatus
> zwischen freiem und gebundenem Morph zeigt sich u. a. daran, dass man die kli-
> tische Verbindung auflösen kann, wie in *auf=s* und *auf das*, *hast=e* und *hast du*.
> Ein weiteres Merkmal vieler Klitika in Abgrenzung zu Flexiven besteht darin,
> dass mehrere Wortarten als Host in Frage kommen (z. B. ein finites Verb in *kamma*
> für *kann man* und eine Subjunktion in *wemma* für *wenn man*).
> Gemäß der Obligatorik und funktionalen Verselbstständigung der Verschmel-
> zung lassen sich zwei Typen von Klitika unterscheiden: **Einfache Klitika** sind z. B.
> abhängig von Register und Sprechtempo frei auflösbar (wie die Beispiele mit *man*
> oben). **Spezielle Klitika** sind in bestimmten Funktionen obligatorisch geworden
> und nicht einfach ohne Bedeutungsveränderung auflösbar. Zum Beispiel unter-
> scheiden sich *ins Kino* und *in das Kino* darin, dass im zweiten Fall immer ein spezifi-
> sches Kino gemeint ist.
> Zur Notation: Während Flexionsaffixe in der Morphologie mit einem Bin-
> destrich „-“ markiert werden, kann man Klitika mit „=“ anschließen.

Personalpronomen stehen häufig in der sogenannten ‚Wackernagelposition‘,
d. h. im Mittelfeld des Satzes direkt nach dem finiten Verb (vgl. zur Erläuterung
▶ Abschn. 5.3). In dieser Position bilden sie unbetonte, phonologisch reduzierte
Formen aus, die sich an die Verbform anlehnen (d. h. ‚klitisieren‘), wie in Bsp.
(13) (zu Klitisierungsphänomenen s. auch ▶ Abschn. 2.1 sowie speziell zu der
klitischen Form *gibts* ▶ Abschn. 8.3):

(13)   *Da hab = ich, hast = e, hat = se, hat = s, hat = er, ham = mer/ham = wer, hapt = er,*
        ham = se wieder gelacht.

Solche Formen können sich verfestigen und als Suffixe reanalysiert werden. Sie
bleiben dann am Verb, auch wenn diesem ein Subjektpronomen vorausgeht.
Wenn das im ganzen Paradigma und bei allen Verben eintritt, dann ist neue Flexion entstanden. Die alemannischen Sprachinseldialekte von Issime und Gressoney im Aostatal kommen dem schon ziemlich nahe. Bei allen Verben, die noch
finit verwendet werden (grob gesagt nur noch Hilfsverben und höchstfrequente
Verben), haben sich neue Personalflexive ausgebildet, die als Variante auch zusammen mit einem Subjektpronomen verwendet werden können (s. ◨ Tab. 6.6).

6

◨ Tab. 6.6   Neue Verbflexion? Alemannisch, Gressoney (Zürrer 1999: 320)

Sg.1	*ich tuen > ich tueni*
2	*du tuescht*
3	*er tuet = er, dschi tuet = dsch, äs tuet = s > m,f,n = s*
Pl.1	*wir tie = ber*
2	*ir tied = er*
3	*dschi tien = dsch*

Klise von Präpositionen und Artikelformen   Ähnliches ist seit frühneuhochdeutscher Zeit bei der Verschmelzung von Präpositionen und Artikelformen zu beobachten (Christiansen 2016). Hier ist bereits das Stadium ‚spezieller Klise' erreicht,
das heißt die verschmolzene und die nicht verschmolzene Form sind nicht mehr
ohne Bedeutungsunterschied gegeneinander austauschbar, und Verschmelzung ist
in vielen Fällen obligatorisch (wie in *am Montag, im Sommer*) (Nübling 2005).
Wenn ich sage *Ich geh im Sommer oft ins Freibad*, dann referiere ich auf keinen
bestimmten Sommer und kein bestimmtes Freibad, die in der Gesprächssitua-
tion pragmatisch identifiziert werden müssten, z. B. weil das allgemein bekannt,
unwichtig oder generisch gemeint ist. Solche Kontexte, die die Identifizierbarkeit
des Referenten über Weltwissen ermöglichen, nennt man semantisch definit. Hier
wird tendenziell verschmolzen. Wenn ich sage *Ich geh in dem Sommer oft ins Freibad*, dann nehmen die anderen Gesprächsbeteiligten an, dass ich einen spezifischen Sommer, wahrscheinlich den laufenden oder den kommenden, meine. Kontexte, in denen der Referent aus der situativen Einbettung heraus identifizierbar
ist, nennt man pragmatisch definit. Hier wird nicht verschmolzen. Dazu kommen
noch formale Faktoren wie die Länge und der Auslaut der Präposition (Nübling
2005): *an dem > am* funktioniert besser als *neben dem > nebem*, und sonore Aus-
laute verschmelzen leichter als etwa Plosive *an dem > am* vs. *mit dem > mi(p)m*.
Grammatische Beschränkungen betreffen sowohl Genus als auch Kasus und Nu-

merus. Feminine Artikelformen sind weniger verschmelzungsaffin als maskuline und neutrale (*auf die/auf der Honda* aber *aufm/aufs Mofa*), und Dativformen scheinen gegenüber dem Akkusativ etwas ‚klisefreudiger' (*im Graben, innen Graben*). Der Plural ist ‚klisefeindlich', zumindest was die Akzeptanz jenseits gesprochener Allegroformen angeht (*zu den/zun Nachbarn, auf den/aufn Straßen*).

Ein sehr wichtiger Faktor, der dieses Gefälle zum Teil erklärt, ist die Häufigkeit, mit der zwei Formen zusammen auftreten (sogenannte Kookkurrenzfrequenz). Die gängigsten Verschmelzungen sind auch diejenigen, deren Basen am häufigsten kombiniert vorkommen, nämlich polyfunktionale, kurze Präpositionen mit Dativrektion. Während sich in überregionalen Varianten des Deutschen noch einige Restriktionen halten und Akzeptanzunterschiede zwischen Mündlichkeit und Schriftlichkeit bestehen, gibt es Varietäten, die (ähnlich wie oben für die Verbflexion gezeigt) nahezu volle Paradigmen für Verschmelzungen ausgebildet haben. Dafür bekannt ist u. a. das Ruhrdeutsche, wobei hier das Verhalten der überregional kliseresistenten femininen Formen von besonderem Interesse ist, wie in der Lebensweisheit in ◘ Abb. 6.11.

Im Ruhrdeutschen (und einigen anderen Dialekten des Deutschen) beteiligen sich, wie in ◘ Abb. 6.11 illustriert, auch die femininen Artikelformen durchgängig an der Klise, so dass für die kurzen, polyfunktionalen Präpositionen vollständige Flexionsparadigmen vorliegen (Nübling 2005; Schiering 2005; Cirkel & Freywald 2021), vgl. (14):

(14)   Akk.   *aufe Straße, inne Kneipe, umme Ecke*

        Dat.   *aufer Straße, inner Kneipe*, Plural: *aufn Straßen, inn Kneipen*

Man kann dennoch darüber diskutieren, ob im Ruhrdeutschen tatsächlich *die* Präpositionen flektieren. Präpositionen sind ja eine offene Klasse, die mit der Zeit neue Mitglieder wie z. B. *dank* und *trotz* bekommt (▶ Abschn. 6.3.3). Wenn man Obligatorik absolut setzt, müssten alle Präpositionen (auch *anhand, entsprechend, in Anbetracht*) mitflektieren. Das ist unwahrscheinlich. Allerdings ist es auch unwahrscheinlich, dass solche neuen Präpositionen, die in schriftsprachlichen Kontexten entstanden sind und spezifische schriftsprachliche Funktionen erfüllen, Teil gesprochener Varietäten wie Ruhrdeutsch werden. Bevor man das Kriterium der Obligatorik anwendet, muss man sich also darüber im Klaren sein, auf welche Varietät man es bezieht.

◘ **Abb. 6.11** Frühstücksbrettchen des Herstellers „Dortmunderisch" (▶ https://www.dortmunderisch.de, Juli 2022)

Nichtsdestotrotz zeigt das Deutsche mit der Präposition-Artikel-Verschmelzung, dass es auch Tendenzen gibt, die einem Flexionsabbau entgegenlaufen und neue synthetische Strukturen erzeugen (▸ Abschn. 6.2).

Neue grammatische Kategorie Aspekt? Wo wir gerade bei Ruhrdeutsch sind: Nicht neue Flexion, aber eine neue grammatische Konstruktion, die das Paradigma der Verbformen ausbaut, hat ebenfalls das Ruhrdeutsche als einen ihrer Hotspots (neben schweizerdeutschen Varietäten). Es handelt sich um den *am*-Progressiv. Dieser relativ neue Aspektmarker (erstmals belegt im 16. Jh.) perspektiviert ähnlich wie die englische [*be* + Verb-*ing*]-Konstruktion eine Handlung im Verlauf. Die [*sein* + *am* Infinitiv]-Konstruktion ist in frühneuhochdeutscher Zeit entstanden. Analog zu Lokaladverbialen in Sätzen wie *Ich bin* [*am Herd*]$_{PP}$ konnten Temporaladverbiale aus *am* mit einem nominalisierten Infinitiv (s. zu syntaktischer Konversion ▸ Abschn. 6.1) mit *sein* kombiniert werden: *Ich bin* [*am Backen*]$_{PP}$ (s. Flick & Kuhmichel 2013).

(15)   *sein* [+ PP]

       Ich bin [*am Herd*]$_{PP\,(=\,Lokaladverbial)}$

       Ich bin [*am Backen*]$_{PP\,(=\,Temporaladverbial)}$

Typisch ist die Verwendung im Inzidenzschema, bei dem zu einer im Hintergrund laufenden Handlung ein neues Ereignis im Vordergrund dazukommt: *Ich war grad am Backen, als* … Überregional und in Kodizes des Standarddeutschen findet sich nur die konservativste Variante dieser Konstruktion, bei der typischerweise ein Verb der Aktionsart ‚Activity' (dynamisch und ohne mitgedachten Endpunkt) ohne ein Objekt verwendet wird. Der nominalisierte Infinitiv wird in Kodizes wie der Duden-Grammatik (2022) als Substantiv behandelt und großgeschrieben. Viele Schreiber:innen des Deutschen sind da allerdings schon weiter. Wenn man nicht-lektorierte Schriftlichkeit anschaut, fallen zahlreiche Fälle von Kleinschreibung des Infinitivs auf (Rödel 2003, 2004a, b). Sie sind eines der Anzeichen dafür, dass die Sprachbenutzer:innen die Konstruktion reanalysiert (uminterpretiert) haben, und zwar als komplexe Verbform aus [*sein*]$_{Verb1}$ + [*am* Infinitiv]$_{Verb2}$.

Die Indizien für eine Reanalyse als komplexe Verbform verdichten sich, wenn für die neue Konstruktion, wie u. a. im Ruhrdeutschen, Objekte akzeptabel werden. Damit sind nicht inkorporierte Objekte gemeint, die überregional akzeptiert werden und nichts am nominalen Status des Infinitivs ändern (wie in *Ich bin am Kuchenbacken* in (16a)). Gemeint sind echte Objekte wie in (16b): *Ich bin die Pizza noch am backen / über den Film am nachdenken*. Die Sequenz [*am* Infinitiv] lässt sich dabei nicht trennen, außer man inkorporiert das Objekt ins Verb (?*ich bin am über-den-Film-nachdenken*). Damit benimmt sie sich wie ein infiniter Verbteil analog zu etwa dem Partizip II in der Perfektkonstruktion (*ich bin gegangen*).

(16)   a.   b.

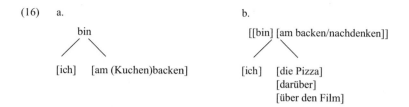

Die im Ruhrgebiet gesprochenen Varietäten (wie auch jene im Rheinland und in der deutschsprachigen Schweiz) erlauben Objekte aller Art in dieser Konstruktion (*Ich bin dem Opa noch die Zeitung am vorlesen*) (vgl. Bhatt & Schmidt 1993). Auch bei den beteiligten Verben wurden Beschränkungen abgebaut: Es sind nicht mehr nur die atelischen Aktivitäts-Verben ohne Zielpunkt der Handlung, die den Progressiv bilden können, sondern auch telische Verben mit Zielpunkt, sogenannte ‚Accomplishments‘, die allmählich einem Endpunkt zusteuern, wie *Die Pflanze ist am verdursten*, und sogar ‚Achievements‘, die eigentlich punktuell ihr Ziel erreichen, wie *Ich bin das grad erst am kapieren*. In Varietäten des Ruhrgebiets sind auch Verwendungen möglich, bei denen selbst die Bedingung, dass die Handlung dynamisch sein muss, die allen bisherigen Beispielen gemeinsam war, ausgeblendet sein kann (*Wir waren gemütlich am rumliegen, als …*). Auch wenn man nach jemandem fragt und die Antwort bekommt: *Der is hier nich mehr am arbeiten*, dann ist hier nicht mehr der interne Verlauf einer dynamischen Handlung gemeint, sondern lediglich die Dauer ihrer Gültigkeit (vgl. engl. *I have been working there for two years*). Im Englischen ist Progressiv eine grammatische Kategorie, die obligatorisch immer dann eingesetzt werden muss, wenn eine Handlung im Verlauf ist. Die gerade beschriebenen deutschen Varietäten sind dem näher als Varietäten, die keine Objekte und nicht alle Verbklassen zulassen.

An den Beispielen Präposition-Artikel-Klise und *am*-Progressiv zeigt sich auch, dass Variation und unterschiedliche Akzeptabilitätsgrade dadurch entstehen, dass Neuerungen Schritt für Schritt Beschränkungen abbauen können und dass verschiedene Varietäten diese Entwicklungen abhängig von der Ursprungsregion, Mündlichkeit/Schriftlichkeit und dem Kodifizierungsgrad in unterschiedlichem Tempo vollziehen. Einen Eindruck von den regionalen Akzeptanzunterschieden bei der Verlaufsform mit versus ohne Objekt gibt der *Atlas zur deutschen Alltagssprache* (s. auch den Kasten „Empirische Ressourcen“ in ▶ Abschn. 2.4.3):

Die obere Karte in ◘ Abb. 6.12 zeigt die breitere Akzeptanz für die Variante *Er ist am Äpfelschälen*, bei der das potenzielle Objekt in das Verb inkorporiert ist. Die untere Karte, bei der das Ruhrgebiet, Teile des Westmitteldeutschen und die Schweiz als Akzeptanzareale hervortreten, zeigt die Variante mit echtem Akkusativobjekt *Er ist Äpfel am schälen*.

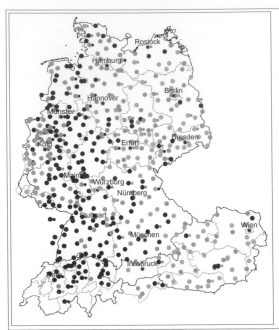

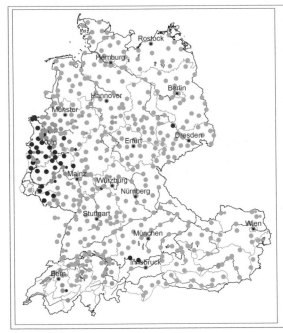

□ **Abb. 6.12**   Der *am*-Progressiv mit *Äpfel schälen* (Atlas zur deutschen Alltagssprache, ▶ http://www.atlas-alltagssprache.de/r10-f10abcd/, Juli 2022)

6.4 Fallbeispiele Wortbildung

In diesem Abschnitt stehen Wortbildungsverfahren im Mittelpunkt. An jeweils einem Fallbeispiel diskutieren wir Wortbildungsphänomene, die das Gegenwartsdeutsche charakterisieren. In ▶ Abschn. 6.4.1 geht es um Kompositionsglieder, die gerade auf dem Weg zum Derivationsaffix sind, wie z. B. *-werk* oder *-burger*. Wir haben es hier also mit einer Zwischenkategorie zwischen Komposition und Derivation zu tun. ‚Echte' Derivationssuffixe, die nicht (nur) zur Ableitung, sondern auch zum Ausdruck von Expressivität genutzt werden, wie z. B. *-i* in *Spüli*, sind Gegenstand von ▶ Abschn. 6.4.2. Am Beispiel der Reduplikation zeigen wir schließlich in ▶ Abschn. 6.4.3, dass nicht oder nur schwach produktive Wortbildungsmuster im heutigen Deutsch wieder produktiv werden können.

6.4.1 Affixoide: Zwischen Kompositionsglied und Derivationsaffix

Derivationsaffixe entstehen aus Kompositionsgliedern (z. B. *-lich* aus ahd. *-līch* ‚Gestalt', vgl. das heute noch vorhandene Simplex *Leiche*). Eine Zwischenstation auf dem Weg dorthin, die aber auch stabil in diesem Stadium verharren kann, ist das Affixoid (vgl. Elsen 2009).

Auf dem Weg zum Suffix Affixoide wie *sau-* und *-frei* haben sowohl Merkmale von Kompositionsgliedern als auch von Derivationsaffixen. Sie kommen wie bei Komposition auch als freies Wort vor (*Sau, frei*), haben dem freien Wort gegenüber aber eine entkonkretisierte, ausgeblichene Bedeutung und modifizieren ihre Basis. Das Präfixoid *sau-* in *saugut* verstärkt die Bedeutung des Basisadjektivs *gut* und hat nichts mit einem weiblichen Schwein zu tun. Das Suffixoid *-frei* in *alkoholfrei* und *bügelfrei* markiert das Nichtvorhandensein der durch die Basis ausgedrückten Eigenschaft oder Handlung und lässt sich umschreiben als ‚ohne X/ muss nicht ge-X-t werden'. Das Simplex *frei* hat ein weites Spektrum an Bedeutungen, die sich nicht mit der des Suffixoids decken (s. den Eintrag im Digitalen Wörterbuch der deutschen Sprache: ▶ https://www.dwds.de/wb/frei).

Wie Derivationsaffixe sind Affixoide reihenbildend, das heißt es kommen viele Neubildungen mit dem entsprechenden Morph vor, die alle die gleiche entkonkretisierte Funktion haben (*alkoholfrei, knitterfrei, spoilerfrei, …*). Die Funktionsbereiche unterscheiden sich dabei: Präfixoide haben megaoft verstärkende Funktionen (*sau-, mega-, ober-, end-, scheiß-*) und werden deshalb auch alternativ als ‚Steigerungspartikeln' bezeichnet. Das Präfixoid *scheiß-* ist ein gutes Beispiel für die Verselbstständigung der Bedeutung als Affixoid, weil es außer in negativ wertenden (*Scheißsau, scheißegal*) auch schon in positiv wertenden (*scheißcool*) oder einfach steigernden Kontexten (*scheißbeliebt, scheißwichtig*) verwendet wird.

Suffixoide haben demgegenüber eher kategorienbildende Bedeutungen, die quantifizierend (*-voll, -arm, -frei*), kollektivierend (*-zeug, -kram, -werk*) oder klassifizierend sein können (*-burger, -fritze*). Prototypischerweise haben sie ihre Eigenschaft als semantischer Kern des komplexen Wortes verloren: Während sich ein Kompositum wie *Stahlwerk* als eine Art von Werk, in dem Stahl produziert wird, umschreiben lässt und als Determinativkompositum seinen semantischen Kern in -*werk* hat, haben Affixoidbildungen wie *Astwerk* und *Schuhwerk* ihren semantischen Kern nach vorn im Wort verlagert und können als ‚Kollektiv von Ästen/ Schuhen‘ umschrieben werden.

Vom *Ham*- zum *Veggieburger* Das Suffixoid -*burger* hat einen ganz besonderen Entstehungsweg: Ursprung war der *Hamburger*, ein Fleischgericht im Brötchen, das in einem nicht genau geklärten Zusammenhang auf den Städtenamen *Hamburg* zurückgeht (Auswanderer- und Lieferschiffe fuhren von dort Richtung USA ab). Dass Speisen nach Orten benannt werden, ist nicht ungewöhnlich, vgl. *Frankfurter* (engl. *frankfurters*), *Wiener* oder *Thüringer* für Wurstspezialitäten. Im englischsprachigen Kontext, wo *ham* ‚Schinken‘ bedeutet, konnte eine Reanalyse, genauer: eine Remotivierung in Form einer Volksetymologie stattfinden, die die Morphemgrenzen im Wort verschoben hat. Aus [[Hamburg][er]] mit *er*-Suffix wurde [ham] [burger] mit neuer, transparenterer Semantik: Die erste Konstituente bezieht sich nun auf eine Spezifikation des Belags, der kein *ham* ‚Schinken‘ sein musste, aber der gleichen Nahrungsmittelklasse, den Fleischprodukten, angehört. Die zweite Konstituente weist nun auf die Darreichungsform im Brötchen hin. Dass diese Reanalyse stattgefunden hat und dass das neue Muster Teil der Wortbildungsmechanismen geworden ist, zeigte sich erst, als es über Analogie produktiv wurde. Mit der Diversifizierung der Fingerfoodkultur wurde das Muster [[Belag]+[burger]] analogisch auf andere Beläge und charakteristische Zutaten, auch vegetarische, ausgeweitet. Wer sich ein wenig in Kochportalen oder Burger-Restaurants umschaut, findet neben *Cheese*-, *Fisch*- und *Chickenburgern* (zu *Chicken*+*burger* s. auch ▶ Abschnitt 8.2) unter sehr vielen anderen auch *Amaranth*-, *Vitamin*-, *Halloumi*- und *Tomaten-Auberginen-Avocado-Burger* (s. auch ◘ Abb. 6.13).

Trotzdem kann man streiten, ob -*burger* (noch) ein Affixoid ist. Es hat zwar klassifikatorische Funktion, behält aber anders als andere Suffixoide den Status als semantischer Kern. Eine Umschreibung der *Burger*-Bildungen würde wahrscheinlich eher lauten: ‚ein weiches Brötchen belegt mit X‘ als ‚Käse oder Tomaten/Avocado im Brötchen‘. Normalerweise neigen Suffixoide in ihrer Entwicklung ja dazu, ihren Status als semantischer Kern aufzugeben. Ein weiterer Einwand ist: Angeregt durch die starke Reihenbildung hat sich inzwischen ein freies Lexem *Burger* emanzipiert (*Welchen Burger hättest du gern?*). Damit ist das Kriterium, dass das Affixoid kein freies Gegenstück oder höchstens ein Gegenstück mit abweichender Semantik haben darf, nicht (mehr) erfüllt. Davon abgesehen zeigen sich mit Reanalyse und Analogie in diesem Beispiel sehr grundlegende Mechanismen von Sprachwandel, die auch die Variation im Gegenwartsdeutschen mitbestimmen und sich genauso gut wie auf *Burger* auch auf die Reanalyse und Ausbreitung grammatischer Konstruktionen, z. B. den *am*-Progressiv, anwenden lassen.

Abb. 6.13 Ausschnitt aus der Speisekarte des Restaurants „BurgerSteig" in Berlin-Kreuzberg (▶ https://www.burgersteig-berlin-falckensteinstrasse.de/, Mai 2014)

Äußerst suffigierungs*freundlich* Das Suffixoid -*freundlich* sieht zwar noch aus wie das Simplex *freundlich* ‚nach Art eines Freundes', es entwickelt im 20. Jh. aber entkonkretisierte Funktionen, deren Reihenbildung man in Korpora nachvollziehen kann. Zunächst bildet es vor allem Komposita mit Personen als Erstglied und die Prädikation dieser Bildungen bezieht sich ebenfalls auf belebte Referenten, also ‚jemand ist freundlich gesinnt gegenüber X', wobei X das Erstglied und ein Nomen ist, das eine bestimmte Personengruppe in generischer Lesart bezeichnet (*franzosenfreundlich* etc.). Diese Komposita sind noch semantisch transparent in Bezug auf das Simplex. Es finden sich aber im Laufe des 20. Jh. zunehmend Bildungen, in denen das Erstglied keine Personenbezeichnung mehr ist, wie *tier-* oder *umweltfreundlich*. Daran zeigt sich bereits eine Entkonkretisierungstendenz. Noch deutlicher von der Ursprungsbedeutung entfernt sind Bildungen wie *[die Wohnung ist] rollstuhlfreundlich*, *[der Holzboden ist] sockenfreundlich* und schließlich *[die Farbe ist] streichfreundlich*. Hier wird nun eine Eigenschaft auf einen unbelebten Referenten bezogen, prädiziert wird etwa ‚etwas ist gut für X'. Besonders interessant ist dabei, dass das Element vor -*freundlich* nicht mehr zwingend ein Nomen sein muss, sondern auch ein Verb sein kann (*streichfreundlich*). Die neue, entkonkretisierte Funktion, die sich bei den Bildungen mit Verb zeigt, lässt sich umschreiben als ‚etwas ist gut zu-Verb-en'. Damit rückt -*freundlich* funktional in die Nähe des etablierten Suffixes -*bar* (*essbar*, *machbar*), das lange vor -*freundlich* einen ganz ähnlichen Wandel in Richtung passivisch potenzieller Funktion und von nominalen zu verbalen Basen vollzogen hat (vgl. Flury 1964 und die knappe Zusammenfassung dazu in Nübling et al. 2017: Kap. 3.2, verfasst von R. Szczepaniak).

6.4.2 Expressive Morphologie: *i*-Bildungen

Sogenannte *i*-Bildungen, also Wortbildungsprodukte, die auf -*i* enden, involvieren sehr häufig eine Wortkürzung. Bei der Kurzwortbildung werden bestehende Wörter und Wortgruppen gekürzt oder auch miteinander verschmolzen. Es gibt verschiedene Kürzungsverfahren im Deutschen: Bei Kopfwörtern wie *Uni(versität)* und *Auto(mobil)* bleibt der Wortanfang bestehen, bei Endwörtern der letzte Teil, wie in dt. (*Omni*)*Bus* oder dänisch (*automo*)*bil*.

Bei Kurzwörtern aus Komposita oder Wortgruppen gibt es die Möglichkeit, Segmente aus mehreren Teilen zu kombinieren. Sie können entweder nach der in der Langform vorhandenen Lautung ausgesprochen werden (*Trafo < Transformator*, *BAföG < Bundesausbildungsförderungsgesetz*) oder buchstabiert und endbetont (*ARD < Arbeitsgemeinschaft der öffentlich-rechtlichen Rundfunkanstalten der Bundesrepublik Deutschland*). Bei der Wortkreuzung (auch ‚Kofferwort‘) werden zwei Wörter so verschmolzen, dass man sie noch erschließen kann (z. B. *mainzigartig, jein*).

Was hat Kurzwortbildung mit dem Suffix -*i* tun?   Viele Kopfwörter enden einfach durch Kürzung schon auf -*i*, ohne suffigiert zu sein, z. B. *Willi(bald)*, *Winni(fred)*, *Abi(tur)*, *Studi(erende/r)*. Das Verfahren ist bei Namen wie Appellativen anwendbar. Es besteht aber auch die Möglichkeit, Kürzung mit Suffigierung durch -*i* zu kombinieren (*Aufi < Aufenthaltsraum*) oder nur mit -*i* zu suffigieren, ohne zu kürzen (*Doofi, Schatzi*).

Interessant ist, dass die Ergebnisse dieser verschiedenen Prozesse in einen einheitlichen Output münden, einen Trochäus auf -*i*. Morphologische Muster, die sich aus verschiedenen Quellen auf dasselbe strukturelle Ziel hin speisen, nennt man outputorientiert. Vergleichbares haben wir oben in ▶ Abschnitt 6.3.2 für die Pluralmarker des Deutschen gesehen, deren Output einheitlich Trochäen mit Reduktionssilbe sind.

In (17) sind die verschiedenen Wege zum Output ['X-i] noch einmal zusammengefasst, die Darstellung orientiert sich an Köpcke (2002: 298):

(17)

	Namen	Appellativa	
Vollform auf *i*	*Marie*	*Baby*	
Kürzung	*Oli(ver)*, *Betti(na)*	*Abi*, *Studi*	
	Heiwi (< *Heinz Wilhelm*)		['X-i]
Kürzung + Suffigierung	*Sus-i*, *Kott-i*	*Spül-i*	
Suffigierung	*Jens-i*	*Schatz-i*, *Doof-i*, *Hund-i*	

Expressive Morphologie   Die Kurzwortbildung auf *-i* ist sehr produktiv, d. h. das Muster ist in hohem Grad verfügbar für Neubildungen. Es handelt sich um ein Wortbildungsmittel, das bestehende Wörter so modifiziert, dass Informationen auf der Ebene der Sprechereinstellung vermittelt werden (vgl. zu dieser als expressiv bezeichneten Funktion von Sprache Pustka 2014). So sind ein *Hundi* oder *Kotti*, *Schlesi* und *Görli* nicht einfach ‚ein kleiner Hund' bzw. inoffizielle Kurznamen für Orte in Berlin (nämlich für das ‚Kottbusser Tor', das ‚Schlesische Tor' und den ‚Görlitzer Park'), sondern zugleich auch ein Hund (der ziemlich groß sein kann) bzw. Örtlichkeiten, zu denen Sprecher:innen eine bestimmte emotionale Einstellung haben und eine Bewertung vornehmen, die je nach Kontext positiv oder negativ ausfallen kann (vgl. zu der Janusköpfigkeit von Diminutivformen Jurafsky 1996) (◨ Abb. 6.14).

Die konkrete Interpretation der Wertung hängt von der Wortbildungsbasis, also dem Wort, mit dem *-i* kombiniert wird, und dem situativen Kontext ab, in dem das Muster angewendet wird. Es handelt sich hier um einen Fall von sogenannter expressiver oder evaluativer Morphologie. Das sind morphologische Muster, die auch die Funktion haben, Sprechereinstellungen zu vermitteln. Es ist kein Zufall, dass dieses Muster parallel bei Spitznamen für Personen, Tiere und Orte und bei Appellativa vorkommt. Außergewöhnliche morphologische Formen, wie die Kurzform mit *-i* anstelle der Vollform, weisen oft auf expressive Funktionen hin.

Woher kommt das Muster *-i*?   Köpcke (2002) vermutet als Quelle der *i*-Bildungen hypokoristische Kurzformen von Personennamen, die es in großer Zahl in *ad hoc*-Bildungen und konventionalisierten Formen bereits seit althochdeutscher Zeit gibt (*Toni, Hansi, Mimi, Susi, …*). Auch diese Namenformen schöpfen, solange sie nicht konventionalisiert sind, ihren expressiven Wert aus dem Kontrast zur Vollform (vgl. Wierzbicka 1991 zu vergleichbaren Beobachtungen zu Namen

◨ **Abb. 6.14**   Spätverkauf am Schlesischen Tor in Berlin

im Englischen und slawischen Sprachen). Vielfach wird damit ein Näheverhältnis zur Referenzperson signalisiert, das kontextabhängig von Peergroup über Familie bis Partnerschaft reichen kann. Deshalb liegt es nahe, dass sich hier ein namenspezifisches Wortbildungsmuster auf Appellativa ausgebreitet hat, die nach Köpckes Analyse eher pejorativ sind (*Wessi*, *Sozi*). Köpcke nimmt an, dass es sich um generische Maskulina handle, was nicht durchgehend nachvollziehbar ist (*Sie ist eine richtige Sozi*). Auf jeden Fall verhält sich das Suffix *-i* aber in Bezug auf Genus und Kopfeigenschaften speziell: Anders als bei normalen Derivationssuffixen wird hier nicht das Genus vom Suffix vorgegeben, sondern häufig das der Wortbildungsbasis beibehalten *der* (*das*) *Hundi*, *die* (*das*) *Mausi*. Diese Kopflosigkeit ist sprachübergreifend ein typisches Merkmal für expressive Morphologie (s. Bauer 1997; Wiese 2006). Ein weiteres Merkmal besteht darin, dass solche Wortbildungsmuster nicht wählerisch in Bezug auf mögliche Basiswortarten sind und sich auch mit Partikeln verbinden. Auch das ist bei *-i* der Fall, wie in *uppsi*, *tschüssi*, *juti* (s. hierzu auch Wiese 2006).

Das Suffix *-i* zeigt auch räumliche Variation In hochalemannischen Dialekten, wie sie vorwiegend in der Deutschschweiz gesprochen werden, ist es nicht nur in den schon besprochenen Bildungsweisen und mit Personennamen, sondern vor allem auch mit verbalen Basen zur Bildung von Personenbezeichnungen produktiv geworden, die jemanden bezeichnen, der etwas tut (nomina agentis). Es dient der Nominalisierung von Handlungen und markiert in dieser Funktion Personentypen, die über ein notorisches Verhalten definiert werden, z. B. ist ein *Bhoupti* (zum Verb *bhoupte*) jemand, der ständig etwas behauptet, also ein ‚Rechthaber‘ und ein *Stuuni* (zu *stuune* ‚staunen‘) eine verträumte Person. Mit dieser Funktion steht das Muster im Kontrast zu bewertungsneutralen *er*-Bildungen (z. B. *Stürmer* vs. *Stürmi*). Das Berndeutsche hat parallel zu den maskulinen *i*-Bildungen ein Muster zur Bildung weiblicher Personenbezeichnungen: *Stürmi* (m.) ↔ *Stürme* (f.). Im Berndeutschen Wörterbuch sind weibliche Personenbezeichnungen seltener verzeichnet als die männlichen und decken vorwiegend Bedeutungen ab, die weibliche Geschlechterstereotype bedienen (vgl. Dammel 2021).

6.4.3 Ist das ein Wort-Wort? Produktive Reduplikation im Gegenwartsdeutschen

In einem Interview in der Sendung „Bücherwelt" des Radiosenders Deutsche Welle vom 30. August 2009 wurden von dem Interviewpartner die folgenden Sätze geäußert:

(18)   *Sie machen nicht Kriminalliteratur, sondern sie machen* **Krimikrimi**. *Man sagt ja immer, Suhrkamp würde* **Literaturliteratur** *machen, und in dem Fall machen sie eben* **Krimikrimi**.

Was hat es mit diesen Wortverdopplungen von *Literatur* und *Krimi* auf sich? Wenn Sie die Wörter *Literaturliteratur* und *Krimikrimi* in den beiden Sätzen interpretieren, werden Sie vermutlich an so etwas denken wie ‚richtige' Literatur (einen Roman o. ä.) und einen ‚echten' Krimi. Diese Interpretationspräferenz von Sprecher:innen des Deutschen spiegelt die Funktion dieses Wortbildungstyps wider und hat ihm auch den Namen gegeben: ‚REAL-X Reduplication' (Stolz, Stroh & Urdze 2011; Freywald 2015), weitere Bezeichnungen sind ‚identical constituent compounding' (Hohenhaus 2004; Finkbeiner 2014; Frankowsky 2022) und ‚lexical cloning' (Horn 2018).

Doppelt hält besser – Fokus auf der Kernbedeutung Durch die Verdopplung wird die Bedeutung des einfachen Lexems auf seine Kernbedeutung beschränkt. Es wird auf die prototypische Bedeutung z. B. von *Literatur* fokussiert, gemeint ist eben ‚echte/eigentliche/richtige' Literatur – oder wie in ◨ Abb. 6.15 ‚richtiges Bier' (wofür Jever hier gehalten wird).

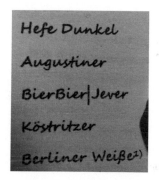

◨ **Abb. 6.15** Ausschnitt aus einer Getränkekarte in einer Berliner Kneipe

Diese Funktion wird an dem folgenden Beispiel aus einem Internetforum noch deutlicher, wo von einem *Buchbuch*, also einem richtigen, prototypischen gebundenen Buch mit Papierseiten die Rede ist im Gegensatz zu einem Buch auf dem Reader, also einem E-Book:

(19)   *Dann bin ich doch mal hier die langweilige Wurst, die ein Buch nach dem anderen liest.:-) Es ist höchstens drin gleichzeitig eins auf meinem Reader und ein **Buchbuch** zu lesen und selbst das mach ich nicht so gerne*

       (Eintrag in einem Internetforum, 24.07.2013)

Diese Fokussierung auf die Kernbedeutung im Kontrast zu einer möglichen weiter gefassten Bedeutung des (einfachen) Lexems ist ein typisches Charakteristikum dieses Musters (daher rührt auch die Bezeichnung ‚Contrastive focus reduplication' in Ghomeshi et al. 2004 für das englische Pendant). In einer empirischen Studie, in der 40 Sprecher:innen des Deutschen gebeten wurden, verdoppelten Wörtern eine Bedeutung zuzuschreiben, hat sich gezeigt, dass mehrheitlich die Interpretation der Echtheit oder Prototypizität gewählt wurde (Finkbeiner 2014). Es scheint sich hier also ein Wortbildungsmuster mit einer festen Wortbildungsbedeutung zu etablieren.

Reduplikation – ein produktives Muster Dieses Muster ist wahrscheinlich tatsächlich relativ neu im Deutschen, und es ist sehr produktiv. Eine Korpusstudie mit Internettexten hat gezeigt, dass unter den Reduplikationen zahlreiche ‚Hapax legomena' sind, also Wörter, die nur ein einziges Mal im Korpus vorkommen (Freywald 2015). Dies ist ein Indiz für hohe Produktivität. Praktisch jedes Wort ist reduplizierbar, Wortartbeschränkungen scheint es zumindest unter den lexikalischen Klassen kaum zu geben. Es lassen sich nicht nur Nomen, sondern auch Adjektive, Verben und Adverbien reduplizieren (s. die Beispiele in (20)). Jedes Mal heben die Schreiber:innen damit die prototypische Bedeutung hervor. Was sie hier jeweils meinen, ist ‚so richtig früh' und ‚richtig arbeiten' sowie ‚genau jetzt'.

(20)   a.   *Er hat Tagesdienste, das heißt er muss den ganzen Tag arbeiten, also von früh bis spät, also **früh-früh** bis **spät-spät***

(Alltagsgespräch, 2012)

b.   *Wie ist das eigendlich wenn ich 2 Jahre arbeite und dann ein jahr in Elternzeit gehe, muss ich dann noch ein Jahr **arbeiten-arbeiten** um verbeamtet auf Lebenszeit zu sein?*

(Eintrag in einem Internetforum, 21.06.2009)

c.   *was ich jetzt mach? **jetztjetzt** dir schreiben, und sonst studieren in den letzen zügen. und selber so?*

(Gästebuch-Eintrag, 06.09.2006)

Noch ist die Interpretation dieser vollständigen Reduplikationen oft stark pragmatisch gestützt durch den Kontext, in dem die Reduplikation auftritt. Das Wort *Freundfreund* kann z. B. ‚fester Freund, Lebenspartner' bedeuten, aber auch ‚bloß ein Freund, Kumpel' (s. die Beispiele in (21)). Es wird also – je nach Kontext – mit zwei völlig gegensätzlichen Bedeutungen verwendet.

(21)   a.   *ich hab auch freunde, also nicht **freund-freund** sondern kumpel-freund *g*, die irgendwie anders sind im sinne ihrer klamotten oder so…*

(Eintrag in einem Internetforum, 31.05.2007)

b.   *Mit „nur" Freund meinte ich, dass ich mir nicht vorstellen kann, mit Daniil zusammmen zu sein. Ich meine, nur als **„Freund-Freund"***

(Eintrag in einem Internetforum, 19.12.2006)

Interessant sind diese Beobachtungen deshalb, weil Reduplikation und insbesondere die vollständige Reduplikation im Deutschen eigentlich als marginal und praktisch nicht produktiv gilt (Fleischer & Barz 2012: 94–96). Es werden lediglich lexikalisierte Formen aufgeführt, die drei formalen Typen angehören: Bei der vollständigen Reduplikation wird ein Wort komplett verdoppelt, bei den partiellen Reduplikationen nur teilweise: Die Reimreduplikation zeichnet sich dadurch aus, dass bei dem verdoppelten Wort der Onset, also der Anfang der Silbe (▶ Kap. 7), durch einen anderslautenden Konsonanten ersetzt wird. Bei der Ablautreduplikation ändert sich im verdoppelten Wort der Stammvokal, ganz parallel zur Bildung der Präteritalformen bei den starken Verben (▶ Abschn. 6.3.1). In der Übersicht in (22) sind für jeden Formtyp einige Beispiele aus dem heutigen Wortschatz angegeben:

(22)   Formtypen der Reduplikation

Vollständige Reduplikation: *Klein-Klein, Pinkepinke, plemplem*

                           Reimreduplikation: *Larifari, Schickimicki, Techtelmechtel,*
Partielle Reduplikation   <   *Klimbim, Kuddelmuddel, ruckzuck, ratzfatz*
                   Ablautreduplikation: *Mischmasch, Singsang, Krimskrams,*
                                       Schnickschnack, Zickzack, Flipflop, tipptopp

Für alle hier aufgeführten Reduplikationen gilt, dass ihre Bedeutung nicht unmittelbar aus der Bedeutung der einzelnen Bestandteile erschließbar ist, oftmals existiert das Einzelwort gar nicht als solches (**plem, *Lari, *Klim, *Krims* usw.). Es handelt sich hier also nicht um ein transparentes Bildungsmuster, das auf neue Bildungen angewendet werden könnte. Die Zahl der reduplizierten Lexeme ist klein, und in den meisten Fällen haben diese Reduplikationen zudem einen „pejorativen oder scherzhaften Charakter" (Fleischer & Barz 2012: 95).

Reduplikation in den Sprachen der Welt In typologischen Studien wird das Deutsche folglich – zusammen mit den meisten anderen europäischen Sprachen – als ‚reduplikationsvermeidend' eingeordnet („reduplication avoider" bei Rubino 2005; Stolz 2008). In der Karte in ◘ Abb. 6.16 aus dem *World Atlas of Language Structures Online (WALS)* (s. Kasten „Empirische Ressourcen" in ▶ Abschn. 5.1.1) stehen die weißen Punkte für diejenigen Sprachen, in denen Reduplikation nicht für grammatische Zwecke (wie Wortbildung oder Flexion) genutzt wird.

Wie die Beispiele in (18) bis (21) jedoch zeigen, gibt es im Gegenwartsdeutschen das produktive Muster der vollständigen Reduplikation durchaus. Es ist nicht klar, wie lange schon, der früheste uns bekannte Beleg stammt von 1974. Möglicherweise hat das Englische hier ein Vorbild geliefert, aber für eine Übertragung des Wortbildungsmusters aus dem Englischen gibt es derzeit keinerlei

Values

● Productive full and partial reduplication	278
● Full reduplication only	35
○ No productive reduplication	55

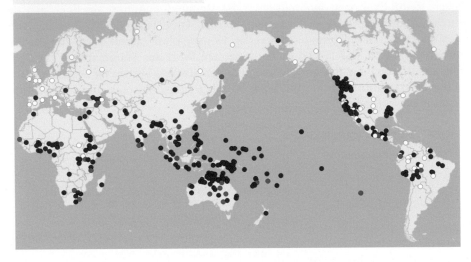

▣ Abb. 6.16   Produktive Reduplikation in den Sprachen der Welt (*World Atlas of Language Structures Online,* ► https://wals.info/feature/27A#2/28.3/149.4, Juli 2022)

verlässliche Belege. Im Englischen sind Reduplikationen mit prototypfokussierender Bedeutung allerdings in jüngerer Zeit ebenfalls stark im Gebrauch (s. Ghomeshi et al. 2004; Hohenhaus 2004; Horn 1993, 2018):

(23)   a.   *She was over the legal limits of sobriety, but still functioning;*
            she wasn't ‚DRUNK drunk'

        b.   *We have muffins, and we have DESSERT desserts*

            (Horn 2018: 234)

Reduplikation versus Komposition   Aus Wortbildungsperspektive ist die Abgrenzung zwischen Reduplikation und Komposition interessant. Vollständige Reduplikationen des Typs *Buchbuch, Literaturliteratur* oder *jetztjetzt* teilen einige Eigenschaften mit Komposita, sie unterscheiden sich aber auch in wesentlichen Eigenschaften von ihnen. Gemeinsam ist Reduplikationen und Komposita das prosodische Muster: das Erstglied trägt die Hauptbetonung (*Réiseliteratur,*

Kinderliteratur, Literaturliteratur). Wesentliche Unterschiede sind jedoch die folgenden:

- Bei der Reduplikation von Nomen treten keine Fugenelemente auf. Selbst jene Nomen, die in Komposita obligatorisch ein Fugenelement nehmen, können in Reduplikationen ohne Fugenelement erscheinen: *Freundeskreis* vs. *Freundfreund*. Auch wenn ein Nomen mit sich selbst zusammengesetzt ist (sog. Selbstkomposita), muss normalerweise ein Fugenelement stehen, wie in *Helfershelfer* oder *Freundesfreund* (,Freund eines Freundes'), jedoch nicht in der Reduplikation: *Freundfreund* (s. auch Finkbeiner 2014; Freywald 2015).
- Reduplikation kann Wortarten umfassen, für die Komposition heute nicht (mehr) produktiv ist. Für Adverbien und Verben sind Neubildungen von Adverb + Adverb-Komposita bzw. Verb + Verb-Komposita im Gegenwartsdeutschen nicht möglich (vgl. aber Meibauer & Scherer 2007). In die Reduplikation können Adverbien und Verben aber sehr wohl eingehen (z. B. *jetztjetzt* und *arbeiten-arbeiten* in (20)).

Diese Unterschiede zur Komposition sind gute Argumente dafür, hier tatsächlich von einem eigenen Wortbildungstyp ,Reduplikation' auszugehen.

An der vollständigen Reduplikation lässt sich beispielhaft zeigen, dass marginale und/oder nicht produktive Verfahren (wieder) produktiv werden können. Und auch bei der Reim- und Ablautreduplikation gibt es durchaus produktive Nischen. Einen neuen, produktiven Typ der Reimreduplikation werden Sie in ▶ Abschn. 8.6 kennenlernen: die /m/-Reduplikation, mit der sich Formen wie *Teller Meller* bilden lassen. Die Reimreduplikation führt außerdem ein reges Eigenleben bei der Bildung von User-Namen auf Online-Plattformen. Hier finden sich zahlreiche neugebildete Formen, wie *Heinzipeinzi, Larsiparsi, Ralfmalf* oder *Matzepatze* (Kentner 2017).

Insgesamt haben wir in diesem Kapitel gesehen, wie viel Bewegung im Bereich der Wortformen im heutigen Deutsch zu beobachten ist und was das Gegenwartsdeutsche auszeichnet. Im folgenden Kapitel werden einige Charakteristika der Lautebene genauer besprochen, wie bestimmte Ausspracheveränderungen und Entwicklungen der Silbenstruktur. Teilweise sind diese Phänomene hier schon angeklungen, da sie mit der morphologischen Struktur von Wörtern interagieren.

Literatur

Ackermann, Tanja. 2018. Possessive *-s* in German: Development, variation and theoretical status. In Antje Dammel & Oliver Schallert (Hg.), *Morphological Variation. Theoretical and Empirical Perspectives*. Amsterdam, Philadelphia: Benjamins. 27–62.

ADA = Elspaß, Stephan & Robert Möller. 2003 ff. *Atlas zur deutschen Alltagssprache (AdA)*. ▶ http://www.atlas-alltagssprache.de/ (abgerufen 31.07.2022).

Androutsopoulos, Jannis K. 1998. *Deutsche Jugendsprache. Untersuchungen zu ihren Strukturen und Funktionen*. Frankfurt am Main: Lang.

Augst, Gerhard. 1975a. Wie stark sind die starken Verben? In Gerhard Augst (Hg.), *Untersuchungen zum Morpheminventar der deutschen Gegenwartssprache*. Tübingen: Narr. 231–281.

Augst, Gerhard. 1975b. Zum Pluralsystem. In Gerhard Augst (Hg.), *Untersuchungen zum Morpheminventar der deutschen Gegenwartssprache*. Tübingen: Narr. 5–70.

Bankhardt, Christina. 2010. *Tütel, Tüpflein, Oberbeistrichlein. Der Apostroph im Deutschen*. Mannheim: IDS. ▶ http://pub.ids-mannheim.de/laufend/amades/ama39.html (abgerufen 31.07.2022).

Bauer, Laurie. 1997. Evaluative morphology. In search of universals. *Studies in Language* 21. 533–575.

Becker, Thomas. 1994. Die Erklärung von Sprachwandel durch Sprachverwendung am Beispiel der deutschen Substantivflexion. In Klaus-Michael Köpcke (Hg.): *Funktionale Untersuchungen zur deutschen Nominal- und Verbalflexion*. Tübingen: Niemeyer. 45–63.

Bhatt, Christa & Claudia Maria Schmidt. 1993. Die *am* + Infinitiv-Konstruktion im Kölnischen und im umgangssprachlichen Standarddeutschen als Aspekt-Phrasen. In Werner Abraham & Josef Bayer (Hg.), *Dialektsyntax*. Opladen: Westdeutscher Verlag (Linguistische Berichte, Sonderheft 5). 71–98.

Bittner, Andreas. 1996. *Starke ,schwache' Verben und schwache ,starke' Verben. Deutsche Verbflexion und Natürlichkeit*. Tübingen: Stauffenburg.

Christiansen, Mads. 2016. *Von der Phonologie in die Morphologie. Diachrone Studien zur Präposition-Artikel-Enklise im Deutschen*. Hildesheim: Olms.

Cirkel, Philipp & Ulrike Freywald. 2021. In Stadt und Stadt: Berlin und Ruhrgebiet im Vergleich. *Linguistik online* 110. 193–227 (Themenheft *In Stadt und Land – Perspektiven variations- und soziolinguistischer Forschung*, hg. von Elisabeth Scherr & Arne Ziegler). ▶ https://doi.org/10.13092/lo.110.8144

Comrie, Bernard. ²1989. *Language Universals and Linguistic Typology*. Chicago: University of Chicago Press.

Dammel, Antje. 2014. *Die schönen alten Formen…* Grammatischer Wandel der deutschen Verbalflexion – Verfall oder Reorganisation? In Albrecht Plewnia & Andreas Witt (Hg.), *Sprachverfall? Dynamik – Wandel – Variation*. Berlin, Boston: De Gruyter. 51–70.

Dammel, Antje. 2021. Evaluative Wortbildung und Personenreferenz. Maskulina auf *-i* und ihre femininen Entsprechungen in alemannischen Dialekten – auch als Indikator für Geschlechterstereotype im Wörterbuch. *Linguistik online* 107. 145–176 (Themenheft *Pragmatik der Genuszuweisung*, hg. von Helen Christen u.a.). ▶ https://doi.org/10.13092/lo.107.7691

Di Meola, Claudio. 1999. *Entgegen, nahe, entsprechend* und *gemäß*. Dativpräpositionen mit Genitivrektion. *Zeitschrift für germanistische Linguistik* 27. 344–351.

Duden-Grammatik (2022) = Wöllstein, Angelika & Dudenredaktion (Hg.). 2022. *Duden. Die Grammatik* (Duden 4). 10. Aufl. Berlin: Dudenverlag.

Dryer, Matthew S. 2013. Prefixing vs. suffixing in inflectional morphology. In Matthew S. Dryer & Martin Haspelmath (Hg.), *The World Atlas of Language Structures Online*. Leipzig: Max Planck Institute for Evolutionary Anthropology. ▶ http://wals.info/chapter/26 (abgerufen 31.07.2022).

Eichinger, Ludwig M. & Astrid Rothe. 2014. Der Fall der Fälle. Entwicklungen in der nominalen Morphologie. In Albrecht Plewnia & Andreas Witt (Hg.), *Sprachverfall? Dynamik – Wandel – Variation*. Berlin, Boston: De Gruyter. 71–99.

Eisenberg, Peter. 2018. *Das Fremdwort im Deutschen*. 3. Aufl. Berlin, Boston: De Gruyter.

Elsen, Hilke. 2009. Affixoide: Nur was benannt wird, kann auch verstanden werden. *Deutsche Sprache* 37. 316–333.

Ewald, Petra. 2006. Aus der Geschichte eines Zankapfels: Zur Entwicklung der Apostrophschreibung im Deutschen. In Ursula Götz & Stefanie Stricker (Hg.), *Neue Perspektiven der Sprachgeschichte*. Heidelberg: Winter. 139–161.

Finkbeiner, Rita. 2014. Identical constituent compounds in German. *Word Structure* 7. 182–213.

Fleischer, Wolfgang & Irmhild Barz. 2012. *Wortbildung der deutschen Gegenwartssprache*. Berlin, Boston: De Gruyter.

Flick, Johanna & Kathrin Kuhmichel. 2013. Der *am*-Progressiv in Dialekt und Standardsprache. *Jahrbuch für germanistische Sprachgeschichte* 5. 52–76.

Flury, Robert. 1964. *Struktur- und Bedeutungsgeschichte des Adjektiv-Suffixes* -bar. Winterthur: Keller.

Forche, Christian R. 2020. *Non-V2-Verben im Deutschen. Theoretische Überlegungen und empirische Untersuchungen zu einem morphosyntaktischen Problemfall (den es vielleicht gar nicht gibt)*. Stuttgart: Metzler.

Frankowsky, Maximilian. 2022. Extravagant expressions denoting quite normal entities. Identical constituent compounds in German. In Matthias Eitelmann & Dagmar Haumann (Hg.), *Extravagant Morphology*. Amsterdam, Philadelphia: Benjamins. 155–180.

Freywald, Ulrike. 2015. Total reduplication as a productive process in German. *Studies in Language* 39. 905–945.

6

Freywald, Ulrike & Horst J. Simon. 2007. Wenn die Wortbildung die Syntax stört. Über Verben, die nicht in V2 stehen können. In Maurice Kauffer & René Métrich (Hg.), *Verbale Wortbildung im Spannungsfeld zwischen Wortsemantik, Syntax und Rechtschreibung.* Tübingen: Stauffenburg. 181–194.

Fuß, Eric. 2011. Eigennamen und adnominaler Genitiv im Deutschen. *Linguistische Berichte* 225. 19–42.

Ghomeshi, Jila, Ray Jackendoff, Nicole Rosen & Kevin Russell. 2004. Contrastive focus reduplication in English (The salad-salad paper). *Natural Language and Linguistic Theory* 22. 307–357.

Grimm, Jacob. 1864. Über das Pedantische in der deutschen Sprache (1847). In Jacob Grimm: *Kleinere Schriften*, Bd. 1. Berlin: Dümmler. 327–373.

Harnisch, Rüdiger. 1999. Zum Zusammenspiel von Auslautkonsonanz und Stammvokalismus beim Verb. Südthüringisch/Hochdeutsch kontrastiv. In Matthias Butt & Nanna Fuhrhop (Hg.), *Variation und Stabilität in der Wortstruktur. Untersuchungen zu Entwicklung, Erwerb und Varietäten des Deutschen und anderer Sprachen.* Hildesheim: Olms. 61–76.

Haspelmath, Martin. 2013. Occurrence of nominal plurality. In Matthew S. Dryer & Martin Haspelmath (Hg.), *The World Atlas of Language Structures Online.* Leipzig: Max Planck Institute for Evolutionary Anthropology. ► http://wals.info/chapter/34 (abgerufen 31.07.2022).

Hausmann, Dagmar. 2006. „downgeloaded" und „geforwardet" – Sprecherverhalten in morphologischen Zweifelsfällen am Beispiel des Sprachgebrauchs im Internet. Universität zu Köln: Institut für Linguistik, Abteilung Allgemeine Sprachwissenschaft: Arbeitspapier N.F. 50. ► http://publikationen.ub.uni-frankfurt.de/frontdoor/index/index/docId/22370 (abgerufen 31.07.2022).

Hohenhaus, Peter. 2004. Identical constituent compounding: A corpus-based study. *Folia Linguistica* 38. 297–331.

Horn, Laurence R. 1993. Economy and redundancy in a dualistic model of natural language. In Susanna Shore & Maria Vilkuna (Hg.), *SKY 1993. 1993 Yearbook of the Linguistic Association of Finland.* Helsinki: Suomen kielitieteellinen yhdistys. 33–72.

Horn, Laurence R. 2018. The lexical clone: Pragmatics, prototypes, productivity. In Rita Finkbeiner & Ulrike Freywald (Hg.), *Exact Repetition in Grammar and Discourse.* Berlin, Boston: De Gruyter Mouton. 233–264.

Jurafsky, Daniel. 1996. Universal tendencies in the semantics of the diminutive. *Language* 72. 533–578.

Kempf, Luise. 2019. Die Evolution des Apostrophgebrauchs – eine korpuslinguistische Untersuchung. *Jahrbuch für germanistische Sprachgeschichte* 10. 119–150.

Kentner, Gerrit. 2017. On the emergence of reduplication in German morphophonology. *Zeitschrift für Sprachwissenschaft* 36. 233–277.

Kirkness, Alan. 1991. Die nationalpolitische Bedeutung der Germanistik im 19. Jahrhundert: Ersetzt statt erforscht – Thesen zu Lehndeutsch, Purismus und Sprachgermanistik. In Rainer Wimmer (Hg.), *Das 19. Jahrhundert. Sprachgeschichtliche Wurzeln des heutigen Deutsch.* Berlin, New York: De Gruyter. 294–306.

Klein, Wolf Peter. 2002. Der Apostroph in der deutschen Gegenwartssprache. Logographische Gebrauchserweiterungen auf phonographischer Basis. *Zeitschrift für germanistische Linguistik* 30. 169–197.

Köpcke, Klaus-Michael. 2000. Chaos und Ordnung: Zur semantischen Remotivierung von Deklinationsklassen. In Andreas Bittner, Dagmar Bittner & Klaus-Michael Köpcke (Hg.), *Angemessene Strukturen: Systemorganisation in Phonologie, Morphologie und Syntax.* Hildesheim: Olms. 107–122.

Köpcke, Klaus Michael. 2002. Die sogenannte *i*-Derivation in der deutschen Gegenwartssprache. Ein Fall für outputorientierte Wortbildung. *Zeitschrift für germanistische Linguistik* 30. 293–309.

Körner, Helle. 2004. Zur Entwicklung des deutschen (Lehn-)Wortschatzes. *Glottometrics* 7. 25–49.

Meibauer, Jörg & Carmen Scherer. 2007. Zur Semantik von V+V-Komposita im Deutschen. In Maurice Kauffer & René Métrich (Hg.), *Verbale Wortbildung im Spannungsfeld zwischen Wortsemantik, Syntax und Rechtschreibung.* Tübingen: Stauffenburg. 85–95.

Neef, Martin. 1998. The reduced syllable plural in German. In Ray Fabri, Albert Ortmann & Theresa Parodi (Hg.), *Models of Inflection.* Tübingen: Niemeyer. 244–265.

Nowak, Jessica. 2016. Die Ablautalternanz *x-o-o* als partielle Regularisierungsstrategie starker Verben im Deutschen. In Andreas Bittner & Klaus-Michael Köpcke (Hg.), *Regularität und Irregularität in Phonologie und Morphologie. Diachron, kontrastiv, typologisch.* Berlin, Boston: De Gruyter. 127–152.

Nübling, Damaris. 2000. *Prinzipien der Irregularisierung. Eine kontrastive Analyse von zehn Verben in zehn germanischen Sprachen.* Tübingen: Niemeyer.

Nübling, Damaris. 2005. Von *in die* über *in'n* und *ins* bis *im*. Die Klitisierung von Präposition und Artikel als „Grammatikalisierungsbaustelle". In Torsten Leuschner, Tanja Mortelmans & Sarah De Groodt (Hg.), *Grammatikalisierung im Deutschen*. Berlin, New York: De Gruyter, 105–131.

Nübling, Damaris. 2014. Sprachverfall? Sprachliche Evolution am Beispiel des diachronen Funktionszuwachses des Apostrophs im Deutschen. In Albrecht Plewnia & Andreas Witt (Hg.), *Sprachverfall? Dynamik – Wandel – Variation*. Berlin, Boston: De Gruyter. 99–70.

Nübling, Damaris, Antje Dammel, Janet Duke & Renata Szczepaniak. 2017. *Historische Sprachwissenschaft des Deutschen*. 5. Aufl. Tübingen: Narr.

Pfeifer, Wolfgang et al. 1993. *Etymologisches Wörterbuch des Deutschen*. Digitalisierte und von Wolfgang Pfeifer überarbeitete Version im Digitalen Wörterbuch der deutschen Sprache. ► https://www.dwds.de/d/wb-etymwb (abgerufen 31.07.2022).

Pustka, Elissa. 2014. Was ist Expressivität? In Elissa Pustka & Stefanie Goldschmitt (Hg.), *Emotionen, Expressivität, Emphase*. Berlin: Schmidt. 11–40.

Rödel, Michael. 2003. Die Entwicklung der Verlaufsform im Deutschen. *Muttersprache* 113. 97–107.

Rödel, Michael. 2004a. Grammatikalisierung und die Folgen: Der Infinitiv in der deutschen Verlaufsform. *Muttersprache* 114. 139–150.

Rödel, Michael. 2004b. Verbale Funktion und verbales Aussehen – die deutsche Verlaufsform und ihre Bestandteile. *Muttersprache* 114. 220-233.

Ronneberger-Sibold, Elke. 2010. Die deutsche Nominalklammer. Geschichte, Funktion, typologische Bewertung. In Arne Ziegler (Hg.), *Historische Textgrammatik und Historische Syntax des Deutschen*. Berlin, New York: De Gruyter. 85–120.

Rubino, Carl. 2005. Reduplication: Form, function and distribution. In Bernhard Hurch (Hg.), *Studies on Reduplication*. Berlin, New York: Mouton de Gruyter. 11–29.

Scherer, Carmen. 2013. *Kalb's Leber* und *Dienstag's Schnitzeltag*. Zur funktionalen Ausdifferenzierung des Apostrophs im Deutschen. *Zeitschrift für Sprachwissenschaft* 32. 75–112.

Scherer, Carmen. 2016. Der Apostroph: Zur Divergenz von Schreibnorm und -realität. In Simona Colombo-Scheffold, Christiane Hochstadt & Ralph Olsen (Hg.), *Ohne Punkt und Komma. Beiträge zu Theorie, Empirie und Didaktik der Interpunktion*. Berlin: RabenStück. 418–445.

Schiering, René. 2005. Flektierte Präpositionen im Deutschen? Neue Evidenz aus dem Ruhrgebiet. *Zeitschrift für Dialektologie und Linguistik* 72. 52–79.

Stolz, Thomas. 2008. Total reduplication vs. echo-word formation in language contact situations. In Peter Siemund & Noemi Kintana (Hg.), *Language Contact and Contact Languages*. Amsterdam, Philadelphia: Benjamins. 107–132.

Stolz, Thomas, Cornelia Stroh & Aina Urdze. 2011. *Total Reduplication. The Areal Linguistics of a Potential Universal*. Berlin: Akademie-Verlag.

Szczepaniak, Renata. 2014. Sprachwandel und sprachliche Unsicherheit. Der formale und funktionale Wandel des Genitivs seit dem Frühneuhochdeutschen. In Albrecht Plewnia & Andreas Witt (Hg.), *Sprachverfall? Dynamik – Wandel – Variation*. Berlin, Boston: De Gruyter. 33–50.

Thieroff, Rolf. 2003. *Die Bedienung des Automatens durch den Mensch*. Deklination der schwachen Maskulina als Zweifelsfall. *Linguistik online* 16. 105–117.

Vieregge, Annika. 2018. Zur Indexikalisierung der Rektionsvarianten bei Präpositionen. In Kirsten Adamzik & Mateusz Maselko (Hg.), *Variationslinguistik trifft Textlinguistik*. Tübingen: Narr Francke Attempto. 275–299.

Wegener, Heide. 1999. Die Pluralbildung im Deutschen – ein Versuch im Rahmen der Optimalitätstheorie. *Linguistik online* 4. 1–55.

Wegener, Heide. 2003. Normprobleme bei der Pluralbildung fremder und nativer Substantive. *Linguistik online* 16. 1–34.

Wierzbicka, Anna. 1991. *Cross-cultural Pragmatics: The Semantics of Human Interaction*. Berlin, New York: De Gruyter.

Wiese, Heike. 2006. Partikeldiminuierung im Deutschen. *Sprachwissenschaft* 31. 457–489.

Yager, Lisa, Nora Hellmold, Hyoun-A Joo, Michael T. Putnam, Eleonora Rossi, Catherine Stafford & Joseph Salmons. 2015. New structural patterns in moribund grammar: Case marking in Heritage German. *Frontiers in Psychology* 6: 1716. ► https://doi.org/10.3389/fpsyg.2015.01716

Zifonun, Gisela. 2000. Grammatische Integration jugendsprachlicher Anglizismen. *Der Deutschunterricht* 52. 69–79.

Zürrer, Peter. 1999. *Sprachinseldialekte. Walserdeutsch im Aostatal (Italien).* Aarau: Sauerländer.

Laut und Silbe

Ulrike Freywald

Inhaltsverzeichnis

© Springer-Verlag GmbH Deutschland, ein Teil von Springer Nature 2023
U. Freywald et al., *Deutsche Sprache der Gegenwart,*
https://doi.org/10.1007/978-3-476-04921-6_7

Die Laute sind die kleinsten Einheiten der Sprache (sofern es sich um Lautsprachen handelt; in Gebärdensprachen sind die kleinsten Einheiten Elemente von Gebärden, z. B. distinktive Handformen, s. zu Gebärdensprachen ▶ Abschn. 3.2.1). Für Phonolog:innen ist u. a. interessant, welche Laute für eine bestimmte Sprache überhaupt relevant sind, d. h. welche der im Prinzip vom Menschen artikulierbaren Laute eine einzelne Sprache verwendet. Diese ‚relevanten‘ Laute einer Sprache nennt man ‚Phoneme‘. Relevant sind sie insofern, als sie bedeutungsunterscheidend sein können. In den beiden Wörtern *Schal* [ʃaːl] und *Schaf* [ʃaːf] ist es allein die unterschiedliche Artikulation des letzten Lauts, [l] versus [f], die den Bedeutungsunterschied zwischen diesen beiden Wörtern erkennbar macht. In *Schaf* und *schief* sind es [aː] und [iː], die für die bedeutungsunterscheidende lautliche Diskrepanz zwischen den beiden Wörtern verantwortlich sind. Die Möglichkeit, ‚Minimalpaare‘ zu bilden, also Wortpaare, die sich nur hinsichtlich eines einzigen Lauts unterscheiden, kann also als Argument für die Einordnung von Lauten als Phoneme herangezogen werden. Die Laute [l], [f], [aː] und [iː] sind demnach im Deutschen Phoneme. Phoneme werden in Schrägstrichen notiert: /l/, /f/, /aː/, /iː/.

Das Phoneminventar, also die Gesamtheit aller bedeutungsunterscheidenden Laute, kann in verschiedenen Sprachen unterschiedlich groß sein. Das Spektrum reicht von Sprachen mit elf Phonemen (wie der in Papua-Neuguinea gesprochenen Papua-Sprache Rotokas) bis zu Sprachen mit über 140 Phonemen (wie der Khoisan-Sprache !Xu, die im südlichen Afrika gesprochen wird) (vgl. Hall 2011: 80).

Das Deutsche verfügt – je nach Zählung, denn so ganz einfach ist die Zählung nicht – über ca. 40 Phoneme. Der Argumentation von Hall (2011) zufolge besitzt das Deutsche 24 konsonantische und 16 vokalische Phoneme (Hall 2011: Kap. 5). Das Deutsche ist eine vergleichsweise vokalreiche Sprache und verfügt über einige im Sprachvergleich sehr seltene Vokalphoneme, z. B. gerundete Vorderzungenvokale (das sind die mit gespitzten Lippen und vorderer Zungenposition gebildeten Vokale /yː/, /ʏ/, /øː/ und /œ/, die in der Schrift mit <ü> bzw. <ö> wiedergegeben werden).

Zum Bereich der Phonologie gehören aber nicht nur die Einzellaute, sondern auch Silben und lautliche Eigenschaften von Wörtern (z. B. Wortakzent) und noch größeren Einheiten, wie Phrasen und Sätzen (z. B. Intonation und Satzakzent).

In diesem Kapitel werden wir uns auf die aktuellen Tendenzen in der Aussprache einzelner Laute und auf deren Auswirkungen auf die silbenphonologische und morphologische Struktur von Wörtern konzentrieren. Im Gegenwartsdeutschen ist in verschiedenen Bereichen der Aussprache Variation zu beobachten, die auf längere Sicht das deutsche Phonemsystem verändern und auch das Aussehen von Silben, die Struktur von Wörtern und schließlich das Flexionssystem beeinflussen könnte.

7.1 Aussprachevariation bei Vokalen und Konsonanten

Alles Käse? – Unterscheidung zwischen [ɛː] und [eː] Ein Phänomen, das in der gesprochenen Standardsprache beobachtet werden kann, ist die Variation zwischen [ɛː] und [eː] in Wörtern wie *Käse* [kɛː.zə]/[keː.zə], *klären* [klɛː.ʁən]/[kleː.ʁən] oder *zäh* [t͡sɛː]/[t͡seː] (vgl. Wängler 1981: 44; Herrgen 2015: 139). Die in Aussprachewörterbüchern kodifizierte Aussprache ist durchgängig [ɛː] – so auch in der neuesten Auflage des Duden-Aussprachewörterbuchs (2015). Diese Variation ist zum Teil wohl durch die Orientierung am Schriftbild zu erklären: <ä>-Schreibung korreliert weitgehend mit [ɛː]-Aussprache, <e>-Schreibung mit [eː] (s. hierzu und zur lautgeschichtlichen Herleitung von /ɛː/ u. a. die Ausführungen in Becker 1998 sowie Stiel 2018). Dies tritt besonders deutlich zutage, wenn es sich um Minimalpaare handelt, wie *zäh* [t͡sɛː] und *Zeh* [t͡seː]. Ein damit korrelierter, weiterer Faktor ist die Wahl des Registers. Verschiedene Sprachproduktionsstudien haben gezeigt, dass die Erhebungssituation (also z. B. Vorlesen gegenüber freien Gesprächen) einen Einfluss auf die Realisierung des /ɛː/-Phonems hat. Sowohl Stearns & Voge (1979) als auch König (1989) stellen fest, dass dieselben Sprecher:innen das Phonem /ɛː/ in informellen Sprechsituationen häufiger als [eː] aussprechen als in formellen Situationen (vgl. zusammenfassend Stiel 2018). Dabei sind die Aussprachevarianten regional verschieden verteilt, und dies teilweise sogar je nach Beispielwort in unterschiedlicher Weise. Die Karte in ◼ Abb. 7.1 zeigt die heutige Aussprache von /ɛː/ im Wort *später* im deutschsprachigen Raum. Es ist erkennbar, dass die [eː]-Aussprache im gesamten deutschen Sprachgebiet nachweisbar ist, im westlichen Mitteldeutschen und im mittleren/westlichen Oberdeutschen ist sie jedoch nicht die präferierte Form (d. h. überall dort, wo keins oder nur eins der vier geclusterten Quadrate blau ist).

Die in der Karte in ◼ Abb. 7.1 abgetragenen Daten stammen aus dem *Atlas zur Aussprache des deutschen Gebrauchsstandards (AADG)* (Kleiner 2011–) (s. Kasten „Empirische Ressourcen" in ▶ Abschn. 2.4.2). Für die in den Jahren 2006–2009 durchgeführte Datenerhebung wurden hauptsächlich Vorlesetexte verwendet, d. h. es handelt sich um eine schriftorientierte, formelle und wenig spontane Sprechsituation.

Für das Wort *später* bzw. *spät* lassen sich die Daten in ◼ Abb. 7.1 direkt mit den Ergebnissen aus dem sog. „König-Korpus" vergleichen, das im Zuge der Erarbeitung des *Atlas der Aussprache des Schriftdeutschen in der Bundesrepublik Deutschland* (König 1989) in den Jahren 1975/76 – ebenfalls unter Verwendung von Vorlesetexten – erstellt wurde. Die Häufigkeit von [eː] bei der Aussprache von *später* hat im gesamten Sprachgebiet, besonders im Norden, sehr stark zugenommen (Kleiner 2015: 512 f.). Es könnte sich hier also tatsächlich um einen aktuellen Veränderungsprozess handeln. Bei anderen Wörtern mit /ɛː/-Phonem, wie *Nägelchen, schädlich* und anderen, zeigt sich dieser Trend verstärkt im Norden und kaum im Süden, so dass sich laut Kleiner (2015: 513) „für Norddeutschland ein klarer Trend zur Ausbreitung von geschlossenem [eː], d. h. der regional immer schon üblichen spontansprachlichen Realisierung, auch für die hier untersuchte formelle Vorlesesituation festhalten" lässt (vgl. hierzu auch Frank 2022, die zudem eine Abhängigkeit der Aussprache von der Erhebungsmethode feststellt). Für *Käse* allerdings ist sogar die umgekehrte Entwicklung, also Zunahme von [ɛː] auch im Norden, zu beobachten, was im Gesamtbild jedoch eine Ausnahme darstellt.

Zusammenfassend lässt sich festhalten, dass es derzeit eine Tendenz gibt, in standardnaher gesprochener Sprache in informellen Situationen und zumindest in den nördlichen Gebieten des deutschen Sprachraums auch beim naturgemäß schriftorientierten Vorlesen das Phonem /ɛː/ als [eː] auszusprechen. Es erscheint

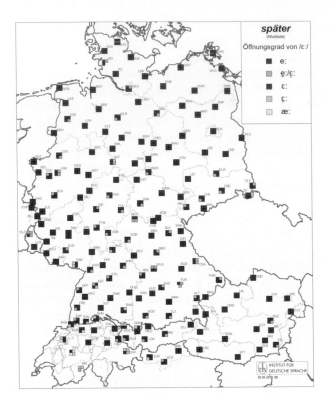

◘ Abb. 7.1   Die Aussprache von /ɛː/ im Wort *später* (Atlas zur Aussprache des deutschen Gebrauchsstandards, ▸ http://prowiki.ids-mannheim.de/bin/view/AADG/LangAE, Juli 2022)

plausibel, dass wir es derzeit möglicherweise mit einer Aufhebung der Register-
sensitivität des [ɛː]/[eː]-Kontrasts zu tun haben und die [eː]-Aussprache auch in
formellen Kontexten zur standardgerechten Form wird. Umgekehrt könnte man
diese Entwicklungen auch dahingehend deuten, dass sich [ɛː] auch bislang nur
mühsam und unvollständig ins standardsprachliche Lautsystem integriert hat
(so z. B. Becker 1998) – und nun mit einer zunehmenden ‚Informalisierung' des
Standards (Auer 2018) zumindest in manchen Gebieten des deutschen Sprachraums daraus verdrängt wird.

Ein vollständiger Zusammenfall von /ɛː/ und /eː/ hätte Konsequenzen für das
Phonemsystem der Standardsprache: Sollte /eː/ irgendwann /ɛː/ ersetzen, hätte
das Phoneminventar der Langvokale im Standarddeutschen künftig ein Phonem
weniger. Das System der Langvokale würde dadurch optimiert werden, denn
es wird symmetrischer: Es gäbe dann zwei gerundete hintere Vokale – einen geschlossenen und einen halbgeschlossenen – und auf der anderen Seite vier
vordere Vokale, von denen zwei ebenfalls geschlossen und zwei halbgeschlossen
sind (◘ Abb. 7.2).

Die ‚Umphonologisierung' von /ɛː/ zu /eː/ ist eine noch andauernde, längst
nicht abgeschlossene Entwicklung. So kommt Stiel (2018) in seiner Erhebung zu

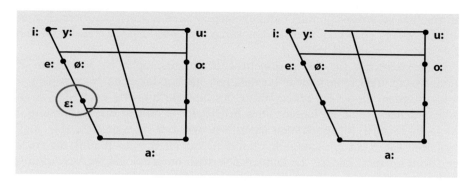

◘ Abb. 7.2   Das System der Langvokale im Deutschen

dem Ergebnis, „dass dieser Prozess gemeinhin nicht so stark fortgeschritten ist, dass [ɛː] durch [eː] bereits verdrängt worden wäre" (Stiel 2018: 322). Zu ähnlichen Schlüssen gelangt Frank (2018), die in ihrer Sprachproduktionsstudie ebenfalls keine vollständige Ersetzung von [ɛː] durch [eː] nachweisen konnte, wohl aber eine artikulatorische Annäherung der beiden Laute, insbesondere in der Position vor folgendem [ʀ]. Dies schließt an Beobachtungen von Wiese (2000) an, der eine Abhängigkeit der [ɛː]/[eː]-Realisierung von der lautlichen Umgebung konstatiert. Wiese hält fest, dass die Opposition zwischen [ɛː] und [eː] lediglich vor [ʀ] neutralisiert sei (z. B. in *Bären* vs. *Beeren*), in anderen Lautkontexten jedoch Bestand habe, etwa in *säen* [zɛː.ən] versus *sehen* [zeː.ən] (vgl. Wiese 2000: 17 sowie jüngst Frank 2022). Allerdings gibt es hier wenig funktionalen Druck, denn Minimalpaare wie *saen/sehen* und *zähl/Zeh* oder Fälle, in denen grammatische Unterschiede markiert werden, wie in *nehme/nähme* (Eisenberg 2020: 101), sind selten.

Auslassung und Reduktion   Neben Veränderungen der Vokalqualität finden sich im Gegenwartsdeutschen zahlreiche Auslassungs- und Reduktionsphänomene (demgegenüber tritt die Hinzufügung von Lauten, wie etwa von finalem [t] in mhd. *obez* > nhd. *Obst*, wesentlich seltener auf). So wird etwa in den Wörtern *nicht*, *jetzt* und *ist* auch standardsprachlich oft das finale [t] getilgt, so dass diese als [nɪç], [jɛʦ] und [ʔɪs] realisiert werden. Eine aktuelle Studie mit süddeutschen Sprecher:innen in München hat ergeben, dass die Wörter *jetzt* und *ist* in über 90 % der Fälle ohne [t] am Wortende ausgesprochen werden; beim Wort *nicht* sind es 79 % (vgl. Scrimgeour 2018; die Datengrundlage bildeten ein Vorlesetext und Interviews). Für *nich(t)* hat die Autorin festgestellt, dass jüngere Sprecher:innen die [t]-lose Variante viel häufiger verwenden als ältere Sprecher:innen, was auf einen Sprachwandel zumindest im süddeutschen Raum hindeutet.

Solche reduzierten Formen sind typisch für eine sich aktuell etablierende moderne Standardsprache, die (1) weniger als bisher einer präskriptiven, kodifizierten Norm folgt, sondern stärker am tatsächlichen Sprachgebrauch orientiert ist; (2) stark am Sprachgebrauch der (digitalen) Medien ausgerichtet ist und weniger an konventionell Autorität ausstrahlenden Textsorten, wie etwa Radio- und Fernsehnachrichten oder Hörbüchern; und (3) durch ein höheres Maß an

Informalität gekennzeichnet ist und zunehmend auch in Funktionsbereichen auftritt, die bislang Dialekten vorbehalten waren (vgl. Auer 2018, der hierfür den Begriff „Neo-Standard" prägt).

Charakteristisch für die gesprochene Standardsprache ist in diesem Zusammenhang, dass immer mehr Formen mit stark reduzierten Nebensilben verwendet werden, die in der ersten Hälfte des 20. Jahrhunderts noch als (zu) umgangssprachlich gegolten hätten. Dies betrifft insbesondere die Auslassung des
Vokals [ə] (Schwa) in unbetonten Endsilben, wie z. B. in *Laden* [la:.dn̩], *Sockel*
[zɔkl̩] oder *kauen* [kaʊn]. Dadurch kann sich, wie im Beispiel [kaʊn], die Anzahl
der Silben im Wort ändern. Es können sich auch morphologische Auswirkungen
ergeben, wie das heute vollständige Fehlen einer Dativmarkierung an maskulinen
und neutralen Nomen im Singular durch den Schwund des Dativ-*e*.

Als informell galt vor nicht allzu langer Zeit auch die vokalische Aussprache
von *r*-Lauten. Heute kann die Vokalisierung von /ʀ/ im Silbenendrand dagegen
als standardsprachlich gelten, wie in den Wörtern *klar* [kla:ɐ̯] oder *Bäcker* [bɛkɐ],
in denen /ʀ/ auch in der Standardsprache als Reduktionsvokal [ɐ] realisiert wird.

In den folgenden Abschnitten werden die beiden zuletzt genannten phonologischen Phänomene eingehender besprochen: die Auslassung (Elision)
des Reduktionsvokals [ə] in unbetonten Endsilben (▶ Abschn. 7.1) und die
Vokalisierung von *r*-Lauten (▶ Abschn. 7.2).

7.2 Reduktion und Tilgung: Vom [ə] zum Nichts

Exponierung betonter, Schwächung unbetonter Silben Die Abschwächung von
Vokalen in sämtlichen unbetonten Silben ist ein Prozess, der schon in mittelhochdeutscher Zeit beginnt und seither andauert. Im Althochdeutschen verfügen unbetonte Silben zunächst über das gleiche Spektrum an Vokalen wie betonte Silben. Dies ändert sich ungefähr ab dem 10. Jahrhundert – mit dem Ergebnis, dass im Laufe des Mittelhochdeutschen in unbetonten Silben nur noch der
Reduktionsvokal [ə] vorkommt (Beispiele aus Nübling et al. 2017: 45):

(1)	a.	ahd.	*sunna*	mhd.	*sunne*	,Sonne'
	b.	ahd.	*himil*	mhd.	*himel*	,Himmel'
	c.	ahd.	*bilīban*	mhd.	*belîben*	,bleiben'

Diese Situation besteht bis heute: Auch im Gegenwartsdeutschen kommen in
unbetonten Silben – abgesehen von einigen Affixen, die historisch eine Neben-
betonung aufwiesen – nur [ə] und [ɐ] als vokalische Silbenkerne vor (zu letzterem
s. unten ▶ Abschn. 7.3). Es ist dadurch eine klar ausgeprägte Differenzierung von
betonten (bzw. betonbaren) Silben und generell unbetonten Silben (Reduktionssilben) entstanden.

Zur Vertiefung: Reduktionsvokale – Schwa-Laute

Als **Reduktionsvokale** werden im Deutschen die beiden Zentralvokale [ə] und [ɐ] bezeichnet. Bei ihrer Artikulation befindet sich die Zunge in Ruhestellung, d. h. in zentraler Position. Reduktionsvokale werden die beiden Vokale deshalb genannt, weil sie im Deutschen nur in sogenannten Reduktionssilben auftreten; dies sind Silben, die nicht betont werden können, vgl. Wiese (2011: 37, 56).

Der Zentralvokal [ə] wird auch **Schwa** genannt, und zwar in Anlehnung an den Namen des Vokalisationszeichens für [e] im hebräischen Alphabet (zwei senkrecht angeordnete Punkte unter dem Konsonantenbuchstaben; hebr. שְׁוָא ‚schewa/schwa‘). Da bei der Artikulation von [ɐ] der Mundraum lediglich etwas weiter geöffnet ist, die Zunge also etwas tiefer liegt, wird dieser Vokal zuweilen auch als ‚Tiefschwa‘ oder ‚tiefes Schwa‘ bezeichnet.

Die Zungenposition bei der Artikulation von [ə] und [ɐ] im Vokalviereck:

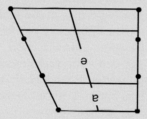

In einem Online-Phonetik-Kurs des 2006 verstorbenen Phonetikers Peter Ladefoged können Sie sich die Zentralvokale (und alle anderen Sprachlaute) in einer interaktiven IPA-Tabelle auch anhören: ▶ http://www.phonetics.ucla.edu/course/chapter1/vowels.html.

Die Bandbreite an Vollvokalen tritt nur (noch) in betonten Silben auf, was diese gegenüber den unbetonten Silben perzeptiv hervorhebt (nicht von ungefähr heißen die [ə]- und [ɐ]-haltigen Silben oft ‚Nebensilben‘). Da betonte Silben in der Regel den lexikalischen Kern von Wörtern bilden, trägt die Asymmetrie betonter und unbetonter Silben dazu bei, Wortgrenzen besser erkennen zu können (vgl. Nübling et al. 2017: 46 f.). Wichtig ist in diesem Zusammenhang der Begriff des ‚phonologischen Worts‘. Das phonologische Wort ist eine phonologische Einheit, die zwar mit morphologischen Grenzen konform geht, jedoch nicht notwendig mit den Grenzen eines grammatischen Worts übereinstimmen muss. Ein grammatisches Wort kann auch aus mehr als einem phonologischen Wort

bestehen, wie z. B. das Kompositum *Raubritter* (ω steht als Kürzel für ‚phonologisches Wort'): *Raubritter*: [(ʀaʊp)_ω (ʀɪʈɐ)_ω]grammat. Wort.

Dass das Wort *Raubritter* aus zwei phonologischen Wörtern besteht, zeigt
sich z. B. an der Silbifizierung. Bei der Untergliederung in Silben wird die Einheit ‚phonologisches Wort' ganz offensichtlich respektiert, denn das Wort *Raubritter* wird als [ʀaʊp.ʀɪʈɐ] silbifiziert und nicht als *[ʀaʊ.bʀɪʈɐ] mit [bʀ] im Onset
der zweiten Silbe, was nach dem Sonoritätsprinzip ja durchaus zulässig wäre
(z. B. in Wörtern wie *Brille, braun* usw.; vgl. die Definition „Sonoritätshierarchie"
weiter unten) und gemäß dem Prinzip der Onset-Maximierung sogar präferiert
sein müsste. In einigen Wörtern, wie z. B. *überall* oder *gegenüber*, sind hier tatsächlich Varianten festzustellen, insbesondere in der deutschsprachigen Schweiz
wird über die Morphemgrenze hinweg silbifiziert: *übe.rall, gege.nüber*; vgl. die
AADG-Karte für *gegenüber* ▶ http://prowiki.ids-mannheim.de/bin/view/AADG/
Gegen%FCberGrenze.

Im nativen deutschen Wortschatz besteht das phonologische Wort in der Regel
aus genau einem *phonologischen Fuß* – dies ist die Einheit aus einer betonten Silbe
und der ihr folgenden unbetonten Silbe(n) –, der seit dem Mittelhochdeutschen
bevorzugt die Form eines Trochäus aufweist, also: (ˈσ.σ)_ω. Dies ist auch beim
Wort *Ritter* der Fall sowie bei den zum Verbstamm *raub*- gehörigen Flexionsformen *raube* und *rauben* (vgl. weiterführend Hall 2011: 310–313; Nübling et al.
2017: 14 sowie den Kasten „Das optimale phonologische Wort").

Schwa-Tilgung seit dem Mittelhochdeutschen Die Reduktion von Vokalen in unbetonten Silben geht oft sogar noch weiter, nämlich bis zum völligen Wegfall des
reduzierten Vokals, sowohl am Wortende (Apokope) als auch im Wortinneren
(Synkope). Auch die Tilgung von Schwa setzt bereits im Mittelhochdeutschen ein
(die Beispiele sind Nübling et al. 2017: 46 und Fleischer, Cysouw, Speyer & Wiese
2018: 58 entnommen):

(2)	a.	ahd.	*offanunga*	mhd.	*offenunge*	fnhd./nhd.	*Öffnung*
	b.	ahd.	*gerno*	mhd.	*gerne*	nhd.	*gern(e)*

Was so aussieht, als ginge hier lediglich eine schrittweise Verringerung des
Artikulationsaufwands vor sich, ist keineswegs bloß der Aussprechevereinfachung
oder gar ‚Maulfaulheit' geschuldet. Vielmehr dienen Abschwächung und Tilgung
von Vokalen in unbetonten Silben, wie oben schon gezeigt, der Optimierung
des phonologischen Worts. Dass sich dabei die Struktur der Silbe verschlechtert
(z. B. wenig sonore Silbenkerne, sehr komplexe Silbenendränder), ist aus dieser
Perspektive funktional und wird in Kauf genommen.

Zur Vertiefung: Das optimale phonologische Wort

Inwiefern wird das phonologische Wort durch Vokalabschwächung und -tilgung eigentlich ‚besser'? Ganz generell führt, wie oben schon illustriert, die Abschwächung der Vokale zu Schwa in unbetonten Silben dazu, dass betonte Silben markanter und perzeptiv auffälliger sind – und damit zu einer Hervorhebung betonter Silben.

Mithilfe der vollständigen Tilgung von Vokalen wird seit dem Mittelhochdeutschen eine Vereinheitlichung der Wortgröße angestrebt. Durch die Verringerung der Silbenzahl werden Stamm-, Derivations- und Flexionsmorpheme in den meisten Fällen bis zur Einsilbigkeit reduziert (Flexionsmorpheme sind oftmals sogar gar keine Silben mehr, z. B. *-st*). Daraus ergibt sich, dass abgeleitete und flektierte Wortformen im Allgemeinen nicht mehr als zwei Silben haben:

(i)	a.	ahd.	*felis*	mhd.	*vels*	fnhd./nhd.	*Fels* (Pl. *Felsen*)
	b.	ahd.	*danc-bāri*	mhd.	*danc-bære*	fnhd./nhd.	*dankbar*
	c.	ahd.	*offan-unga*	mhd.	*offen-unge*	fnhd./nhd.	*Öffnung*
	d.	ahd.	*spil-ita*	mhd.	*spil-ete*	fnhd./nhd.	*spielte*

Dieser Entwicklungsprozess macht deutlich, dass die zweisilbige, trochäische Form, wie in *Felsen, dankbar, Öffnung, spielte*, in der historischen Entwicklung des Deutschen bis heute präferiert und etabliert wird.

Die Vokaltilgung bringt außerdem mit sich, dass Silben mit sehr komplexen Endrändern entstehen. In den Beispielen in (ii) bilden nach dem Wegfall des unbetonten Vokals in der zweiten Silbe die Kodakonsonanten dieser Silbe gemeinsam mit den Kodakonsonanten der ersten Silbe eine komplexe Koda (dies ist möglich, weil die Abfolge der betreffenden Konsonanten dem Sonoritätsprinzip gehorcht, s. u. Definition „Sonoritätshierarchie"). Dieser Vorgang bewirkt zwar eine Verschlechterung der Silbenstruktur, jedoch wird der rechte Rand des phonologischen Worts dadurch verstärkt und deutlicher als zuvor markiert. Dieser Effekt wird in manchen Fällen noch durch die Hinzufügung von Konsonanten unterstützt. In der Entwicklung des Wortes *Obst* wird die einfache Koda in der zweiten Silbe von mhd. *obez* zunächst durch Epenthese von /t/ komplexer und entwickelt sich anschließend infolge von Schwa-Tilgung zu einer Silbe mit einer dreigliedrigen Koda.

(ii)	a.	mhd.	*nimet*	fnhd./nhd.	*nimmt*		
	b.	mhd.	*gibist*	fnhd./nhd.	*gibst*		
	c.	mhd.	*obez*	fnhd.	*obest*	nhd.	*Obst*

All diese Veränderungsprozesse tragen – neben einzelnen weiteren – zur Stärkung des phonologischen Worts bei. Die strukturelle Optimalität der Einheit Silbe ist dabei nachrangig. Aus diesen Gründen gilt das heutige Deutsche als eine Wortsprache (vgl. Szczepaniak 2007).
Vgl. weiterführend Nübling et al. (2017: Kap. 2.4.4, 2.4.5 und Kap. 2.5).

Der Prozess der Abschwächung und Tilgung dauert bis heute an (vgl. Kohler 1990). Dies führt in gesprochener Sprache (und zum Teil auch in informellen schriftlichen Texten) zum Nebeneinander von Formen wie in (3) bis (5):

(3)   a.   *Himmel*   [hɪmˌəl] – [hɪmˌl̩]

    b.   *Laden*   [laː.dən] – [laː.dn̩]

(4)   a.   *jeden*   [jeː.dən] – [jeː.dn̩]

    b.   *keinen/kein*   [kaɪ.nən] – [kaɪ.nn̩] – [kaɪn]

    c.   *gehen*   [geː.ən] – [geːn]

(5)   a.   *(ich) schreibe – (ich) schreib*

    b.   *gerne – gern*

Die Tilgung von Schwa hat auch im Gegenwartsdeutschen weitreichende Auswirkungen auf die Silbenstruktur und – sofern von der Tilgung Flexionssuffixe betroffen sind – auf die morphologische Struktur der betreffenden Wörter.

Apokope und rhythmische Faktoren   Wenn Schwa apokopiert wird, also am Wortende wegfällt, verringert sich die Silbenzahl des Wortes um eine Silbe. In Fällen wie (5a) und (5b) führt dies zu einsilbigen Wörtern. Auf lange Sicht setzt sich in der Regel die schwa-lose Form durch. Solange ein- und zweisilbige Formen jedoch (noch) nebeneinander existieren, erfolgt die Verwendung der einen oder anderen Variante interessanterweise nicht zufällig. Ergebnisse aktueller Korpusstudien und Sprachproduktionsexperimente deuten darauf hin, dass für die Wahl zwischen einsilbiger, schwa-loser Form und zweisilbiger, schwa-haltiger Variante der prosodische Kontext ausschlaggebend ist.

Beim Adverb *gern(e)*, das im Deutschen Referenzkorpus (DeReKo) (s. Kasten „Empirische Ressourcen“ in ▶ Abschn. 2.3.2) zu 59 % mit der Form *gerne* und zu 41 % mit der Form *gern* belegt ist (Fleischer et al. 2018: 63), hängt die Verteilung von ein- und zweisilbiger Form von prosodischen Eigenschaften des folgenden Wortes ab. Eine von Kentner (2018) durchgeführte Korpusanalyse im DeReKo hat gezeigt, dass *gerne* signifikant häufiger auftritt als *gern*, wenn das folgende Wort (bei Kentner immer ein Verb) auf der ersten Silbe betont wird. Das heißt konkret:

(6)   a.   *gérne máchen*   wird präferiert gegenüber   *gérn máchen*

    b.   *gérn getán*   wird präferiert gegenüber   *gérne getán*

Es zeigt sich hier also die Präferenz, dass sich betonte und unbetonte Silben abwechseln. Den gleichen Befund hat eine Analyse der Briefe von Johann Wolfgang von Goethe ergeben (Fleischer et al. 2018). Auch hier tritt *gerne* ganz überwiegend dann auf, wenn ein auf der ersten Silbe betontes Wort folgt, und *gern* dagegen vor allem dann, wenn eine unbetonte Silbe folgt (die Häufigkeitsunterschiede sind hochsignifikant), vgl. die folgenden beiden Beispiele aus Goethes Briefen (zitiert in Fleischer et al. 2018: 67):

(7)   a.   *dem ich das doppelte Glück gerne gönnen wollte*

       b.   *so möchte man da droben gern was Besseres gewahr werden*

Wenn von einem Wort eine schwa-haltige und eine schwa-lose Form nebeneinander existieren, können also rhythmische Faktoren die Wahl zwischen der einen und der anderen Variante beeinflussen, um prosodisch dispräferierte Strukturen, wie das Aufeinandertreffen zweier betonter Silben *(stress clash)*, aber auch das direkte Zusammentreffen zweier unbetonter Silben *(stress lapse)*, zu vermeiden.

Silbische Konsonanten   Wenn Schwa in einer geschlossenen Silbe, also vor Konsonant, getilgt wird (Synkope), fällt zwar nicht gleich eine ganze Silbe weg, aber die Silbe hat keinen Vokal mehr. Da aber Vokale typischerweise den Silbenkern (Nukleus) bilden, entsteht ein Problem, denn: ohne Silbenkern keine Silbe.

> **Definition**
>
> Das **Silbenkerngesetz** besagt, dass jede Silbe über einen Laut verfügt, der den Silbenkern bildet. Der Silbenkern ist stets der sonorste Laut der Silbe, typischerweise ein Vokal (in vielen Sprachen können ausschließlich Vokale Silbenkerne sein). Je geringer die Sonorität des Silbenkerns ist, desto stärker markiert ist die Silbe. Vgl. weiterführend Hall (2011: 221–223).

Im Deutschen kann das Problem dadurch behoben werden, dass nicht ein Vokal, sondern ein Konsonant den Silbenkern bildet. Im Deutschen können die Nasale [n], [m], [ŋ] und der Lateral [l] als Silbenkerne auftreten. Silbische Konsonanten entstehen z. B. nach Schwa-Tilgung in den Wörtern in (8). Nach dem Wegfall von [ə] ist nun der Nasal bzw. der Lateral der sonorste Laut der Silbe und kann als Silbengipfel fungieren. In IPA-Schreibweise werden silbische Konsonanten mit einem vertikalen Strich unter dem Konsonantenzeichen gekennzeichnet:

(8)   a.   *Laden*   [laː.dən] – [laː.dn̩]

       b.   *falten*   [fal.tən] – [fal.tn̩]

       c.   *segeln*   [zeː.gəln] – [zeː.gl̩n]

       d.   *Hobel*   [hoː.bəl] – [hoː.bl̩]

In einem hierarchischen Silbenstrukturmodell lässt sich dies für das Wort *Hobel* folgendermaßen visualisieren (vgl. auch die Definition zur „Silbenstruktur"):

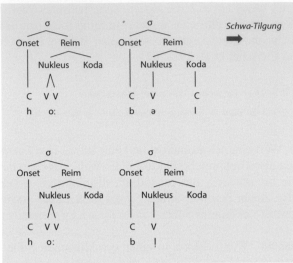

Es entstehen stark markierte Silben, da der Silbenkern [l̩] eine vergleichsweise geringe Sonorität besitzt. Gemäß universaler Präferenzen sind Silbenkerne umso besser, je sonorer, d. h. je ‚vokalischer' sie sind. Konsonanten haben eine viel geringere Sonorität als Vokale, was im Silbenkern perzeptiv ungünstig ist. Unter den Sprachen der Welt gibt es nur sehr wenige Sprachen, die Konsonanten als Silbenkerne zulassen (vgl. Restle & Vennemann 2001: 1316).

Definition

Silbenstruktur

Die **Silbe** ist eine strukturell komplexe phonologische Einheit. Sie gliedert sich gemäß nicht-linearer Silbenmodelle in die **subsilbischen Komponenten** *Onset* (Silbenanfangsrand), *Nukleus* (Silbenkern) und *Koda* (Silbenendrand), wobei Nukleus und Koda noch einmal zum *Reim* zusammengefasst sind. Die Silbe hat also nach dieser Auffassung eine hierarchische Struktur.

In einer schematischen Silbenstrukturdarstellung werden auf der **Skelettschicht** silbische (d. h. silbenbildende) Positionen von nicht-silbischen Positionen unterschieden: C-Positionen haben das Merkmal ‚nicht-silbisch', V-Positionen das Merkmal ‚silbisch'. Über die Zahl der Positionen auf der Skelettschicht lassen sich außerdem Quantitätsunterschiede der Segmente erfassen. Zwei Skelettpositionen stehen für lange Laute und Diphthonge, eine Position für kurze Laute. Im Wort *Moos* zum Beispiel wird der Langvokal [oː] von zwei V-Positionen dominiert.

Die **Segmentschicht** enthält schließlich die konkreten Laute der analysierten Silbe.

Silbenstrukturmodell für das Wort *Moos:*

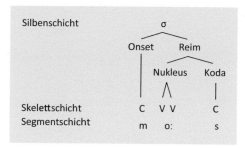

Für eine Diskussion verschiedener Silbenstrukturmodelle vgl. z. B. Hall (2011: Kap. 8), Wiese (2011: Kap. 6) und Wiese (2016).

Resilbifizierung   Im Falle silbischer Nasale tritt oftmals zusätzlich eine progressive Assimilation auf, d. h. der Nasalkonsonant gleicht sich hinsichtlich der Artikulationsstelle dem silbeninitialen, nun direkt benachbarten Konsonanten an. In (9a) und (9b) wird das silbische [n̩] in Nachbarschaft zu den velaren Plosiven [k] bzw. [g] ebenfalls velar artikuliert, es entsteht der velare Nasal [ŋ]. In (9c) wird [n̩] dagegen hinsichtlich des Artikulationsmerkmals Bilabialität an das vorhergehende [b] angeglichen, daraus resultiert [m̩]:

(9)   a.   *Küken*   [kyː.kən] – [kyː.kn̩] – [kyː.kŋ̍]

     b.   *Mugen*   [maː.gən] – [maː.gn̩] – [maː.gŋ̍]

     c.   *leben*   [leː.bən] – [leː.bn̩] – [leː.bm̩]

Wenn schließlich noch der vorhergehende Plosiv wegfällt (z. B. [g] in (9b) und [b] in (9c)), tritt eine Situation ein, die zu einer Resilbifizierung führen kann. Der übrig gebliebene Nasal ist nämlich sehr gut geeignet, die Silbenkoda zu bilden, und kann nun ans Ende der vorhergehenden Silbe rücken und dort die Koda besetzen. Die Silbenanzahl des Wortes wird dadurch um eins verringert:

(10)   a.   *Magen*   [maː.gŋ̍] – [maːŋ]

     b.   *reden*   [ʀeː.dn̩] – [ʀeːn]

     c.   *leben*   [leː.bm̩] – [leːm]

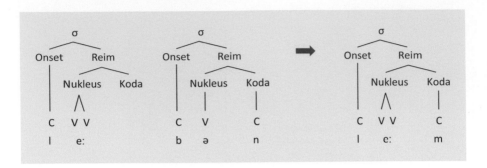

Eine solche Verringerung der Silbenzahl durch Resilbifizierung kann auch ohne Assimilation stattfinden, nämlich dann, wenn der nach der Schwa-Tilgung übrig gebliebene Konsonant bzw. Konsonantencluster an sich schon ‚kodafähig' ist. Die einzige Bedingung hierfür ist, dass das Prinzip der Sonoritätshierarchie nicht verletzt wird. Diesem Prinzip zufolge muss innerhalb der Silbe die Sonorität vom Nukleus zum Silbenende hin abfallen (vgl. Definition „Sonoritätshierarchie"). Dies ist z. B. bei der Abfolge [ln] in (11c) erfüllt, daher eignet sich diese Konsonantenfolge gut als Kodaelement, ebenso wie der einfache Nasal [n] in (11a) und (11b) (in Wörtern wie *segeln* oder *Hobel* in (8) wäre dies dagegen nicht möglich, weil die Abfolgen [gln] bzw. [bl] in der Koda gegen die Sonoritätshierarchie verstoßen würden):

(11)   a.   *gehen*   [geː.ən] – [geːn]

     b.   *kauen*   [kaʊ.ən] – [kaʊn]

     c.   *holen*   [hoː.lən] – [hoːln]

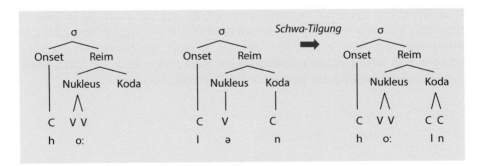

Definition

Die **Sonoritätshierarchie** erfasst die Beobachtung, dass die Eigenschaft ‚Sonorität' (= Schallfülle, Grad der Öffnung des Artikulationsraumes) innerhalb der Sprachlaute unterschiedlich stark ausgeprägt ist. Sprachlaute lassen sich nach zunehmendem Sonoritätsgrad auf einer Skala anordnen: Obstruenten (Plosive/Frikative) > Liquide > Nasale > Vokale.

> Als universelles Prinzip gilt, dass der Strukturaufbau von Silben der Sonoritäts-
> hierarchie folgt: Zum Silbenkern (Silbengipfel) hin steigt die Sonorität an, zum
> Silbenendrand hin fällt sie spiegelbildlich wieder ab (vgl. weiterführend Hall 2011:
> 230–233; Wiese 2011: 69–72).

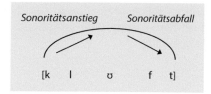

Konsequent weiter gedacht, wird der Prozess der Schwa-Tilgung mit gegebenenfalls folgender Assimilation und Resilbifizierung dazu führen, dass bei einer
nicht unerheblichen Anzahl von Verbformen die morphologische Struktur in-
transparent wird. In den durchaus denkbaren Formen in (12) sind Stamm und
Flexionsaffix nicht mehr als separate morphologische Einheiten erkennbar:

(12)	*lem*	[leːm]	‚leben‘
	bleim	[blaɪm]	‚bleiben‘
	sang	[zaːŋ]	‚sagen‘
	ren	[ʁeːn]	‚reden‘

Bei Simplizia wäre zudem oft nicht nur der Infinitiv auf eine Silbe reduziert,
sondern es könnte das gesamte Flexionsparadigma nur noch aus einsilbigen
Formen bestehen:

(13)	‚leben‘		‚bleiben‘	
	Singular	Plural	Singular	Plural
	leb	*lem*	*bleib*	*bleim*
	lebst	*lebt*	*bleibst*	*bleibt*
	lebt	*lem*	*bleibt*	*bleim*

Folgenreich für die Morphologie ist jedoch nicht die Einsilbigkeit der Flexionsformen an sich, sondern der Verlust an morphologischer Transparenz. Diese wäre
in den Paradigmen in (13) nicht mehr gegeben. In der Form *bleim* für Infinitiv
und 1./3. Person Plural des Verbs *bleiben* ist der Verbstamm *bleib-* nicht mehr erkennbar.

In ähnlicher Weise führen Schwa-Tilgung und anschließende Assimilation bzw. Konsonantenvereinfachung bei indefiniten, possessiven und negierenden Determinierern, wie z. B. *ein*, *mein/dein/sein* oder *kein* (vgl. oben (4b)), zur Verringerung der morphologischen Transparenz. In Dativen wie *eim*, *meim*, *keim* usw. hat sich der Stamm *ein* verändert. Außerdem kommt es zu einem Formenzusammenfall von Nominativ und Akkusativ im Maskulinum. Damit ist zugleich auch die Genusdistinktion zwischen Maskulinum und Neutrum aufgehoben, da die vormals einzige genusdifferenzierende Paradigmenzelle (Akk. Sg., *keinen* vs. *kein*) nun einheitlich *kein* beinhaltet:

(14)   ‚kein'

	Maskulinum Singular					Neutrum Singular				
Nom.	*kein*	–	*kein*	–	***kein***	*kein*	–	*kein*	–	***kein***
Dat.	*keinem*	–	*kein'm*	–	***keim***	*keinem*	–	*kein'm*	–	***keim***
Akk.	*keinen*	–	*kein'n*	–	***kein***	*kein*	–	*kein*	–	***kein***

Diese gekürzten Determiniererformen finden sich nicht nur in gesprochener Sprache, sondern auch in informeller Schriftlichkeit, wie in SMS-Mitteilungen und WhatsApp-Nachrichten oder auch auf einem Wahlwerbeplakat der Partei „Die Partei" aus dem Wahlkampf zur Europawahl 2014 (◼ Abb. 7.3).

◼ **Abb. 7.3**   Wahlwerbeplakat zur Europawahl 2014 (aufgenommen in Berlin)

Ein phonologischer Prozess könnte hier also potenziell grundlegende Umstrukturierungen im Flexionssystem von Verben und Determinierern auslösen, da bestimmte grammatische Informationen möglicherweise auf lange Sicht gar nicht mehr oder aber auf völlig andere Weise morphologisch kodiert werden. Der Abbau von Flexion ist aber keine Einbahnstraße. Vielmehr kann Flexion auch neu entstehen. Dies ist möglicherweise gerade bei den klitischen Subjektspronomen der Fall, die sich häufig an das unmittelbar vorausgehende finite Verb ‚anlehnen‘ und mit ihm verschmelzen. Dadurch entstehen aus *bleiben* + Subjektspronomen Formen wie *bleibich*, *bleibste*, *bleibtse/bleibter/bleibts*, *bleimwa*, *bleibter*, *bleimse* – und damit vollständige Paradigmen von wieder zweisilbigen Formen (vgl. zum Prozess des Flexionsaufbaus ▶ Abschn. 6.3.6).

7.3 /ʀ/-Vokalisierung im Silbenauslaut

Dass ein /ʀ/ im Auslaut von Silben und Wörtern wie ein Vokal ausgesprochen wird, nämlich als [ɐ], dürfte im heutigen Deutsch zumindest in Deutschland und Österreich kaum als unangemessen oder nicht standardsprachlich auffallen. Auch in sehr formellen Sprechsituationen, wie z. B. in einer Bundestagsrede oder in den Fernsehnachrichten, wird kaum jemand von *Uhrzeit* [ʔuːʀ.t͡saɪt] oder *Wetter* [vɛtəʀ] sprechen, sondern von [ʔuːɐ.t͡saɪt] und [vɛtɐ].

Vor gut hundert Jahren wurde die Vokalisierung von /ʀ/ in der Hochsprache dagegen noch als unpassend bzw. als Fehler aufgefasst. Als Eindruck aus dieser Zeit möge das folgende Zitat aus dem äußerst einflussreichen Regelwerk zur Aussprache des Standarddeutschen von Theodor Siebs dienen, das der Autor als verbindliche Vorgabe für die Aussprache an Theaterbühnen und an Schulen verstanden wissen wollte (s. auch ▶ Abschn. 2.4.2). Aus dem Zitat ist allerdings schon herauszuhören, dass die /ʀ/-Vokalisierung in der Realität bereits in der Standardsprache vorhanden war:

> » „Es ist in allen Fällen durchaus Zungenspitzen-*r* zu fordern; nur dadurch kann den schon sehr stark eingebürgerten Mißbräuchen begegnet werden, statt des *r* vor *t* ein *ch* zu sprechen (z.B. *wachten* statt *warten*, *Pfochte* statt *Pforte*) und statt des *r* vor anderen Konsonanten oder statt des auslautenden *r* einen vokalischen Laut entstehen zu lassen, z.B. *štaǝben* statt *štarben*, *Wuǝm* statt *Wurm*, *mēǝ* oder *mēa* statt *mēr* (= *mehr*), *Muttä* oder *Mutta* statt *Mutter*. Ebenso hüte man sich davor, daß *r* vor Konsonanten völlig aufzugeben, z.B. *Wāzǝ*, *Kut* (mit verlängertem Vokal) statt *Warze*, *Kurt* zu sprechen; zu diesem Fehler neigen namentlich diejenigen Mundarten, die anstatt des Zungenspitzen-*r* nur ein mit dem Zäpfchen gebildetes kennen.“ (Siebs 1922: 60)

(Eine kleine Nebenbemerkung zur Standardaussprache: Der im Zitat enthaltene Rechtschreibfehler <daß> statt <das> in Zeile 6 befindet sich so im Original. Diese ja auch heute häufig auftretende Verwechslung ist auch der Tatsache geschuldet, dass die Konjunktion *daß/dass* einerseits und Definitartikel sowie

Relativpronomen *das* andererseits in der Standardsprache homophon sind. Viele Dialektsprecher:innen kennen dieses Problem dagegen gar nicht, weil sie in ihrem Dialekt, wie z.B. im östlichen Westmittelbairischen, in diesen beiden Wörtern zwei verschiedene *a*-Laute realisieren. – Wenn man so will, ist Theodor Siebs, der alles Dialektale und Regionale aus der Standardaussprache verbannen wollte, hier ‚Opfer‘ seiner eigenen Ambition geworden.)

Auch der Prozess der /ʀ/-Vokalisierung hat Auswirkungen auf das Phonemsystem des Deutschen. Nach allgemeiner Auffassung bilden der Zentralvokal [ɐ] (also das Resultat des Vokalisierungsprozesses) und das konsonantische [ʀ] (sowie seine regionalen Varianten [ʁ], [r] usw.) Allophone des Phonems /ʀ/ (vgl. u. a. Hall 2011: 71 f.; Wiese 2011: 55, 107 f.). Evidenz dafür liefert die Distribution der beiden Laute. Die lautlichen Bedingungen für das Auftreten von [ʀ] oder [ɐ] sind jeweils genau angebbar und schließen sich gegenseitig aus: beide Laute sind komplementär verteilt. Die Beispiele in (15) machen die Verteilung deutlich. Am Silbenanfang, d. h. im Onset, wird /ʀ/ stets konsonantisch realisiert, im Reim dagegen, d. h. im Nukleus oder in der Koda, tritt das vokalisierte /ʀ/ auf, nämlich [ɐ] (die Beispiele stammen z. T. aus Hall 2011: 71):

(15)	*Tier*	[tiːɐ̯]	*lehrt*	[leːɐ̯t]
	Tiere	[tiː.ʀə]	*Lehre*	[leː.ʀə]
	tierisch	[tiː.ʀɪʃ]	*gelehrig*	[gə.leː.ʀɪç]

Das durch /ʀ/-Vokalisierung entstandene [ɐ] kann dabei silbisch oder nichtsilbisch auftreten, je nachdem, ob es den Nukleus einer Silbe bildet, wie in *Falter* [fal.tɐ], oder ob es in der Koda steht, wie in *Tier* und *lehrt* in (15) (vgl. auch oben die Definition „Silbenstruktur“).

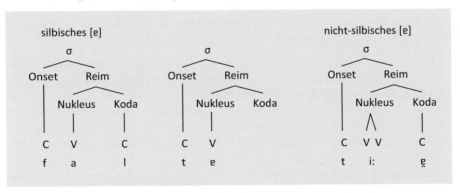

Von vielen Phonolog:innen wird die Alternation von [ʀ] und [ɐ] in der heutigen Standardsprache als (nahezu) obligatorisch betrachtet (z. B. Wiese 2011). Dies war, wie das obige Zitat aus Siebs (1922) zeigt, nicht immer so. Es hat sich hier also ein Lautwandel vollzogen, der zu der in (15) illustrierten Verteilung geführt hat und heute in der Standardsprache in Deutschland als so gut wie abgeschlossen gelten kann.

Dies wird nicht nur für die deutschlanddeutsche, sondern im Wesentlichen auch für die österreichische Standardsprache so gesehen, auch wenn im österreichischen Standard mehr Variation herrscht (vgl. Ulbrich & Ulbrich 2007; Klaaß 2009; Hildenbrandt 2013).

In der schweizerdeutschen Standardsprache (sowie auch in Luxemburg und Südtirol) treten /ʀ/-Vokalisierungen dagegen weitaus seltener auf, nämlich – je nach Studie – zu max. 30–50 %, s. die Karte aus dem AAGD in ◘ Abb. 7.4 zur Aussprache von /ʀ/ im Wort *Quark*. Zudem sind sie stark von der Position im Wort abhängig. Die höchsten Anteile an Vokalisierungen treten nach Kurzvokal sowie in Präfixen und Suffixen auf (vgl. Hove 2002: 108; Ulbrich & Ulbrich 2007). Besonders häufig ist vokalisiertes /ʀ/ offenbar in Gesprächen, die mit Deutschen oder Österreicher:innen geführt werden (Christen, Hove & Petkova 2015: 392). Die lautlichen Umgebungen, in denen /ʀ/ im Schweizer Standarddeutschen vokalisiert wird, sind zwar die gleichen wie im Standard in Deutschland, allerdings ist die in (15) dargestellte Allophonie in der Schweiz nicht obligatorisch.

Neue Diphthonge und Triphthonge im Deutschen? Durch die /ʀ/-Vokalisierung vergrößert sich das vokalische Inventar des Deutschen erheblich. Da /ʀ/ nur postvokalisch vokalisiert wird, steht [ɐ] stets in Nachbarschaft zu einem vorhergehenden Vokal. Es entstehen sogenannte sekundäre Diphthonge, die – im Gegensatz zu den durchweg steigenden primären Diphthongen [aɪ], [aʊ] und [ɔɪ] – allesamt zentrierend sind, d. h. das Ziel der Zungenbewegung ist das Zentrum des Mundraums, wie in *Tier* [tiːɐ], *Tür* [tyːɐ] oder *Torte* [tɔɐ.tə] usw. (◘ Abb. 7.5 links).

Wenn der vorhergehende Vokal selbst ein Diphthong ist, ergeben sich womöglich sogar Triphthonge und damit im typologischen Vergleich höchst seltene Laute (vgl. Restle & Vennemann 2001: 1316), z. B. in *Mauer* [maʊɐ], *teuer* [tɔɪɐ] und *Reiher* [ʀaɪɐ]. Artikulatorisch ist interessant, dass die Zungenbewegung einen Umkehrpunkt aufweist; die Artikulation von Triphthongen ist zunächst steigend und dann zentrierend (vgl. Pompino-Marschall 2009: 229 sowie ◘ Abb. 7.5 rechts). Unklar bleibt allerdings, ob wir es in Wörtern wie *Mauer*, *teuer* usw. tatsächlich mit Triphthongen zu tun haben oder ob hier nicht vielmehr zweisilbige Strukturen vorliegen, in denen [ɐ] silbisch ist und den Kern einer zweiten Silbe bildet.

Die /ʀ/-Vokalisierung führt sowohl im Schriftspracherwerb als auch in informellen schriftlichen Texten zu nicht-normgerechten Schreibungen, die strikt dem phonographischen Prinzip folgen. Der Text eines Erstklässlers in ◘ Abb. 7.6 weist sowohl normgerechte <r>-Schreibungen auf als auch die Schreibung <a> für [ɐ] im Wort *ärgert* am Anfang der vierten Zeile.

Auf der Anschlagtafel einer Berliner Eckkneipe in ◘ Abb. 7.7 wird im Wort *lecker* ebenfalls das vokalische /ʀ/ mit einem Vokalgraphem verschriftet.

Hier zeichnet sich möglicherweise eine Entwicklung zu einer allophondifferenzierenden Schreibung ab, die bei anderen Allophonen im Deutschen fehlt. So werden beispielsweise die Allophone [ç] und [x] in der Schrift nicht unterschieden, sondern einheitlich durch das Digraphem <ch> verschriftet.

7

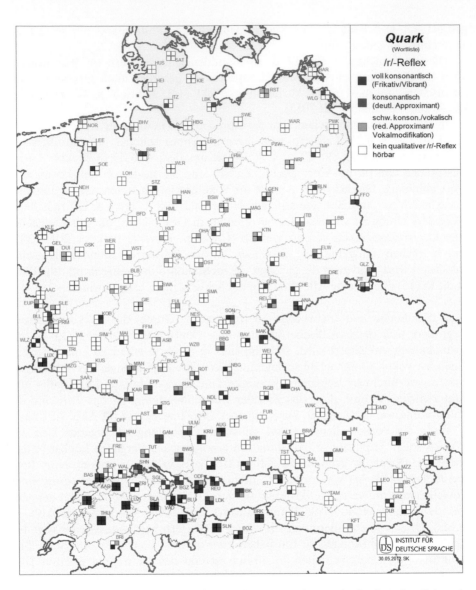

Abb. 7.4 Die Aussprache von /ʀ/ im Wort *Quark* (Atlas zur Aussprache des deutschen Gebrauchs-standards, ▶ http://prowiki.ids-mannheim.de/bin/view/AADG/RvorK, Juli 2022)

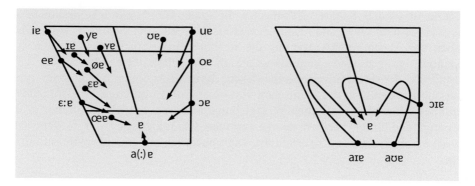

Abb. 7.5 Sekundäre Diphthonge und Triphthonge (nach Pompino-Marschall 2009: 229)

Abb. 7.6 Textproduktion eines Schülers der ersten Klasse

Abb. 7.7 Tafel an einer Berliner Eckkneipe (Foto: Heike Wiese)

Die in diesem Kapitel diskutierten Beispiele für Aussprachemerkmale im Gegenwartsdeutschen und deren Auswirkungen auf die Struktur von Silben haben vor Augen geführt, wie eng die verschiedenen sprachlichen Ebenen aufeinander bezogen sind. Veränderungen in der Phonologie können die Umgestaltung des Flexionssystems bewirken, umgekehrt kann die globale typologische Entwicklung des Deutschen von einer Silben- zu einer Wortsprache zu umfangreichen phonologischen Verschiebungen führen. Sprache ist immer in Bewegung, und unser Versuch, einige typische Charakteristika der Gegenwartssprache festzuhalten und zu erläutern, kann natürlich nur eine Momentaufnahme sein.

Literatur

Auer, Peter. 2018. The German neo-standard in a Europa context. In Gerhard Stickel (Hg.), *National Language Institutions and National Languages. Contributions to the EFNIL Conference 2017 in Mannheim.* Budapest: Hungarian Academy of Sciences, Institute for Linguistics. 37–56.

Becker, Thomas. 1998. *Das Vokalsystem der deutschen Standardsprache.* Frankfurt am Main: Lang.

Christen, Helen, Ingrid Hove & Marina Petkova. 2015. Gesprochene Standardsprache im Deutschschweizer Alltag. In Roland Kehrein, Alfred Lameli & Stefan Rabanus (Hg.), *Regionale Variation des Deutschen. Projekte und Perspektiven.* Berlin, Boston: De Gruyter Mouton. 379–396.

Duden-Aussprachewörterbuch (2015) = Kleiner, Stefan & Ralf Knöbl (Bearb.). 2015. *Duden. Das Aussprachewörterbuch* (Duden 6). 7. Aufl. Berlin: Dudenverlag.

Eisenberg, Peter. 2020. *Grundriss der deutschen Grammatik. Band 1: Das Wort.* 5. Aufl. Stuttgart: Metzler.

Fleischer, Jürg, Michael Cysouw, Augustin Speyer & Richard Wiese. 2018. Variation and its determinants: A corpus-based study of German schwa in the letters of Goethe. *Zeitschrift für Sprachwissenschaft* 37. 55–81.

Frank, Marina. 2018. The merger of [eː] and [ɛː] in Standard German. Poster auf der 14. Tagung Phonetik und Phonologie im deutschsprachigen Raum. 6.-7. September 2018, Wien. ▶ https://www.researchgate.net/publication/330901767_The_Merger_of_e_and_e_in_Standard_German (abgerufen 31.07.2022).

Frank, Marina. 2022. Akustische Analysen zu [eː] und [ɛː] im Deutschen. Poster auf dem Kongress der Internationalen Gesellschaft für Dialektologie des Deutschen. 6.-8. Juli 2022, Salzburg. ▶ https://www.researchgate.net/publication/362177431_Akustische_Analysen_zu_e_und_e_im_Deutschen (abgerufen 31.07.2022).

Hall, Tracy Alan. 2011. *Phonologie. Eine Einführung.* 2. Aufl. Berlin, New York: De Gruyter.

Herrgen, Joachim. 2015. Entnationalisierung des Standards. Eine perzeptionslinguistische Untersuchung zur deutschen Standardsprache in Deutschland, Österreich und der Schweiz. In Alexandra N. Lenz & Manfred M. Glauninger (Hg.), *Standarddeutsch im 21. Jahrhundert – Theoretische und empirische Ansätze mit einem Fokus auf Österreich.* Göttingen: V&R unipress. 139–164.

Hildenbrandt, Tina. 2013. „Ach, ich und die /r/-Vokalisierung." On the difference in the distribution of [x] and [ç] in Standard German and Standard Austrian German. Diplomarbeit. Universität Wien. ▶ https://othes.univie.ac.at/29408/ (abgerufen 31.07.2022).

Hove, Ingrid. 2002. *Die Aussprache der Standardsprache in der deutschen Schweiz.* Tübingen: Niemeyer.

Kentner, Gerrit. 2018. Schwa optionality and the prosodic shape of words and phrases. In Christiane Ulbrich, Alexander Werth & Richard Wiese (Hg.), *Empirical Approaches to the Phonological Structure of Words.* Berlin, Boston: De Gruyter. 121–151.

Klaaß, Daniel. 2009. *Untersuchungen zu ausgewählten Aspekten des Konsonantismus bei österreichischen Nachrichtensprechern.* Frankfurt am Main: Lang.

Kleiner, Stefan. 2011–. Atlas zur Aussprache des deutschen Gebrauchsstandards (AADG). Unter Mitarbeit von Ralf Knöbl. ▶ http://prowiki.ids-mannheim.de/bin/view/AADG/ (abgerufen 31.07.2022).

Kleiner, Stefan. 2015. „Deutsch heute" und der *Atlas zur Aussprache des deutschen Gebrauchsstandards*. In Roland Kehrein, Alfred Lameli & Stefan Rabanus (Hg.), *Regionale Variation des Deutschen. Projekte und Perspektiven*. Berlin, Boston: De Gruyter Mouton. 489–518.

Kohler, Klaus J. 1990. Segmental reduction in connected speech in German: Phonological facts and phonetic explanations. In William J. Hardcastle & Alain Marchal (Hg.), *Speech Production and Speech Modelling*. Dordrecht: Kluwer. 69–92.

König, Werner. 1989. *Atlas der Aussprache des Schriftdeutschen in der Bundesrepublik Deutschland*. Ismaning: Hueber.

Nübling, Damaris, Antje Dammel, Janet Duke & Renata Szczepaniak. 2017. *Historische Sprachwissenschaft des Deutschen: Eine Einführung in die Prinzipien des Sprachwandels*. 5. Aufl. Tübingen: Narr Francke Attempto.

Pompino-Marschall, Bernd. 2009. *Einführung in die Phonetik*. 3. Aufl. Berlin, New York: De Gruyter.

Restle, David & Theo Vennemann. 2001. Silbenstruktur. In Martin Haspelmath, Ekkehard König, Wulf Oesterreicher & Wolfgang Raible (Hg.), *Language Typology and Language Universals/ Sprachtypologie und sprachliche Universalien/La typologie des langues et les universaux linguistiques*. Halbband 2. Berlin, New York: De Gruyter (HSK 20.2). 1310–1336.

Scrimgeour, Anna. 2018. Word-final t-deletion in Southern German: An exploratory study. *Lifespans & Styles* 4. 14–24.

Siebs, Theodor. 1922. *Deutsche Bühnenaussprache – Hochsprache*. 13. Aufl. Bonn: Ahn.

Stearns, MacDonald & Wilfried M. Voge. 1979. The contemporary pronunciation of long <ä> in Modern Standard German: A data-based, computer-assisted analysis. *Hamburger Phonetische Beiträge* 30. 127–181.

Stiel, Rico. 2018. Symmetriebildung im deutschen Langvokalsystem. Eine variationslinguistische Untersuchung zum Abbau des /ɛ:/-Phonems im intendierten Standarddeutschen. In Brigitte Ganswindt & Christoph Purschke (Hg.), *Perspektiven der Variationslinguistik II. Neue Beiträge aus dem Forum Sprachvariation*. Hildesheim: Olms. 291–337.

Szczepaniak, Renata. 2007. *Der phonologisch-typologische Wandel des Deutschen von einer Silben- zu einer Wortsprache*. Berlin, New York: De Gruyter.

Ulbrich, Christiane & Horst Ulbrich. 2007. The realisation of /r/ in Swiss German and Austrian German. *Proceedings of the International Congress of Phonetic Sciences XVI, Saarbrücken 2007*. 1761–1764. ▶ http://www.icphs2007.de (abgerufen 31.07.2022).

Wängler, Hans-Heinrich. 1981. *Atlas deutscher Sprachlaute*. Berlin: Akademie-Verlag.

Wiese, Richard. 2000. *The Phonology of German*. Oxford: Oxford University Press.

Wiese, Richard. 2011. *Phonetik und Phonologie*. Paderborn: Fink.

Wiese, Richard. 2016. Die Rolle der Silbe in der Lautsprache. In Ulrike Domahs & Beatrice Primus (Hg.), *Handbuch Laut, Gebärde, Buchstabe*. Berlin, Boston: De Gruyter. 46–63.

Prozesse an der Schnittstelle von Form und Bedeutung

Heike Wiese

Inhaltsverzeichnis

© Springer-Verlag GmbH Deutschland, ein Teil von Springer Nature 2023
U. Freywald et al., *Deutsche Sprache der Gegenwart*,
https://doi.org/10.1007/978-3-476-04921-6_8

In den vergangenen Kapiteln wurde immer wieder deutlich, dass für das Verständnis von grammatischen Strukturen ein Blick auf grammatische Variation – einschließlich der Optionen außerhalb der Standardsprache – aufschlussreich ist. Sprachvariation und Sprachentwicklung sind besonders interessant, weil sie ein Schlaglicht auf das grammatische System, seine Möglichkeiten und Grenzen und auch seine internen Spannungen werfen: Welchen grammatischen Spielraum haben Sprecher:innen im Gegenwartsdeutschen, an welchen Stellen werden die Optionen ausgeweitet, und wo finden wir eine besondere Dynamik, wo ‚knirscht' es im System?

In diesem abschließenden Kapitel wird der Fokus nun speziell auf Phänomenen grammatischer Variation liegen, die diese Dynamik illustrieren, und wir konzentrieren uns dafür auf einen zentralen Bereich, nämlich die Schnittstelle von Form und Bedeutung. Wenn sich ein morphologisches oder syntaktisches Muster verändert, wenn neue Optionen hinzukommen oder bestehende sich weiterentwickeln, geht es überwiegend nicht nur um die Form an sich, sondern diese Prozesse entstehen meist im Zusammenspiel von Form und Bedeutung. Man kann dabei grundsätzlich zwei Arten von Schnittstellen unterscheiden: eine interne Schnittstelle zur sprachlich kodierten Bedeutung innerhalb des grammatischen Systems und eine externe Schnittstelle zu außergrammatischen Domänen der Bedeutung.

Die interne Schnittstelle beim Zusammenspiel von Form und Bedeutung Die interne Schnittstelle verbindet das Teilsystem der grammatischen Semantik, das die sprachlich kodierte Bedeutung erfasst, mit Teilsystemen wie (Morpho-)Syntax und Phonologie (vgl. etwa Jackendoff 2002 zu einer dreigeteilten sprachlichen Architektur). Ein Beispiel hierfür haben wir in ▶ Kap. 3 besprochen, nämlich die Entwicklung des Musters ‚*Das jobbt für mich.*' im Namdeutschen. Wie oben deutlich wurde, bringt dieses Muster eine syntaktische Option ins Deutsche, die auf das Englische verweist, allerdings funktioniert sie im Englischen nicht mit *job*, sondern nur mit dem bedeutungsverwandten *work*. Dass es im Englischen *This works for me* heißt und nicht *This jobs for me*, ist eine semantische Beschränkung: *work* und *job* sind über das Konzept ‚Arbeit' miteinander verwandt, aber nur die Semantik von *work* integriert neben diesem Konzept auch das Konzept ‚funktionieren, passen', das für die Konstruktion *This works for me* aktiviert wird. Im Namdeutschen wird dies dann auch auf *job* übertragen; der syntaktische Transfer (*This (works) for me → Das ___ für mich*) interagiert mit einer semantischen Veränderung, die die Wahl des im Deutschen schon länger vorhandenen Lehnwortes *job* zulässt: *Das jobbt für mich.*

Die externe Schnittstelle beim Zusammenspiel von Form und Bedeutung Die externe Schnittstelle verbindet grammatische Teilsysteme mit außergrammatischen Domänen wie Informationsstruktur und Diskursorganisation. Ein Beispiel für sprachliche Variation, die auf ein solches Zusammenspiel mit externen Domänen verweist, sind die in ▶ Kap. 5 behandelten Wortstellungsoptionen, V3 im Hauptsatz und V2 im Nebensatz. Wie in ▶ Kap. 5 deutlich wurde, bringen syntaktische Möglichkeiten außerhalb des Standarddeutschen hier informationsstrukturelle

Vorteile mit sich, d. h. zusätzliche Optionen im grammatischen Teilsystem der Syntax sind motiviert in der externen Domäne der Informationsstruktur.

Um interne Schnittstellen zur Bedeutung wird es im Folgenden vor allem in den ersten Abschnitten 8.1 bis 8.3 gehen, während externe Schnittstellen vor allem – aber nicht nur – eine Rolle für die Prozesse spielen, die in den späteren Abschnitten 8.4 bis 8.6 behandelt werden. Ein Schwerpunkt wird auf den hierfür besonders ergiebigen sprachlichen Domänen der Nomen und Partikeln liegen; im letzten Abschnitt werden wir uns mit der Echo-Wort-Bildung dann noch ein abstrakteres, auf unterschiedlichen Wortklassen operierendes Muster ansehen.

8.1 „Zwei Bier und drei kleine Schnäpse" – Kleine Variation über das Morphologie-Semantik-Bündnis

Ein Bereich, der für sprachliche Variation besonders interessant ist, ist der Gebrauch von Nomen, die sich auf Getränke beziehen, in Zählkonstruktionen wie den folgenden:

(1)　　a.　　*Zwei Bier und drei kleine Schnäpse, bitte!*

　　　　b.　　*Die besten Biere kommen aus Einbeck.*

Im ersten Fall handelt es sich um ein Beispiel für sogenannten ‚Restaurant Talk', wie er aus Getränkebestellungen in Restaurants oder Kneipen bekannt ist. Semantisch geht es hier um Portionen eines Getränks. Im zweiten Fall werden Sorten eines Getränks bezeichnet (… und nein, über den Inhalt der Aussage kann man nicht geteilter Meinung sein! – Ich bin da als gebürtige Einbeckerin parteiisch).

Wie hier bereits deutlich wird, kommen in beiden Fällen unterschiedliche weitere Bedeutungsaspekte zum Konzept des Getränks selbst hinzu: Gezählt wird hier nicht das Getränk an sich, sondern Portionen oder Sorten des Getränks, die Semantik des Ausdrucks wird also durch weitere Konzepte (‚Portion-von', ‚Sorte-von') angereichert. Diese semantische Veränderung geht in einigen Fällen mit einer morphosyntaktischen Besonderheit einher, nämlich einer Numerusmarkierung des Nomens: In (1b) oben steht *Bier* im Plural (*die besten Biere*), in (1a), d. h. beim Restaurant Talk, wird *Bier* dagegen nicht pluralmarkiert (*zwei Bier*), *Schnaps* aber schon (*drei Schnäpse*). Lassen Sie uns im Folgenden zunächst diese Bandbreite der Variation beim Restaurant Talk genauer betrachten und dann überlegen, was uns solche ‚Mass/Count-Übergänge' generell für sprachliche Schnittstellen zeigen können.

Das Besondere am ‚Restaurant Talk' Im Restaurant Talk treten Nomen wie *Bier* in Zählkonstruktionen mit Kardinalzahlwörtern auf, stehen aber trotzdem nicht im Plural, wie wir das sonst aus dem Deutschen kennen. Der mittlerweile zum Klassiker gewordene Comedy-Beitrag „Imbiss-Deutsch" von *Extra 3* konstatiert dazu: „An der Imbissbude gibt es keine Mehrzahl." (▶ https://go.sn.pub/im-biss-deutsch, aufgerufen am 31.07.2022). Das ist etwas zu stark verallgemeinert, denn natürlich treten auch in Gesprächen in Imbissen und Restaurants Pluralnomen auf (*Zwei Gabeln/Servietten/Rechnungen, bitte!*).

Es geht hier eher um eine spezifische Konstruktion, in der die Semantik des Getränke-Nomens durch die erwähnte ‚Portionen‘-Komponente angereichert wird. Wenn Sie *zwei Bier* bestellen, möchten Sie nicht einfach nur das Getränk Bier bekommen, sondern zwei Portionen davon, also z. B. zwei Gläser Bier. Es geht hier um Portionen, und diese sind zählbar, wir können daher eine Anzahl angeben, während das Getränk selbst, als Flüssigkeit, nur messbar ist (beispielsweise können wir das Volumen angeben, etwa *zwei Liter Bier*). Entsprechend wären Sie vermutlich nicht zufrieden, wenn Sie *zwei Bier* bestellen würden und Ihnen der Kellner ein großes Glas Bier bringen würde, das so viel Bier enthält wie zwei normale Gläser: Wenn Sie *zwei Bier* bestellen, meinen Sie zwei separate Portionen Bier; die Bestellung wäre deshalb mit einem einzelnen großen Glas Bier nicht erfüllt, auch wenn die Menge der Substanz dieselbe wäre wie bei *zwei Bier*.

Dass das zusätzliche Konzept ‚Portion-von‘ in den Bedeutungsbeitrag des Nomens integriert werden kann, ist ein sprachliches Phänomen, es ist eine Option solcher Nomen. Was genau mit einer Portion gemeint ist, ist dagegen außersprachlich und konzeptuell bestimmt: Je nach Kontext könnte *zwei Bier* sich unter anderem auf zwei Gläser à 0,3 l, zwei große Humpen oder auch zwei Flaschen mit Bier beziehen.

Variation in der Numerusmarkierung   Wie unser Beispiel *drei kleine Schnäpse* schon verdeutlicht, gibt es im Restaurant Talk auch Nomen, die im Plural stehen. Vielleicht sagen Sie aber auch *drei Schnaps*? Bei *Schnaps* hört man manchmal die numerusmarkierte, manchmal aber auch die unmarkierte Form, und ähnlich ist es z. B. bei *zwei Martini(s)*. Bei Restaurant-Talk-Konstruktionen des Deutschen scheint es besonders viel Variation zu geben, teilweise für einzelne Nomen und zwischen einzelnen Sprecher:innen oder sogar bei ein und derselben Sprecherin. Der üblichere Fall scheint die Form ohne Plural zu sein; wir finden sie nicht nur für *zwei Bier*, sondern z. B. auch in *zwei Wein, Kaffee, Tee, …* Im Englischen z. B. ist das anders, dort wird das Nomen in solchen Konstruktionen grundsätzlich numerusmarkiert, und man erkennt Deutsche in englischen Pubs oft unter anderem daran, dass sie *two beer* oder *two coffee* bestellen (statt *two beers/coffees*).

Fehlende Behälternomen?   Angesichts der Tatsache, dass es im Restaurant Talk um Portionen von Getränken geht, könnte man denken, dass hier jeweils Behälternomen mitgemeint sind, also dass etwa *zwei Bier* eine Kurzform für *zwei Gläser Bier* ist. Dies ist jedoch ein Fehlschluss: Restaurant-Talk-Konstruktionen sind im Deutschen (und Englischen) nicht elliptisch in dem Sinne, dass ein Behälternomen implizit da wäre und nur nicht ausgesprochen würde. Das wird nicht nur daran deutlich, dass der Behälter unspezifiziert bleibt: *Zwei Bier* können, wie gesagt, zwei Gläser Bier, aber auch zwei Humpen oder zwei Flaschen sein. Gegen die Annahme eines impliziten Behälternomens spricht auch die Genusmarkierung des Kardinalzahlworts *ein-* (andere Kardinalia sind im Gegenwartsdeutschen nicht mehr genusmarkiert). In Restaurant-Talk-Konstruktionen mit *ein-* richtet sich das Genus des Kardinales nach dem Getränke-Nomen selbst, nicht nach einem möglichen impliziten Behälternomen, d. h. es ist maskulin z. B. bei *Kaffee*, neutrum bei *Bier* und feminin bei *Milch*, während mögliche Behälternomen ein anderes Genus haben können; vgl.:

(2)		a.	*Einen Kaffee, ein Bier und eine Milch, bitte!*
	vs.	b.	*Eine Tasse Kaffee, eine Flasche Bier und einen Becher Milch, bitte!*

Im Isländischen, also einer nah verwandten germanischen Sprache, ist das interessanterweise anders: Hier bestellt man ‚einen Milch' (*einn mjólk*) und richtet sich damit nach einem impliziten maskulinen Behälternomen *bolli* ‚Tasse' und nicht nach dem femininen Nomen *mjólk* ‚Milch', wie es im deutschen Pendant der Fall ist (für eine ausführliche Diskussion vgl. Wiese & Maling 2005).

Wie kommt es zu dieser Vielfalt, übereinzelsprachlich und auch innerhalb des Deutschen, und was sagt uns das über den Zusammenhang von Numerusmarkierung und nominaler Semantik?

Zähl- und Massennomen Beispiele wie *zwei Bier* und *drei Schäpse* gehören zu den sogenannten ‚mass/count coercions', Übergängen von einer nominalen Klasse in eine andere, bei der Nomen in einen anderen Kontext eingepasst, ‚coerced' (wörtlich ‚gezwungen'/‚genötigt') werden. Für Mass/Count-Übergänge sind zwei Klassen von Nomen relevant, nämlich Zählnomen (‚count') und Massennomen (‚mass'). Beispiele für Zählnomen sind Nomen wie *Hund* oder *Gabel*, Beispiele für Massennomen sind etwa *Gold* und auch *Bier* in der ursprünglichen Verwendung, in der es ein Getränk bezeichnet. Die beiden Nomenklassen werden teilweise auch als ‚zählbare' versus ‚unzählbare' Nomen unterschieden. Das ist eine etwas unglückliche Bezeichnungspraxis, denn Nomen sind natürlich immer zählbar (Wie viele Nomen stehen im vorigen Satz? – Zwei: *Bezeichnungspraxis* und *Nomen*). Zählbar oder nicht können dagegen ihre Referenten sein, d. h. das, auf das sie sich beziehen: Hunde und Gabeln kann man zählen, Gold zunächst nur wiegen o. ä. Allerdings ist eine solche Zählbarkeit nicht eins-zu-eins mit grammatischen Unterschieden verknüpft: Die Terminologie ‚Zähl- und Massennomen' fasst typischerweise Aspekte zweier Domänen zusammen, nämlich Morphosyntax und Semantik, deren Unterscheidung für ein Verständnis von Phänomenen wie dem Restaurant Talk jedoch zentral ist. Die verschiedenen grammatischen und auch konzeptuellen Phänomene, die hierbei eine Rolle spielen, werden in der Literatur breit diskutiert (für einen übereinzelsprachlichen Überblick vgl. etwa Massam 2012); generell sind dabei zwei Gegensatzpaare grundlegend, die wir hier als ‚Objekte versus Substanzen' und ‚transnumerale versus numerale Nomen' zusammenfassen.

Objekte versus Substanzen als konzeptuelle Unterscheidung Die Unterscheidung von Objekten und Substanzen betrifft die Art und Weise, wie wir die Welt erfassen, d. h. sie liegt auf der Ebene unserer Konzepte. Mit den Nomen, mit denen wir uns dann auf solche Konzepte beziehen, hat das also erst einmal noch gar nichts zu tun. Man kann aber Nomen in Bezug auf ihre Bedeutung danach unterscheiden, ob sie Objekte oder Substanzen bezeichnen, und das heißt letztlich, ob ihre Referenten als zählbar oder unzählbar erfasst werden.

Objekte sind zählbar Nomen wie *Hund* oder *Gabel* bezeichnen zählbare Entitäten, die wir hier als ‚Objekte' bezeichnen. Die Zählbarkeit von Objekten beruht darauf, dass wir sie als Einheiten mit einer relevanten inneren Struktur konzeptionalisieren: Einen Hund oder eine Gabel erfassen wir als etwas, das nicht homogen ist, sondern intern strukturiert und das wir deshalb nicht beliebig aufteilen können. Hunde und Gabeln kann man daher zählen, sie sind als einzelne Entitäten unterscheidbar. Portionen oder auch Sorten erfassen wir ebenfalls als zählbare, unterscheidbare Entitäten, d. h. sie sind – in einem abstrakteren Sinne – ebenfalls Objekte.

8

Substanzen sind nur messbar Nomen wie *Gold* oder *Bier* beziehen sich dagegen nicht auf Objekte, sondern auf Substanzen, d. h. auf etwas, das nicht zählbar, sondern nur messbar ist (z. B. im Hinblick auf Gewicht oder Volumen). Das liegt daran, dass wir solche Entitäten nicht als intern strukturiert und individuierbar, sondern als homogen erfassen. Das bedeutet nicht, dass Substanzen wie Gold oder Bier in der Realität keine interne Struktur haben und endlos aufteilbar wären: Auf der Molekularebene haben sie sehr wohl kleinste Teile (‚minimal parts' in der sprachphilosophischen Diskussion), die das repräsentieren, was noch Gold oder Bier ist. Es geht hier aber um das für die nominale Semantik relevante Konzept von Gold oder Bier, und dieses Konzept repräsentiert die Stoffe als homogen: Gold und Bier erfassen wir als etwas, das beliebig aufteilbar ist. Ein – vielleicht etwas herzloses – Gedankenexperiment, das häufig in der sprachphilosophischen Diskussion zu minimal parts und distributiver Referenz verwendet wird, veranschaulicht dies folgendermaßen: ‚Wenn ich ein Stück Gold aufteile, habe ich zwei Klumpen Gold. Wenn ich eine Katze zweiteile, habe ich eine tote Katze.'

Transnumerale versus numerale Nomen als grammatische Unterscheidung Im Gegensatz zur konzeptuellen Unterscheidung von Objekten und Substanzen ist die Unterscheidung von transnumeralen und numeralen Nomen auf der sprachlichen Ebene angesiedelt. Nomen wie *Gold* und *Katze* unterscheiden sich nicht nur im Hinblick auf das, was sie bezeichnen, sondern auch in ihrem grammatischen Verhalten. *Gold* kann ich in einer bloßen Nominalphrase ohne Numerusmarkierung und Artikel im Satz verwenden, etwa *Ich besitze Gold.* oder *Ich liebe glänzendes Gold.* Mit einem Nomen wie *Katze* geht das nicht: Statt einfach *Ich besitze Katze.* zu sagen, würde man eine Pluralendung und/oder einen Artikel hinzufügen: *Ich besitze Katzen / eine Katze.*

Wie oben erwähnt, werden die beiden Arten von Nomen oft als ‚Zähl- versus Massennomen' unterschieden. Das ist aber nicht ganz passend, weil es hier, anders als bei der konzeptuellen Unterscheidung von Objekten und Substanzen, nicht wirklich um Zählbarkeit geht, sondern um morphosyntaktische Eigenschaften. Man kann daher zählbare Objekte nicht nur mit Nomen wie *Katze* oder *Gabel* bezeichnen, sondern auch mit solchen wie *Vieh*, *Besteck* oder *Obst*, die sich grammatisch eher wie *Gold* verhalten, nämlich ebenfalls in bloßen Nominalphrasen auftreten: *Ich besitze Vieh/Besteck/Obst.*

Transnumerale Nomen sind in Bezug auf Anzahlen nicht festgelegt Konzeptuell geht es bei Vieh, Besteck und Obst ebenso um Objekte wie bei Katzen oder Kühen. Wenn ich Vieh besitze, kann ich das zählen; ich könnte z. B. 400 Stück Vieh besitzen, und ich kann das so genau angeben, weil ich Vieh nicht beliebig aufteilen kann: Zwei Beine einer Kuh zählen nicht als zwei Stück Vieh, es geht immer um ganze Tiere. Der Unterschied liegt im grammatischen Verhalten der Nomen: Wenn ich ein Nomen wie *Kuh* verwende, muss ich immer angeben, ob ich eine Instanz des Konzepts ‚Kuh' bezeichne (sprachliche Bezeichnung: *eine Kuh*) oder mehrere (sprachliche Bezeichnung: *Kühe*); bei *Vieh* kann ich das offenlassen. Wenn ich also mehr Vitamin C zu mir nehmen sollte, könnte ich guten Gewissens sagen „Ich habe gestern Obst gegessen.", auch wenn es nur eine Weintraube war. Wenn ich dagegen das Nomen *Weintraube* verwenden würde, müsste ich spezifischer werden; ich wäre aus grammatischen Gründen gezwungen, hier anzugeben, ob es eine oder mehrere waren.

Nomen wie *Weintraube*, *Kuh* oder *Gabel* erfordern eine Numerusmarkierung und damit eine Angabe der Anzahl (1 oder > 1). Bei Nomen wie *Obst*, *Vieh* oder *Besteck* kann man das dagegen offenlassen, sie stehen über dieser binären Unterscheidung. In der Typologie werden Letztere daher auch als ‚transnumerale' Nomen bezeichnet (Greenberg 1973; vgl. Corbett 2000: 9–10 für eine terminologische Diskussion). Transnumerale Nomen umfassen nach dieser Terminologie objektbezeichnende Nomen wie *Obst*, *Besteck* und *Vieh* ebenso wie substanzbezeichnende Nomen wie *Gold* oder *Bier*.

Numerale Nomen müssen Ein- oder Mehrzahl signalisieren Parallel dazu kann man dann Nomen wie *Weintraube*, *Kuh* oder *Gabel* terminologisch als ‚numerale Nomen' von transnumeralen Nomen grammatisch abgrenzen (Wiese 1997: Kap. 7). Numerale Nomen sind dadurch charakterisiert, dass sie eine Pluralmarkierung erfordern, wenn sie mehr als eine Instanz des nominalen Konzepts bezeichnen. Im obigen Beispiel könnte ich mich daher nicht so leicht darum drücken, anzugeben, wie viel – oder eher, wie wenig – Obst ich tatsächlich gegessen hätte, wenn ich das numerale Nomen *Weintraube* verwenden würde. Wenn ich mehr als eine Weintraube (d. h. mehr als eine Instanz des nominalen Konzepts ‚Weintraube') gegessen hätte, würde ich eine Pluralmarkierung verwenden und *Weintrauben* sagen. Wenn es aber nur um eine Weintraube geht, müsste ich das durch die Singularform explizit machen. Im unbestimmten Fall tritt dann der Indefinitartikel zum bloßen Nomen: *eine Weintraube*. Man kann den Indefinitartikel daher als lexikalisches Pendant zum Plural verstehen, als eine Art lexikalische

Singularmarkierung: Mit dem Pluralsuffix *-n* bilde ich aus dem unmarkierten Nomen *Weintraube* die Pluralform, mit der ich die Anzahl ‚> 1‘ erfasse, mit dem Artikel *eine* dagegen eine Singularform, mit der ich die Anzahl ‚1‘ erfasse. In einer Reihe von Sprachen wird die Singularmarkierung auch durch gebundene Morpheme geleistet, so dass Singular- und Pluralform parallel zueinander sind, beispielsweise im Swahili, wo unterschiedliche nominale Präfixe für Plural und Singular verwendet werden, etwa *kitabu* (‚ein Buch‘) vs. *vitabu* (‚Bücher‘) oder im Arabischen, das unterschiedliche Infixe gebraucht, etwa *kītāb* (‚ein Buch‘) vs. *kūtūb* (‚Bücher‘).

Zur Vertiefung: Transnumerale und numerale Nomen in Zählkonstruktionen – Die Rolle von Numeral-Klassifikatoren

Nomen, die zählbare Objekte bezeichnen, können grundsätzlich in Zählkonstruktionen auftreten, d. h. in Konstruktionen, mit denen man die Anzahl solcher Objekte angibt, z. B.:

> » 400 Nutztiere, 5 Weintrauben, 3 Endivien, 20 Crew-Mitglieder
> 400 Stück Vieh, 5 Stück Obst, 3 Kopf Salat, 20 Mann Besatzung

Die Beispiele in der ersten Zeile bezeichnen nichts grundsätzlich Anderes als die in der zweiten, sind aber grammatisch anders aufgebaut. Die numeralen Nomen in der ersten Zeile stehen im Plural und folgen dem Kardinale ohne weiteren Zwischenschritt; die transnumeralen Nomen in der zweiten Zeile haben dagegen keine Numerusmarkierung, und zwischen Kardinale und Nomen tritt noch ein weiteres Element, der sogenannte Numeral-Klassifikator. Diese Klassifikatoren können in anderen Kontexten auch noch als normale Vollnomen verwendet werden (z. B. „Es ist ein Stück aus der Mauer gebrochen.", „Die Hydra hat viele Köpfe.", „In diesem Vorstand sitzen nur Männer."). Wenn sie als Numeral-Klassifikator verwendet werden, weisen sie einige Besonderheiten auf:

- Sie sind semantisch gebleicht gegenüber ihrer Verwendung als Vollnomen (ein Kopf Salat ist nicht wirklich ein Kopf, und zwei Stück Vieh sind zwei ganze Tiere, nicht zwei Stücke eines Tieres).
- Sie stehen in unmarkierter Form, ohne Numerusmarkierung (*400 Stück*, nicht *Stücke*; *3 Kopf*, nicht *Köpfe*).
- Sie stehen adjazent zum Kardinale und sind nicht erweiterbar; modifizierbar ist nur das folgende Vollnomen (nicht *400 infiziertes Stück Vieh*, sondern *400 Stück infiziertes Vieh*).
- Sie treten oft mit bestimmten Klassen von Nomen auf (z. B. *Kopf* mit Nomen für Gemüse, das in etwa die Form und Größe eines menschlichen Kopfes hat).

Der Beitrag des Numeral-Klassifikators liegt nicht so sehr auf konzeptueller Ebene, sondern lässt sich eher als grammatisch-semantische ‚Individuierung‘ erfassen: Der Klassifikator erlaubt den Zugriff auf einzelne Objekte, der für die Anzahlzuweisung nötig ist. Bei numeralen Nomen wird dies bereits durch das Pluralmorphem geleistet (im Rahmen der Anzahlzuweisung ‚> 1‘).

Im Deutschen sind Numeral-Klassifikatoren eher marginal, weil Nomen, die Objekte bezeichnen, meist numeral sind, aber andere Sprachen haben z. T. ein breit gefächertes Klassifikatorsystem (z. B. Vietnamesisch und Chinesisch). In einigen Sprachen hat sich ein genereller Klassifikator entwickelt, der übergreifend verwendet wird und z. T. dann optional ist (z. B. Türkisch *tane*), allerdings steht das transnumerale Nomen auch hier in Zählkonstruktionen nicht im Plural.

Variation in der (Trans-)Numeralität   Aus Sicht der Verknüpfung von Form und Bedeutung sind numerale Nomen eigentlich überflüssig, weil man, wie weiter oben deutlich wurde, Objekte ja ebenso mit transnumeralen Nomen bezeichnen kann; man braucht also nicht noch eine eigene Klasse numeraler Nomen für diesen Zweck. Entsprechend sind numerale Nomen in den Sprachen der Welt eher exotisch, und viele Sprachen kommen ohne sie aus, darunter auch indoeuropäische Sprachen wie z. B. das Persische (Fārsī). In der Entwicklung des Deutschen lassen sich in früheren Sprachstufen noch stärker transnumerale Verwendungen von Nomen beobachten, die heute numeral gebraucht werden, wie etwa der folgende Auszug aus einem Gedicht Walthers von der Vogelweide illustriert (vgl. Wiese 1997: 162):

(3)   *dà stüende ouch niemer ritters becher lære*

         (Walther von der Vogelweide 79,24)

Diesen mittelhochdeutschen Satz – der thematisch gut zu unserem ‚Restaurant Talk'-Thema passt – müsste man heute etwas umständlich folgendermaßen übersetzen, wenn man die Unbestimmtheit der Anzahl erhalten wollte, die im Original durch das transnumerale Verhalten der beiden Nomen ermöglicht wird:

‚Nie stünde der Krug eines Ritters oder stünden die Krüge von Rittern dort leer.'

Mass/Count-Übergänge im Deutschen   Übergänge von transnumeralen zu numeralen Nomen gibt es nicht nur diachron, sondern auch synchron und produktiv. Bei Mass/Count-Übergängen variieren Nomen zwischen Substanz- und Objekt-Bezeichnung, und diese Variation kann durch transnumerales versus numerales Verhalten signalisiert werden. Der Restaurant Talk (*zwei Bier und drei kleine Schnäpse*) ist dafür ein besonders interessantes Beispiel, weil durch die Bandbreite der Variation hier die verschiedenen Optionen der Verknüpfung morphosyntaktischer und semantischer Aspekte gut beleuchtet werden. Dies wird auch im Vergleich zum Sortenplural (*die besten Biere*) deutlich, der ganz ähnlich funktioniert, aber engere grammatische Regeln setzt. (Ein drittes zentrales Beispiel sind sogenannte ‚Grinder'-Konstruktionen, die wir in ▶ Abschn. 8.2 behandeln.)

Zwei Möglichkeiten im Restaurant Talk Im Restaurant Talk finden wir eine Variation zunächst auf semantischer Ebene. Nomen, die ursprünglich ein Getränk bezeichnen, werden in ihrer Semantik durch das Konzept ‚Portion-von' angereichert, d. h. wir haben einen semantischen Übergang von einer Substanz (Getränk) zu abstrakten Objekten (Portionen des betreffenden Getränks). Diese semantische Veränderung kann mit einer morphosyntaktischen Veränderung einhergehen, muss dies aber, wie oben erwähnt, nicht tun; vgl. die Zusammenstellung in (4) für unsere beiden Beispiele *Bier* und *Schnaps*:

(4)   a.   *Ich trinke Bier und Schnaps.*   Substanz-Bezeichnung; transnumeral

b.   *Zwei Bier, bitte.*   Objekt-Bezeichnung; transnumeral

c.   *Drei kleine Schnäpse, bitte.*   Objekt-Bezeichnung; numeral

Wie die Aufstellung illustriert, verhalten sich die Nomen in ihrer Basisverwendung, in der sie eine Substanz bezeichnen, transnumeral. Wenn sie dann Portionen bezeichnen, können sie transnumeral bleiben (*zwei Bier*) oder aber numerales Verhalten annehmen und mit Pluralmarkierung auftreten (*drei Schäpse*) – im Restaurant Talk ist beides möglich.

Eins-zu-eins-Zuordnung bei Sorten-Übergängen Im Fall von Sorten-Übergängen ist die Variation enger gefasst, semantische und morphosyntaktische Veränderung laufen hier generell parallel. Wie im Restaurant Talk haben wir hier Nomen, die eine Substanz bezeichnen (z. B. ein Getränk, etwa Bier) und dann semantisch angereichert werden können, so dass sie Objekte bezeichnen, in diesem Fall dann Sorten dieser Substanz (z. B. Biersorten). In ihrer Basisverwendung zur Bezeichnung von Substanzen sind die Nomen hier, wie im Restaurant Talk, zunächst transnumeral. Wenn sie dann zur Bezeichnung von Objekten (Sorten) verwendet werden, verhalten sie sich jedoch generell numeral, d. h. sie treten bei Anzahlen > 1 mit Pluralmarkierung auf, dem sogenannten ‚Sortenplural':

(5)   a.   *Ich trinke Bier und Schnaps.*   Substanz-Bezeichnung; transnumeral

b.   *Die besten Biere kommen aus*   Objekt-Bezeichnung; numeral
Einbeck, die besten Schnäpse
aus Brandenburg.

Während der Restaurant Talk somit im Gegenwartsdeutschen noch stärker variiert – was sich möglicherweise im Laufe der Sprachentwicklung noch konsolidiert –, sind Sortenbezeichnungen strenger geregelt. Das unterscheidet das Deutsche beispielsweise vom Englischen, das, wie oben erwähnt, auch beim Restaurant Talk generell numerales Verhalten der Nomen aufweist: *four beers* kann sich ebenso auf vier Sorten Bier wie auf vier Portionen Bier (z. B. vier Gläser mit Bier) beziehen. Im Deutschen kann die Option für transnumerales Verhalten im Restaurant Talk dagegen zur sprachlichen Unterscheidung von Sorten- und Portionen-Übergängen dienen: Wenn ich eine Konstruktion wie *vier*

Biere höre, ist die Pluralmarkierung ein Hinweis darauf, dass vier Biersorten gemeint sind und nicht vier Gläser mit Bier. – Doch nun genug über Getränke: Lassen Sie uns auch einmal an das Essen denken! Im nächsten Abschnitt geht es um Grillhähnchen und Sandwiches.

8.2 „Chicken im Brot" – Semantische Integration

Das Verhalten von Nomen in Imbissbuden ist nicht nur bei Getränkebestellungen interessant, sondern auch bei der Beschreibung von Gerichten, wie in den folgenden Beispielen:

(6)   *In der Suppe ist {Huhn/Fisch/Lamm/Rind/Aubergine}.*

Morphosyntaktische und semantische Variation In solchen Konstruktionen treten Nomen, die man eigentlich als numeral kennt (*ein Huhn, zwei Fische, Lämmer*), plötzlich ohne Numerusmarkierung und Artikel auf, verhalten sich also transnumeral. Dieser morphosyntaktische Unterschied geht auch hier einher mit einer semantischen Anreicherung: Die Nomen bezeichnen in transnumeraler Verwendung keine Objekte mehr, also keine individuellen Hühner, Fische, Lämmer etc., sondern Substanzen, nämlich essbare Teile, die zu Speisen verarbeitet werden. Die folgende Aufstellung verdeutlicht die Variation:

(7)   a.   *Im Hof ist ein Huhn / sind Hühner,*   Objekt-Bezeichnung; numeral

        b.   *Auf dem Tisch liegt eine Aubergine /*   Objekt Bezeichnung; numeral
              liegen Auberginen.

        c.   *Im Curry ist Huhn / Aubergine.*   Substanz-Bezeichnung;
                                                         transnumeral

Wie im Sortenplural laufen hier also morphosyntaktische und semantische Variation parallel. Anders als dort ist hier das Ergebnis des Übergangs eine Substanz-Bezeichnung, die entsprechend durch transnumerales Verhalten des Nomens signalisiert wird; der Übergang läuft also gewissermaßen spiegelbildlich zu denen in Sortenplural und Restaurant Talk. Auch hier ist die Option der semantischen Anreicherung selbst eine Sache der sprachlichen Möglichkeiten, während die Frage, wie die betreffenden Konzepte in jedem Fall spezifiziert sind, außersprachlich bestimmt ist: Was genau als essbarer Teil zählt und damit in das resultierende Substanz-Konzept eingeht, ist kontextuell und (sub-)kulturell unterschiedlich; z. B. kann unterschiedlich breit ausgelegt werden, welche Teile eines Huhns (Muskelfleisch, Haut, Füße etc.) als essbar und passend für ein Gericht mit *Huhn* gelten.

Konzeptuelle Freizügigkeit – Der Universal Grinder nimmt alles Aus der sprachphilo-sophischen Diskussion stammt für die konzeptuelle Seite, d. h. den Übergang von Objekt zu Substanz, ein etwas gruseliges Gedankenexperiment, der ‚Universal Grinder', der universelle Fleischwolf (Pelletier 1975). In diesen Fleischwolf werden oben Objekte geworfen, z. B. Fische, Lämmer, Auberginen oder Hühner, und unten kommen dann die entsprechenden Substanzen als Brei heraus, nämlich Fisch-Masse etc. Der Zusatz ‚universal' betont, dass dies grundsätzlich – in Form von Gedankenexperimenten! – für eine sehr breite Palette von Objekten denkbar ist, solange der Kontext entsprechend gewählt wird. Ein schönes Beispiel hierzu:

» „[...] a mother termite concerned over her child: *Johnny is very choosey about his food. He will eat book, but he won't touch shelf.*" (Gleason 1965: 136)

Auf konzeptueller Seite herrscht somit eine recht entspannte Freizügigkeit: So lange man irgendeine virtuelle Welt konstruieren kann, in der ein Objekt zur Nahrung wird, kann der Universal Grinder auch greifen und liefert ein entsprechend angereichertes Konzept. Ob dieses Konzept dann aber noch durch dasselbe Nomen bezeichnet werden darf, ist eine Frage des sprachlichen Systems, und hier kann es Einschränkungen geben (für eine übereinzelsprachliche Diskussion vgl. auch Cheng et al. 2008). Ein interessantes Beispiel für solche Einschränkungen sind semantische Spezialisierungen, die mit der Integration neuer Wörter einhergehen.

Sprachliche Einschränkungen – *cow* isst man nicht Ein bekannter Fall sind lexikalische Restriktionen für Grinder-Konstruktionen im Englischen. Einige Nomen, wie *cow*, *pig* oder *sheep*, können nur für die Tiere selbst zur Objektbezeichnung verwendet werden, nicht aber für die essbaren Substanzen. Das Ergebnis der Anreicherung mit dem Grinder-Konzept wird vielmehr durch eigens hierauf spezialisierte, transnumerale Nomen bezeichnet, etwa *beef*, *pork* und *mutton* für unsere Beispiele. Wir haben hier also eine semantische Arbeitsteilung zwischen zwei Lexemen. Ein Nomen ist zuständig für die Bezeichnung der individuellen Tiere (Objekte), ein anderes für das Grinder-Ergebnis (Substanzen), oder anders gesagt: ‚cow' isst man nicht, und ein ‚beef' steht nicht auf der Weide.

Diese Spezialisierung ist das Ergebnis eines diachronen Prozesses, nämlich der Entlehnung französischer Wörter (vgl. *bœuf*, *porc*, *mouton*) im Mittelenglischen (etwa 12.-15. Jahrhundert). Durch die breite Verwendung des Französischen in vielen öffentlichen Domänen konnte das Englische damals zahlreiche französische Wörter aufnehmen. Die diachron oft zu beobachtende Tendenz zur Synonymenflucht, d. h. die Vermeidung semantisch identischer Lexeme, führte in einigen Fällen zur Ersetzung der vorhandenen englischen Wörter durch die Neuzugänge. In anderen Fällen kam es stattdessen zu einer solchen Arbeitsteilung, wie wir sie für *cow* und *beef* beobachten können.

Fremdwortintegration und lexikalische Spezialisierung im Deutschen Ähnliche lexikalische Spezialisierungen im Rahmen von Fremdwortintegration können wir auch im Deutschen beobachten, z. B. bei Entlehnungen aus dem Englischen für Konzepte rund um Computer und Internet (um gleich einmal zwei entlehnte Wörter zu gebrauchen). Nehmen wir das englische *mail* als Beispiel. Dieses Wort wird im Englischen sehr viel breiter gebraucht und deckt dort z. B. auch den semantischen Bereich ‚Briefpost' ab. Ins Deutsche entlehnt, hat es sich auf elektronische Post spezialisiert, was eine Arbeitsteilung zwischen *Post* und *Mail* ermöglicht. Diese Arbeitsteilung erlaubt uns im Deutschen eine Differenzierung, die im Englischen so nicht möglich ist. Wenn mein Mann, der Brite ist, sagt *I am going to check the mail.*, ist nicht klar, ob er nach draußen zum Hausbriefkasten geht oder an seinen Computer. Wenn ich dagegen sage *Ich checke noch meine Mail.*, kann nur das zweite gemeint sein. Die Fremdwortintegration bereichert so die Ausdrucks- und Differenzierungsmöglichkeiten der Empfängersprache, in diesem Fall also des Deutschen.

Die Integration von *Chicken* ins Deutsche Ein aktuelles Beispiel für eine solche Integration, bei der dieser Prozess noch nicht abgeschlossen ist, ist die Verwendung von *Chicken* im Deutschen. Im Englischen ist *chicken* ein Nomen, das sowohl zur Objekt-Bezeichnung, nämlich für individuelle Tiere, als auch zur Substanz-Bezeichnung, für das Ergebnis der ‚Grinder'-Anreicherung verwendet wird; ähnlich wie *Huhn* im Deutschen:

(8)	a.	*There is a chicken / there are chickens in the yard.*	Objekt-Bezeichnung; numeral
	b.	*There is chicken in the curry.*	Substanz-Bezeichnung; transnumeral

Im Kontext von Schnellimbissen findet man *Chicken* auch im Deutschen; etwa in Komposita wie *Chicken-Burger* in Fastfood-Ketten. Interessanterweise ist *Chicken* aber nicht mehr auf solche Komposita beschränkt, sondern kann mittlerweile produktiv in Speisekarten verwendet werden, als selbstständiges Lexem ebenso wie in anderen Komposita. ◼ Abb. 8.1 zeigt zwei Beispiele, die bereits aus den ‚Nuller-Jahren' stammen: links ein Auszug aus der Speisekarte eines Schnellimbisses in Berlin-Kreuzberg (Juli 2002), rechts ein Foto des Mensa-Angebots an der Universität Potsdam (Februar 2007).

Chicken **ist auf die Substanz-Bezeichnung spezialisiert** *Chicken* wird hier in allen Fällen für das Ergebnis der ‚Grinder'-Anreicherung, d. h. als transnumerales Nomen zur Substanz-Bezeichnung gebraucht: Es geht nicht um ganze Hühner, sondern um Hühnerfleisch. Das scheint generell so zu sein: *Chicken* ist, anders als *Huhn*, im Deutschen auf die ‚Grinder'-Bezeichnung spezialisiert – eine interessante Parallele zu *beef* im Englischen. Wenn es dagegen um das Tier gehen soll, d. h. zur Objekt-Bezeichnung, wird auch im Imbiss normalerweise ein natives deutsches Wort, *Huhn* oder *Hähnchen*, verwendet. So bietet der Imbiss, von dem das linke Bild stammt, z. B. direkt über dem Ausschnitt mit *Chicken* auch noch *halbe Hähnchen* an.

◨ **Abb. 8.1**   *Chicken* als Lehnwort im Deutschen

8

Testen Sie das doch einmal aus und bestellen Sie beim nächsten Imbiss-Besuch *Ein Chicken, bitte!* In vielen Fällen wird es dann Nachfragen geben, was Sie meinen, weil *Chicken* als Bezeichnung für das Fleisch verstanden wird und nicht als numerales Nomen (mit Indefinitartikel), das sich auf das ganze Tier beziehen könnte.

Huhn bzw. *Hähnchen* tritt weiterhin in beiden Verwendungen auf   Zu einer regelrechten Synonymenflucht hat dies aber im Deutschen noch nicht geführt. *Huhn* bzw. *Hähnchen* kann neben der Objekt-Bezeichnung auch immer noch für die Substanz, d. h. das Hühnerfleisch (= Ergebnis der ,Grinder'-Anreicherung), verwendet werden. So bot die Potsdamer Mensa beispielsweise nur einen Tag, nachdem es *Chickenhaxe* gab, ein ähnliches Essen mit *Hähnchenkeulen* an, und der Imbiss hat neben halben Hähnchen und *Chicken im Brot* auch noch *Hähnchenschnitzel*, *Hähnchenbouletten* und *Hähnchennuggets* auf der Speisekarte, ◨ Abb. 8.2.

***Chicken* und *Hähnchen* in Imbissen**   Um einen Eindruck von der quantitativen Verteilung der verschiedenen Optionen zu bekommen, habe ich mir einmal den Spaß gemacht, in einer kleinen, illustrativen Erhebung sämtliche Verwendungen von *Huhn/Hähnchen* und *Chicken* in allen Imbissen in meinem Wohnviertel in Berlin-Kreuzberg zu erfassen, die Huhn auf der Speisekarte hatten, d. h. in insgesamt 28 Imbissen. Wie auch in unseren Beispielen oben wurde *Huhn* bzw. *Hähnchen* sowohl zur Bezeichnung von Hühnern (also Objekten) als auch zur Bezeichnung von Hühnerfleisch-Produkten (,Grinder'-Resultat: Substanz) verwendet, während *Chicken* ausschließlich auf Hühnerfleisch-Referenz spezialisiert war. *Chicken* kam dabei auffallend häufig vor; es stand in 25 der 28 Imbisse auf der Speisekarte, mit insgesamt 41 Vorkommnissen. Auf der Karte von 15 Imbissen, d. h. mehr als der Hälfte, wurde dabei auch noch *Hähnchen* mit ,Grinder'-Anreicherung neben *Chicken* verwendet.

Eine laufende sprachliche Entwicklung Das Bild, das sich hier herausschält, weist damit auf eine interessante laufende Entwicklung in der Domäne solcher Nomen, die einerseits Tiere wie Hühner, Schweine, Rinder etc. bezeichnen (= Objekte) und sich dabei numeral verhalten und andererseits semantisch angereichert werden können, dann das Fleisch dieser Tiere bezeichnen (= Substanz) und sich entsprechend transnumeral verhalten. Zu dieser etablierten nominalen Domäne tritt mit *Chicken* ein Neuzugang aus dem Englischen, der sich im Rahmen der Integration ins Deutsche auf die zweite Option spezialisiert hat und ausschließlich mit der komplexeren Bedeutung verwendet wird. Dieser Neuzugang hat jedoch (noch?) keine Synonymenflucht ausgelöst wie bei vergleichbaren Entwicklungen in der Geschichte des Englischen, sondern das native Pendant *Hähnchen* kann weiterhin auch mit ‚Grinder'-Anreicherung verwendet werden – und dies oft in ein und demselben Kontext wie das Lehnwort *Chicken*, z. B. auf derselben Speisekarte.

Im Vergleich zu englischen Paaren wie *beef* vs. *cow*, wo beide Elemente gleichermaßen spezialisiert sind, wirkt das wie eine Entwicklung, die auf halber Strecke zum Erliegen gekommen ist. Ein Grund hierfür ist sicher die weitgehende Beschränkung von *Chicken* auf Kontexte wie Speisekarten einfacherer Lokale (Fastfood-Ketten, Imbisse, Mensen); es handelt sich also zumindest aktuell nicht um ein generelles Phänomen. Aber was nicht ist, kann ja noch werden, und vielleicht haben wir in zukünftigen Sprachstufen des Deutschen für *Chicken* und *Hähnchen* ebenfalls eine systematische Arbeitsteilung, bei der *Hähnchen* dann auf die einfache (Objekt-)Bezeichnung spezialisiert ist und die ‚Grinder'-angereicherte (Substanz-)Bezeichnung komplett *Chicken* überlässt.

8.3 „Ich weiß, wo die gibs." – Reparaturen an der Syntax-Semantik-Schnittstelle

Als meine Töchter noch in den Kindergarten gingen, fiel mir einmal auf, dass ich dort in Existenzaussagen eigentlich nie die Wendung *Es gibt…* hörte, sondern immer *gibts* oder gleich *gibs*, und dies auch in Nebensätzen, wo ich das eigentlich nicht erwartet hätte. Das folgende Beispiel illustriert die beiden Varianten:

(9)   a.   *Ich weiß, wo es die gibt.*   [konventionelle Konstruktion]

        b.   *Ich weiß, wo die gibs.*   [‚gibs'-Konstruktion]

Als ich die Erzieher:innen darauf ansprach, lachten sie und meinten, diese ‚gibs'-Konstruktion sei so verbreitet, dass sie das auch schon bei sich selbst beobachtet hatten. Eine Erhebung in einer Kindergartengruppe mit 4- bis 6-jährigen Kindern bestätigte diesen Eindruck (Wiese & Duda 2012). Die ‚gibs'-Konstruktion wurde häufig und systematisch, über die verschiedenen Altersgruppen hinweg und von einsprachig deutschen Kindern ebenso wie von mehrsprachigen gebraucht. Warum ist diese Konstruktion so beliebt? Nichtkanonische Phänomene im Sprachgebrauch von jüngeren Kindern, in einem Alter, bevor der Einfluss formellerer und auch schriftsprachlicher Register mit Schuleintritt stärker wird, weisen oft auf Entwicklungsmöglichkeiten des sprachlichen Systems, und dies ist auch hier der Fall: Nachdem wir einmal für das Muster sensibilisiert waren, fanden wir weitere Belege im informellen Sprachgebrauch von Erwachsenen (wenn auch weniger häufig als bei den Kindern). ◼ Abb. 8.3 gibt ein Beispiel aus einem informellen geschriebenen Register, nämlich einem Beitrag zu einer Internet-Diskussion.

Suche Holz Europaletten ☺
Hat jemand welche?

Gefällt mir · Kommentieren

Gaby▮▮▮habe mal gehört das in gaarden kasierstr 66 die palletten gibs der verschenkt sie

◼ **Abb. 8.3** ‚gibs'-Konstruktion in einem Beitrag zur *Facebook*-Gruppe „Zu Verschenken in Kiel" (mit Dank an Sabrina Schütz für den Hinweis)

Das Türkische besitzt eine ganz ähnliche Konstruktion mit existenzanzeigendem *var*, und man könnte spekulieren, ob diese Konstruktion eine Vorlage für die ‚gibs'-Konstruktion darstellt, da ja Türkisch eine verbreitete Heritage-Sprache in Deutschland ist (▸ Abschn. 3.2 zum Begriff der ‚Heritage-Sprache'). Belege aus dem Deutschen in Namibia, d. h. aus einem Kontext, in dem das Türkische keine solche kontaktsprachliche Präsenz hat, sprechen jedoch gegen eine zentrale Rolle des türkischen Pendants als Auslöser der ‚gibs'-Konstruktion (Wiese et al. 2014). Die folgenden beiden Äußerungen Jugendlicher in Windhoek illustrieren die Verwendung der Konstruktion innerhalb der deutschsprachigen Gemeinschaft im mehrsprachigen Kontext Namibias (Versalien markieren Hauptakzente):

(10) a. *ich WUSSte nich, dass sowas GIBS hier in namibia, ich dachte immer, das gibs nur in ausTRAlien oder so*

b. *da gibs auch n berühmter SÄNger hier in namibia*

(Wiese et al. 2014)

Dass wir die ‚gibs'-Konstruktion in solchen unterschiedlichen Kontexten des Deutschen finden, bei Kindern, Jugendlichen und Erwachsenen, ein- und mehrsprachigen Sprecher:innen, in Deutschland und anderswo, weist auf eine binnenstrukturelle, d. h. im System des Deutschen begründete Dynamik. Was genau motiviert dieses Muster, warum wird hier nicht die herkömmliche Konstruktion mit *es gibt* verwendet? Sehen wir uns zur Beantwortung dieser Frage die konventionelle Konstruktion einmal genauer an.

Das besondere Verhalten von *geben* in Existenzaussagen Herkömmliche Existenzaussagen mit *geben*, wie sie eingangs in (9a) illustriert sind, unterscheiden sich deutlich von solchen, in denen *geben* als reguläres Vollverb mit der Bedeutung ‚überreichen' verwendet wird. Zum einen finden wir in den Existenzaussagen nicht, wie sonst, ein Akkusativ- und ein Dativobjekt (*Sie gibt ihm*$_{[DAT]}$ *einen Regenwurm*$_{[AKK]}$.), sondern nur ein Akkusativobjekt (*Im Komposthaufen gibt es einen Regenwurm*$_{[AKK]}$.). Zum anderen ist das Subjekt ein Expletivum, d. h. ein semantisch leeres Pronomen (*es*).

Häufige Verwendung von *gibt's* Weil das Subjekt generell das 3.Singular-Pronomen *es* ist, kommt das Verb, das mit diesem Subjekt kongruiert, nämlich *geben*, in dieser Konstruktion immer in der 3. Person Singular vor. Das bedeutet, dass wir im Präsens Indikativ immer die Form *gibt* haben. Dieser Form folgt sehr häufig direkt das Subjekt *es*: Existenzaussagen macht man meist nicht allumfassend, etwa *Es gibt Emus.*, sondern schränkt sie auf bestimmte temporale oder lokale Domänen ein, z. B. *In Australien gibt es Emus.* oder *Seit Millionen von Jahren gibt es Emus.* In solchen Sätzen werden Ort- oder Zeit-Adverbiale verwendet, die den Rahmen für die Aussage liefern, und solche informationsstrukturellen ‚Rahmensetzer' stehen präferiert im Vorfeld, d. h. vor dem finiten Verb. Damit steht das Vorfeld für das Subjekt nicht mehr zur Verfügung, dieses verbleibt daher in seiner Basisposition direkt nach dem finiten Verb. In dieser Position, der sogenannten ‚Wackernagelposition', werden schwache, nicht betonbare Pronomina in der gesprochenen Sprache regelmäßig verkürzt und an das vorangehende Finitum angefügt, d. h. klitisiert (s. a. ▶ Abschn. 2.1. und 6.3.6 zur Klitisierung im Deutschen): Aus *hat es* wird *hat's*, aus *machst du* wird *machste*, und aus *gibt es* wird entsprechend *gibts*, und durch das häufigere Vorkommen der klitisierten Form wird dies dann oft verkürzt zu *gibs*.

Univerbierung von *gib(t)s* Die regelmäßige Klitisierung führt dazu, dass wir in Existenzaussagen, insbesondere in der gesprochenen Sprache, aber auch im geschriebenen Deutschen, häufig die verschmolzene Form *gib(t)s* finden. Diese

Form wird dann mitunter gar nicht mehr als Verbindung von *gibt + es* erfasst, sondern als monomorphematisch behandelt, d. h. als einzelnes Morphem. Eine solche Univerbierung kann dazu führen, dass dann ein neues, separates Subjekt *es* verwendet wird, quasi als Ersatz für das *es*, das in der verschmolzenen Form *gib(t)s* verschwunden ist. ◘ Abb. 8.4 illustriert dies für das Gegenwartsdeutsche (vgl. Wiese 2013 für weitere Beispiele).

Wie Salmons (2018: Kap. 7) mit Daten aus dem 16. Jahrhundert zeigt, findet sich dieses Phänomen schon sehr lange im Deutschen:

(11)   *es gibts die vernunft, dasz* [...]   (Olearius)

(nach Salmons 2018: 352)

Ein Subjekt für die ‚gibs'-Konstruktion   Die ‚gibs'-Konstruktion, die oben illustriert ist (*Ich weiß, wo die gibs.*), folgt diesem Muster nicht, sondern kommt ohne ein weiteres Expletivum *es* aus. Das muss aber nicht bedeuten, dass wir hier einen Satz haben, in dem das grammatische Subjekt fehlt. Es gibt nämlich noch eine andere Möglichkeit, das durch die Univerbierung verlorengegangene Subjekt zu ersetzen: Statt ein weiteres Expletivum einzufügen, könnte das ursprüngliche Akkusativobjekt für diese Aufgabe herangezogen werden, indem es als Subjekt neu interpretiert wird. Aus Sicht des sprachlichen Systems hat diese Option den großen Vorteil, dass damit zugleich zwei Probleme gelöst werden, die die konventionelle Konstruktion (*Ich weiß, wo es die gibt.*) mit sich bringt.

Es knirscht im System   Bei Existenzaussagen mit der konventionellen Konstruktion *es gibt* knirscht es an zwei Stellen im grammatischen System. In beiden Fällen handelt es sich um sogenannte Syntax-Semantik-,Mismatches', d. h. syntaktische und semantische Argumente sind nicht aligniert. Zum einen haben wir mit dem Expletivum *es* ein Subjekt, das semantisch leer ist, d. h. wir haben ein Element auf der syntaktischen Ebene, dem kein Pendant auf der semantischen Ebene entspricht. Zum zweiten, und hiermit zusammenhängend, ist die höchste semantische Rolle nicht dem grammatischen Subjekt zugeordnet, wie dies

◘ **Abb. 8.4**   *gibts es* auf einem Bäckereischild in Oberfranken (mit Dank an Eva Wittenberg für den Hinweis)

normalerweise der Fall sein sollte, sondern dem Objekt: Die einzige und damit automatisch höchste semantische Rolle ist das Thema, d. h. das, dessen Existenz konstatiert wird, und dieses wird bei der konventionellen Konstruktion in Form eines Akkusativobjekts ausgedrückt (z. B. *einen Regenwurm*$_{[\text{AKK}]}$ in *Im Komposthaufen gibt es einen Regenwurm*$_{[\text{AKK}]}$).

Problemlösung an der Syntax-Semantik-Schnittstelle Dieses ‚Knirschen' in der konventionellen Konstruktion kann durch die ‚gibs'-Konstruktion behoben werden; die Uminterpretation des Akkusativobjekts zum Subjekt ist quasi das Schmieröl der ‚gibt's'-Grammatik. Durch eine solche Uminterpretation haben wir erstens statt des semantisch leeren Expletivums ein reguläres, semantisch volles Argument an der Subjektstelle, und dieses trägt zweitens die höchste semantische Rolle (= das Thema). Es spricht also Einiges dafür, das Akkusativobjekt in dieser Konstruktion zum Subjekt zu machen. Diese Umwidmung kann zudem relativ unauffällig vor sich gehen angesichts der Tatsache, dass das Gegenwartsdeutsche in einem großen Bereich nicht mehr explizit zwischen Akkusativ- und Nominativformen unterscheidet: Die Formen sind an der Oberfläche in weiten Bereichen identisch.

Durch diesen Formenzusammenfall oder ‚Synkretismus' lassen sich die beiden Optionen nur noch dann unterscheiden, wenn das Thema durch eine maskuline Nominalphrase im Singular ausgedrückt wird, illustriert etwa im zweiten namdeutschen Beispiel oben (*da gibs auch n berühmter SÄNger* – hier findet sich bereits ein eindeutiger Nominativ). Die häufige Formenambiguität ermöglicht einen nahtlosen Übergang; so etwas begünstigt generell Reinterpretationen im Sprachwandel: Sie kann einen ‚Brückenkontext' etablieren, der zwischen zwei Funktionen vermittelt (vgl. Heine 2002).

Wie so oft im Leben und auch in der Sprache führt auch hier die Lösung eines Problems aber gleich zu einem neuen: Durch die Univerbierung von *gibs* fehlt ein flektierendes Verb, und wenn das Thema als Subjekt uminterpretiert wird, müsste dies dann eigentlich mit dem Verb kongruieren. Wir müssten also so etwas haben wie *da gibst n berühmter Sänger*, mit einer neuen Flexionsendung an *gibs*. Interessanterweise haben wir genau so etwas bei jüngeren Kindern gefunden (Wiese & Duda 2012). – Es bleibt dynamisch in der *gibt's*-Domäne!

8.4 „Voll schön, Alter!" – Semantische Bleichung in Jugendsprache und anderswo

Jugendsprache ist besonders offen für neue Entwicklungen. Jugendliche sind in einer besonders dynamischen biographischen Phase zwischen Kindheit und Erwachsenen-Dasein, in der sie ihre eigene soziale Identität entwickeln, und hierfür wird die eigene Altersgruppe und die Zugehörigkeit zur Peer-Group immer bedeutsamer, während der Einfluss älterer Bezugspersonen an Gewicht verliert. Teil dieses Prozesses ist die Teilhabe an einer eigenen Jugendkultur, die sich beispielsweise in eigenen Moden, Umgangsformen, aber eben auch im Sprachgebrauch zeigt, der ja generell eine wichtige Rolle beim Ausdruck sozialer Identitäten spielt. Im Sprachgebrauch Jugendlicher untereinander finden sich deshalb oft interessante sprachliche Entwicklungen (vgl. etwa Androutsopoulos 1998; Neuland 2008; Beiträge in Neuland 2003; Kotthoff & Mertzlufft 2014; Bahlo et al. 2019).

Jugendsprachliche Wortschöpfungen Ein Phänomen im jugendsprachlichen Sprachgebrauch, das oft auch Gegenstand der öffentlichen Diskussion ist, ist die Prägung neuer Ausdrücke. Solche Wortschöpfungen finden sich bereits in der historischen Studentensprache (vgl. etwa Neuland 2008: Kap. IV); sie können auf der Veränderung vorhandener Lexeme oder auf der Aufnahme und Integration neuer Lehnwörter basieren.

Semantische Bleichung Ein Phänomen, das sich bei solchen Entwicklungen oft gut beobachten lässt, ist das der semantischen Bleichung. In diesem Fall wird die semantische Repräsentation reduziert, sie verliert Bedeutungsanteile. Das kann so weit gehen, dass das Element semantisch völlig leer wird, und der Bedeutungsbeitrag kann sich dann auf pragmatische Ebenen verlagern, etwa in die Domänen Informationsstruktur oder Diskursorganisation.

Im Folgenden wollen wir uns drei Beispiele genauer ansehen, die unterschiedliche Aspekte solcher Entwicklungen illustrieren, nämlich die Entstehung von Diskursmarkern im Fall von *Alter* und von *wallah* und die Entstehung eines Intensivierers im Fall von *voll*. Im ersten Beispiel, bei *Alter*, geht es um die semantische Reduktion eines ursprünglich morphologisch komplexen Ausdrucks, im zweiten Beispiel fußt die semantische Bleichung zunächst auf den sprachlichen Kompetenzen mehrsprachiger Jugendlicher in einer Heritage-Sprache (dem Arabischen), und im dritten Beispiel bringt die semantische Bleichung zugleich eine interessante syntaktische Entwicklung mit sich.

> **Definition**
>
> **Diskursmarker** sind Elemente, die keinen Beitrag zur propositionalen Äußerungsbedeutung und zum Wahrheitswert eines Satzes leisten, sondern primär auf der Ebene des Diskurses wirksam sind, nämlich durch Bezug auf Diskursinhalte/Text oder Diskursteilnehmende.
> Typische Funktionen auf der textuellen Ebene der Diskursinhalte sind Abgrenzung/Kontrast, Erweiterung/Ausbau, Schlussfolgerung/Kausalität und zeitliche Bezugnahmen.
> Der Bezug auf Diskursteilnehmende kann sprecherbezogen oder hörer-/beziehungsbezogen sein.
> Im ersten Fall kann der Diskursmarker z. B. die Einstellung der Sprecherin zum Text anzeigen (,stance, attitudes'), epistemische Funktion haben, also eine Aussage über die Gültigkeit oder Wahrheit der Äußerung machen, evaluativ zum Inhalt der Äußerung stehen oder sich auf das Rederecht der Sprecherin beziehen.
> Im zweiten Fall bezieht sich der Diskursmarker auf das Verhältnis zum Hörer, etwa indem er Höflichkeit gegenüber dem Hörer oder eine Bewertung des Hörers

signalisiert, die soziale Identität (die ‚social persona‘), die die Sprecherin gegenüber dem Hörer ausdrücken will, stützt, in Form von Hedging zur Abmilderung oder Verzögerung problematischer Diskursinhalte dient, Zustimmung erheischt, dem Hörer das Rederecht überlässt oder einen Bezug auf gemeinsames Wissen (common ground) herstellt.

Grundsätzlich kann ein Diskursmarker nicht nur eine Funktion erfüllen, sondern ist in konkreten Verwendungen meist multifunktional, kann also z. B. subjektive und intersubjektive Elemente verbinden. Diskursmarker können nicht nur i. e. S. sprachlich sein, sondern auch aus anderen Domänen rekrutiert werden. In digitalen Medien kann man z. B. viele Verwendungen von Emojis und auch des ‚Punkt-Punkt-Punkt‘-Zeichens (…) als Diskursmarker analysieren (Wiese & Labrenz 2021).

Ein *Alter* ist zunächst ein alter Mann Der Ausdruck *Alter* entsteht als Nominalisierung des Adjektivs *alt*, wobei die maskuline Endung *-er* bei der Nominalisierung erhalten bleibt. *Alter* bezieht sich dabei zunächst auf alte Männer: Die Semantik des Adjektivs (*alt*) liefert das Konzept ‚alt‘, und die maskuline Endung (hier *-er*) ist bei Personenbezeichnungen mit männlichen Referenten assoziiert, während das feminine Pendant sich auf eine alte Frau beziehen würde. Hier zwei einschlägige Beispiele aus Grimms Märchen:

(12)   a.   *[…] der Alte stellte sich neben hin und wollte zusehen, und sein weißer Bart hieng herab.*

        b.   *„Fürchtest du dich vor Gift?“ sprach die Alte, „siehst du, da schneide ich den Apfel in zwei Teile, den roten Backen iss du, den weißen will ich essen.“*

        (Jacob und Wilhelm Grimm: „Märchen von einem, der auszog, das Fürchten zu lernen“; „Schneewittchen“)

Jugendsprachliches *Alter* Im jugendsprachlichen Gebrauch von *Alter*, der uns hier interessiert, gehen die Bedeutungskomponenten ‚alt‘ und ‚männlich‘ beide verloren. In diesem Gebrauch wird *Alter* als Diskursmarker verwendet und wird zu einer Partikel, die auf der Verwendung des Nomens als Anredeform basiert. Zur Illustration hier ein Auszug aus einem Gespräch Jugendlicher in Berlin-Hellersdorf; die Sprecherin nutzt in dem Beispiel *Alter* gegenüber ihrer Freundin (Versalien markieren Hauptakzente; zum Korpus KiDKo siehe ausführlicher ► Kap. 3; die Sprechersiglen geben am Anfang jeweils das Teilkorpus an (Mo: stärker monolinguale Sprechergemeinschaft; Mu: multilinguale Sprechergemeinschaft / Kiezdeutsch); am Ende das Geschlecht (W/M) und die Mehr- oder Einsprachigkeit (einsprachig deutsch: D; Heritage-Sprachen z. B. A: Arabisch; K: Kurdisch; T: Türkisch)):

(13)   *hat die ne KOMmafresse, alter. voll der jumBO!*   [Mo05WD]

   KiDKo (Wiese et al. 2012; Rehbein et al. 2014)

Semantische Bleichung in zwei Bereichen   *Alter* wird hier zur Aufmerksamkeitssteuerung genutzt und kann diskursive Grenzen anzeigen. Die semantische Bleichung zeigt sich zum einen darin, dass die Verwendung nicht auf alte Menschen beschränkt ist, d. h. *Alter* trägt hier nicht mehr die Bedeutungskomponente ‚alt‘ und kann entsprechend in dieser Variante auch von Jugendlichen untereinander verwendet werden. Zum anderen wird der semantische Beitrag ‚männlich‘ der maskulinen Endung nicht mehr zwingend aktiviert, und *Alter* kann auch gegenüber Frauen gebraucht werden (wobei die feminine Form *Alte* ebenfalls noch auftritt). Damit haben wir im Fall von *Alter* interessanterweise auch ein gebundenes Morphem, das semantisch reduziert wird. Die Bleichung der Komponente ‚männlich‘ ähnelt der von freien Morphemen wie *Mann* in der Verwendung als Diskurspartikel (*Komm her, Mann!*) oder z. T. auch als Numeralklassifikator (*20 Mann Besatzung*, s. „Zur Vertiefung" in Abschn. 8.1). – Dass hier jeweils die Form mit der Semantik ‚männlich‘ zur generellen Form wird, ist natürlich nicht gottgegeben oder durch grammatische Erfordernisse bedingt, sondern ein soziales Phänomen, das auf bestimmte gesellschaftliche Machtverhältnisse und Hegemonien verweist.

Reduktion der Komplexität   Die zweifache semantische Bleichung von *Alter*, die beide Teile dieses zunächst morphologisch komplexen Wortes betrifft, führt zu einer Reduktion auch der grammatischen Komplexität. *Alter* wird mehr und mehr zur unflektierten Partikel und ist nicht mehr in *Alt*- und -*er* gegliedert. Deshalb sind z. B. auch Aussprache-Varianten mit Betonung auf der zweiten Silbe möglich, d. h. mit Betonung auf -*er*, insbesondere zum Ausdruck der Emphase, der Überraschung oder des Erstaunens (*Altér!!*). Wenn -*er* noch eine reguläre Flexionsendung wäre, würde man so etwas nicht erwarten.

Ähnliche Prozesse bei Grußformeln   Solche Verringerungen der Komplexität sind auch aus anderen sprachlichen Domänen bekannt. Wenn Sie nicht im deutschsprachigen Raum geboren sind und Deutsch erst später im Leben erworben haben, haben Sie sich vielleicht anfangs gewundert, was die Leute hier meinen, wenn sie Ihnen *Nahmd* zurufen – ein Wort, das man vergeblich im Lexikon nachschlägt. *Nahmd* ist das Ergebnis einer Verschmelzung von *Guten Abend*, die durch den rituellen Charakter dieser Grußformel motiviert ist. Es geht hier nicht so sehr um die kompositionelle Semantik von ‚gut‘ plus ‚Abend‘, sondern um die pragmatische Funktion als Gruß: *Guten Abend* ist das, was man abends in einer sozialen Interaktion zu Menschen sagt, um ihnen zu signalisieren ‚Ich nehme dich wahr, ich respektiere dich‘.

Deshalb funktioniert hier als informellere Variante z. B. auch *Hallo*, das so eine semantische Basis gar nicht mehr bietet, und *Guten Abend* selbst kann so verschmelzen, dass seine ursprünglichen Komponenten nicht mehr erkennbar sind: Sie müssen als solche nicht mehr abgerufen werden, da ihre Semantik nicht mehr aktiviert werden muss. Auf phonologischer Ebene ermöglicht es die Verschmelzung zu *Nahmd*, eine aus vier Silben bestehende Formel (*Gu-ten A-bend*) durch einen zweisilbigen Trochäus zu ersetzen (*Náh-md*). Das hat den Vorteil, dass *Nahmd* sich dann metrisch in die Domäne der Grußformeln besser einordnet; es passt zu ebenfalls trochäischen Pendants wie *Há-llo*, *Mór-gen* – aber auch *Tschǘs-si*, das durch eben diese trochäische Struktur als Alternative zu einsilbigem *Tschüss* motiviert ist (vgl. Wiese 2006, s. a. ▶ Abschn. 6.4.2).

Semantische Bleichung bei *wallah* Unser nächstes jugendsprachliches Beispiel, *wallah* (mitunter auch *uallah* geschrieben), ist ebenfalls aus einem ursprünglich syntaktisch komplexen Gefüge entstanden, und auch hier geht eine semantische Reduktion mit einer Funktionsverlagerung auf die pragmatische Ebene einher. *Wallah* ist ein ursprünglich arabischer Ausdruck mit der Bedeutung ‚und/ bei Gott'. Schon im Arabischen kann er aber auch semantisch gebleicht, d. h. ohne diese wörtliche Bedeutung verwendet werden. In dieser Verwendung ist der Ausdruck dann nicht mehr notwendigerweise religiös gebunden, ähnlich wie im Deutschen beispielsweise *Gottseidank*, sondern hat in erster Linie bekräftigende Bedeutung und fungiert als Interjektion im Sinne von ‚wirklich', ‚echt'. Als Lehnwort ist *wallah* in eine Reihe anderer Sprachen übernommen worden, unter anderem wird es auch im Türkischen verwendet, hier in der Form *vallah*.

Entlehnung als jugendsprachlicher Diskursmarker In das Deutsche gelangt *wallah* zunächst über Sprecher:innen, die mit diesem Ausdruck im Arabischen oder auch im Türkischen vertraut sind. Im Deutschen wird es direkt als bekräftigende Interjektion verwendet, es hat seine Funktion in erster Linie auf Ebene des Diskurses und ist syntaktisch kaum integriert. Diskursmarker und Interjektionen sind generell sehr mobil. Sie werden oft von einer Sprache in eine andere entlehnt, weil sie meist keine grammatischen Herausforderungen mit sich bringen: Durch ihre geringe syntaktische Integration sind sie leicht aufzunehmen (vgl. Matras 2009: Kap. 8 zur „borrowability hierarchy" im Sprachkontakt).

***Wallah* ist als Fremdwort oft nicht mehr transparent** Die semantische Bleichung von *wallah* zur Interjektion findet also weitgehend bereits in der Gebersprache statt, d. h. vor der eigentlichen Lehnwortintegration. In der Empfängersprache, dem Deutschen, kann dann einfach der Ist-Zustand übernommen werden, und Sprecher:innen ohne Kompetenzen im Arabischen wissen oft nicht, welche Bedeutung das Original ursprünglich hatte (vgl. Bahlo 2010). Das ist ein allgemeines Phänomen bei Lehnwörtern. So kann man das Wort *Keks* im Deutschen verwenden, ohne zu wissen, dass es ursprünglich von englisch *cakes* stammt, und auch neuere Lehnwörter wie *Computer* funktionieren gut, ohne dass alle Sprecher:innen das englische Original wörtlich in ‚Rechner' übersetzen könnten.

Auch im Fall nativer Wörter ist eine vorangegangene semantische Bleichung nach einer Weile oft nicht mehr transparent für aktuelle Sprachnutzer:innen. Dass z. B. die Partikel *ne* und ihr Berliner Pendant *wa*, die im heutigen Deutschen als bestätigungsheischende Anhängsel verwendet werden (*Du kommst heute abend, ne/wa?*) auf *nicht / nicht wahr* zurückgehen, braucht man nicht zu wissen, um sie sinnvoll im Gespräch zu nutzen.

Ischwör **als Parallelbildung zu** *wallah*   Interessanterweise hat sich zu *wallah* ein natives Pendant entwickelt, das den Prozess der semantischen Bleichung und Verschmelzung zur Interjektion noch einmal im Deutschen nachbildet, nämlich *(i)schwör*, aus der nativen Wendung *ich schwöre* (vgl. Bahlo 2010; Wiese 2012; Bahlo et al. 2019: Abschn. 4.3). Dieser Parallelprozess wird vermutlich durch die mehrsprachigen Kompetenzen von Sprecher:innen mit Arabisch oder auch Türkisch als Heritage-Sprachen begünstigt (s. o., ▶ Abschn. 3.2 zu Heritage-Sprachen; Şimşek 2012: 6.1.3 zu *vallah* im Sprachgebrauch türkischdeutsch mehrsprachiger Jugendlicher). Im Fall von *wallah* findet die semantische Bleichung somit zwar nicht im Deutschen selbst, sondern in einer Gebersprache statt. Diese Gebersprache ist aber als Heritage-Sprache so gut in die Sprachlandschaft integriert, dass dieser Prozess zumindest in Teilen der Sprechergemeinschaft auch nach der Übernahme ins Deutsche noch vital ist und Parallelbildungen begünstigen kann.

Voll **ist voll interessant**   In unserem letzten Beispiel, *voll*, findet ebenfalls eine semantische Bleichung im Deutschen statt, diese ist aber interessanterweise mit einer syntaktischen Erweiterung verknüpft. Das Gespräch unter Freundinnen, das wir oben für das Beispiel *Alter* genutzt haben, illustriert auch diese Verwendung von *voll*: Die Sprecherin fährt hier fort *Voll der Jumbo!* und nutzt damit *voll* in einer speziellen syntaktischen Konstruktion.

Voll ist ursprünglich ein Adjektiv, das ein Gegensatzpaar mit *leer* bildet und sich semantisch auf das Volumen von Behältern bezieht ('eine volle Flasche'). Als positives Pendant zu *leer* bezeichnet es den Zustand, in dem der Behälter komplett gefüllt ist, es gibt ein Maximum an. Dieser Bezug auf ein Maximum bildet die Basis für die jugendsprachliche Verwendung, die uns hier interessiert. *Voll* durchläuft eine semantische Bleichung, an deren Ende es sich nicht mehr auf Volumen bezieht, sondern – als Verallgemeinerung dieses Maximalwertes – rein intensivierend wirkt. In dieser Verwendung kann es dann ähnlich wie *sehr* mit Adjektiven verwendet werden, etwa wie in unserem Beispiel für die Überschrift dieses Kapitels: *voll schön*.

Voll ist in dieser Funktion schon länger Teil jugendsprachlicher Verwendungen – so sehr, dass es bereits in den 1980ern in Lexika der Jugendsprache zu finden ist, und zwar in Ostdeutschland ebenso wie in Westdeutschland (vgl. Wiese 2013). Als Intensivierer tritt *voll* insbesondere mit Adjektiven und mit Verben auf; hier noch zwei Beispiele von Berliner Jugendlichen (aus dem KiDKo-Korpus):

(14)   a.   *oh, ich bin heut morgen VOLL lustig, ey*   [MuH11MD]

      b.   *musst ick erstma voll LAChen.*   [Mo18MD]

Intensivierer in neuen Kombinationen   Da die Komponente ‚maximales Volumen' gelöscht ist, kann *voll* als Intensivierer auch Kombinationen wie *voll leer* eingehen, die nur auf den ersten Blick widersprüchlich sind. So etwas erregt zwar regelmäßig den Unmut selbsternannter Sprachschützer:innen; es ist aber natürlich in informeller Sprache problemlos möglich – eben weil hier eine semantische Bleichung stattgefunden hat. Das ist kein anderes Phänomen als z. B. bei *ganz*, das als Intensivierer ebenfalls eine semantische Bleichung durchläuft, bei der es zunächst die Bedeutungskomponente ‚unversehrt' verliert und dann problemlos in Kombinationen wie *ganz zerstört* verwendet werden kann; wie etwa in dieser Beschreibung aus einer medizinischen Zeitung aus dem 19. Jahrhundert:

(15)   *Der Magen war in seinen Häuten sehr verdickt, seine zottige Haut fast ganz zerstört*

   (Medicinisch-chirurgische Zeitung, fortgesetzt von D. Johann Nepomuck Ehrhart, Salzburg 1818)

Der Bezug auf ein Maximum, der hier deutlich wird, bietet dann die Basis für eine umgangssprachliche Verwendung von *ganz* als Intensivierer, etwa in Beispielen wie *ganz klug* mit einer Bedeutung ähnlich der von *sehr klug*.

Historische Parallelen   Wenn wir auf die Sprachgeschichte blicken, finden wir noch viele weitere Parallelbeispiele, z. B. in der Bleichung, die der Verwendung von *haben* als Auxiliar zugrunde liegt: *Haben* trägt als Hilfsverb für die Perfektbildung nicht mehr seine possessive Bedeutung, und deshalb ist es auch kein Widerspruch, zu sagen *Ich habe mein gesamtes Vermögen verloren*.   *Haben* heißt in dieser Verwendung eben nicht ‚besitzen', und man kann es deshalb auch mit Verben kombinieren, die eher das Gegenteil von ‚besitzen' anzeigen. Genauso kann auch *voll* in der Verwendung als Intensivierer mit solchen Adjektiven wie *leer* kombiniert werden: Es intensiviert hier lediglich die Bedeutung von *leer* und macht daher keinen Gegensatz auf.

Eine neue Konstruktion mit *voll*   Wie das Beispiel *Voll der Jumbo!* in (13) deutlich macht, ist die Entwicklung hier nicht nur auf das Lexikon beschränkt, sondern betrifft auch die Syntax. *Voll* kann hier in ein neues Muster ‚voll d- NP' eingehen. In diesem Muster tritt *voll* vor einen Definitartikel mit Nominalphrase. Semantisch ist die Konstruktion interessanterweise aber nicht definit (vgl. Gutzmann & Turgay 2012), man kann daher z. B. nicht sagen *voll der Jumbo, den ich gestern im Zoo gesehen habe*. Sie ist aber auch nicht äquivalent zu indefiniten Konstruktionen mit *voll*: *ein voll schöner Mann* ist nicht genau dasselbe wie *voll der schöne Mann*. Die Konstruktion ‚voll d- NP' hat vielmehr eine eigene Semantik entwickelt, die einen Prototypen-Bezug für die NP mit einbringt (Wiese 2013).

Schöne Männer und Prototypen   Ein *voll schöner Mann* ist ein Mann, der besonders schön ist, *voll* intensiviert hier das Adjektiv *schön*. In *voll der schöne Mann* bezieht sich *voll* dagegen auf die gesamte NP *schöner Mann* und intensiviert einen Prototypen: Es geht um jemanden, der Merkmale eines prototypischen schönen Mannes in besonderem Maß erfüllt. *Voll* wird daher in dieser Konstruktion oft auch mit NPs ohne adjektivische Modifikation verwendet, wie etwa in dem Beispiel *voll der Jumbo*. Diese (hier sehr abwertend gebrauchte) Phrase bezeichnet jemanden, der prototypische Merkmale eines Elefanten hat (d. h. in diesem Fall einen sehr großen Mund).

Unterschiede zur Konstruktion mit *ganz* Diese Konstruktion mit *voll* unterscheidet sich damit auch von einer ähnlichen Konstruktion, die mit *ganz* möglich ist, d. h. mit einem Ausdruck, der *voll* als Intensivierer semantisch nahesteht, s. (16):

(16)   a.   *Er ist voll der Vater.*

         b.   *Er ist ganz der Vater.*

In (16a), im Beispiel mit *voll*, geht es um jemanden, der die Merkmale eines prototypischen Vaters erfüllt, und die Konstruktion ist damit trotz des Definitartikels semantisch indefinit. In der parallelen Konstruktion mit *ganz* in (16b) behält der Definitartikel dagegen seine reguläre Funktion: *der Vater* bezieht sich auf das einzige/maximale/salienteste Element, das hier unter den Begriff ‚Vater‘ fällt, also beispielsweise den Vater eines Babys, über das so gesprochen werden könnte. Wenn dieses Baby *ganz der Vater* ist, bedeutet das nicht, dass es Merkmale eines prototypischen Vaters hat – das wäre ein bisschen früh –, sondern dass es wesentliche Merkmale seines eigenen Vaters hat, d. h. „des" Vaters, der hier kontextuell besonders hervorgehoben (also salient) ist.

Wir haben hier also mit *ganz* und *voll* zwei Intensivierer, die sich aus einem ähnlichen semantischen Feld entwickelt haben (der Anzeige eines Maximums), aus dem sie gleichermaßen durch semantische Bleichung hervorgegangen sind, und die syntaktisch dann vergleichbare neue Muster entwickelt haben, aber in ihrem Bedeutungsbeitrag dort jeweils ganz eigene Wege gegangen sind.

8.5 „Das war like so'n Dschungel" – Entwicklungspfade lexikalischer Fokusmarkierung

Während viele der im vorangegangenen Abschnitt diskutierten Ausdrücke noch eher jugendsprachlich assoziiert sind, geht es nun um ein Phänomen außerhalb der Standardsprache, das auch bei Erwachsenen verbreitet ist, nämlich der Gebrauch von *so* als Fokusmarker. In dieser Funktion wird *so* z. B. in den folgenden Belegen verwendet:

(17)   a.   Erinnerungen an Weihnachten in der Kindheit:

und ich hab mit meinem Vati Skat gelernt! Also zwar Anfänger-Skat, nicht? Nicht mit so Re und all so'n Käse, aber es war ganz prima. Und da haben wir auch all so Tischfeuerwerk, haben wir so Stimmungskanonen losgelassen, (Lachen) 's war ganz prima. Und (Pause) so Knallfrösche haben wir im Zimmer laufen lassen.

(IDS Mannheim, Archiv für gesprochenes Deutsch, Pfeffer-Korpus, 1961, Interaktion PF041, Münster)

b.   *Der hat gesagt: er hätt mal so Jungens so hauen müssen. Sicher hätt ich da so Angst gekriegt.*

(Julie Kruse: „Julchen – Ein Buch vom kleinen Leben". Berlin: Charonverlag 1910. [mit Dank an Ruth Weiß, Staatsbibliothek Berlin])

c.   Ärztin erklärt einer Patientin die Anwendung zweier Salben

Die ist für die Nacht, und diese so für tagsüber so.

(Hörbeleg, Berlin 2010; aus Wiese 2011)

So als Fokusmarker In diesen Beispielen liefert *so* keinen eigenen semantischen Beitrag; es beeinflusst nicht den Wahrheitswert des Satzes und kann weggelassen werden, ohne dass sich der Inhalt ändert. Sein Beitrag liegt hier auf der Ebene der Informationsstruktur: *So* steht beim Fokus-Element des Satzes, es markiert die Konstituente, die die neue und/oder zentrale Information des Satzes liefert und im gesprochenen Deutschen die Hauptbetonung enthält. In dieser Verwendung ist *so* selbst stets unbetont; die Betonung des Fokus-Elements wird dadurch noch weiter hervorgehoben. Wie die Beispiele illustrieren, kann *so* sowohl Informationsfokus markieren, wie in (17a) und (17b), als auch Kontrastfokus, wie in (17c) (vgl. Wiese 2011). (Zu informationsstrukturellen Kategorien im Einzelnen s. Krifka 2008; Musan 2010.)

Syntaktische Promiskuität Als Fokusmarker ist *so* syntaktisch sehr frei; es kann mit Phrasen aller lexikalischen Hauptkategorien stehen, die Fokus tragen können, d. h. mit Nominal-, Adjektiv-, Adverb-, Verb- und auch Präpositionalphrasen. Dabei kann es vor seiner Ko-Konstituente stehen wie im ersten Zitat oben, es kann diese aber auch umschließen, wie im zweiten und dritten Beispiel. Und es kann auch seiner Ko-Konstituente folgen, wie in (18a) bis (18c) (das hauptbetonte Element ist immer durch Versalien markiert):

(18)   a.   *ja, also, es sind hauptsächlich männliche journaLISten so, die mit mir über sowas REden wollen.*

(Charlotte Roche im Gespräch mit Johannes B. Kerner; 21.10.2008)

b.   *aber ich hab kein GELD so.*   [MuH12MD]

c.   *nein, in LIla so.*   [MuH9WT]

Mehr ist mehr – ein quantitativer Vorsprung in mehrsprachigen Kontexten   Die Belege in (18b) und (18c) sind aus dem KiDKo, und hier aus den Gesprächen Jugendlicher in Berlin-Kreuzberg (KiDKo/*Mu*). Diese Verwendung von *so* als Fokusmarker ist in Kiezdeutsch besonders auffällig und dort auch ausführlich untersucht. Der Vergleich mit analogen Korpusdaten aus Gesprächen Jugendlicher in einem stärker einsprachigen Wohngebiet Berlins (KiDKo/*Mo*) zeigt, dass fokusmarkierendes *so* in Kiezdeutsch tatsächlich signifikant häufiger auftritt, dabei aber in beiden Kontexten denselben Mustern folgt (Wiese 2012: Kap. 3.8; Schumann 2021). Dies weist auf eine größere Dynamik mehrsprachiger gegenüber einsprachigen Milieus: In mehrsprachigen Sprechergemeinschaften lassen sich Sprachvariation und Sprachentwicklung oft deutlicher beobachten. Grundsätzlich finden wir fokusmarkierendes *so* aber auch in anderen Kontexten (Wiese 2011, 2012).

Auch Bildungsbürger:innen beherrschen das Fokus-*so*   Als Fokusmarker tritt *so* insbesondere im informellen Deutschen auf, und unsere Beispiele oben kamen vor allem aus solchen Kontexten. Belege finden sich aber grundsätzlich auch in formelleren Kontexten, wenn auch mit niedrigerer Frequenz (Schumann 2021). Hier zwei Beispiele aus einem deutlich bildungsbürgerlichen Kontext, nämlich dem „Literarischen Quartett" (DWDS, Teilkorpus Gesprochene Sprache; zitiert nach Wiese 2012):

(19)   a.   *Es sind **so** Scheinkämpfe in einer Scheinwelt.*

(Hellmuth Karasek über *Das Jahr der Wunder* von Rainer Merkel; 19.10.2001)

   b.   *Ich frage mich oft, wem wird das erklärt? Es hat **so** volkshochschulhafte Züge.*

(Iris Radisch über *Das erste Jahr* von Durs Grünbein; 14.12.2001)

Einen historischen Beleg für fokusmarkierendes *so* findet man bereits bei Lessing:

   c.   Derwisch: *[…] Lässt sich*

   Nathan: *Ei wohl, genug! – Ich dachte mir nur immer,*

   *Der Derwisch – **so** der rechte Derwisch – woll'*

   Aus sich nichts machen lassen.

(Lessing: *Nathan der Weise*; Akt I, Szene 3)

Auch hier hat *so* nicht seine ursprüngliche lexikalische Bedeutung, es antwortet nicht auf ‚Wie?' (nicht: ‚*Wie* der rechte Derwisch? – *So* der rechte Derwisch.'), sondern dient als reiner Fokusmarker (der *rechte* Derwisch, nicht ein nur vermeintlicher, zweitrangiger).

Fokusmarker vs. Fokuspartikeln Solche reinen Fokusmarker besitzt das Deutsche sonst nicht. Was wir im Deutschen sonst finden, sind eher sogenannte ‚Fokuspartikeln' (Jacobs 1983): Ausdrücke wie *auch, nur* und *sogar,* die ebenfalls mit Fokus interagieren und ebenfalls typischerweise beim Fokusausdruck des Satzes stehen. Solche Partikeln tun aber nicht nur dies, sondern tragen auch ihre eigene Bedeutung bei. Im vorangegangenen Satz treten z. B. zwei Fokuspartikeln auf, *nur* und *auch,* und diese stehen jeweils vor den Elementen, die den Fokusausdruck und damit die Hauptbetonung enthalten, nämlich *dies* und *ihre eigene Bedeutung.* Die beiden Partikeln markieren hier aber nicht nur die Fokusausdrücke, sondern tragen auch eine restriktive (*nur*) bzw. additive (*auch*) Komponente zur semantischen Repräsentation der Sätze bei, in denen sie stehen. Anders als *so* können sie daher auch selbst betont werden (z. B. *Ich will AUCH sowas haben!* oder *Iss NUR die reifen Pflaumen!*).

Lexikalische Fokusmarker Im Gegensatz dazu trägt *so* als reiner Fokusmarker keine Inhalte zur semantischen Repräsentation bei, sondern wirkt allein auf pragmatischer Ebene. Es wird hier als spezialisierter Ausdruck für diese informationsstrukturelle Funktion verwendet, d. h. als *lexikalischer* Fokusmarker. Als solcher verstärkt es die intonatorische Fokusmarkierung im Deutschen, die durch die Zuweisung der Hauptbetonung an den Fokusausdruck geleistet wird. Lexikalische Fokusmarker sind sonst eher aus typologisch entfernteren Sprachen bekannt, insbesondere aus einer Reihe afrikanischer Sprachen und auch aus Kreolsprachen (für Überblicke vgl. die Beiträge in Aboh et al. 2007 bzw. Byrne & Winford 1993). Dass wir mit fokusmarkierendem *so* im Deutschen einen solchen Fokusmarker auch in einer germanischen Sprache haben, scheint daher zunächst sehr ungewöhnlich.

***So* ist nicht allein – Fokusmarker in germanischen Sprachen** Bei näherem Hinsehen nimmt das Deutsche mit seinem Fokusmarker *so* aber keine Sonderstellung unter den germanischen Sprachen ein. Lexikalische Fokusmarkierung ist zwar für germanische Standardsprachen nicht beschrieben, aber wenn man einmal den tatsächlichen Sprachgebrauch, auch jenseits der Standardsprache, in den Blick nimmt, zeigt sich, dass solche fokusmarkierenden Elemente auch in der germanischen Sprachfamilie verbreitet sind. Für das umgangssprachliche Englisch ist die Verwendung von *like* als Fokusmarker schon seit längerem bekannt (vgl. bereits Underhill 1988), und auch hier wurde es, insbesondere im Sprachgebrauch Jugendlicher, in der öffentlichen Diskussion zunächst heftig kritisiert. Mittlerweile wurden auch für das Schwedische und Norwegische ähnliche Fokusmarker beschrieben, und zwar in urbanen Kontaktdialekten, die mit Kiezdeutsch vergleichbar sind (Ekberg et al. 2015). Interessanterweise handelt es sich hierbei um Verwendungen der Ausdrücke *sån* bzw. *sånn,* die auf das Plattdeutsche zurückgehen und diachron mit *so* verwandt sind.

Zusammengenommen weist dies daraufhin, dass genuine lexikalische Fokusmarker typologisch nicht auf die bereits besser bekannten Beispiele afrikanischer Sprachen und Kreols beschränkt sind, sondern auch in germanischen Sprachen eine systematische Option darstellen. Solche Befunde unterstreichen noch einmal, wie lohnend es sein kann, den tatsächlichen Sprachgebrauch, auch außerhalb der Standardsprache, in den Blick zu nehmen und sich nicht nur auf die standard-sprachliche Domäne zu beschränken.

So im Namdeutschen Einen interessanten Fall stellt das Namdeutsche dar, das auch in ▶ Abschn. 3.3 beschrieben wird. Dort wird deutlich, dass das Deutsche in Namibia in einer Sprechergemeinschaft gesprochen wird, die aktiv mehr-sprachig ist. Anders als in Deutschland ist die soziolinguistische Situation in Namibia nicht durch einen starken monolingualen gesellschaftlichen Habitus ge-prägt, sondern Mehrsprachigkeit wird als etwas Normales erlebt und akzeptiert. Sprecher:innen, die Deutsch als Erstsprache in der Familie sprechen, sind typischerweise fließend in mindestens zwei weiteren Sprachen, nämlich Afrikaans und Englisch, und verwenden diese regelmäßig im Alltag. Jugendliche, die so auf-wachsen, kennen daher nicht nur *so* als Fokusmarker des Deutschen, sondern auch sein englisches Pendant *like* sehr gut, nutzen beide und können sie auch kombinieren (Wiese et al. 2014). Aus diesem Kontext stammt auch das Beispiel aus der Überschrift dieses Abschnitts. Die folgenden Zitate aus Äußerungen Jugendlicher in Windhoek illustrieren die verschiedenen Möglichkeiten, die in diesem mehrsprachigen Kontext ausgeschöpft werden können:

(20)   a.   *wenn du deine han(d) da REINmachst, die kommen **so** ZU dir*

      b.   *der is **like** IMmer da*

      c.   *das war **like** so'n PARKding, so'n DSCHUNgel*

      (Wiese et al. 2014)

In dieser ausgeprägt mehrsprachigen Gesellschaft gewinnt die Verwendung des Fokusmarkers im umgangssprachlichen Bereich noch einmal an Dynamik: In in-formellen Gesprächen Jugendlicher untereinander können nicht nur *like* und *so* gleichermaßen als Fokusmarker verwendet und miteinander kombiniert werden. Das fokusmarkierende *so* selbst findet sich im Namdeutschen auch signifikant häufiger als in Deutschland, und dies auch im Vergleich zu mehrsprachigen Kontexten, wie sie für Kiezdeutsch typisch sind (vgl. Schumann 2021 für einen Vergleich von Namdeutschdaten mit KiDKo/*Mu*).

Der Weg zum Fokusmarker Was ermöglicht grundsätzlich die Verwendung von *so* als Fokusmarker, wie ist die Verbindung zu anderen Gebrauchs-weisen von *so*? Während *so* als Fokusmarker semantisch gebleicht und auf die pragmatische Ebene spezialisiert ist, liefert es in anderen Verwendungen einen eigenen semantischen Beitrag. Die Verbindung kann man über einen Pragmatikalisierungspfad erfassen, der seinen Ausgang bei modal-indexikalischem *so* nimmt (Wiese 2011). In dieser Verwendung trägt *so* eine eigene Semantik, die man als Antwort auf ‚Wie?' beschreiben kann: *so* weist auf eine bestimmte Art und Weise bzw. demonstriert diese (vgl. Bäuerle 2016). Die

Indexikalität kann sich auf Objekte im weiteren Sinne richten (*so ein Krug*; *so ein Sommer*), auf Eigenschaften (*so schön*) oder auch auf Aktivitäten (*Ich löse das immer so.*). Grundlegend ist hier ein Vergleich: *so* wird verwendet im Sinne von ‚so eine Art (Objekt/Eigenschaft/Aktivität) wie …‘.

Durch semantische Bleichung kann die Indexikalität und damit dieser Vergleich verloren gehen, so dass *so* dann im Sinne von ‚(irgend-)eine Art …‘ verwendet werden kann. In dieser Verwendung ist *so* zunächst ein Heckenausdruck, der die Kraft der Aussage abschwächt (*Das kostet so 20 €.*). Solche Heckenausdrücke werden oft im Zusammenhang mit Fokussierung verwendet, da die Abschwächung einer Aussage am wirkungsvollsten bei einem zentralen, wichtigen Element ist. Dieser Zusammenhang bildet die Grundlage für die Entwicklung von *so* zum Fokusmarker – ein weiteres Beispiel für die Relevanz solcher Brückenkontexte für Sprachentwicklungsprozesse. Als Fokusmarker verliert *so* dann auch noch die letzte, schon stark abgeschwächte semantische Komponente, die es als Heckenausdruck noch hatte (‚(irgend-)eine Art …‘), und wird vollständig pragmatikalisiert: Sein Beitrag liegt jetzt nur noch auf pragmatischer Ebene, nämlich in der informationsstrukturellen Funktion der Fokusmarkierung.

Pragmatikalisierung vs. Grammatikalisierung Die Verwendung von *so* als Fokusmarker ist damit ein Beispiel für eine Entwicklung vom Inhaltswort (modaldeiktisches *so*) zum Funktionswort (rein fokusmarkierendes *so*). Solche Entwicklungen sind auch für grammatische Marker untersucht worden, etwa für die Verwendung der Partikel *zu* als reiner Infinitiv-Marker („Sie glaubt zu träumen.") im Vergleich zu ihrer Verwendung in Finalangaben, in denen noch ein semantischer Beitrag erhalten ist („Sie liest Krimis zur Entspannung"). Eine solche Entwicklung zum grammatischen Marker ist ein Beispiel für Grammatikalisierung. Ein typisches Merkmal von Grammatikalisierungen ist der Verlust syntaktischer Freiheit (Haspelmath 1998): Als Funktionswort verliert ein Ausdruck an syntaktischer Variabilität, er ist grammatisch stärker eingeschränkt als das ursprüngliche Inhaltswort. Im Fall von *Pragmatikalisierung* ist dies jedoch offensichtlich nicht zwangsläufig so. Wie oben deutlich wurde, ist *so* als Fokusmarker im Gegenteil syntaktisch breiter aufgestellt, es hat an Kombinationsmöglichkeiten gewonnen, nicht verloren.

Das liegt am unterschiedlichen Status der Funktionswörter, die als Ergebnis von Grammatikalisierung vs. Pragmatikalisierung entstehen. Ein pragmatikalisierter Ausdruck trägt nicht zur grammatischen Struktur bei, sondern zu außergrammatischen Domänen wie Informationsstruktur oder Diskursorganisation. Entsprechend werden hier nicht in erster Linie grammatische, sondern pragmatische Beschränkungen wirksam (Wiese 2011). Im Fall eines Fokusmarkers kann das dann zu einer wie oben konstatierten breiten syntaktischen Promiskuität führen: Da Fokusausdrücke unterschiedlichen syntaktischen Kategorien angehören können, muss ein pragmatikalisiertes Element, das Fokus markiert, auch entsprechend breit kombinierbar sein.

8.6 „Du bringst Teller Meller ..." – Pragmatik der Echo-Wort-Bildung

Mit unserem letzten Beispiel sehen wir uns noch einmal einen Fall von Entlehnung an. In diesem Fall geht es jedoch nicht um ein Lehnwort, sondern um den Transfer eines Musters, nämlich der Echo-Wort-Bildung, wie sie in folgenden Beispielen deutlich wird:

> (21) a. *Du bringst Pappsachen, also Teller Meller.*
>
> (Hörbeleg, Gespräch unter Jugendlichen in Berlin-Kreuzberg 2007, Aufnahme: Kerstin Paul)
>
> b. *nimm wir DINGS (--) decke mecke*
>
> (Şimşek 2012: 83)
>
> c. *Er sagt zu m = meiner Cousine so „Fettsack Mettsack"*
>
> (KiDKo, MuH27WT)

8

In diesen Beispielen wird jeweils ein ‚Echo-Wort' gebildet, d. h. dasselbe Wort wird noch einmal in ähnlicher Form wiederholt, wobei der Onset durch /m/ ersetzt wird; der Vorgang wird daher auch als ‚/m/-Reduplikation' bezeichnet. Das Echo-Wort, das so entsteht, ist eine Art Unsinnswort, es ist kein regulärer Teil des Lexikons, sondern eine Ad-hoc-Bildung ohne lexikalische Bedeutung. Es trägt daher nicht selbst zur Semantik bei, sondern funktioniert nur gemeinsam mit dem Basiswort.

Liebe – Schmiebe   Diese Art der /m/-Reduplikation scheint im Deutschen neu zu sein, aber eine ähnliche Form der Echo-Wort-Bildung ist aus dem Jiddischen bekannt, hier allerdings mit komplexerem Onset, nämlich /ʃm/ statt /m/. Das Muster wird dort für Ausrufe mit abfälliger Bedeutung verwendet (vgl. bereits Spitzer 1952). So könnte man sich *Liebe – Schmiebe!* beispielsweise als Ausruf eines enttäuschten Liebhabers vorstellen, der damit ausdrücken will, dass die Liebe für ihn keinen Wert mehr hat. Mit dieser abfälligen, geringschätzenden Pragmatik ist das Muster durch jiddischsprachige Einwander:innen auch in das US-amerikanische Englische gelangt und wird dort im umgangssprachlichen Bereich produktiv verwendet.

Ein türkisches Vorbild   Echo-Wort-Bildungen gibt es in vielen Sprachen, und sie sind, wie etwa Southern (2005) bemerkt, besonders reisefreudig, d. h. sie gehen im Sprachkontakt oft auch in andere Sprachen ein. Eine wichtige Quelle für solche Übertragungen war historisch das Türkische, das zur Zeit des Osmanischen Reichs in besonders vielfältigem Sprachkontakt stand (vgl. auch Stolz 2008). Für Echo-Wort-Bildungen im heutigen Deutschen, wie sie oben illustriert sind, hat möglicherweise auch das Türkische Pate gestanden. Das Türkische ist als Heritage-Sprache im Kontext dieser neuen Verwendungen vital, und es bietet eine

Form der /m/-Reduplikation, die diesen Echo-Bildungen sehr ähnlich ist. Hier ein Beispiel aus einer Grammatik zum Türkischen:

(22)   *Bahçe-de*   *ağaç*   *mağaç*   *yok.*

      Garten-LOK   Baum   Maum   gibt.es.nicht

      ‚Im Garten sind keine Bäume, Sträucher, Büsche usw.'

      (Lewis 2000: 235)

Die türkische Echo-Wort-Bildung mit /m/ ist, anders als die jiddische (und englische) /ʃm/-Reduplikation, syntaktisch voll integriert. Wie das Beispiel illustriert, kann das Muster nicht nur in Form isolierter Ausrufe auftreten (*Liebe, Schmiebe!*), sondern kann im Satz wie eine reguläre Phrase behandelt werden. Ähnlich wie die jiddische Echo-Wort-Bildung kann auch das türkische Muster auf pragmatischer Ebene mit Geringschätzung verbunden sein; es kann aber auch, wie in dem genannten Beispiel, ohne diese Wertung verwendet werden und lediglich Amplifikation (‚und so weiter') und/oder Vagheit signalisieren (vgl. auch Schroeder 1989: 4.1).

Kuddelmuddel als Wegbereiter /m/-Reduplikation an sich ist dem Deutschen nicht fremd, sondern findet sich in Reimwörtern wie *Kuddelmuddel, Schickimicki, Heckmeck* oder *Techtelmechtel.* Interessanterweise sind diese Ausdrücke auch oft pejorativ. Anders als die /m/-Reduplikation aus dem Türkischen sind sie jedoch als Ganze lexikalisiert; das zugrunde liegende Muster ist nicht mehr produktiv, und auch das linke Element ist daher synchron häufig ein Unsinnswort. Die Aufnahme der /m/-Reduplikation in das Deutsche kann aber durch solche bereits vorhandenen Reim-Reduplikationen, die quasi als Wegbereiter fungieren können, noch weiter gestützt werden (Wiese & Polat 2016; zur Reduplikation im Deutschen generell vgl. ► Abschn. 6.4.3).

Dynamik der Integration Durch die Integration der produktiven Echo-Wort-Bildung in das Deutsche entsteht eine eigene Dynamik, die sich auf grammatischer und pragmatischer Ebene zeigt. Syntaktisch ist das Muster stärker eingepasst als etwa die /ʃm/-Reduplikation im Jiddischen: Wie die Beispiele in (21) zeigen, kann es innerhalb von Sätzen auftreten, und nicht nur in Form isolierter Ausrufe. Anders als im Türkischen steht es dort jedoch meist peripher, am rechten Rand: Im Deutschen scheint die nichtkanonische, reduplikative Form eine reguläre phrasale Einbindung in den Satz (noch?) zu verhindern. Die /m/-Reduplikation erfährt hier somit keine volle syntaktische Integration und nimmt eine interessante Sonderstellung an der Grenze zwischen Wort und Phrase ein.

Ein weiterer grammatischer Unterschied zum Türkischen entsteht durch die phonologische Integration ins Deutsche: Während im Türkischen das Echo-Wort entsteht, indem /m/ vor einen initialen Vokal tritt bzw. – bei konsonantischem Beginn – das erste Phonem ersetzt, wird im Deutschen der gesamte Onset durch /m/ ersetzt. So äußerte beispielsweise der türkische Präsident Erdoğan in einer

Wahlkampfveranstaltung 2014, er werde „Twitter, **Mw**itter" vernichten – die entsprechende Bildung im Deutschen wäre dagegen „Twitter, **M**itter".

Auf pragmatischer Ebene gewinnt das Muster durch den jugendsprachlichen Kontext seiner Aufnahme ins Deutsche interessante Bedeutungskomponenten hinzu. Es kann zunächst, wie Reduplikation generell, Amplifikation signalisieren, wie etwa in den ersten beiden Beispielen oben, in denen es jeweils darum ging, was zu einem Picknick mitgebracht werden sollte (*Teller Meller*, *Decke Mecke*). Wie im Türkischen – und ebenso im Jiddischen – kann damit auch Pejoration verbunden sein, insbesondere in der Form von Geringschätzung. Darüber hinaus kann diese Echo-Wort-Bildung im Deutschen aber zum einen auch noch eine sprecherbezogene Komponente haben und jemanden als lässig charakterisieren – in den Worten Kreuzberger Jugendlicher, die wir in einer Fokusgruppen-Studie befragten: Die Sprecherin oder der Sprecher stellt sich durch die Echo-Wort-Bildung als „cool" oder „gechillt" dar (Wiese & Polat 2016). Zum anderen ist für die Echo-Wort-Bildung in solchen Kontexten ein ludischer Aspekt zentral: Echo-Wörter signalisieren auch die Freude an Wortspielen und dem spielerischen Umgang mit Sprache.

Zugriff auf ein konzeptuelles Netzwerk   Die verschiedenen pragmatischen Optionen der /m/-Reduplikation im Deutschen sind nicht zufällig entstanden, sondern systematisch miteinander vernetzt. Wenn wir uns die Echo-Wort-Bildung einmal aus Sicht kognitiver Domänen ansehen, zeigt sich hier ein reiches konzeptuelles Netzwerk, das die Grundlage für die verschiedenen pragmatischen Ausprägungen *Amplifikation*, *Geringschätzung*, *Lässigkeit* und *Sprachspiel* liefert (Wiese & Polat 2016).

Generell können wir für die Echo-Wort-Bildung zwei Prozesse identifizieren: Kopie und Modifikation. Beide Prozesse bieten eine Basis für ikonische Interpretationen. Kopieren liefert ‚mehr desselben' auf der Formebene und kann daher ikonisch mit Amplifikation auf der Inhaltsebene (‚usw.') assoziiert sein. Dies macht die Aussage weniger spezifisch und führt zu Vagheit. Modifikation beinhaltet dagegen eine Formveränderung, die als Deformation interpretiert werden kann und zu einem bedeutungslosen Ausdruck führt (z. B. *Meller*).

‚Ist mir egal' (der *Whatever*-Effekt)   Da unnötige Wiederholung und Unsinnswörter dem widersprechen, was man für eine gelingende Kommunikation erwartet (etwa der Grice'schen *Maxim of Manner*, insbesondere „avoid unnecessary prolixity" und „avoid obscurity", Grice 1975), werden Vagheit und Deformation hier pragmatisch neu bewertet. Im Fall von Vagheit tritt der ‚Whatever'-Effekt ein: Wenn eine Sprecherin ein Echo-Wort bildet, kann das so interpretiert werden, dass sie die Information bewusst vage halten will, weil ihr die Spezifika egal sind. Liegt die Quelle für diese Indifferenz im Referenten des Ausdrucks, dann signalisiert dies Pejoration und Geringschätzung: Das Bezeichnete ist es nicht wert, dass man sich näher mit ihm befasst. Liegt die Quelle dagegen in der Sprecherin selbst, dann kann dies die ‚lässig'-Pragmatik stützen: Die Sprecherin hat es nicht nötig, sich näher damit zu befassen, weil sie so cool und gechillt ist.

‚Quatsch' (der *Nonsense*-Effekt)　Auf der anderen Seite des konzeptuellen Netzwerks, nämlich in Bezug auf die Deformation des zweiten Elements zum Unsinnswort, tritt der ‚Nonsense'-Effekt ein. Dieser bewirkt, dass das Unsinnswort als bewusste Bildung einer Pseudo-Bezeichnung interpretiert wird. Auch hier gibt es zwei Möglichkeiten: Diese bewusste Pseudo-Bezeichnung kann entweder auf den Referenten oder auf die sprachliche Ebene selbst gerichtet sein. Im ersten Fall stützt dies die pejorativen Effekte noch weiter; der Referent wird lächerlich gemacht und mit Geringschätzung verbunden. Im zweiten Fall kommen dagegen ludische Aspekte zum Tragen; die Sprecherin macht sich nicht über jemanden oder etwas lustig, sondern hat einfach Spaß.

Ein neues Muster　Die Echo-Wort-Bildung liefert uns damit einen interessanten Abschluss unseres Ausflugs in Bereiche außerhalb der Standardsprache, in denen sich Prozesse an den Schnittstellen von Form und Bedeutung besonders gut beobachten lassen. Wir finden hier ein neues Muster, das im Sprachkontakt entstanden ist, aber auch binnensprachlich im Deutschen gestützt wird und im Zuge der sprachlichen Integration systematisch eigene Charakteristika entwickelt hat. Das Deutsche gewinnt mit der /m/-Reduplikation neue Möglichkeiten im Bereich expressiver Sprache hinzu; ein Muster an der Grenze zwischen Wort und Phrase, das eine komplexe Pragmatik mit besonderer jugendsprachlicher Ausprägung besitzt.

Literatur

Aboh, Enoch Oladé, Katharina Hartmann & Malte Zimmermann (Hg.). 2007. *Focus Strategies in African Languages: The Interaction of Focus and Grammar in Niger-Congo and Afro-Asiatic*. Berlin, New York: Mouton de Gruyter.

Androutsopoulos, Jannis K. 1998. *Deutsche Jugendsprache: Untersuchungen zu ihren Strukturen und Funktionen*. Frankfurt am Main: Lang.

Bahlo, Nils Uwe. 2010. *uallah* und/oder *ich schwöre*. Jugendsprachliche expressive Marker auf dem Prüfstand. *Gesprächsforschung* 11. 101–122.

Bahlo, Nils Uwe, Tabea Becker, Zeynep Kalkavan-Aydın, Netaya Lotze, Konstanze Marx, Christian Schwarz & Yazgül Şimşek. 2019. *Jugendsprache. Eine Einführung*. Stuttgart: Metzler.

Bäuerle, Rainer. 2016. „Etwas demonstrieren" vs. „auf etwas zeigen": das modaldeiktische *so*. In Brigitte Handwerker, Rainer Bäuerle & Bernd Sieberg (Hg.), *Gesprochene Fremdsprache Deutsch*. Baltmannsweiler: Schneider Hohengehren. 117–125.

Byrne, Francis & Donald Winford (Hg.). 1993. *Focus and Grammatical Relations in Creole Languages*. Amsterdam, Philadelphia: Benjamins.

Cheng, Lisa Lei-Shen, Jenny Doetjes & Rint Sybesma. 2008. How universal is the Universal Grinder? *Linguistics in the Netherlands* 25. 50-62.

Corbett, Greville G. 2000. *Number*. Cambridge: Cambridge University Press.

Ekberg, Lena, Toril Opsahl & Heike Wiese. 2015. Functional gains: a cross-linguistic case study of three particles in Swedish, Norwegian and German. In Jacomine Nortier & Bente A. Svendsen (Hg.), *Language, Youth and Identity in the 21st Century. Linguistic Practices across Urban Spaces*. Cambridge: Cambridge University Press. 93–115.

Gleason, Henry Allan. 1965. *Linguistics and English Grammar*. New York: Holt, Rinehart, Winston.

Greenberg, Joseph H. 1973. Numeral classifiers and substantival number. Problems in the genesis of a linguistic type. *Working Papers on Language Universals* 9. 1–39.

Grice, H. Paul. 1975. Logic and conversation. In Peter Cole & Jerry L. Morgan (Hg.), *Speech Acts*. New York: Academic Press. 41–58.

Gutzmann, Daniel & Katharina Turgay. 2012. Expressive intensifiers in German: syntax-semantics mismatches. *Empirical Issues in Syntax and Semantics* 9. 149–166.

Haspelmath, Martin. 1998. Does grammaticalization need reanalysis? *Studies in Language* 22. 315–351.

Heine, Bernd. 2002. On the role of context in grammaticalization. In Ilse Wischer & Gabriele Diewald (Hg.), *New Reflections on Grammaticalization*. Amsterdam, Philadelphia: Benjamins. 83–101.

Jackendoff, Ray S. 2002. *Foundations of Language. Brain, Meaning, Grammar, Evolution*. Oxford: Oxford University Press.

Jacobs, Joachim. 1983. *Fokus und Skalen*. Tübingen: Niemeyer.

Kotthoff, Helga & Christine Mertzlufft (Hg.). 2014. *Jugendsprachen. Stilisierungen, Identitäten, mediale Ressourcen*. Frankfurt am Main: Lang.

Krifka, Manfred. 2008. Basic notions of informations structure. *Acta Linguistica Hungarica* 55. 243–276.

Lewis, Geoffrey. 2000. *Turkish Grammar*. 2. Aufl. Oxford: Oxford University Press.

Musan, Renate. 2010. *Informationsstruktur*. Heidelberg: Winter.

Massam, Diane (Hg.). 2012. *Count and Mass Across Languages*. Oxford: Oxford University Press.

Matras, Yaron. 2009. *Language Contact*. Cambridge: Cambridge University Press.

Neuland, Eva (Hg.). 2003. *Jugendsprache – Jugendliteratur – Jugendkultur. Interdisziplinäre Beiträge zu sprachkulturellen Ausdrucksformen Jugendlicher*. Frankfurt am Main: Lang.

Neuland, Eva. 2008. *Jugendsprache. Eine Einführung*. Tübingen: Francke.

Pelletier, Francis Jeffry. 1975. Non-singular reference: Some preliminaries. In Francis Jeffry Pelletier (Hg.), *Mass Terms: Some Philosophical Problems*. Dordrecht: Reidel. 1–14.

Rehbein, Ines, Sören Schalowski & Heike Wiese. 2014. The KiezDeutsch Korpus (KiDKo) Release 1.0. In Nicoletta Calzolari, Khalid Choukri, Thierry Declerck, Hrafn Loftsson, Bente Maegaard, Joseph Mariani, Asuncion Moreno, Jan Odijk, Stelios Piperidis (Hg.), *Proceedings of the Ninth International Conference on Language Resources and Evaluation (LREC'14, Reykjavik, Iceland)*. 3927–3934.

Salmons, Joseph. 2018. *A History of German. What the Past Reveals about Today's Language*. 2. Aufl. Oxford: Oxford University Press.

Schroeder, Christoph. 1989. Sprachlicher Ikonismus: Theoretische Grundlagen und Beispiele aus dem Türkischen. *Papiere zur Linguistik* 41. 3–76.

Schumann, Kathleen. 2021. *Der Fokusmarker ‚so'. Empirische Perspektiven auf Gebrauch und Verarbeitung eines Ausnahmeelements*. Berlin, Boston: De Gruyter.

Şimşek, Yazgül. 2012. *Sequenzielle und prosodische Aspekte der Sprecher-Hörer-Interaktion im Türkendeutschen*. Münster: Waxmann.

Southern, Mark. 2005. *Contagious Couplings: Transmission of Expressives in Yiddish Echo Phrases*. Westport, Conn.: Greenwood.

Spitzer, Leo. 1952. Confusion shmooshun. *Journal of English and Germanic Philology* 51. 226–233.

Stolz, Thomas. 2008. Total reduplication vs. echo-word formation in language contact situations. In Peter Siemund & Noemi Kintana (Hg.), *Language Contact and Contact Languages*. Amsterdam, Philadelphia: Benjamins. 107–132.

Underhill, Robert. 1988. *Like* is, like, focus. *American Speech* 63. 234–246.

Walther von der Vogelweide: Die Gedichte Walthers von der Vogelweide; hg. von Karl Lachmann. Berlin: De Gruyter, 1965 (13. Auflage).

Wiese, Heike. 1997. *Zahl und Numerale. Eine Untersuchung zur Korrelation konzeptueller und sprachlicher Strukturen*. Berlin: Akademie-Verlag.

Wiese, Heike. 2006. Partikeldiminuierung im Deutschen. *Sprachwissenschaft* 31. 457–489.

Wiese, Heike. 2011. *so* as a focus marker in German. *Linguistics* 49. 991–1039.

Wiese, Heike. 2012. *Kiezdeutsch. Ein neuer Dialekt entsteht*. München: C.H. Beck.

Wiese, Heike. 2013. What can new urban dialects tell us about internal language dynamics? The power of language diversity. In Werner Abraham & Elisabeth Leiss (Hg.), *Dialektologie in neuem

8

Gewand. Zu Mikro-/Varietätenlinguistik, Sprachenvergleich und Universalgrammatik. Hamburg: Buske (Linguistische Berichte, Sonderheft 19). 208–245.

Wiese, Heike & Annika Labrenz. 2021. Emoji as graphic discourse markers: Functional and positional associations in German WhatsApp® messages. In Daniël Van Olmen & Jolanta Šinkūnienė (Hg.), *Pragmatic Markers and Peripheries.* Amsterdam, Philadelphia: Benjamins. 277–300.

Wiese, Heike & Sibylle Duda. 2012. A new German particle 'gib(t)s' – The dynamics of a successful cooperation. In Katharina Spalek & Juliane Domke (Hg.), *Sprachliche Variationen, Varietäten und Kontexte. Beiträge zu psycholinguistischen Schnittstellen. Festschrift für Rainer Dietrich.* Tübingen: Stauffenburg. 39–59.

Wiese, Heike & Joan Maling. 2005. *Beers, Kaffi,* and *Schnaps* – Different grammatical options for restaurant talk coercions in three Germanic languages. *Journal of Germanic Linguistics* 17. 1–38.

Wiese, Heike & Nilgin Tanış Polat. 2016. Pejoration in contact: *m*-reduplication and other examples from urban German. In Rita Finkbeiner, Jörg Meibauer & Heike Wiese (Hg.), *Pejoration.* Amsterdam, Philadelphia: Benjamins. 243–268.

Wiese, Heike, Ulrike Freywald, Sören Schalowski & Katharina Mayr. 2012. Das KiezDeutsch-Korpus. Spontansprachliche Daten Jugendlicher aus urbanen Wohngebieten. *Deutsche Sprache* 40. 97–123.

Wiese, Heike, Horst J. Simon, Marianne Zappen-Thomson & Kathleen Schumann. 2014. Mehrsprachiges Deutsch: Beobachtungen zu Namdeutsch und Kiezdeutsch. *Zeitschrift für Dialektologie und Linguistik* 81. 247–307.

Zum Schluss

Heike Wiese und Ulrike Freywald

© Springer-Verlag GmbH Deutschland, ein Teil von Springer Nature 2023
U. Freywald et al., *Deutsche Sprache der Gegenwart,*
https://doi.org/10.1007/978-3-476-04921-6_9

Wir hoffen, dass Ihnen die Lektüre dieses Buches so viel Spaß gemacht hat wie uns das Schreiben der verschiedenen Kapitel (und wir sprechen da im Namen aller Autor:innen)! Das Gegenwartsdeutsche ist eine faszinierende Sprache. Es ist vital, lebendig, und es entwickelt sich ständig weiter. Es ist in mancher Hinsicht ziemlich exotisch, z. B. was die Wortstellung angeht, in anderer wieder eher mainstream, z. B. was die vielfältigen Möglichkeiten angeht, neue Wörter aus anderen Sprachen zu integrieren (beispielsweise das englische ‚mainstream‘).

Ein zentrales Anliegen dieser Einführung in die deutsche Sprache der Gegenwart war es, das Deutsche in seiner Vielfalt als natürliche Sprache zu erfassen, d. h. so, wie es tatsächlich verwendet wird. Eine Sprache existiert ja nicht einfach im freien Raum, sondern in ihren Sprecher:innen und durch ihre Sprecher:innen. Wir alle, die wir Deutsch sprechen, bilden die Basis für das Deutsche – ob wir ein- oder mehrsprachig aufgewachsen sind, ob wir in der Schweiz leben oder in Österreich, ob wir das Deutsche als dominante Mehrheitssprache in Deutschland oder als Minderheitensprache in Namibia oder Texas verwenden, ob wir zu Hause außer dem Deutschen noch Sorbisch oder Türkisch sprechen oder die Deutsche Gebärdensprache beherrschen.

Zu einer lebendigen Sprache gehört immer auch die Verknüpfung und Integration verschiedener sprachlicher Praktiken, Dialekte, Register und Varietäten im alltäglichen Miteinander. Entsprechend verwenden wir Deutsch natürlich nicht nur in Form der normierten Schriftsprache, sondern in ganz verschiedenen kommunikativen Kontexten, die jeweils zu den verschiedenen Facetten des Gegenwartsdeutschen beitragen. Wenn wir Deutsch in sozialen Medien benutzen oder einen formellen Text verfassen; wenn wir sprechen oder wenn wir schreiben; wenn wir eine öffentliche Rede halten oder wenn wir uns mit Freunden beim Bier unterhalten und Deutsch kreativ mit Englisch, Kroatisch und Italienisch kombinieren – all das gehört zum Deutschen der Gegenwart, und all das macht es aus.

In diesem Band haben wir diesen Reichtum des Deutschen nie aus dem Blick verloren und dabei – wie wir hoffen – gezeigt, wie spannend es sein kann, wenn man sich Sprache ansieht, wie sie tatsächlich existiert. Dazu gehörte dann selbstverständlich, dass wir uns nicht nur auf eine Variante des Deutschen beschränkt, sondern sowohl die Variation innerhalb des Standarddeutschen einbezogen haben als auch den vielfältigen Sprachgebrauch außerhalb der Standardsprache.

Wir hoffen, Ihnen mit diesem Band dadurch einen Überblick über das breite Spektrum des Deutschen der Gegenwart gegeben zu haben und viele Anregungen, sich weiter mit dieser lebendigen Sprache zu beschäftigen. Und wir haben Ihnen hoffentlich Lust auf mehr gemacht: Gehen Sie mit offenen Augen und Ohren durch Ihren Alltag und entdecken Sie das Deutsche für sich neu! Sie werden dann sicher noch viele weitere interessante Phänomene im Deutschen und darüber hinaus entdecken, ob auf Kritzeleien auf einer Parkbank, in Gesprächen an der Bushaltestelle oder im Klassenzimmer, in der Sprachnachricht einer Bekannten, im Imbiss oder auf Hinweisschildern in einem Amt. – So lange eine Sprache verwendet wird, entwickelt sie sich weiter, und es wird daher immer viel zu erkunden geben: Es bleibt spannend im Deutschen!

Statt eines Schlussworts:

Serviceteil

© Springer-Verlag GmbH Deutschland, ein Teil von Springer Nature 2023
U. Freywald et al., *Deutsche Sprache der Gegenwart*,
https://doi.org/10.1007/978-3-476-04921-6

Förderhinweis

Die Arbeit an diesem Buch wurde gefördert durch die Deutsche Forschungsgemeinschaft (DFG), Projekte Z (WI 2155/10-1, -2), P6 (WI 2155/11-1), P9 (Wi 2155/13-1) und Pd (WI 2155/12-1) der Forschungsgruppe „Grammatische Dynamiken im Sprachkontakt" (FOR 2537; Sprecherin: H. Wiese); Projekt A01 (Projektleiterinnen: U. Freywald, H. Wiese) des Sonderforschungsbereichs „Grenzen der Variabilität in der Sprache" (SFB 1287; Projektnr. 317633480); Projekt „Namdeutsch: Die Dynamik des Deutschen im mehrsprachigen Kontext Namibias" (ProjektleiterInnen: H. Simon, H. Wiese; Projektnr. WI 2155/9) und Projekt C07 (Projektleiterinnen: A. Sauermann, H. Wiese) des Sonderforschungsbereichs „Register" (SFB 1412; Projektnr. 416591334).

Register

Printed in the United States
by Baker & Taylor Publisher Services